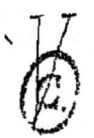

L'ŒUVRE COMPLET

DE

REMBRANDT

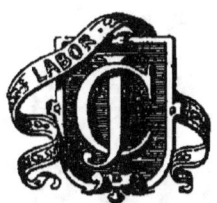

PARIS   IMPRIMERIE J. CLAYE

RUE SAINT-BENOIT, 7

———

IMP. TAILLE-DOUCE A DELATRE, 4, RUE DES FEUILLANTINES

L'ŒUVRE COMPLET

DE

REMBRANDT

DÉCRIT ET COMMENTÉ

PAR

M. CHARLES BLANC

ANCIEN DIRECTEUR DES BEAUX-ARTS

CATALOGUE RAISONNÉ

DE TOUTES LES EAUX-FORTES DU MAITRE ET DE SES PEINTURES
ORNÉ DE BOIS GRAVÉS ET DE QUARANTE EAUX-FORTES TIRÉES A PART
ET RAPPORTÉES DANS LE TEXTE

⋅◆⋅

TOME SECOND

⋅◆⋅

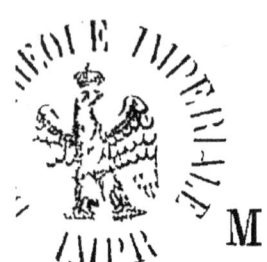

PARIS

CHEZ GIDE, LIBRAIRE-ÉDITEUR

5, RUE BONAPARTE

1861

1862

L'ŒUVRE COMPLET

DE

REMBRANDT

SUJETS LIBRES

ET FIGURES ACADÉMIQUES.

151. *Le Lit à la française.*

C'est le nom que Gersaint a donné à cette estampe, que les Hollandais appellent *Ledekant,* c'est-à-dire lit de parade. On y voit en effet un lit à demi-colonnes, surmonté d'un ciel rond d'où tombent de riches courtines. Sur ce lit sont couchés un jeune homme et une jeune femme en chemise, qui s'embrassent. La figure de la femme présente cette singularité qu'elle a quatre bras Rembrandt avait représenté les bras étendus sur le lit, dans la première idée de sa composition ; plus tard, il a dessiné d'autres bras sans songer à effacer les premiers, ou peut-être parce qu'il était dans l'embarras de choisir. A la tête du lit est une table couverte d'un tapis, sur laquelle sont deux assiettes et un verre à pied. A une des colonnes du lit est accrochée la toque à plumes du jeune homme. Toute la gauche de l'estampe, à partir des pieds du lit, est remplie par une muraille dans laquelle s'ouvre une retraite cintrée conduisant à une porte. Ce morceau est de la plus grande rareté.

On en connaît trois états :

Premier état. La planche est plus large de 47 millimètres, c'est-à-dire qu'elle porte 0,222 au lieu de 0,175. Il y a dans le haut une marge de 27 millimètres qui est toute blanche.

Deuxième état. La marge du haut est coupée ; on lit à la gauche de l'estampe, au bas de la retraite cintrée : *Rembrandt, f.* 1646. Les premières épreuves de ce second état sont d'un effet vigoureux. que la présence des barbes rend velouté. Les épreuves tirées de la planche entièrement ébarbée sont d'un ton gris et sans effet.

Troisième état. La planche est coupée sur la gauche, de toute la largeur de la retraite cintrée, et elle est réduite à 175 millimètres Le nom de Rembrandt a par conséquent disparu ; les épreuves de ce troisième état sont, comme les dernières du second, pâles et sans effet.

Hauteur de la planche réduite, 0,126 largeur de la planche réduite, 0,175.

BARTSCH, 186. CLAUSSIN, 183. WILSON, 183

Toutes les fois que Rembrandt plonge ses regards dans le fin fond de la vie humaine, il le fait en philosophe autant qu'en artiste. Aussi, ce que j'admire dans cette estampe, ce n'est pas le talent du graveur, ce n'est pas la rare habileté qu'il faut pour dessiner d'intuition des postures et des figures qu'on n'a jamais *posées* devant aucun peintre ; ce que j'admire, c'est la finesse d'un observateur inexorable qui jamais ne se trompe en ce qui touche l'humaine nature...

Est-ce une hantise conjugale que l'action de ce jeune homme qui vient d'accrocher à la colonne du lit

sa toque de soie ornée d'une plume? Non, cette coiffure élégante n'est pas celle d'un mari, et ce n'est pas
non plus une chambre nuptiale que cette chambre nue,
sans autre meuble qu'un lit somptueux et une table
de nuit. L'intérieur honnête d'un ménage hollandais
offrirait mille détails de confort domestique, des fau-
teuils d'une ampleur patriarcale, une glace de Venise,
des cadres d'ébène aux murailles, et d'autres guéri-
dons que celui qui porte les rafraîchissements de
l'amour vendu. Ici, tout est sacrifié à la couche volup-
tueuse qui est l'unique meuble du temple de la Vénus
batave, laquelle n'a certainement, comme dit Régnier,

> D'autre ciel pour objet que le ciel de son lit.

Ainsi, ces rideaux de soie, si Rembrandt ne les eût
pas écartés, ne nous cacheraient qu'une prêtresse du
plaisir, une robuste et fraîche courtisane du Kalver-
straat, qui, semblable à l'héroïne de Juvénal,

> Excepit blanda intrantes atque æra poposcit,
> Et resupina jacens multorum absorbuit ictus.

Elle est pleine d'intention et de malice, l'apparente
inadvertance qui a fait donner quatre bras à la *pie
guallante*. Comme tant d'autres, cet amour-là ne bat
que d'une aile, et ce n'est pas d'aujourd'hui que le philosophe se plaint des tricheries au jeu de l'amour. « De
cette trahison commune des hommes d'aujourd'hui,

dit Montaigne, il faut qu'il advienne que les femmes
se rangent aussi de leur costé à l'exemple que nous
leur donnons, qu'elles jouent leur part de la farce, et
se prestent à cette négociation sans passion, sans soin
et sans amour. »

152. *Le Moine dans le blé.*

Un moine couche sur une femme au milieu des blés; une de ses
sandales s'est échappée de son pied; on voit à côté d'eux une cruche
par terre. Dans l'éloignement, vers la gauche, on aperçoit un mois-
sonneur à l'ouvrage. Cette pièce est très-rare; les premières
epreuves se reconnaissent à la présence de quelques taches.

Nota. Il en existe une copie très-bien faite dans le même sens
que l'original. On la distingue à une ligne droite fortement pro
noncée qui cerne la planche par le bas.

Hauteur, 0,049; largeur, 0,065.

BARTSCH, 187. CLAUSSIN, 184. WILSON, 184.

« Il y eut au pays de l'Unigianne (qui n'est gueres
loing du nostre) un monastere qui iadis souloit estre
plus plein de saincteté et de religion qu'il n'est auiour-
d'huy, auquel y eut entre les autres un ieune moyne (la
chaleur duquel en la force de son aage estoit telle, que
les ieusnes et les vigilles ne le pouvoient matter), lequel, par fortuñe, un iour, sur l'heure de midy, que
tous les autres moynes dormoyent, s'en alla promenant tout seul autour de leur eglise, qui estoit en lieu
fort solitaire : et, se recreant ainsi, il va veoir par for-

tune une ieune garce assez belle, fille (par adventure) de quelque laboureur du pays qui s'en alloit cueillant certaines herbes par les champs, laquelle il n'eut sitost aperçeuë, qu'il fut incontinent assailli de la tentation de la chair. Au moyen de quoy s'approchant de plus pres, la commença à arraisonner, et tellement marchanderent ensemble qu'il fut d'accord avec elle... » (*Le Décaméron* de messire Jehan Boccace. Première journée.)

153. *L'Espiègle.*

Une bergère, gardant ses moutons, est assise au coin d'un bois, occupée à tresser une couronne de fleurs. Elle porte un jupon court sous une robe retroussée, et sa tête est couverte d'un grand chapeau de paille. On voit à ses pieds un berger couché sur le ventre, jouant de la flûte et portant un hibou sur son épaule. Il a la tête levee et il jette un regard malin sous les jambes de la bergère. Celle-ci est à la gauche de l'estampe et son troupeau est à la droite. La houlette du berger est appuyée contre le tronc d'un vieil arbre ; sur le devant de l'estampe coule un petit ruisseau. Vers le milieu du bas, un peu sur la droite, on lit : *Rembrandt, f.* 1642. Ce morceau est rare.

Il en existe, non pas trois, mais cinq états bien distincts :

Premier état. Il est d'une grande rareté. On n'y voit ni nom ni date. Le chapeau de la bergère ne s'enlève pas sur le feuillage, etant du même ton, ou, pour mieux dire, de la même valeur. On remarque dans le haut de l'estampe, près de la houlette et parmi les arbres, une tête souriante qui n'est qu'ebauchée, et l'on voit quelques barbes à cette figure, à la houlette, aux branches du vieux tronc d'arbre, et aux plantes aquatiques du premier plan.

Second état. Il est encore très-rare. On lit au bas : *Rembrandt f*. 1642. Le chapeau de la bergère se détache en vigueur sur le feuillage qui est éclairé dans le haut. Quelques travaux sont ajoutés au-dessus pour indiquer les contours d'un arbre.

Troisième état. Le chapeau s'enlève en clair sur le feuillage qui est repris à la pointe sèche, beaucoup plus ombré et modelé à nouveau ; les plantes aquatiques du premier plan ont une forme plus précise.

Quatrième état. La figure ébauchée que l'on voyait dans le haut de l'estampe, près de la houlette, a disparu, elle est remplacée par une indication de feuillage.

Cinquième état. La partie du fond qui est au-dessous du bras gauche de la bergère est retravaillée, et celle qui est à gauche de la bergère, au lieu d'être ombrée d'une seule taille, est couverte de plusieurs hachures. La forme des plantes aquatiques qui bordent le ruisseau est entièrement changée, et le tronc de l'arbre qui est à la droite de l'estampe est devenu tout à fait noir.

Hauteur, 0,115 ; largeur, 0,142

BARTSCH, 188. CLAUSSIN, 185. WILSON, 185.

L'Espiègle est une des estampes les plus soigneusement finies de l'œuvre de Rembrandt. Ce grand maître l'a travaillée en graveur plutôt qu'en peintre. Chaque chose est exprimée par des tailles choisies et *enveloppantes*. Au lieu du travail rapide et indifférent qu'il emploie d'ordinaire pour placer et nuancer à propos le noir et le blanc, il a mis cette fois beaucoup d'attention et même de complaisance à modeler les figures, les animaux et le petit fond de paysage qui composent cette jolie estampe, et à n'employer pour chaque objet que le genre de travail voulu par la nature de cet objet. Ainsi, le chapeau de la bergère est ombré avec des tailles croisées et rayonnantes qui font sentir la perspective en même temps qu'elles indiquent les tresses de la paille du chapeau. L'ombre que projette le chapeau sur le front de la bergère est rendue par des hachures qui épousent la forme du front. Les cheveux de l'Espiègle, ras et taillés en brosse, sont gravés au moyen de tailles courtes, menues et rudes. Les fleurs, les plantes, les feuillages, les troncs d'arbre, sont traduits par un badinage de pointe, mais avec des travaux appropriés à chaque substance.

Aux XVI⁰ et XVII⁰ siècles, le sujet de l'*Espiègle* était fort populaire : ce héros avait pour attribut un hibou, et le nom même d'où nous avons tiré le mot espiègle, *Uilespiegel,* veut dire en hollandais : *miroir de hibou.* C'est le nom du personnage principal d'un vieux roman, que l'on pourrait comparer à celui des *Fourberies du Renard,* si bien illustré par Everdingen. L'Espiègle représentait, parmi les hommes, cette puissance souveraine de la ruse que le Renard exerçait parmi les animaux. C'était l'Hercule des facéties, des niches et des bons tours. Les peintres des Pays-Bas ont souvent mis en scène ce héros, et Lucas de Leyde, entre autres, en a fait le sujet d'une de ses plus fameuses estampes[1]. Rembrandt a mis dans la sienne de l'esprit,

1. On a vu dans la *Vie de Rembrandt,* qu'il possédait *l'Espiègle* de Lucas de Leyde, et qu'il l'avait acheté fort cher en vente publique.

du naturel et même de la grâce. Pendant que la bergère tresse naïvement une couronne de fleurs, l'Espiègle jette un regard indiscret sous la robe retroussée
de l'inattentive jeune fille, à qui les marguerites de la
prairie font oublier les précautions de sa pudeur. La
flûte dont le pasteur fait semblant de jouer n'est-elle
pas aussi un symbole? Et comment ne pas reconnaître
une intention de malice dans les cornes démesurées
que porte le bélier du petit troupeau?

154. *Le Vieillard endormi.*

Petite estampe en hauteur, qui represente un vieillard assis et
dormant au pied d'un arbre, appuyant sa tête sur sa main droite.
Au-dessous de lui, sur le devant, vers la gauche, un jeune homme
fait quelques tentatives, d'une main indiscrete, auprès d'une jeune
fille qui est assise sur l'herbe et qui ne paraît pas trop s'en défendre.
On aperçoit deux vaches dans le fond de ce même côte. Il se trouve
quelque peu de barbes aux premières epreuves qui sont d'un ton
brillant. Ce morceau est rare.

Hauteur, 0,076; largeur, 0,056

BARTSCH, 189. CLAUSSIN, 186. WILSON, 186.

Le bien vient en dormant, dit le proverbe, mais la
sagesse des nations a des adages pour toutes les situa-
tions de la vie. Elle encourage les vigilants tout aussi
bien qu'elle berce les paresseux. Elle approuve la dé-

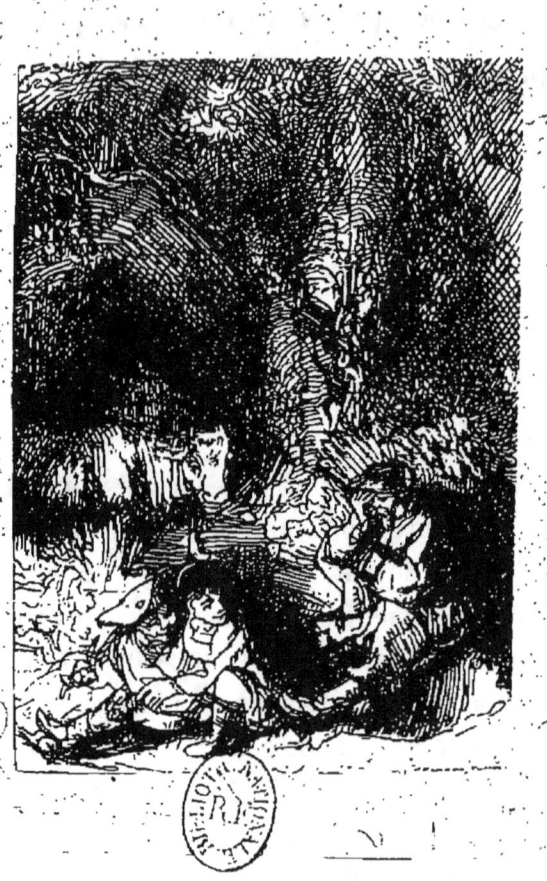

fiance des maris jaloux, et en même temps elle prodigue les consolations aux maris trompés...

> Quand on le sait, c'est peu de chose;
> Quand on l'ignore, ce n'est rien.

Les poetes ont écrit de jolies choses sur le sommeil
des époux et sur la cécité des mères; mais quelque
hardies que soient les paroles, elles sont toujours plus
discrètes que l'image. La peinture est une poésie
muette, sans doute, et il semble que par cela même
ses représentations devraient être moins scabreuses
que les récits de l'écrivain ou les rimes du conteur;
cependant, il est des actions que le poëte peut, en les
racontant, gazer avec grâce, tandis que l'artiste ne
peut que les dessiner résolûment, sous peine d'exciter
l'imagination par ses réticences, plus vivement encore
qu'il ne provoque les regards par ses crudités.

155. L'Homme qui pisse.

Un paysan à gros ventre, dirigé vers la droite. Il est coiffé d'un
bonnet assez eleve et arrondi. Il porte un paquet sur le dos et une
gibecière au côté, et il a sa main gauche derrière le dos. On lit au
bas · *Rt.* 1630. Ce morceau est gravé finement et avec soin. Il est
rare. On le trouve surtout très-difficilement, beau d'épreuve, avec
les bords de la planche tant soit peu raboteux.

Claussin en a fait une bonne copie dans le même sens que l'original. On lit au bas : *Rembrandt 1631.* Cette copie vaut mieux

que celle en sens inverse gravée par Van Vliet du temps de Rembrandt.

Hauteur, 0,083 ; largeur, 0,049.

BARTSCH, 190. CLAUSSIN, 187. WILSON, 187.

156. *La Femme qui pisse.*

Une femme accroupie au pied d'un gros arbre qui s'élève sur la
gauche de l'estampe, auprès d'un buisson. La crainte d'être surprise dans cette posture est exprimée par le regard inquiet qu'elle
porte vers la gauche. Sa tête, son cou et sa poitrine sont dans
l'ombre que projette son chapeau. Au bas d'une petite marge, on
lit : *Rt 1631* Mais ce monogramme et cette date constituent un
premier état, car ils ne se trouvent que dans les premières
épreuves, qui ont le fond sale et qui sont extrêmement rares. Celles
du *second état* sont aussi fort rares. Le monogramme et la date y
sont effacés. Le fond est clair.

Il existe deux copies de ce morceau, l'une par Van Vliet en sens
inverse, l'autre par Claussin dans le sens de l'original.

Hauteur, 0,081 ; largeur, 0,063.

BARTSCH, 191. CLAUSSIN, 188 WILSON, 188.

Les pièces libres de Rembrandt ont quelque chose
de tellement sérieux qu'on ne peut pas les dire indé-
centes. Elles expriment, non pas l'intention graveleuse
d'un libertin, mais le sentiment d'un philosophe qui a
jeté un regard impitoyable sur la nature humaine, et
qui a voulu la voir sous toutes ses faces. Personne
n'est tenté de rire ni de sourire en les voyant. Ce
qu'elles ont de grossier est dans le modèle regardé,

mais non dans le peintre qui le regarde. Il y a un
fond d'ironie, mais d'ironie amère, dans la représen-
tation de cette femme surprise en un tel moment :
c'est un remède d'amour que les philosophes et même
les poëtes ont souvent recommandé. « Remarquons,
au demeurant, dit Montaigne, que nous sommes le
seul animal duquel le defaut offense nos propres compagnons, et seuls qui avons à nous desrober de nos
actions naturelles de notre espece. Vrayment, c'est
aussi un effect digne de consideration, que les maistres
du mestier ordonnent pour remedier aux passions
amoureuses l'entiere veuè et libre du corps qu'on recherche ; que pour refroidir l'amitié, il ne faille que
voir librement ce qu'on ayme. »

Ille quod obscœnas in aperto corpore partes
Viderat, in cursu qui fuit, hæsit amor.

La rareté de ces deux pièces, surtout de la seconde,
semble indiquer, au surplus, que Rembrandt n'a pas
voulu propager une image dégoûtante, et qu'il a eu
honte lui-même d'une aussi répulsive imitation.

157. *Le Peintre dessinant d'après le modèle.*

Cette estampe, connue en Hollande sous le nom de *Pygmalion*,
n'est terminée que dans la partie supérieure ; le reste n'est qu'é-
bauché confusement au trait jusqu'au tiers de la planche environ. On
y voit une femme nue, debout et vue de-dos, qui est montée sur une

escabelle et qui pose devant un peintre. Ce peintre, c'est Rembrandt lui-même, qui s'est représenté assis dessinant d'après le modèle. L'atelier où la scène se passe est bien semblable en effet à celui de Rembrandt, tel que le décrivent ses biographes. Des turbans, des armes, des draperies, sont suspendus à la muraille. Sur un piédestal, dans le fond, est posé un buste d'enfant. Vers le milieu de l'estampe est un chevalet, et à côté du modèle une branche de palmier. La partie ombrée de la planche est finie avec le plus grand soin, et si Rembrandt eût achevé tout ce morceau comme il l'avait commencé, il en eût fait certainement une de ses plus belles estampes.

On en connaît deux états.

Premier état. Le chevalet est entièrement blanc et les parties indiquées au trait sont chargées de barbes. Les épreuves de cet état sont de la plus grande rareté.

Deuxième état. Le chevalet est ombré dans sa partie supérieure, et les barbes ont presque entièrement disparu.

Nota. Aujourd'hui elles ont disparu tout à fait, car la planche ayant fait partie du fonds de la veuve Jean, est encore dans le commerce, et fort usée, cela va sans dire, et l'on en tire des épreuves très-arides.

Hauteur, 0,216 ; largeur, 0,180.

BARTSCH, 192. CLAUSSIN, 189. WILSON, 189.

Il y a un côté fort curieux dans cette estampe, qui est à la fois si rudement ébauchée et si délicatement finie : c'est qu'elle nous montre comment Rembrandt préparait ses planches, et avec quelle liberté il y dessinait du premier coup sa pensée. En général, lorsqu'un peintre ou un graveur fait une eau-forte, ses contours principaux sont arrêtés préalablement sur le papier et transportés sur le vernis : il n'a donc plus qu'à ombrer son sujet en le modelant. D'après la pièce que nous venons de décrire, on voit que Rembrandt procédait souvent d'une autre façon, et qu'il ne se servait point de calque. Faisant agir sa pointe sur le cuivre, comme aurait agi le crayon sur du papier, il étudiait ses formes avec l'hésitation d'un artiste qui est en présence de la nature ; il cherchait ses contours, et, sans crainte de rien gâter, il les corrigeait, les reprenait d'une main libre et vive qui exprimait la suite de ses impressions. Voilà comment la femme nue est dessinée, ou plutôt est indiquée ici, avec toutes sortes de surcharges. Les jambes, d'abord trop courtes, ont été allongées ; les talons ont été descendus d'un centimètre environ, et, partant, l'escabelle a été portée plus bas. Le peintre se réservait, en terminant sa planche, de choisir entre les divers contours, et, après avoir bien saisi la forme, de les noyer dans une ombre qui effacerait les premières hésitations de sa pointe. Cette manière d'opérer, si hardie et si familière, est justement ce qui conserve aux eaux-fortes du maître la chaleur, la vie, l'espèce de frémissement qui se perdent quand on commence par dessiner proprement son sujet sur le papier, et qu'après avoir décidé les contours et cerné les formes, on le transporte sur le vernis au moyen d'un calque à travers le papier-glace ou autrement.

Je remarque aussi que Rembrandt regarde d'abord

à l'ensemble et voit son modèle en grand, à l'inverse
d'Albert Dürer, par exemple, ou de Lucas de Leyde,
qui fortement saisis, dès le premier coup d'œil, par le
charme et l'intimité du détail, sont retenus dans la
précision et la sécheresse de chaque trait, et ne peuvent
plus ôter à leur dessin l'air de contrainte que l'imitation successive des parties imprime à l'ensemble.

158. *Homme nu assis.*

Étude d'un homme assis et vu de face. Il est nu, sauf une draperie qui lui couvre la ceinture. Ses jambes sont écartées et ses pieds
posent sur un escabeau. Il a les bras tombants et les mains jointes,
dans l'attitude d'un homme attristé qui réfléchit sur ses malheurs.
Son corps est tourné vers la gauche. Le fond, derrière la figure, est
ombre. On lit au bas de la gauche : *Rembrandt f. 1646.*

Aux premières épreuves il se trouve tant soit peu de barbes dans
les travaux du fond, vers le haut de l'estampe.

Hauteur, 0,164, largeur, 0,096.

BARTSCH, 193. CLAUSSIN, 490 WILSON, 490.

Les Hollandais appellent ce morceau l'*Enfant prodigue*. Ce doit être en effet une étude pour ce sujet, que
Rembrandt a traité plus d'une fois : car le sentiment
de l'affliction et de l'abattement y est déjà fortement
exprimé. Quand on a devant les yeux les belles épreuves
de cette estampe, on la trouve admirable. Il est impossible de modeler le nu avec plus de justesse, de vérité
et à moins de frais. Mais l'expression de la douleur

y est aussi frappante que le rendu de la chair. Cette
fois, la gravure a été précédée d'une étude lavée au
bistre, mais qui n'a pas été calquée sur le cuivre,
puisqu'elle est un peu plus grande que l'estampe. On
la conserve à la Bibliothèque de l'Arsenal. Dans le
dessin, l'expression est encore plus profonde et plus
douloureuse.

159. *Figures académiques d'hommes.*

Sur le devant de la gauche, deux hommes presque entièrement
nus, posant comme des modèles d'atelier. L'un est assis ayant la
jambe droite etendue ; l'autre est debout, laissant tomber son bras
gauche et appuyant son bras droit sur un oreiller. Dans le fond est
dessinée au trait une cheminée auprès de laquelle une femme
accroupie fait mine de jouer avec un petit enfant, place dans un de
ces chariots dont on se sert pour apprendre aux enfants à marcher.

On distingue deux états de cette pièce, dont le cuivre existe encore et a fait partie de la vente Jean.

Premier état. L'eau forte ayant mal mordu en plusieurs endroits,
la mâchoire droite de l'homme debout laisse voir une lacune
d'ombre. Des lacunes semblables se remarquent le long du bras
droit de l'homme assis, sur son cou et sur son épaule droite, ainsi
que le long du bord gauche de la planche, à la hauteur de l'épaule.
Assez rare.

Deuxième état. Ces lacunes ou ces taches blanches ont été couvertes par des travaux additionnels qui ont repare les defauts de la
morsure.

Hauteur, 0,195 ; largeur, 0,126.

BARTSCH, 194. CLAUSSIN, 191. WILSON, 191.

J'ai possédé un dessin de Rembrandt, lavé au bistre,

qui représente la figure de l'homme debout, dessinée d'après nature avec une vérité surprenante, c'est-à-dire dans toute sa maigreur et sa laideur; le modèle y a exactement la même physionomie que dans l'estampe : ce qui prouve, une fois de plus, que Rembrandt ne reportait point sur le cuivre le calque de ses dessins, et qu'il se contentait de s'assurer des formes, en consultant de près la nature, précaution surtout nécessaire pour graver une feuille d'études d'après le nu, ou, comme l'on dit, de figures académiques.

Un détail tout à fait charmant dans cette eau-forte, c'est le rapide croquis de cette femme qui fait des singeries de tendresse à un enfant. Rien de plus joli que ce croquis naïf, semblable, pour la figure du bambin, à un dessin de Rubens qui est au Louvre et qui représente aussi un enfant dans sa roulette.

160. *Académie d'un homme assis à terre.*

Un homme nu, assis sur le sol, vers la partie droite de l'estampe. Son corps est dirigé du côté opposé. Il est appuyé sur sa main gauche et il a la jambe gauche tendue. Sa main droite est posée sur le genou de l'autre jambe qui est pliée. Le fond est ombré. Derrière la figure, on lit au bas, vers la gauche : *Rembrandt f. 1646.*

Les premières épreuves, qui sont rares, ont été tirees de la planche non ébarbee.

Hauteur, 0,096; largeur, 0,163.

BARTSCH, 196. CLAUSSIN, 193. WILSON, 193.

161. *La Femme devant le poêle.*

Une femme assise dans une chambre, vers la gauche de l'estampe, et dirigée vers la droite. Elle est nue jusqu'à la moitié du
corps, et son bras droit est appuyé sur sa chemise, qui est descen-
due jusqu'aux hanches, et qui est placée sur un tabouret à côté
d'elle. Son bras droit est appuyé sur ce tabouret Le bas de sa
jambe gauche est nu et posé en travers sur une pantoufle. On voit
sur la droite un poêle surmonté d'un tuyau carré, qui a fait donner
à cette estampe, par les Hollandais, le nom de *het Vroutje aan de
Kaggel,* la femme devant le poêle. On lit au milieu de la traverse
du tuyau : *Rembrandt f.* 1658.

Gersaint, Bartsch et Claussin ont commis plusieurs erreurs au
sujet de ce morceau. Voici, en réalité, quels en sont les divers états,
au nombre de six :

Premier état. Il est presque unique. Le fond, au lieu d'être
ombré avec des hachures, est couvert d'une espèce de grain semblable à celui de l'aqua-tinta. La niche est à peine marquée, et on
n'en voit pas le contour sur le côté gauche. La partie nue du corps,
le pied droit et le haut de la jupe ne sont ombrés que d'une seule
taille ; la rondeur du sein droit est indiquée seulement par quelques
hachures courtes.

Second état. Les deux seins sont plus modelés : on y remarque
des secondes et des troisièmes tailles assez fines. On voit aussi, près
du sein droit, sous l'aisselle, des tailles croisées qui n'étaient point
dans l'épreuve précédente. Dans le fond, le long du tuyau de
poêle, on distingue des contre-tailles verticales. Le tuyau lui-même
présente, dans le bas, quelques secondes tailles légères. Très-rare.

Troisième état. Le fond est plus travaillé, et l'on y voit des
troisièmes et quatrièmes tailles, le tuyau est couvert, dans sa partie claire, de tailles et contre tailles horizontales et verticales. La
niche, plus distinctement accusée, se termine à gauche par une

ligne droite, qui indique dans le mur un nouveau plan. Le pied
droit est couvert de contre tailles obliques. On en distingue aussi
de tres serrées qui sont données au dessous de la chemise, sur le
tabouret où le modèle appuie sa main droite. L'espèce de housse
qui recouvre ce tabouret présente une bordure ornée qui ne se
remarquait pas dans les états antérieurs.

Quatrième état. C'est ici seulement que le graveur a ajouté une
clef au poêle.

Nota. Gersaint, Bartsch et Claussin ont placé cette clef à la première épreuve, sans qu'on puisse expliquer une semblable erreur.
Mais comme il y a des épreuves sans clef, ils ont été obligés de
dire que Rembrandt avait supprimé la clef et l'avait ensuite rétablie ; ce qui a paru si singulier à Gersaint lui même, qu'il ajoute :
« Il serait bien difficile de donner la raison de ce changement. » La
vérité est que la clef de la quatrième épreuve est identiquement la
même que la clef des épreuves suivantes, ainsi que Wilson l'a fait
observer avec raison, et qu'en examinant bien les états antérieurs,
on n'aperçoit aucune trace de cette pretendue suppression de la
clef.

Cinquième état. Il ne diffère du précédent qu'en ce que le haut
du jupon est couvert de tailles croisées. C'est par erreur que Wilson indique ce changement dans le quatrième état : car nous
voyons au Cabinet des estampes de Paris une épreuve *avec le bon
net et la clef,* c'est à dire du quatrième état, dans laquelle ne se
trouvent pas de tailles croisees sur le haut du jupon. La présence
de ces tailles constitue donc réellement un cinquième état.

Sixième état. La femme est sans bonnet : elle est coiffée en cheveux. Il y a toujours une clef au poêle.

Hauteur, 0,227; largeur, 0,185.

BARTSCH, 197. CLAUSSIN, 194. WILSON, 194.

En rapprochant cette estampe de celles qui portent
dans le catalogue de Claussin les n°ˢ 196 et 197, et

qu'on appelle *Femme au bain, Femme nue, les pieds dans l'eau,* je me suis assuré que ces trois morceaux représentent la même personne. Il est clair, en effet, que ce n'est pas là une figure de fantaisie, car ces trois femmes ont le même corps, la même fermeté dans les chairs, le même bonnet, la même physionomie ; c'est, en un mot, un portrait que Rembrandt a voulu faire ; mais lequel ? Pour moi, je ne doute point que ce ne soit là le portrait de sa seconde femme.

Nous lisons, dans la *Vie des peintres* d'Arnold Houbraken, que Rembrandt épousa une jeune paysanne du village de Rarep en Waterland. D'un autre côté, nous savons, de la manière la plus positive et par des actes authentiques, que la femme de Rembrandt, appelée Saskia Uylenburg, était, non pas de Rarep, mais de Leuwaarden, capitale de la Frise. Si donc l'assertion d'Arnold Houbraken est exacte, et tout le fait présumer, il faut que Rembrandt se soit marié deux fois. Or, cette conclusion à laquelle nous avions été conduit, en réfléchissant que le biographe hollandais tenait ses informations de Samuel van Hoogstraten, élève de Rembrandt, et par conséquent avait dû être bien renseigné sur un point aussi facile à connaître, cette conclusion, dis-je, se trouve aujourd'hui pleinement confirmée par le précieux document que M. Scheltema, archiviste de la ville d'Amsterdam, a découvert dans les registres mortuaires du Westerkerk (église occidentale). Ce document est ainsi conçu : « 8 *octobre* 1669 (a été inhumé) *Rembrandt van Rijn, peintre, demeurant sur le Rosengraft* (quai des Roses), *vis-à-vis du Labyrinthe. Il laisse deux enfants.* » Or nous savons à n'en pas douter que Rembrandt survécut aux enfants qu'il avait eus de Saskia Uylenburg. Le premier de ces enfants mourut fort jeune, en 1638, et fut enterré le 13 août dans le Zuyderkerk (église du sud); le second, qui était Titus van Rijn, dont nous avons parlé, mourut avant son père, ainsi qu'il résulte de la pièce suivante, également tirée des registres des enterrements du Westerkerk : « *Ici a été inhumé, le vendredi* 4 *septembre* 1668, *Titus van Rijn, fils de Rembrandt, demeurant sur le Singel.* » Rembrandt n'avait donc plus d'enfants de sa première femme lorsqu'il mourut en 1669. Les deux enfants qu'il laissa étaient donc d'un second lit, et c'est ainsi que le récit d'Houbraken cesse d'être en contradiction avec les pièces authentiques récemment découvertes.

Maintenant, dans ma conviction et suivant toute apparence, *la Femme devant le poéle, la Femme au bain, la Femme nue, les pieds dans l'eau,* et même la prétendue *Négresse couchée,* qui n'est qu'un modèle vu dans l'ombre, représentent cette paysanne de Rarep que Rembrandt épousa en secondes noces. Il faut prendre garde, au surplus, que ces estampes ont été gravées toutes les quatre en 1658, peu de temps après l'époque présumée de ce mariage dont l'acte n'a pas été retrouvé. Lorsque Rembrandt, après avoir été saisi et exproprié par autorité de justice, se remit au travail, il dut naturellement faire le portrait de sa nouvelle femme, suivant son habitude de peindre sans cesse les personnes qui l'entouraient, et il dut la représenter nue ou à demi nue, puisque étant laide de visage, elle n'était remarquable que par une certaine beauté de corps.

162. *Femme nue assise sur une butte.*

Une femme nue, tres grosse et aux carnations molles, dont la tête est vue de face et le corps dirige vers la droite de l'estampe. Elle est assise sur une butte couverte d'une draperie. Elle s'appuie de son bras droit sur la butte qui lui sert de siege et s'accoude, de l'autre, sur une partie plus elevée de cette même butte, où l'on voit sa chemise Ce morceau se rencontre difficilement beau d'épreuve

Hauteur, 0,175 , largeur, 0,159.

BARTSCH, 198 CLAUSSIN, 195. WILSON, 195.

Hollar a fait une jolie copie en petit de cette estampe. L'original est un morceau qui ne peut plaire qu'à un artiste : car la vue de ces chairs surabondantes et morbides, d'une gorge aussi mouvante, d'un ventre aussi flasque et de jambes aussi engorgées, serait un spectacle repoussant pour celui qui ne sentirait pas que ce modelé inexorable, cette vérité désespérante, sont l'œuvre d'un maître prodigieusement habile.

Nous avons vu à La Haye, dans la galerie de M. Van Steingracht, une *Bethsabé au bain,* qui rappelle tout à fait ces palpitantes carnations. C'est, du reste, un morceau de peinture fameux.

163. *Femme au bain.*

Une femme d'une physionomie maussade, et « dont la vue (dit Gersaint) est un vrai remède d'amour »; elle paraît sortir du bain. Elle a pour siége une espèce de banc sur lequel elle porte sa main gauche, sa droite est sur ses genoux. Son corps est presque de face; mais sa tête, qui est couverte d'une cornette de nuit, est vue de profil et penchée vers le bas de la droite; à sa gauche on voit un chapeau de feutre rond, qui ressemble à un chapeau d'homme dont le fond est très haut, et qui est entouré d'un cordon. On lit au haut de la gauche sur une espece de corniche : *Rembrandt f. 1658.*

Cette pièce est assez rare. On la trouve ordinairement imprimée sur papier du Japon. On en distingue deux états.

Premier état. Extrêmement rare. Le bonnet de la femme est très-élevé. Les barbes produisent dans les ombres un effet vigou reux et velouté.

Deuxième état. Le bonnet est plat. L'absence des barbes rend l'epreuve sèche et maigre.

Hauteur, 0,157; largeur, 0,126.

BARTSCH, 199. CLAUSSIN, 196. WILSON, 196.

C'est pour suppléer sans doute à l'insuffisance des travaux que Rembrandt a tiré presque toutes les épreuves de cette estampe sur ce papier du Japon dont le ton sourd et mordoré soutient le travail de la pointe et le termine.

Gersaint a fait, à propos de cette baigneuse, la remarque suivante :

« Je ne sçais pourquoi Rembrandt s'est attaché sı
« souvent à faire des figures nues, tant hommes que
« femmes, dans lesquelles il ne paroit pas qu'il ait ja-
« mais reussi. Je ne crois pas que l'on puisse en citer
« une qui ne soit desagreable à l'œil. Peut-estre ne
« pouvoit-il avoir de bons modeles, et qu'il rendoit les
« choses telles qu'il les voyoit ; cependant il excelloit
« assez dans son art pour en apercevoir le ridicule et
« l'incorrection. Il a fait tant de belles choses, en
« peinture et en gravure, qu'elles suffisoient pour lui
« faire sentir que ces sortes de sujets n'estoient pas de
« son genre. Il est à croire qu'il ne faisoit nullement
« attention à la correction du dessin, ni au choix et à
« l'agrement de ses figures, pourvu qu'il y mist un
« bon clair-obscur. »

Ces observations se réfutent elles-mêmes. Il est clair que Rembrandt a *réussi,* aussi bien que pas un, à exprimer le nu, mais qu'il ne voulait rien changer à la nature, se contentant de la voir en maître, je veux dire en grand : car si l'on compare ses nudités avec celles d'Albert Dürer, on verra que celui-ci a rendu la laideur dans ses détails les plus pauvres, tandis que Rembrandt en a reproduit le caractère général : il a vu l'ensemble et l'harmonie jusque dans le laid. C'est ce que l'on peut vérifier encore dans l'estampe qui suit.

164. *Femme nue, les pieds dans l'eau.*

Elle est assise au bord d'un ruisseau, dirigée vers la gauche et vue presque de face jusqu'à la cheville du pied. Sa tête inclinée et vue de profil est couverte d'une cornette de nuit. Elle prend de ses deux mains sa chemise qui est sur un oreiller à sa droite. Le fond est rocheux, avec quelques feuillages. Dans le coin gauche du haut on lit : *Rembrandt f. 1658.* Mais ces mots sont à peine visibles. Les premières épreuves se distinguent aux bords de la planche qui sont très-fortement marqués et forment un trait carré raboteux.

Hauteur, 0,162; largeur, 0,105.

BARTSCH, 200. CLAUSSIN, 197. WILSON, 197.

165. *Diane au bain.*

Une femme nue qui paraît représenter Diane. Elle est assise au pied d'un gros arbre entouré de broussailles, sur le bord d'un ruisseau, dans lequel ses jambes sont enfoncées jusqu'au-dessous du genou. Sa tête est vue presque de face, et son corps est dirigé vers la gauche de l'estampe. Elle s'appuie des deux bras sur une butte de terre qui est couverte d'un tapis de velours bordé d'une riche broderie, et elle porte ses deux mains sur un carquois. Sa chemise, dont une manche pendante touche à la surface de l'eau, est étendue sur le tertre où elle est assise et lui sert de tapis. Le fond est obscur et boisé. On lit au bas de la droite : *Rt. f.*, sans date. Ce morceau, délicatement gravé, se trouve difficilement vigoureux d'épreuve, l'eau forte n'ayant pas suffisamment mordu.

Hauteur, 0,178; largeur, 0,160.

BARTSCH, 201. CLAUSSIN, 198. WILSON, 198.

Bartsch et Claussin ont appelé cette estampe *Vénus au bain;* mais il est clair que c'est une Diane que Rembrandt a voulu représenter. Surprise au bain, en pleine forêt, la chasseresse porte la main à son carquois, et ce seul attribut la désigne à ne pas s'y méprendre. On voit encore, à demi cachée sous ses vêtements, une lance qui achève de marquer l'intention du peintre-graveur. Quoi qu'il en soit, la figure que Rembrandt a dessinée sur ce cuivre est aussi admirable pour un artiste qu'elle paraît laide aux gens du monde. Il est difficile d'exprimer les chairs d'une femme avec plus de vérité et de morbidesse, et j'ajoute avec si peu de travaux. Ce corps nu, qui n'est ombré qu'auprès de ses contours, est cependant d'une rondeur étonnante : on le sent tourner, palpiter, vivre. Assurément, les formes n'en sont pas idéales, et il est à regretter que Rembrandt n'ait pas eu devant les yeux de plus beaux modèles; mais le grand peintre, plutôt que de tomber dans la convention, a fidèlement suivi son maître, qui était la nature. Il s'est complu à exprimer par quelques tailles, toujours conduites dans le sens des muscles, la fermeté des carnations du bassin et des jambes, les tendresses de la chair dans les bras, et jusqu'aux plis de la peau sous le sein. Toutefois, sa *Diane au bain* n'a point l'aspect rebutant et la laideur de la *Femme assise sur une butte.* Les formes sont, ici, moins déchues et tout aussi vraies. Quant à l'ensemble de l'estampe, on peut le regarder comme un tour de force de modelé, comme un chef-d'œuvre de clair-obscur; c'est par là qu'elle plaît tant aux amateurs et surtout aux peintres.

166. *La Femme à la flèche.*

Une femme nue, vue par le dos, est assise sur un lit entouré de courtines. Sa tête est coiffée d'une sorte de résille, ses jambes sont croisées, et l'on voit la plante de son pied gauche retourne. Sa main gauche s'appuie sur le lit, et de sa main droite elle tient une flèche. Sur le devant du lit, du côté gauche, est placé son linge; une manche de sa chemise pend jusqu'à terre. Du même côté, on aperçoit dans l'ombre une tête placée à la hauteur de l'epaule, au bas du rideau. Dans le bas de la gauche on lit : *Rembrandt f.* 1661.

Cette pièce est la plus rare des figures académiques de Rembrandt. Il n'en existe à notre connaissance qu'un seul état. Les premières epreuves sont très-chargées de barbes.

Hauteur, 0,206; largeur, 0,123.

BARTSCH, 202. CLAUSSIN, 199. WILSON, 199.

Wilson décrit deux états de cette pièce; mais je crois qu'il se trompe. « Dans le premier état, dit-il, le nom « et la date sont faiblement exprimés, et on remarque « des places claires dans le bas de la planche, au-dessus « de la date, vers la droite. Une épreuve de ce premier « état est au Musée d'Amsterdam; elle est remplie de « barbes. Dans le second état, le nom est fortifié,

« mais non la date, et les places claires sont couvertes
« par de nouveaux travaux. »

J'ai vérifié, au Musée d'Amsterdam, les deux états
ainsi décrits par Wilson; et il me semble qu'il n'y a
aucune différence entre les deux épreuves. Seulement,
dans l'une, le nom est fortement exprimé; dans
l'autre, il l'est très-faiblement, au point qu'il est à
peine lisible. Or, ce qui fait lire le nom dans la première épreuve, c'est la barbe à laquelle s'est accroché
le noir d'impression; une fois la barbe disparue, le
nom ne se voit presque plus, parce que la pointe n'a
fait qu'effleurer le cuivre. Il en résulte que Wilson
s'est trompé, non-seulement en voyant deux états là où
il n'y en a qu'un seul, mais en décrivant comme première épreuve celle qui n'a point de barbes, laquelle,
dans tous les cas, serait certainement la seconde.

De toutes les estampes de Rembrandt qui sont
datées, la *Femme à la flèche* est la dernière. Sauf le
clair-obscur, cette estampe ne vaut pas, à beaucoup
près, les autres figures académiques. On dirait même
que la femme représentée a deux pieds gauches. La
planche, au surplus, a cela de singulier qu'elle semble
crayonnée, et qu'elle ne représente ni l'aspect d'une
eau-forte, ni celui d'une pointe sèche. De nos jours,
Decamps et Marvy ont obtenu de pareils effets avec le
vernis mou.

167. *Antiope et Jupiter.*

Antiope est nue, couchée sur un lit et endormie. La tête repose au haut de la gauche de l'estampe et ses pieds sont tout près du bas de la droite. Ses genoux sont ployés ; ses bras, dont le gauche lui entoure la tête, sont jetés sur son oreiller et ses mains sont jointes. Derrière elle, vers la droite, paraît Jupiter sous la forme d'un satyre qui soulève le drap du lit et regarde la nymphe d'un œil ardent. On lit au milieu du bas, sous le genou de la nymphe, *Rembrandt,* et au dessous, 1659. Ce morceau est rare.

On en distingue deux états.

Premier état. Extrêmement rare. Les bords de la planche sont raboteux, et la présence des barbes donne à l'estampe un effet velouté et brillant. Les épreuves de cet état sont ordinairement sur papier du Japon. On les reconnaît encore à l'absence de toute inscription autre que le nom du peintre.

Second état. L'effet des barbes est affaibli ou a disparu. La figure du satyre est plus chargée de travaux, et on lit au haut de la droite l'inscription : *Jupyn als hy onsluit.*

Hauteur, 0,139 ; largeur, 0,205.

BARTSCH, 203. CLAUSSIN, 200. WILSON, 200.

Il est assez vraisemblable que Rembrandt, lorsqu'il a gravé cette estampe, avait sous les yeux quelque gravure italienne ou quelque dessin d'après l'*Antiope* du Corrége : car il y a beaucoup de rapport entre la composition du Corrége et celle de Rembrandt. L'attitude de la nymphe est à peu près la même ; dans le tableau du peintre italien, comme dans l'estampe du peintre hollandais, Antiope a ses bras voluptueusement jetés autour de sa tête, les genoux ployés et le corps à l'abandon. Elle laisse voir ainsi sa poitrine soutenue, ses flancs découverts et des charmes que dérobe à nos regards l'ombre même du satyre concupiscent. Il faut convenir pourtant que tout dans cette estampe, à l'exception de la tête lubrique de Jupiter, si spirituellement gravée, tout, dis-je, est d'une laideur repoussante. Dans la partie inférieure, surtout, le corps d'Antiope ressemble à une figure en bois qui serait seulement dégrossie. Il faut ajouter, pour être juste, que le travail du graveur semble répondre, cette fois, par sa négligence, sa grossièreté et sa sécheresse, au peu de soin qu'a pris le peintre de corriger les formes malheureuses que la nature lui montrait. Enfin, n'était ce clair-obscur, toujours prestigieux, dans lequel Rembrandt sait envelopper toutes ses fautes et qui sert comme de voile mystérieux à la plus franche laideur, une telle gravure serait absolument sans intérêt, sans aucune saveur, sans excuse, et il ne viendrait assurément à l'idée de personne de convoiter un instant pour lui-même ce qui fait ici l'objet des ardentes convoitises du vieux Jupiter.

168. *Danaé et Jupiter,*

Pièce dite : *Femme nue dormant.*

Elle est couchée presque nue et endormie sur un lit, sa tête à la droite de l'estampe, ses pieds à la gauche. Son bras droit est étendu et la main est posée sur le milieu du corps. Son autre bras, qui est aussi étendu, se porte en avant du lit, et la main est pendante. Dans le fond, on voit s'avancer de face un satyre, à mi-corps, qui s'appuie de la main droite sur le lit et qui, de la gauche, écarte le rideau. Au milieu du dossier du lit est gravé : *Rt.*

Claussin et Wilson ont décrit ainsi trois épreuves différentes de ce morceau.

Premier etat. Extrêmement rare. La couverture du lit qui cache les jambes de Danaë ne vient qu'au-dessous du genou. La planche est de forme irrégulière. Le monogramme de Rembrandt n'est pas encore gravé.

Deuxième etat. Le monogramme est ajouté; pas d'autre différence.

Troisième état. La couverture est remontée, et elle couvre les cuisses de la dormeuse. La planche est régularisée et les bords sont unis.

Hauteur, 0,081 ; largeur, 0,108

BARTSCH, 204. CLAUSSIN, 201. WILSON, 201.

C'est Wilson qui a restitué à cette estampe son vrai nom : *Danaé et Jupiter.* On y remarque, en effet, des pièces de monnaie qui tombent du ciel (j'entends le ciel du lit). La figure dort à merveille; mais Rembrandt, qui voyait le côté humain et vrai de toute chose, ne s'est pas borné à représenter la pluie d'or : il a joint la réalité au symbole, et Jupiter arrivant dans l'alcôve de Danaé, sous la forme d'un satyre, nous promet qu'il ne s'en tiendra pas à la fiction.

169. *La Négresse couchée.*

Une femme couchée sur un lit, vue par derrière, la tête à la droite de l'estampe, les pieds à la gauche. Cette figure occupe toute la longueur de la planche ; elle est gravée dans une manière très-rembrunie. Au bas de la gauche est écrit : *Rembrandt 1655.*

Wilson est le premier qui ait décrit deux états de la *Négresse couchée.* Nous en avons distingué trois.

Premier état. Le drap sur lequel la femme est couchée n'est ombré à droite, contre le bord de la planche, que par une seule taille. L'eau forte ayant mal mordu, la planche est sans harmonie et d'un aspect désagréable.

Deuxième état. La planche a été remordue et présente un effet nourri et harmonieux. Le drap a reçu des entre-tailles et des contre-tailles près de l'épaule et de la tête.

Troisième état. Quelques travaux additionnels ont fait disparaître des places blanches le long du bord supérieur de la planche, notamment sur la gauche ; mais le cuivre était déjà usé. Les épreuves de cet état ressemblent assez, pour l'effet, à celles du premier ; elles présentent, sur le bord de la hanche, un reflet cru.

Hauteur, 0,081 ; largeur, 0,159

BARTSCH, 205. CLAUSSIN, 202. WILSON, 202

Bien que l'estampe ici décrite soit appelée communément *la Négresse couchée,* il est évident que le peintre a voulu tout simplement représenter une femme nue dans l'ombre. Cette figure, gravée en 1658, est certainement la même que nous avons déjà vue sous les noms de *Femme au bain, Femme nue, les pieds dans l'eau, Femme devant le poêle,* et *Femme à la flèche,* et il est plus que probable que c'est la paysanne Rarep que Rembrandt épousa en secondes noces, comme nous l'avons dit plus haut. Quoi qu'il en soit, si l'on a devant les yeux une belle épreuve du second état, au noir velouté, tranquille et harmonieux, on peut dire que Rembrandt n'a rien fait de plus beau. Pour moi, l'estampe me fait absolument l'effet d'une peinture, tant les clairs du linge, opposés à la chaude demi-teinte du torse, ressemblent à des épaisseurs de lumières faites au pinceau.

PORTRAITS

PERSONNAGES CONNUS [1]

170. *Corneille Anslo.*

Le portrait de Corneille Anslo ou Ansloo, ministre anabaptiste. Il est vu de face, assis dans un fauteuil, derrière une table, sur laquelle il y a un grand livre ouvert et posé sur deux autres qui sont couches. Sa tête est couverte d'un chapeau rond à larges bords ; il porte une fraise autour du cou, et sa robe est bordée de fourrure. Il tient une plume de sa main droite, laquelle est appuyée sur un livre ferme, et de la gauche il montre le livre qui est ouvert. Sur le milieu de la table il y a une écritoire. On lit sur une espèce de paravent qui a la forme d'un dossier de fauteuil, et qui se voit à la droite : *Rembrandt f* , et au dessous : 1641. Rare.

On connaît deux etats de cette estampe.

Premier etat. De la plus grande rarete ; on y voit, dans le bas de la planche, une marge toute blanche, le travail du graveur ne descendant pas encore aussi bas que dans les épreuves ordinaires.

Second etat. La marge est couverte par la prolongation des travaux dans la partie inférieure de l'estampe. Cette seconde épreuve n'a jamais la finesse ni le brillant de la première.

On a de ce portrait une copie qui est des plus belles et des plus

1. Pour faciliter les recherches, nous les rangeons ici par ordre alphabetique, comme on l'a fait au Cabinet des Estampes de Paris.

trompeuses qui aient été faites d'après une estampe. Salomon Savry, très-habile graveur, à qui elle est attribuée, y a réuni, à une facilité de travail que l'on ne rencontre guère dans les copies, une exactitude si scrupuleuse, que bien des connaisseurs très exercés l'ont prise pour l'estampe originale. On lit au bas quatre vers hollandais, commençant par les mots : *Siet Ansloos beeltnis,* et finissant par ceux-ci : *als harder steedts verlaten.*

Cette très-belle copie est fort rare, particulièrement si l'épreuve est en son entier, car, pour mieux tromper, on a souvent coupé la marge qui contient les quatre vers hollandais. « C'est pourquoi il faut s'en méfier, dit Bartsch, et bien examiner les deux autres caractères qui la font reconnaître, et qui consistent : 1° en ce que l'espace compris entre le dossier du fauteuil sur lequel Anslo est assis, et le bord gauche de la planche, porte environ 18 lignes, au lieu que ce même espace n'a que 9 lignes environ dans l'estampe originale, ce qui fait que la largeur totale de la copie est de 6 pouces 7 lignes (soit 0,178 millimètres), 2° en ce que, dans la copie, le gland au bas du dossier est chargé de beaucoup de hachures qui se croisent, au lieu que ce gland n'est couvert que d'une simple taille dans l'original. »

Hauteur, 0,189, largeur, 0,160

BARTSCH, 271. CLAUSSIN, 268. WILSON, 273.

Claussin dit avoir vu des épreuves du second état de cette planche, dans lesquelles on avait essayé d'imiter la marge qui se trouve dans les épreuves du premier état, en couvrant ou en essuyant à l'impression le bas de la planche. Mais Claussin s'est légèrement trompé en pensant que la supercherie avait été faite sur les épreuves ; c'est sur la planche elle-même qu'on l'a commise, en grattant les travaux additionnels du se-

cond état et en les brunissant, de manière à rétablir
l'estampe telle qu'elle était dans le premier état. La
planche ainsi remaniée est maintenant en Angleterre.
Aussi en voit-on assez souvent des épreuves chez les
marchands de Londres : ces épreuves, tirées sur papier
de Chine très-jaune, font du reste assez bon effet,
mais ne sauraient donner le change à un vrai connaisseur.

Gersaint s'est trompé, lui aussi, en donnant à ce
personnage le prénom de Renier. Il a confondu Cornelis
Klaas Anslo, célèbre prédicant, avec Renier Anslo,
poete hollandais, dont le portrait, peint par Govert
Flinck, a été gravé par Folkema. Il existe, dans une
biographie hollandaise des plus illustres prédicants de
la Hollande, des vers composés par Vondel pour être
mis au bas d'un portrait de Corneille Anslo, exactement copié d'après celui de Rembrandt. Les voici :

> Ay Rembrant! maal Kornelis stem,
> Het zichtbre deel is't minst van hem;
> T' onzichtbre Kent men slechts door d'Ooren.
> Wie Anslo zien wil moet hem hooren.

Ce qui signifie : « O Rembrandt! peins-nous la voix
de Cornelis, car la moindre partie de cet homme est
celle qui est visible ; l'invisible, nous ne la connaissons
que par les oreilles. Qui veut voir Anslo doit l'entendre. »

171. *Jean Asselyn.*

Le portrait de Jean Asselyn, surnommé *Krabbetje*. peintre célèbre. Il est debout, vu presque de face, à mi-corps et dirigé vers
la gauche. Sa tête est garnie de longs cheveux et couverte d'un
chapeau de forme pointue, à bord retroussé. Il porte un rabat en
forme de collet, au-dessous duquel pendent deux glands. Il est enveloppé dans son manteau ; sa main gauche, qui tient un gant, est
posée sur sa hanche, sa main droite est appuyée sur une table où
l'on voit la palette du peintre avec plusieurs livres. On lit au bas
de la droite : *Rembrandt,* et au-dessous 164..; mais ces chiffres
ne sont pas nettement exprimés.

Il y a trois états de cette planche.

Premier état. Il est extrêmement rare. On voit derrière la figure,
dans le fond, un chevalet sur lequel est posé un tableau représentant un paysage avec des ruines, semblable à ceux qu'avait cou-
tume de peindre Asselyn.

Second etat. Le chevalet est effacé, mais on en distingue encore
quelques traces, principalement autour de l'épaule et du bras
gauches. Assez rare.

Troisième état. Le fond est nettoyé, mais le nettoyage n'arrive
pas tout à fait jusqu'au bord des contours de la figure.

Quatrième état. Le fond est entièrement nettoyé; l'estampe est
appauvrie.

Nota. Cet état est très-commun. Les possesseurs de la planche,
qui est aujourd'hui en Angleterre, ont fait retoucher la tête, particulièrement dans le nez et dans la joue droite, et cette retouche,
lourdement executée, a défiguré le portrait. Ce sera, si l'on veut,
un *cinquième état.*

Hauteur, 0,216, y compris une marge de 0.029 ; largeur, 0,166.

BARTSCH, 277. CLAUSSIN, 274. WILSON, 279.

Le mot *Ezel* en hollandais veut dire à la fois *âne* et

chevalet. Or, dans le catalogue dressé pour la vente de la collection d'Amädé de Burgy, catalogue publié en 1755 à La Haye, et imprimé en hollandais avec la traduction française en regard, on lit à l'article du portrait d'Asselyn, dit Krabbetje : *le même avec* L'ANE *derrière lui. Extraordinairement rare.* Cette méprise du traducteur, assez comique en elle-même, donna lieu, dit-on, au siècle dernier, à une aventure plus plaisante encore. Un spéculateur allemand, ayant lu sans doute le catalogue de Burgy, ou ayant fait de son côté la même confusion de mots que le traducteur, imagina de fabriquer un premier état du portrait d'Asselyn avec une épreuve ordinaire, au moyen d'une seconde planche où il fit graver... un âne. Le brave Tudesque expédia son épreuve en Angleterre, et la fit présenter à un riche amateur, qui heureusement s'y connaissait. On juge si la supercherie fut découverte et aux dépens de qui elle fit rire. L'Anglais répondit au spéculateur, en lui renvoyant son épreuve, qu'il s'était trahi en dessinant, au lieu du chevalet, sa propre image.

Mais pour en venir à l'original de ce beau portrait, c'était un peintre charmant, un Batave que l'Italie avait séduit, et qui en avait rapporté dans sa brumeuse Hollande un rayon de ce beau soleil que notre Claude avait inventé. Sandrart nous apprend qu'Asselyn était élève d'Isaïe Van de Velde, peintre de batailles, qui florissait à La Haye [1]. Né à Amsterdam vers 1610, Asselyn fut un de ces artistes qui, au xviiᵉ siècle, firent le pèlerinage de Rome, comme autrefois les Croisés faisaient celui de la Terre-Sainte. Il y avait alors à Rome une joyeuse société de peintres—on l'appelait la société *Bentivogli* — qui était en possession de baptiser d'un sobriquet tous les nouveaux venus. Cela se passait en grande cérémonie dans un festin où l'on riait, où l'on buvait aux dépens du récipiendaire, et qu'on appelait la fête du baptême, *la festa del battesimo,* bien que l'usage de l'eau y fût interdit. Asselyn reçut le surnom de *Krabbetje* (petit crabe), à cause de la difformité de ses mains, et l'on peut observer que Rembrandt a fort bien dissimulé ce défaut en fermant une main et en cachant l'autre sous la hanche, et qui donne au modèle une attitude fière et dégagée.

Parmi tous les peintres illustres qui abondaient alors à Rome, Asselyn en remarqua deux qui eurent tout de suite sa préférence : c'étaient Claude Lorrain et Pierre de Laer, un poete et un bouffon. Celui-ci venait d'introduire dans le domaine de la peinture le goût de ces petits tableaux familiers qu'on appelle *bambochades;* l'autre, épris d'amour pour la solennité

1. Inter Amstelodamenses subdialium pictores, Hasselinus valde celebris erat, tam quoad equorum, quam aliorum animalium hominumque figuras et quoad prælia : discipulus enim fuit Jesaiæ de Velde, artificis in hoc pingendi genere qui Hagæ comitis habitabat. *Academia nobilissimæ artis pictoriæ... Norimbergæ,* 1683, in-fol.

des campagnes romaines, lisait dans cette grande nature comme on lit dans un poeme héroïque. Chose
bizarre! ce fut du mélange de ces deux génies si différents que se composa la personnalité d'Asselyn. Au
milieu de ces solitudes où les ruines pendent de toutes
parts, et dont le caractère auguste avait été si bien
senti pour la première fois par Claude et par Nicolas
Poussin, le peintre hollandais peignit, pour toutes
figures, le villageois qui chasse devant lui son âne, ou
le voyageur qui va passer la rivière sur'un bac, suivi
d'un cheval blanc chargé de ses valises. Ces beaux
environs de Rome, Asselyn les parcourut en artiste,
dessinant avec un soin pieux les monuments écroulés
qu'on y rencontre à chaque pas, ruines élégantes, toujours décorées de verdure et couronnées de souvenirs :
ici, les vestiges de la maison de Cicéron, où des arbres
entiers ont pris racine; là. le temple de la Sibylle ti-
burtine à Tivoli, temple circulaire dont il ne reste plus
que deux ou trois colonnes mutilées qui ont maintenant des fleurs au lieu d'acanthes à leur chapiteau co-
rinthien. Asselyn n'a rien oublié de ce qui peut em-
bellir son paysage ou y intéresser notre érudition et
nos regards. Sans intention peut-être, il arrive à des
contrastes qui ont toujours de la puissance sur notre
esprit, en dépit de leur classique banalité. Il peint
naivement, parce qu'il l'a vu, le muletier qui chemine
en sifflant au pied de ces informes amas de pierres qui

furent jadis les trophées de Marius. La grotte d'Aqua-
farelle, où Charles-Quint fit dresser une table; les
restes de l'aqueduc de Frascati, qui amenaient l'eau
dans le palais d'Auguste; l'amphithéâtre de Vespasien,
si connu sous le nom de Colisée, sont autant de débris
qui prêtent au paysage d'Asselyn un style que rehausse
encore, par opposition, la vulgarité des figures. C'est
dans le sentiment de Pierre de Laer qu'il dessine ses
pâtres menant boire au Tibre leurs buffles sauvages,
ses troupeaux de chèvres, ses cavales, et le paysan
sabin qui passe enveloppé dans son manteau, et qui
semble, en marchant vers l'horizon, reculer encore la
profondeur du tableau. Mais c'est toujours l'architecture, ou plutôt ce sont toujours de nobles ruines éclai-
rées par le soleil d'eté qui font le motif principal de sa
composition, et Rembrandt a parfaitement déterminé
le genre où excellait son modèle, lorsqu'il a gravé sur
le chevalet d'Asselyn un paysage orné de fabriques. Il
n'est pas jusqu'à ce chapeau de forme élevée et pointue, si peu semblable aux chapeaux hollandais de Clément de Jonghe, d'Anslo, de Petrus Van Tol, qui ne
rappelle le voyageur récemment revenu d'Italie.

On ne sait au juste en quelle année Asselyn quitta
Rome; mais il est certain, d'après le témoignage de
Laurent Franck, peintre d'histoire, cité par Houbraken,
qu'après avoir visité Venise, Asselyn se trouvait à Lyon
en 1645, époque à laquelle il épousa la fille cadette de

Houvart Koorman d'Anvers, dont la fille aînée était mariée au peintre Nicolas de Helt Stocade. Il est dit qu'après le mariage d'Asselyn, les deux beaux-frères revinrent en Hollande avec leurs femmes, et ce renseignement nous permet de supposer que la date, si indistinctement écrite sur la planche de Rembrandt, est 1646.

Chateaubriand a peint, sans le savoir, un tableau d'Asselyn, lorsqu'il a écrit : « Je me réfugiai dans les salles des Thermes, voisins du Pœcile, sous un figuier, qui avait renversé un pan de mur en croissant. Dans un petit salon octogone, une vigne vierge perçait la voûte de l'édifice, et son gros cep lisse, rouge et tortueux, montait le long d'un mur comme un serpent. Tout autour de moi, à travers les arcades des ruines, s'ouvraient des points de vue sur la campagne romaine ; des buissons de sureau remplissaient les salles désertes. Les fragments de maçonnerie étaient tapissés de feuilles de scolopendre dont la verdure satinée se dessinait comme un travail en mosaïque sur la blancheur des marbres... Les sommités des ruines ressemblaient à des corbeilles et à des bouquets de verdure [1]. »

La lumière d'Asselyn, ordinairement adoucie par une légère vapeur, est une réverbération de celle de Claude. Ses teintes dorées et claires, quelquefois rou-

---

1. Voyez sa lettre a M. de Fontanes.

geâtres, ses ombres, fortement reflétées, vinrent faire
diversion aux paysages vert cru de Paul Bril et aux
tons bleus des Breughel, d'autant qu'il revint d'Italie à
peu près dans le même temps que Jean Both, Berghem,
Herman Swanevelt et Karel Dujardin. Ce dernier lui
ressemble, bien qu'il soit plus curieux, plus intime,
et qu'il ait pénétré plus avant dans les secrets de la
nature. Mais souvent leurs petites scènes d'auberge
ont de l'analogie, et à voir, par exemple, la jolie
estampe du *Cavalier,* gravée par Claessens d'après
Asselyn, on pourrait croire que la peinture est de
Karel.

Karel, Asselyn, maîtres aimables, qui avez chargé
vos paysages de nous dire toutes les impressions qui
émurent vos âmes naïves, vous êtes les peintres par
excellence du poète voyageur; vous devez être chers
à tous ceux qui ont laissé par les chemins une partie
de leur jeunesse et de leur cœur. Mieux encore que
leurs souvenirs, vos toiles, chaudes de soleil, les re
porteront aux montagnes de la Savoie, au pied des
Alpes, sur le flanc des Apennins. Ils croiront encore
entendre le chant du muletier. Ils reconnaîtront la
vieille tour en ruines qu'on leur montrait au loin
comme marquant la place où fut le camp d'Annibal;
ils diront : Voici le hameau où nous trouvâmes un
abri contre la chaleur du jour; voilà le pont qui nous
conduisit au monastère hospitalier, et, par ce sentier,

nous arriverions au sommet d'un de ces coteaux d'où
l'on découvre la douce Italie !

172. *Éphraïm Bonus,* dit *le Juif à la rampe.*

Le portrait d'Éphraïm Bonus, médecin juif. Il est dirige vers la
droite d'où vient le jour. Sa tête est vue de face et garnie d'une
barbe à la juive, il est couvert d'un chapeau haut de forme, à bord
rabattu. Il a la main droite posée sur le pilastre de la rampe d'un
escalier, il porte sur l'épaule gauche un manteau court sous lequel
le bras et la main sont cachés. Il y a au bas de la gravure une
marge Le nom de Rembrandt et l'année se trouvent au bas du
coin de la droite, mais on les distingue avec peine. L'année paraît
être 1647.

On connaît deux états de ce morceau.

Premier état La main, moins travaillée, laisse voir un blanc
au-dessus et à gauche du petit doigt, sur le gras de la chair. La
bague est tellement chargée de barbes, qu'elle en est noire. L'ombre
portée de la main n'est pas prolongée jusqu'au pilastre de la
rampe Les tailles verticales de la rampe sont inachevées et n'ar-
rivent pas jusqu'aux balustres. Le premier balustre à gauche est
presque entièrement blanc, n'ayant quelques tailles horizontales
que sur la droite. Les deux traits qui forment le contour supérieur
de l'ove n'y sont pas encore, et le contour inférieur n'est marqué
que par deux traits sans ombre. Le second balustre à gauche n'a
que trois contre-tailles dans son ove et n'a que trois contre-tailles
dans la partie droite du fût Les cannelures du pilastre ne sont pas
encore ombrées par des entre-tailles. L'épaisseur du pilastre est
entièrement blanche. La doublure en velours du manteau qui pend
sur la droite laisse voir un clair vif le long du contour. Presque
unique.

Second état. Le blanc dans le gras de la main a disparu. L'ombre
de la main descend jusqu'au pilastre, et les contre-tailles qui for-

ment cette ombre et qui n'allaient pas plus loin que le balustre
adossé vont jusqu'au second balustre. Les tailles de la rampe sont
prolongées jusqu'aux chapiteaux. Le premier balustre à gauche est
ombré le long du bord de la planche et achevé dans son ove. Le
second balustre a des contre-tailles verticales dans toute sa lon
gueur des deux côtés du clair. Les cannelures du pilastre sont
ombrées par des entre-tailles longitudinales. Le clair du manteau
est éteint par des tailles fines, presque verticales. Rare.

Hauteur, y compris la marge, qui est de 31 centim environ, 0,235; largeur, 0,177.

BARTSCH, 278. CLAUSSIN, 275. WILSON, 280.

Ce portrait est un des plus beaux et des plus fameux
de l'œuvre de Rembrandt. Sa rareté en augmente encore le prix. Il n'en existe que trois épreuves connues
du premier état, dites *à la bague noire :* celle du Musée
d'Amsterdam, celle du British Museum, qui a coûté
1650 florins, et celle qui appartient à M. Holford,
à Londres. On connaît le nom de l'original par tra-
dition et par un autre portrait du même personnage
que Livens a gravé. Portugais de naissance, Éphraïm
Bonus vint s'établir à Amsterdam dans la première
moitié du XVIIᵉ siècle, et il y exerça la médecine ; en
1651, il y obtint le droit de bourgeoisie. M. Scheltema, dans le livre qu'il a publié en hollandais [1] sur
Rembrandt, ne veut pas que l'on confonde Éphraim

1. Rembrand. Redevoering over het leven en de verdiensten van
Rembrand van Rijn, met een menighte geschiedkundige bijlagen mee-
rendeels uit echte bronnen geput. *Amsterdam, P. N Van Kampen,*
1853.

Bonus avec le médecin juif qui fut appelé auprès du
prince Maurice, lors de sa dernière maladie, en 1625,
quand tous les autres médecins l'avaient abandonné.
Celui-ci s'appelait Joseph Bonus, « et peut-être bien,
dit M. Scheltema, était-il le père d'Éphraim. »

J'ai vu chez M. Six, à Amsterdam, parmi les ma-
gnifiques tableaux de sa galerie, un excellent portrait
de ce même Éphraim Bonus par Rembrandt. Il est
peint à l'huile dans le même costume, dans la même
pose, pas plus grand que la gravure, et néanmoins
largement touché, d'un pinceau gras, vif et spirituel.
Eh bien, chose étrange! il n'y a pas moins de couleur
dans l'estampe que dans la peinture, et, si j'avais à
choisir, j'aimerais mieux peut-être une belle épreuve
de la planche.

Wilson, dans son catalogue [1], fait en passant, au
sujet de ce portrait de Bonus, une observation remarquable. « Il semble, dit-il, réfléchir sur la maladie
d'un de ses clients, *as if deliberating on the case of a
patient.* » On dirait, en effet, qu'il délibère s'il ne re-
montera pas l'escalier. C'est le propre des portraits
de Rembrandt de donner à penser, par cela seul qu'ils
paraissent penser eux-mêmes. Non-seulement ce sont
des merveilles de clair-obscur, de touche et de modelé;
mais la nationalité de l'homme, sa condition, son tem-

---

1. A descriptive catalogue of the prints of Rembrandt, by an amateur.
London, 1836.

pérament, sa physionomie morale, tout se découvre au
premier aspect dans ses portraits. Et lui, qui pour le
choix des costumes est si capricieux quand il traite l'histoire, il cesse de l'être dès qu'il se trouve en présence
d'une personnalité quelconque. Ministre, médecin,
bourgmestre, peintre, orfévre ou savant, chacun des
modèles de Rembrandt est caractérisé tout d'abord par
l'ajustement et par des accessoires dont pas un n'est
inutile; ensuite l'âme devient visible dans leurs traits;
les habitudes de l'esprit, les sentiments les plus intimes se trahissent aux moindres plis de la peau, à
l'attendrissement des paupières, à l'indicible expression du regard; et c'est par là surtout que ses portraits
sont si vivants. La flamme intérieure qui les éclaire les
rend plus lumineux encore que le rayon de soleil dont
le maître s'est fait un pinceau. Rembrandt exprime la
vie par la pensée, et les personnages de son tableau
peuvent dire comme le philosophe : « *Je pense, donc
je vis.* »

173. *Jacob Cats.*

Un vieillard très-ridé, vu de face et à mi-corps. Sa tête est couverte d'une calotte sous laquelle on voit sortir une mèche de cheveux au haut de son large front. Il porte une moustache rare. Son
corps, dirigé vers la gauche, est couvert d'une robe fourrée, par-
dessus laquelle est une chaîne d'où pend une médaille. Le fond
n'est entièrement clair que dans le haut de la droite. On lit au-
dessus de la tête : *Rembrandt Venetus :* et plus bas, 1635.

Le mot qu'on croit être *Venetus* n'est pas très-lisible, et pourrait bien être *Rhenetus,* c'est à dire du Rhin.

Hauteur, 0,150, largeur, 0,123

BARTSCH, 286. CLAUSSIN, 283. WILSON, 288.

Gersaint et Bartsch ont appelé ce portrait *Tête orientale,* mais il est certain que c'est le portrait de Jacob
Cats, qui fut le précepteur du prince d'Orange, comme
le prouve un tableau de Govert Flinck, gravé par
Schmidt, de Berlin, où l'on voit ce même personnage
donnant des leçons au jeune Guillaume II, prince
d'Orange [1]. Et de toute la série des portraits de Rembrandt, il n'en est peut-être pas de plus intéressant
que celui-ci.

C'est un des noms les plus populaires de la Hollande
que celui de Jacob Cats. Poëte, administrateur, diplo-
mate, mêlé à toutes les affaires de son temps, Cats eut

1. Le personnage que Flinck a représenté dans le tableau gravé par
George-Frederic Schmidt est exactement le même que celui connu sous
le nom de *Tête orientale* dans l'œuvre de Rembrandt (on le retrouve
aussi dans l'œuvre de Livens). Il n'y a de différence que dans le dessin
des deux peintres : la tête que Rembrandt a énergiquement accentuée
est accusée plus mollement par Flinck et d'un dessin plus rond ; à cela
près, l'identité est frappante. Or, on lit au bas de l'estampe gravée par
Schmidt : *le prince d'Orange Guillaume second auquel Cats explique un
trait de l'histoire de ses ancêtres.* Je dois avouer, cependant, qu'un portrait de Jacob Cats, peint à la même époque, justement en 1635, par
Mirevelt, et gravé par Delff, diffère beaucoup de celui qui nous occupe,
notamment par l'âge apparent du personnage. Y a-t-il eu deux Jacob Cats?
Cela est certain d'après le *Dictionnaire biographique* de Hoogstraten.

une grande renommée sa vie durant ; il entendit ses
vers répétés par tous les Hollandais ; il fut le chanson-
nier en vogue, le littérateur classique de son pays.
Mais, comme il arrive presque toujours, on se vengea
de l'admiration qu'il avait inspirée, et, lui mort, son
nom fut pendant quelque temps oublié ou traité avec
un injuste dédain ; changement qui s'explique assez par
l'inconstance du goût public et par l'inévitable fatigue
que produit une littérature, quand elle affecte des
formes arrêtées et prévues. On a pu dire de Cats que
c'était le La Fontaine de la Hollande, et il est certain
qu'il eut beaucoup de l'ingénuité de notre fabuliste. Or,
si on se lasse parfois de la naïveté, on y revient aisément. Cats fut remis en honneur au siècle dernier par
une réimpression générale de ses ouvrages ; d'éminents
critiques, et entre autres l'Addison hollandais, Van
Effen, prirent sa défense et lui ramenèrent l'opinion ;
mais cette fois ce fut pour toujours. Le peuple, en
Hollande, dit : le père Cats (*Vader Cats*), et, en effet,
il y a dans cet écrivain une sorte de bonhomie paterne
qui caractérise la vieillesse aimable et enjouée.

Jacob Cats n'a jamais écrit que sous la forme emblématique. Les pensées les plus simples, les plus connues, il les exprime par symboles, et souvent il les
relève ainsi de leur vulgarité même. Quelquefois, il se
sert d'images empruntées aux usages de la vie, pour
rappeler des idées subtiles, donnant ainsi une forme

commune à des pensées délicates, aussi volontiers
qu'il prête une forme délicate à des pensées communes.
Veut-il parler d'amour? veut-il donner des conseils à
la puberté? — et c'est là son sujet favori — il n'est
sorte de comparaison qu'il ne cherche et ne trouve.
Tantôt, la jeune fille nubile est comparée à une montre
de prix, qui marque les heures au commandement silencieux de l'amour, *indice, non sonitu;* et ici l'auteur
se plaît à peindre en distiques faciles, harmonieux et
brûlants, la muette éloquence d'une vierge, dont toute
la personne est une prière, ses yeux humides, ses lèvres
enflées, ses paupières de rose.

> Ora petunt, roseæque genæ, tumidæque papillæ,
> Solvitur in tacitas tota puella preces [1].

Tantôt, elle est symbolisée par un oignon qu'une
femme donne à un jeune homme, en faisant mine de lui
dire : *Nuda movet lacrymas, vestitam impune videbis* [2],
ce qui signifie : « Tu peux jouer impunément avec cet
oignon ainsi revêtu de sa pelure; mais si tu le dés-
habilles, il te fera pleurer. » Bien que les avertissements
du poete soient en général des plus chastes, il s'y glisse

---

1. V. *Jacobi Catzii J.-C. Monita amoris virginei, sive Officium puellarum in castis amoribus emblemate expressum.* Amsterdam, sans
date.

2 V. les *Emblèmes touchant les amours et les mœurs* dans le *Silenus
Alcibiadis sive Proteus, humanæ vitæ ideam, emblemate trifariam va-
riato, oculis subjiciens,* avec cette epigraphe : *Deus nobis hæc otia fecit.*
Amsterdam, 1618.

parfois une intention équivoque, et le naïf La Fontaine des *fables* devient alors le malicieux La Fontaine des *contes*. Ailleurs, il apprend aux novices en amour la douceur du fruit défendu, et que les amants, comme le chasseur, ne poursuivent que ce qui fuit. Les baisers qu'on dérobe sont les plus savoureux.

Basia luctanti rapta dedisse juvat.

Nos poëtes, nos moralistes, nos philosophes, Ronsard, Montaigne en particulier, sont mis à contribution, ainsi qu'Ovide, Virgile et Horace ; leurs pensées retournées de cent manières, et toujours présentées sous la forme emblématique, servent de thème à des vers hollandais, traduits en distiques latins, lesquels distiques sont eux-mêmes travestis en rimes gauloises tout à fait barbares, et sont illustrés par d'assez jolies gravures, naïves et rudes comme le texte. Ces planches de forme ronde ne sont pas du reste ce qu'il y a de moins remarquable dans ces ouvrages symboliques, d'autant qu'à l'inverse de la plupart des livres, ceux-ci présentent un texte expliqué par des gravures, au lieu que les gravures sont le plus souvent expliquées par le texte. Gravées par Schillemans sur les dessins d'A. van Venne, ces illustrations, d'un style d'ailleurs assez lourd, me rappellent le goût d'Otto Venius, qui fut le maître de Rubens.

Cats a vécu quatre-vingt-trois ans. Né à Brouwers-

haven en 1577, il mourut en 1660 à sa campagne de
Zorgvliet, sur la route de La Haye à la mer. Il avait
cinquante-huit ans lorsque son portrait fut gravé par
Rembrandt. Il était alors décoré de l'ordre de Saint-
Georges, qu'il rapporta de sa première ambassade en
Angleterre, où il fut envoyé en 1627. Il fut grand
pensionnaire de Hollande (*Raadpensionaris*) de 1636
à 1651, époque à laquelle on le renvoya comme plé-
nipotentiaire à Londres.

Hooft, Vondel et Cats ont eu la gloire de fixer la
langue hollandaise et de l'assouplir à la poésie. Celle
de Cats est presque toujours emblématique, et son
recueil se compose d'allégories, de chansons, d'idylles,
de proverbes et de fables. L'amour, qui joua un grand
rôle dans la vie de Cats, fut aussi le thème favori de sa
pensée et de ses vers. Il consacra tout un poeme, son
Officium puellarum, à la Virginité, et l'on peut voir que
le plaisir d'y parler de l'amour fut un des mobiles de
son imagination et de sa plume. Parfois, nous l'avons
dit, on croit sentir parmi ces moralités comme une
pointe de malice, particulièrement lorsqu'il revient sur
cette idée que rien n'est plus difficile à entretenir que
le feu de Vesta. C'est avec une ironie charmante qu'il
cite gravement, pour l'appliquer aux jeunes filles, le
mot de Tacite sur les peuples, qu'ils ne peuvent sup-
porter ni une liberté entière ni une entière servitude;
nec totam servitutem pati possunt, nec totam libertatem.

174. *Petit portrait de Lieven Coppenol.*

Pièce dite : *Le Petit Coppenol.*

Le portrait de Coppenol, maître ecrivain fameux. On l'appelle le petit Coppenol pour qu'il ne soit pas confondu avec le portrait suivant du même personnage, qui est dans de plus grandes dimensions. Le modèle est vu ici jusqu'aux genoux, assis dans un fauteuil, devant une table. Il a les cheveux courts et une petite moustache, sans barbe. Sa tête, couverte d'une calotte, est vue de face et son corps est dirigé vers la gauche. Il tient une plume de la main droite et il vient de tracer un C au haut d'une feuille de papier blanc sur laquelle est posée sa main gauche. Sur la table est placé un flambeau allumé qui éclaire tout le sujet. Derrière Coppenol, à droite, paraît un jeune garçon, vu presque de profil, qui regarde la page blanche et qui tient son chapeau, de la main droite, sur sa poitrine. Au-dessus de la table est une fenêtre au coin de laquelle pendent deux équerres et un compas.

Ce portrait est rare ; on en distingue cinq états :

Premier état De la plus grande rareté. On n'y voit encore ni compas ni equerre, la partie gauche du chandelier est seulement au trait, et il n'y a pas d'ombre au-dessous de la bobèche. Les barbes de la plume sont blanches et plus courtes, et ne sont pas arrêtées par un trait d'ombre. Vers le haut de la planche, à droite, on remarque une fenêtre fermée ayant la forme d'un œil-de-bœuf, mais tres-peu distincte.

Nota. Wilson fait mention d'une épreuve de ce premier état qu'il a possédée. Il l'avait achetee 91 liv sterl. (2,275 fr.) à la vente de sir Thomas Baring, en 1831. Cette épreuve sur papier de Japon provenait de la vente Barnard où elle avait été vendue cinq guinées en 1798. Elle avait été imprimée par Rembrandt lui même; l'encre d'impression avait été laissée à dessein sur certaines parties, qui autrement eussent été claires, et le visage du jeune garçon qui est derrière Coppenol était dans l'ombre. L'effet de cette épreuve, dit Wilson, est de la plus grande beauté.

Deuxième etat. Extrêmement rare. Les équerres et le compas sont ajoutés au coin de la fenêtre. L'œil-de-bœuf est très-distinct.

Troisième etat. On n'y voit plus l'œil de-bœuf, mais sur le haut du mur, du même côté, est un tableau cintré, à volets, qui represente Jésus crucifié et les trois Maries au pied de la croix. Sur le volet de gauche sont indiquées quelques fabriques; mais le sujet exprimé sur le volet de droite ne se distingue pas. Les épreuves de cet etat sont encore fort rares.

Quatrième état. Il n'y a ni l'œil-de-bœuf, ni le tableau, mais ce côte de la planche est couvert de hachures brutales qui laissent voir les traces du tableau effacé. L'ombre portée de la main gauche a eté reprise au burin en tailles horizontales. L'ombre de l'équerre est egalement fortifiée par une nouvelle taille diagonale au burin.

Cinquième etat. L'œil-de bœuf est rétabli. Le mur est chargé d'une ombre noire. On y remarque les derniers vestiges du tableau éffacé, qui forment comme des moulures. Les figures sont plus travaillees. Le montant de la chaise, contre le bord droit, a été renforcé par des tailles verticales non interrompues.

Nota. Il existe une copie du petit Coppenol par Basan.

Hauteur, 0,259. y compris la marge du bas, qui est de 22 millimetres, largeur, 0,189

BARTSCH, 282. CLAUSSIN, 279. WILSON, 284.

Lievèn Van Coppenol dut être un des plus intimes amis de Rembrandt, car le grand peintre fit quatre fois au moins le portrait du célèbre calligraphe. Deux fois il le peignit, et il le grava deux fois. L'un des portraits peints, qui faisaient partie autrefois de la galerie de Lucien Bonaparte, est aujourd'hui dans la riche collection de lord Ashburton, à Londres : Coppenol y est représenté tenant à la main une feuille de papier. C'est une des plus belles peintures du maître. L'autre tableau, apporté en France à la suite de nos victoires en 1806, et remporté en 1815, est aussi un morceau de prix. Voici la description qu'en donnent-les auteurs du Musée Filhol : « Coppenol est assis devant un bureau, sur lequel sont des livres et des papiers : il est vu presque de face ; il est vêtu de noir, et il porte au cou une fraise plissée, mais non empesée ; il est occupé à tailler une plume et semble écouter une personne qui lui parle ; il paraît avoir dans ce portrait environ cinquante ans... » « J'ai connu (ajoute l'auteur du texte) l'un des descendants de Lieven Van Coppenol. C'était un vieillard plus que septuagénaire ; il avait une épouse à peu près du même âge que lui. L'un et l'autre tiraient grande vanité d'avoir eu leur aïeul peint par un aussi célèbre artiste ; c'était pour eux un titre de noblesse qu'ils avaient soin de relever toutes les fois que l'occasion s'en présentait. Il était surtout curieux de les écouter lorsqu'ils essayaient d'assimiler le talent de leur grand-père à celui du peintre dont il fut l'ami. Il ne dépendait pas d'eux que la profession de maître d'écriture ne fût mise au pair avec celle de l'artiste. Quand la conversation tombait sur la peinture, souvent le mari entreprenait l'histoire de Rembrandt, que la femme interrompait aussitôt pour celle de Coppenol. Rien n'était plus plaisant que de les entendre, lorsqu'ils voulaient venger la mémoire de Rembrandt du reproche qu'on lui a fait d'avoir préféré la société du peuple à celle de personnages plus relevés ; ils criaient alors à la calomnie, et citaient en témoignage de son goût pour la bonne compagnie l'honneur qu'il avait eu d'être admis dans la familiarité de Coppenol.

« Ils avaient une ancienne épreuve de la gravure de Rembrandt, *le grand Coppenol,* qu'ils conservaient comme une relique. Elle était si enfumée qu'à peine pouvait-on en distinguer les traits. L'estampe était encadrée dans une grande et large bordure d'ébène, disaient-ils, mais qui n'était que du bois ordinaire verni en noir... Ils répétaient souvent : C'était un bel homme que Lieven Van Coppenol : sa figure a fait produire à Rembrandt un chef-d'œuvre. Ces braves gens étaient dignes du pinceau de Molière. »

Il est à propos de rappeler ici que la calligraphie était un art très-estimé chez les Hollandais. Les amateurs savent que le grand peintre de marines Ludolf Bakhuizen enseignait l'écriture aux enfants des riches bourgeois d'Amsterdam, et qu'il continua de pratiquer cet enseignement lorsqu'il eut acquis dans la peinture un nom illustre. M. Frédérik Müller, dans son précieux *Catalogue de sept mille portraits néerlandais... Amsterdam,* 1853, nous donne une liste, qui doit être à peu près complète, des fameux calligraphes de la

Hollande qui eurent l'honneur d'être peints ou gravés. Nous y voyons Ludolf Bakhuizen, Nicolas Bodding, T. Bleuet, J. de La Chambre, dont le portrait a été si bien gravé par Suyderhoef; P. de Sambix et M. Strick, qui furent gravés par W. Delff, et qui avaient été peints sans doute par Michel Mirevelt, son beau-père; Jacques Gadelle, D. Roland, Jean Van de Velde, qui fut aussi un poëte distingué et un graveur célèbre, et C. Boissens. Quant à Coppenol, les amateurs n'ignorent pas que son portrait a été encore dessiné et gravé par Corneille Visscher.

175. *Grand portrait de Lieven Coppenol.*

Pièce dite *Le grand Coppenol.*

Le portrait du même personnage. On appelle cette estampe *le grand Coppenol,* pour la distinguer du portrait qui précède. La tête du calligraphe est vue presque de face, couverte d'une petite calotte et garnie de cheveux blancs et courts. Il porte de petites moustaches, mais pas de barbe. Il est dirigé vers la droite et assis devant une table. A son cou pend un grand rabat plat et uni, dont la ganse n'est point attachée. Il est vêtu d'une espèce de soutane à petits boutons, et il a des manchettes ouvertes. Des deux mains, il tient un papier blanc, et il a une plume entre les doigts de sa main droite.

Ce morceau est rare. On en compte également cinq états :

Premier état. De la dernière rareté. Le fond est blanc, à l'exception d'une colonne placée à gauche, derrière le personnage, et montant jusqu'en haut de la planche. Cette colonne est ombrée d'une simple taille jusqu'au milieu de sa hauteur, la manche droite est blanche.

On ne connaît que deux épreuves de cet état : l'une est au Cabinet des Estampes de Paris, l'autre se trouvait dans la collection Verstolk de Soelen ; elle a été vendue à Amsterdam, en 1847, et adjugée au prix de 1250 florins.

Deuxième état. Le fond est encore blanc ; mais la manche, qui était claire dans le premier état, est ombrée ici d'une simple taille, et les travaux sur la colonne dépassent les trois quarts de sa hauteur. Cette épreuve est rarissime.

Troisième état. Très-rare. Le fond est couvert de tailles, et, au lieu de colonne, on y voit un large rideau qui touche presque aux extrémités des deux côtés, l'habit est plus travaillé, particulièrement au bras gauche. La manche a reçu des tailles horizontales.

Quatrième état. Il est encore rare. Le fond est plus rembruni, les plis du rideau sont plus marqués, et les manches sont couvertes de nouvelles tailles ; mais ce qui paraissait être du velours n'est plus que du drap.

Cinquième état. La planche est coupée et réduite aux dimensions de 157 millimètres de hauteur sur 132, de telle sorte qu'on ne voit plus que la tête du personnage et le haut de sa poitrine.

Nota. Il y a une froide copie de cette estampe dans toute sa grandeur : elle est de Basan ou de ses élèves.

Hauteur de la planche entière, 0,335, largeur, 0,281.

BARTSCH, 283. CLAUSSIN, 280. WILSON, 285.

Il faut en convenir, les deux portraits de Coppenol ne sont pas au nombre des bons ouvrages de Rembrandt. La tête du grand Coppenol est seule bien traitée ; elle est vivante, et l'on conçoit que les possesseurs du cuivre, trouvant la gravure lourde et sans esprit dans tout le reste de la planche, l'aient coupée, pour ne conserver que la tête. Au surplus, il est très-rare qu'on ait jamais réussi à l'eau-forte des portraits d'une pareille dimension. De grandes plaques de noir obtenues par un travail rude et griffonné ne sauraient satisfaire les yeux, et, dans ce cas, l'élégance du burin, le choix et la variété des travaux sont indispensables pour intéresser le regard.

Bien que l'estampe du *grand Coppenol* ne soit point datée, il est pour nous certain qu'elle fut gravée en 1661, dans la même année que la *Femme à la flèche ;* car il existe au Musée d'Amsterdam une épreuve du troisième état, au bas de laquelle on lit des vers hollandais écrits en calligraphie de la main de Coppenol, sur une marge laissée au bas du papier, avec la mention : *Lieven Van Coppenol scripsit anno 1661. Ætatis suœ 62.* Voici ces vers :

Op de afbeeldinge van M. Lieven van Coppenol
Fœnix schrijver van zynen tijdt.
Dit's Coppenol die Wonderlycke schrijver
Van Rembrand'ts hant : wiens oude vuijst, en yver
Loopt al wat schrijft om kunst zoo wijt verbij
Als't snelsts vaerting't loomste in't zeijlrijcke y.

Ce qui veut dire : « Voici, de la main de Rembrandt, le portrait de Lieven Van Coppenol, le phénix des maîtres-écrivains de son temps. Sa vieille main manie encore la plume avec intelligence. Il passe tous les calligraphes, comme le vaisseau le plus rapide devance les autres sur l'Y. »

176. *Abraham Frans.*

Portrait d'Abraham Frans ou Franssen, marchand d'estampes et amateur. Il est assis devant une table, qui est sur la droite, dans un fauteuil placé au bas d'une fenêtre, à travers laquelle on aperçoit un paysage Il regarde une estampe qu'il tient de sa main droite par en haut, et de l'autre par en bas. Sur la table, on remarque un portefeuille ouvert, une tête de mort, deux vases et un magot de la Chine Dans le fond, est suspendu à la muraille un petit tableau cintré, garni de deux volets, autrement dit un triptyque. Ce tableau représente, dans le milieu, un crucifiement. De chaque côté sont deux autres peintures également cintrées : celle de droite est un paysage ; le sujet de l'autre est caché par la tête et l'epaule de Frans.

Cette planche est très chargée de travaux. Il en existe non pas six, mais au moins huit etats :

Premier etat On ne voit pas encore de paysage à travers la croisée, mais il y a un rideau retroussé dont le pan couvre l'un des volets du tableau. Le personnage n'est pas assis dans un fauteuil, mais sur un tabouret qu'on ne voit point, ou sur un banc. Sa jambe gauche s'etend jusqu'au coin droit de la planche. Ses cheveux sont clairs.

Deuxième etat. Le rideau demeure tel que dans l'épreuve précedente, il n'y a pas non plus de paysage, mais le tabouret est devenu un fauteuil.

Troisième état. Le rideau est enlevé. On voit indistinctement, sur la table, deux vases près du magot chinois. La chevelure est encore claire ; il n'y a pas encore de paysage. La main droite paraît tenir une estampe, mais qui diffère de celle qu'on voit dans les etats suivants.

Les épreuves de ces trois états sont d'une extrême rareté. Elles manquent au Cabinet des estampes de Paris.

Quatrième etat. La chevelure est toujours claire, mais on aperçoit un paysage à travers la croisee. Derrière la tête de Frans, on remarque un petit tableau accroché au mur sans anneau, et dont le cadre est du même ton que le reste. Une figure paraît dessinée sur l'estampe que regarde l'amateur.

Cinquième etat. Le cadre du triptyque présente des ornements mieux definis, comme des oves. Le petit cadre placé derriere la tête de Frans a éte éclairci avec le brunissoir, et se detache en clair sur le tableau, on y remarque un anneau qui sert a l'accrocher. Le pied du fauteuil a éte elargi et eclairci. Un chapeau rond qui se confondait avec le fond dans les epreuves precedentes s'en detache maintenant par un nouveau clair sur le bord du devant. La chevelure est encore legère.

Sixième etat. Les cheveux sont très-crepus et très noirs. On ne voit plus de figure sur l'estampe que tient l'amateur. Le cadre place derrière la tête ne s'enleve plus en clair. Les pieds du fauteuil sont redevenus noirs, et les deux barreaux inferieurs ne se rejoignent plus.

Septième état. L'ombre que projette le personnage est grattee, ainsi que le fond au-dessus du triptyque.

Huitième etat. L'ombre est retablie par des travaux durs. L'estampe que tient l'amateur est retouchee entièrement et tres-grossièrement. On remarque sur les arbres du paysage des tailles horizontales assez regulieres, au lieu de traits legers et irreguliers faiblement donnés à la pointe seche.

Nota. La planche etant encore dans le commerce il n'y a pas lieu de decrire les variations que les possesseurs du cuivre peuvent lui faire subir chaque jour. Les états precédents sont constates sur des epreuves anciennes.

Hauteur, 0,157, largeur, 0,207.

BARTSCH, 273. CLAUSSIN, 270. WILSON, 275.

Le portrait d'Abraham Frans n'est pas non plus une des belles estampes du maître. On y sent, même dans les premières épreuves, la fatigue d'un artiste qui travaille sans verve et qui est mal disposé. Je suppose que le peintre aura gravé ce portrait, comme celui de Coppenol, vers l'année 1661, ou même plus tard, c'est-à-dire dans ce temps malheureux où Rembrandt, exproprié, ruiné, séparé de ses portefeuilles, qu'on avait saisis et vendus, n'avait plus de cœur à rien. A partir de cette époque, en effet, on ne voit plus aucune estampe de sa main ; aucune du moins ne porte une date postérieure à 1661. Abraham Frans ayant servi de caution à Rembrandt, lorsque celui-ci dut rendre ses comptes à son fils Titus (ainsi qu'il appert de la quittance signée par Titus, le 5 novembre 1665), il est probable que Rembrandt, pour témoigner sa gratitude à Frans, lui fit son portrait, mais au milieu de toutes les angoisses de l'expropriation. C'est là ce qui expliquerait pourquoi cette estampe est inférieure au reste de l'œuvre, ainsi que la *Femme à la flèche* et le *grand Coppenol*, que nous savons positivement avoir été gravés en 1661.

177. *Guillaume II, enfant.*

Un jeune garçon de quatorze à quinze ans, vu à mi-corps. Il est tourné vers la gauche. Sa tête est presque de profil et garnie de cheveux pendants, épais et un peu frisés. Il porte au cou un grand rabat de dentelle, et il est vêtu d'un habit à larges manches, qui est boutonné par devant et serré par une ceinture. On lit dans le haut, vers la gauche : *Rembrandt, f.,* 1641. Le dernier chiffre est faiblement exprimé.

Le fond est très-sale dans les premières épreuves. L'estampe n'est pas commune.

Hauteur, 0,094; largeur, 0,067

BARTSCH, 310 CLAUSSIN, 306 WILSON, 311.

Gersaint, Daulby, Bartsch, Claussin et Wilson ont catalogué cette pièce sous le nom de *Jeune homme à mi-corps*. Mais l'estampe de Georges-Frédéric Schmidt, dont nous avons parlé au sujet de Jacob Cats, nous apprend que le jeune garçon ici représenté par Rembrandt, est Guillaume II de Nassau, prince d'Orange. Malgré l'énorme différence qui existe entre Rembrandt et Govert Flinck, lorsqu'ils sont l'un et l'autre en présence de la nature, il est évident que le personnage peint par Flinck, dans le tableau que Schmidt a gravé, est le même que Rembrandt a dessiné sur la planche ici décrite. Guillaume II de Nassau, né en 1626, avait environ quinze ans en 1641, et, en effet, le *Jeune homme à mi-corps* paraît avoir exactement cet âge. Il faut convenir aussi qu'il y a beaucoup de caractère et, comme l'on dit, beaucoup de race dans sa physionomie. L'estampe, gravée d'une pointe fine et légère, mais ferme, est, dans la série des portraits, une des plus jolies.

178. *Haaring le Vieux.*

Un portrait rare que l'on appelle le vieux Haaring ou Haaring le Vieux, pour le distinguer du portrait de Haaring le Jeune, son fils. Il est assis dans un fauteuil et vu de face au milieu de la planche. Ses coudes sont appuyés sur le bras du fauteuil, sa main gauche est pendante, et de la main droite, qui est un peu plus élevée, il a l'air de tenir une prise de tabac. Sa tête est couverte d'une petite calotte et garnie de cheveux blancs qui tombent sur l'épaule. Il porte un rabat plat au milieu duquel pendent deux glands, son manteau est relevé par devant sur son bras droit. Derrière lui est une grille de fer à travers laquelle on aperçoit une croisée; sur la gauche pend un rideau.

Bartsch n'a décrit qu'un seul état de ce morceau. On en connaît trois :

Premier état. Il est presque unique, et peut être considéré comme une simple ebauche sans accord, mais d'un travail qui, dans sa légèreté, est déjà plein d'esprit et de sentiment.

Second état. La planche est entièrement terminee, et mise à l'effet; il y manque seulement quelques hachures sur le rideau, et l'on n'y voit pas encore le châssis de la fenêtre qui est derrière le grillage en fer. Les épreuves de cet état sont de la plus grande rareté.

Troisième état. Le rideau porte quelques hachures de plus dans le haut, et l'on voit les montants du châssis de la croisée.

Hauteur, 0,195; largeur, 0,148.

BARTSCH, 274. CLAUSSIN, 271. WILSON, 276.

Nous n'avons pas besoin de faire ressortir l'admirable beauté de ce portrait. La peinture, avec toutes les ressources de la couleur et de l'exécution, toutes

les délicatesses de la touche, n'irait pas plus loin, tant
il est vrai que, dans l'art, les procédés sont peu de
chose et que le génie est tout. En égratignant son
cuivre avec la première pointe venue, en y promenant
'eau-forte, en glissant sur les demi-teintes, en creu-
ant les ombres, en ménageant la blancheur du linge
t la pâleur des chairs, Rembrandt a véritablement
eint ce portrait. Il en a exprimé à merveille la car-
ation morbide, la peau amollie, tremblante et ridée,
es mains fines et maigres, la barbe rare, la chevelure
égèrement crépue et d'un blanc mat ; il a rendu, aussi
ien qu'il l'eût fait avec un pinceau, la richesse, l'étoffé
u velours et ses reflets... Mais ce n'est pas encore là
   qui nous frappe le plus dans le portrait de ce vieil-
ard, c'est sa beauté morale, son expression mélanco-
ique et intelligente, son air méditatif, sa douceur. On
e croirait en présence d'Arminius.

   Et pourtant le vieux Jacob Haaring n'était pas un
rand homme, et certainement son nom, sans ce beau
ortrait, ne serait pas arrivé jusqu'à nous. Ce que
ous savons, c'est qu'il était concierge à la Chambre
es Insolvables, *Desolate Boedelkamer*. Or, il paraîtrait
u'à cette charge de concierge était attaché le droit de
iriger la vente des biens expropriés, car il résulte
'une des pièces que nous avons citées au commence-
ent de cet ouvrage, que ce fut par Thomas Jacobz
aaring (lequel avait sans doute succédé à son père

dans sa charge), sur l'autorisation à lui donnée par les commissaires de la Chambre des Insolvables, que furent vendus aux enchères les meubles, peintures, dessins, estampes, moulages, livres, armes, médailles et autres objets d'art et de curiosité composant la fortune mobilière de Rembrandt. Ainsi le vieux Haaring, simple huissier-priseur, s'il n'eût pas posé devant Rembrandt, si son nom n'était pas mêlé à celui de ce grand homme, serait.aujourd'hui un personnage absolument oublié ; mais sous l'œil d'un tel maître, sa tête de vieillard s'est empreinte d'un caractère si élevé et si vénérable, qu'on la prendrait pour celle d'un de ces penseurs profonds, d'un de ces illustres théologiens, qui soutinrent, au nom du protestantisme, les grandes controverses religieuses du XVIIe siècle.

179. Haaring le Jeune.

Le portrait de Thomas Jacobz Haaring, fils du précédent, concierge de la Chambre des Insolvables. Il est assis dans un fauteuil, presque de face, le corps un peu dirigé vers la gauche de l'estampe. Il appuie ses deux mains sur les bras du fauteuil, et il tient son chapeau de la main droite. La lumière, venant d'une croisée à petits carreaux placée à droite, tombe en plein sur le visage et sur le rabat, le reste de l'estampe est dans l'ombre. A une tringle de fer qui traverse la croisée pend un rideau. Au bas des derniers carreaux de la croisée on lit : *Rembrandt*, et au-dessous, *1655*. Le chiffre *6* est retourné.

Il y a cinq états de ce portrait.

Premier état. Extrêmement raie. On ne voit pas de tringle à la croisée, ni de rideau. L'épreuve est d'un noir tellement sourd, à cause des barbes, qu'on y distingue seulement la tête et la main gauche. On dirait d'une estampe gravée à la manière noire. Le nom et la date manquent.

Deuxième état. On y remarque devant la croisée une tringle qui passe au-dessus de la troisième traverse, à partir du haut, et à cette tringle est pendu le rideau. Les épreuves de cet état sont encore très-rares, et elles sont aussi belles que celles du premier état, quand elles sont tirées avant que la planche n'ait été ébarbée.

Troisième état. Un tableau a été ajouté dans le fond, mais selon toute apparence par une main étrangère. Ce tableau, cintré, représente un paysage où l'on voit un pêcheur près d'un bateau à voile : sur la droite, un grand arbre ; sur la gauche, un moulin et une maison.

Quatrième état. Le tableau est effacé.

Cinquième état. La planche est coupée et réduite aux dimensions de 117 millimètres de haut sur 99 de large. On n'y voit plus que le buste du personnage.

Nota. On rencontre, mais très-rarement, des épreuves singulières, composées des divers morceaux de la planche coupée.

Hauteur de la planche entière, 0,198 ; largeur, 0,146.

BARTSCH, 275. CLAUSSIN, 272. WILSON, 277.

Gravé en 1655, une année avant la ruine de Rembrandt, ce portrait n'est pas moins admirable que celui de Haaring le Vieux. Il est empreint d'une mélancolie dont la profondeur touche au sublime. Toutes les altérations que la planche a subies n'ont pu enlever à la tête ce caractère méditatif et triste par lequel la physionomie du fils rappelle si fortement celle du père.

Quelle n'est pas la puissance du génie! Voilà un homme qui, d'après les registres de la Chambre des Insolvables, n'était qu'un simple concierge, et, dès qu'il pose devant Rembrandt, je ne sais quel rayon de poésie pénètre dans son étroite demeure. Il se transfigure sous l'œil du peintre, qui le voit tout autre que ne l'ont jamais vu ses amis et ses proches. Et cependant la figure est vivante, elle est réelle; l'artiste a fidèlement observé la construction osseuse de la tête, les creux de l'orbite, les facettes saillantes de la joue, et ce développement des gencives qui pousse en avant la lèvre supérieure; mais, sans rien changer à la réalité de la vie organique, il exprime une vie plus haute, il évoque l'âme de son modèle, et, lui communiquant ses propres émotions, il lui prête une expression de découragement, de mélancolie et de rêverie qui n'appartient qu'aux grands cœurs.

180. *Clément de Jonghe.*

Le portrait de Clément de Jonghe, célèbre marchand d'estampes hollandais. Il est représenté de face jusqu'à mi-jambes, assis dans un fauteuil ou plutôt dans une chaise qui paraît n'avoir qu'un bras, mais qui a un dossier. Il est coiffé d'un chapeau à larges bords relevés sur les côtés, qui projette une ombre sur ses yeux, et il porte un petit collet. Il est enveloppé d'un ample manteau, qui laisse voir son justaucorps boutonné et ses deux mains qui sont gantées. Son bras droit est accoudé sur le bras de la chaise, et sa main droite, qui sort de dessous le manteau, est placée au bas de sa poitrine ; la gauche est pendante sur son genou. Cette pièce est cintrée par le haut. On lit au bas de la droite : *Rembrandt f. 1651*.

On distingue jusqu'à six états différents de ce portrait, qui a été assez mal décrit par nos devanciers.

Premier état. Extrêmement rare. Le haut du fond est blanc. Les tailles sur le dossier de la chaise sont plus écartées dans le milieu, de manière à former une petite barre blanche. Entre la traverse de la chaise et le dossier, il existe une petite barre blanche formée par l'interruption des tailles. Le bord du chapeau, au-dessus du front, est d'une forme ondulée ; le fond du chapeau ne présente sur la droite qu'une ombre grise uniforme. On remarque sur le front, au-dessus de l'œil droit du personnage, un clair de forme anguleuse, provenant de l'inachevé du travail.

Second état. La petite barre blanche dont nous venons de parler est remplie par des tailles additionnelles tant horizontales que verticales, et l'on remarque sur la traverse de fines entre-tailles qui fortifient l'ombre portée du barreau. Le bord du chapeau, ondulé dans le premier état, n'offre ici qu'une ligne droite au-dessus du front. Les ombres du chapeau sont retravaillées et l'on distingue, sur la droite, une petite ombre portée très-vive, formée par de nouvelles hachures non ébarbées. Le clair anguleux, au dessus de l'œil droit, a été fondu dans l'achèvement du modelé ; au coin du dernier pli du manteau, dans le bas de la droite, se trouvent des contre-tailles qui remontent tout le long du pli en le bordant.

Troisième état. La planche est cintrée dans le haut par une ligne dure, avec quelques tailles irrégulières sur le coin du cintre, à droite. Le chapeau, entièrement retravaillé, laisse voir au-dessus du bord, sur la ligne du front, un clair qui semble indiquer le cordon du chapeau. L'aile droite du chapeau, diminuée de largeur par un grattage dont on voit les traces, offre une forme arrondie au lieu d'une forme ondulée. La partie du collet qui touche à la joue gauche du personnage est légèrement ombrée de tailles verticales qui ne se trouvaient point dans les états précédents. Toute la joue droite est fondue par un nouveau travail qui a noyé les lumières et rendu l'œil moins apparent.

Quatrième état. Le cintre est mieux indiqué par des contre-tailles de plus en plus serrées, et les bords du cintre, sur la gauche, présentent, au lieu d'une ligne dure, quelques griffonnements imitant des plantes de murailles. Le cordon du chapeau est moins clair, et le graveur y a ajouté une rosette au milieu. Le fond du côté gauche est noirci par des tailles additionnelles très-vigou-reuses, données de haut en bas, et l'on remarque sur l'épaule droite du personnage quelques traits arrondis destinés à accentuer le pli du manteau. Des tailles verticales et couchées sont ajoutées au justaucorps sur la partie droite de la poitrine et fortifient l'ombre des boutons. Une ombre portée très-vive et non ébarbée, placée au-dessous de la main droite, la fait avancer.

Cinquième état. Les tailles qui étaient au dessous de la traverse et qui figuraient le dossier sont grattées, bien qu'un peu visibles encore, de manière que ce qui paraissait un fauteuil n'est plus qu'une chaise. L'ombre vive produite par les barbes, sous la main droite du personnage, a disparu au bord du gant. Le justaucorps, recouvert, jusqu'à la main, d'entre-tailles nombreuses et de contre-tailles assez serrées, est devenu d'un ton uniforme, la poitrine étant presque aussi ombrée à la droite qu'à la gauche. Le bord de la chaise, à gauche, qui, dans l'état précédent, se confondait avec le chapeau et les cheveux, en est séparé maintenant par un clair très-distinct. Des contre-tailles additionnelles au-dessus de la main droite forment deux nouveaux plis sur la poitrine.

Sixième état. La planche, retouchée par une main moderne, présente des travaux assez brutalement ajoutés sur l'épaule droite du personnage, où ils forment un paquet de noir. Une troisième taille horizontale a été donnée depuis le collet jusqu'à la main, sur la poitrine, à droite. Le bras gauche du personnage, retravaillé lourdement, offre l'indication d'une ombre épaisse et d'un nouveau pli. La traverse de la chaise est dessinée plus nettement par de toutes petites tailles verticales qui étaient à peine visibles dans l'état précédent et qui ont été reprises. Le caractère de la figure a été amolli par un travail froid et serré, qui a fondu le sourcil dans le front et changé l'expression des yeux.

Hauteur, 0,207; largeur, 0,162.

BARTSCH, 272. CLAUSSIN, 269. WILSON, 274.

Clément de Jonghe, comme il est dit plus haut, était un des plus célèbres éditeurs d'estampes de son siècle, et son nom se trouve sur les pièces les plus précieuses des meilleurs graveurs ou peintres-graveurs du temps, par exemple de Corneille et de Jean Visscher, de Roelant Rogman, de Renier Zeeman, de Jean Van Aken, de Paul Potter. En général, il a précédé Frédéric de Wit et Théodore Danckers (autres éditeurs fort en renom), notamment pour les paysages avec figures et animaux, gravés par Jean Visscher d'après Berghem. Il a cédé aussi des suites d'estampes à George Walk et à P. Schenck junior.

La présence du nom de Clément de Jonghe sur la plus belle pièce de Corneille Visscher, *la Fricasseuse*, en fait distinguer les secondes épreuves. Aux troisièmes, le nom de Nicolas Visscher a été substitué à celui de Clément de Jonghe, et tous les amateurs savent que les rares épreuves de cette admirable estampe, qui sont avant le nom de ce dernier, se payent des prix considérables. Clément publia le premier la suite des *Différents bœufs et vaches* de Paul Potter, mais il n'y mit son nom qu'après avoir tiré un certain nombre d'épreuves. Ainsi, les épreuves qui portent l'adresse de Clément de Jonghe sont par cela même reconnues pour être du second état; les troisièmes portent l'adresse de Frédéric de Wit.

Quant au portrait de Clément de Jonghe que Rembrandt a gravé, nous n'avons pas besoin de faire remarquer combien il est heureux d'arrangement, beau d'effet, combien est imposante l'expression pensive de ce personnage qu'on soupçonnerait si peu d'être un simple marchand, occupé de la prose de son commerce, et auquel Rembrandt, voulant toujours idéaliser la nature à sa manière, a su prêter, comme au jeune Haaring, un air de rêverie si profonde, et l'austère mélancolie d'un philosophe en méditation.

181. *Jean Antonides Van der Linden.*

Portrait de Jean Antonides Van der Linden, professeur et docteur en médecine- à l'université de Leyde, vêtu d'un habit de cérémonie. Il porte un rabat plat et des manchettes. Il est vu presque de face et un peu plus qu'à mi-corps. Il tient de la main gauche un petit livre fermé, et paraît se promener devant une balustrade dans un jardin dont les arbres forment presque tout le fond de l'estampe. On aperçoit une porte dans le fond, à gauche.

La planche présente dans le bas une marge de quarante-neuf millimètres.

Il y a trois états de ce morceau :

En examinant avec attention les diverses épreuves du portrait de Van der Linden qui se trouvent au British Museum, nous avons distingué jusqu'à sept états de cette planche.

Premier état. Les extrémités du feuillage, à la hauteur de la tête, ne sont qu'au trait. Il y a fort peu de travail sur la manche du bras gauche, depuis la fente de la robe jusqu'au coude.

Second état. Les extrémités du feuillage sont teintées d'une taille simple et fine. Le mur dans lequel est percée la porte en arcade est couvert d'une seule taille verticale.

Troisième état. La partie claire de la manche du bras gauche est éteinte par une contre taille en diagonale, depuis la fente de la robe jusqu'au coude. Quelques travaux sont ajoutés entre les balustres, lesquels cependant demeurent encore indistincts Le mur dans lequel est percée la porte présente une taille horizontale qui par conséquent croise la première.

Quatrième état. Le fond autour de la tête est obscurci par de nouveaux travaux. On remarque des tailles croisées dans la partie inférieure de la robe, au dessous du bras gauche. Il y a une place claire auprès de la marge droite de la planche, qui paraît avoir été grattée à la hauteur de l'épaule.

Cinquième état. La place claire, à la hauteur de l'épaule, près de la marge droite de la planche, est obscurcie. Les espaces entre les balustres sont ombrés par une triple taille qui rend les balustres plus visibles et leur forme plus précise.

Sixième état. Le fond autour de la figure est retravaillé, de telle sorte que le revers du velours qui passe sur l'épaule gauche et qui, dans les épreuves précédentes, se détachait un peu sur le fond par sa vigueur, ne s'en distingue plus maintenant.

Septième état L'ensemble de la figure et du fond sont repris, le visage a changé de caractère, et l'effet de la planche est tel qu'on la croirait gravée en manière noire

Nota. Ce dernier état est inconnu aux amateurs. Aussi croyons-nous qu'il est de fabrication assez récente, et que la planche existe à Londres, entre les mains de quelque marchand, qui l'aura fait remordre ou reprendre entièrement à la pointe sèche. Au musée d'Amsterdam on ne trouve que les trois premiers états, ce qui semblerait prouver que les changements faits à la planche, depuis le quatrième état., sont modernes, c'est-à-dire postérieurs à l'époque où fut formé l'œuvre de ce musée, le plus complet et le plus beau de tous les œuvres de Rembrandt.

Hauteur, 0,124, non compris la marge de 0,049; largeur, 0,103.

BARTSCH, 264. CLAUSSIN, 261. WILSON, 266.

Quoique moins célèbre que ceux de Sylvius, de Clément de Jonghe, de Lutma, d'Anslo et du Peseur d'or, le portrait d'Antonides Van der Linden est un des meilleurs de Rembrandt. La tête, modelée avec un art admirable, est remplie de finesse, d'intelligence, de vie : elle respire, elle pense. Et ce qu'il y a de singulier dans ce portrait, c'est qu'à l'inverse des autres graveurs, le peintre a employé les travaux les plus fins pour les étoffes, les arbres, les accessoires, tandis qu'il a gravé les chairs, les mains surtout, d'une pointe grosse et franche, et avec des tailles écartées. Par ce procédé, non-seulement la tête, et la main qui est dans la lumière, ont plus de valeur et s'enlèvent mieux sur des objets d'un travail tranquille et peu visible, mais encore, chose étrange! elles ont ainsi le caractère de la chair beaucoup plus que si elles étaient finement gravées.

Antonides Van der Linden fut un homme d'une haute distinction. Il fit beaucoup parler de lui dans le XVIIᵉ siècle, et Bayle lui a consacré un article dans son *Dictionnaire*. Il était né en 1609, à Enckuysen, ville

de la Nord-Hollande, et patrie de Paul Potter. Fils
d'un médecin estimé, qui avait pris soin de sa première éducation, il fut envoyé à Leyde, où il étudia la
philosophie d'abord, et ensuite la médecine avec beaucoup d'ardeur. A vingt ans, il se fit recevoir docteur
à l'université de Franeker. Son père, ayant été appelé
à Amsterdam pour y exercer la médecine, voulut
l'avoir auprès de lui, et lui enseigna la pratique de cet
art. Antonides y obtint de si grands succès, qu'on lui
offrit la chaire de médecine à Franeker. Il l'occupa
pendant douze ans; il y montra beaucoup de savoir,
un esprit original et une légère tendance au paradoxe.
Le jardin botanique lui dut des embellissements, et la
bibliothèque des augmentations notables et gratuites,
grâce à l'habileté avec laquelle il sut provoquer la mu-
nificence des grands seigneurs et piquer sur ce point
leur émulation. Son premier ouvrage, *de Scriptis me-
dicis libri duo*, qu'il publia en 1637, à Amsterdam,
fit sensation en Hollande, et fut remarqué des savants
étrangers. C'est un livre de bibliographie médicale
très-incomplet, comme le sont toujours ces sortes de
livres, mais qui, augmenté et corrigé, a servi à en
faire d'autres. Merklin l'a publié à Nuremberg, quarante-neuf ans plus tard, avec des additions considérables, sous le titre de : *Lindenius renovatus*. Mais
l'ouvrage le mieux fait pour fixer l'attention des savants fut celui que Van der Linden publia en 1653, à

Amsterdam, et qui a pour titre : *Medicina physiolo-*
gica, novâ curatâque methodo, ex optimis quibusdam
auctoribus contracta et propriis observationibus locu-
pletata, in-4°. L'auteur y mit à profit les travaux de
Vésale, tout en les critiquant. Il y donna une description étendue de certains organes, notamment de
l'oreille, et présenta des observations singulières sur
la vue. Enfin il y soutint que la substance du cerveau
est insensible, et il prétendit pour la première fois
qu'Hippocrate avait connu la circulation du sang.

Les livres de Van der Linden et son enseignement
jetèrent tant d'éclat, que les universités d'Utrecht et
de Leyde se disputèrent l'honneur de posséder un si
habile homme. Van der Linden préféra la ville de
Leyde, où il avait fait ses études, et il y accepta les
fonctions de professeur. Il continua dans cette ville ses
travaux et ses publications. En 1656, il y fit imprimer, sur des questions de médecine, un recueil de
thèses, dont quelques-unes présentent de l'intérêt :
c'est le *Selecta medica et ad ea exercitationes batavœ.*
Quatre ans plus tard, revenant à la médecine d'Hippocrate, qui avait toujours été son étude favorite, il
mit au jour ses recherches sur la physiologie des anciens, et il entra dans de grands détails touchant le
degré de connaissance que l'antiquité avait eu de l'anatomie humaine, du jeu et des attributions des organes.
L'ouvrage qu'il donna sur ces matières a pour titre :

Meletemata medecinæ hippocraticæ, Leyde, 1660, in-4°. Jean-Jacques Dobelius, docte médecin de l'université de Rostock, a donné un abrégé de ce livre, qui fut imprimé à Francfort, en 1672, et qui est intitulé : *Joannis Antonidæ Van der Linden meletemata medecinæ hippocraticæ contracta,* sans nom d'auteur, il est vrai ; mais c'est à Dobel qu'on attribue généralement cet abrégé.

Le plus grand fait médical du XVIIᵉ siècle était la découverte de la circulation du sang par le fameux docteur Guillaume Harvey. Le livre qu'il avait imprimé à Londres, et qu'il venait de réimprimer à Rotterdam, avait fait dans le monde savant une sensation immense, et semblait annoncer une révolution dans l'art de guérir. En réalité, aucun médecin, avant Harvey, n'avait parlé de la circulation du sang, et le docteur anglais était le premier qui en eût observé les phénomènes et déterminé les lois. Cependant Antonides Van der Linden contesta vivement à son confrère l'honneur d'une aussi importante découverte, et, s'attachant à cette question d'une manière toute spéciale, il fit paraître à Leyde, en 1661, son traité : *Hippocrates, de circuitu sanguinis,* où il prétendit que le plus grand médecin de l'antiquité avait connu la circulation du sang. Mais autre chose était d'avoir soupçonné ou même d'avoir connu cette grande condition de la vie, autre chose était de la démontrer ; et l'on pouvait dire

à Van der Linden : qu'une vérité n'appartient pas à
celui qui la trouve, mais à celui qui la prouve.

On doit encore à Van der Linden de bonnes éditions des œuvres de Spigel et des œuvres de Celse.
Mais un véritable service qu'il rendit à la science fut
l'édition des œuvres d'Hippocrate, à laquelle il donna
des soins tout particuliers. Il la fit imprimer à Leyde,
sous ses yeux, et il choisit, pour la mettre en regard
du texte grec, la version latine de Cornarius, qui passe
en effet pour la meilleure. Cette belle édition, qui fait
partie de la collection des *Variorum*, est regardée
comme une des plus correctes, et elle offre cet avantage, dit le *Journal des savants*, cité par Bayle, qu'elle
correspond aux meilleures éditions précédentes, par le
moyen de chiffres placés en marge, qui renvoient aux
pages où chaque morceau se trouve dans les éditions
diverses. Le *Journal des savants* reproche néanmoins
à Van der Linden d'avoir altéré, par des corrections
un peu arbitraires, le sens de certains passages qui
étaient auparavant très-clairs.

Antonides Van der Linden mourut à Leyde, au
mois de mars 1664, au moment où il allait achever
son édition des œuvres d'Hippocrate, qui ne fut donnée au public que l'année suivante. Notre célèbre Guy
Patin a souvent parlé, dans ses *Lettres*, de Van der
Linden, qu'il regardait comme un homme fort éclairé ;
mais il le soupçonnait d'être entêté de l'alchimie et de

la pierre philosophale. En apprenant la mort de son illustre confrère, il écrivit : « Cet auteur est mort à Leyden, âgé de cinquante-trois ans (c'était cinquante-cinq ans qu'il fallait dire), d'une fièvre avec fluxion sur la poitrine, après avoir pris de l'antimoine, et sans s'être fait saigner. Quelle pitié! faire tant de livres, savoir tant de latin et de grec, et se laisser mourir de la fièvre et d'un catarrhe suffoquant, *sans se faire saigner!* »

182. *Janus Lutma.*

Le portrait de Jean Lutma, fameux orfévre de Groningue. Il est vu de trois quarts, assis dans un fauteuil, et tenant de la main droite une figure de métal. Il porte sur la tête une calotte de velours, et il est couvert d'une large robe doublée de fourrure. A côté de lui, tout à la droite de l'estampe, est une table où l'on voit briller une espèce de plat ou soucoupe d'argent, une boîte remplie de poinçons et un maillet, attributs qui caractérisent l'art de l'orfevre. On lit au-dessus de cette table, sur un mur, les mots : *Joannes Lutma Aurifex natus Groningae*, écrits en caractères fort réguliers et certainement étrangers à la main de Rembrandt. Dans le fond de la droite est une petite croisée à châssis de plomb, sur l'appui de laquelle se trouve une bouteille. Dans le haut de la croisée est gravé : *Rembrandt,* et au-dessous : *f. 1656.*

Il y a trois différents états de ce morceau.

Premier état. On n'y voit pas encore la croisée, ni les noms de Lutma et de Rembrandt, ni la date. Les épreuves en sont du noir le plus riche et le plus velouté. Elles sont très-rares. On en voit une au musée d'Amsterdam, qui est retouchée au pinceau par Rembrandt lui-même.

Nota. Claussin a décrit en ces termes le premier état : « Ce n'est qu'une première ébauche extrêmement faible et sans effet, l'eau-forte ayant peu mordu. » L'état ainsi décrit est purement fictif, ainsi que je l'ai tout récemment vérifié au musée d'Amsterdam, où il en existe une épreuve. Cette épreuve n'est qu'une sorte de maculature ; elle a été tirée de la planche huilée, mais non encrée, uniquement pour nettoyer le cuivre.

Deuxième état. La croisée est ajoutée. On lit les noms de Lutma et de Rembrandt, avec la date Les bonnes épreuves de ce deuxième état sont fort chargées de manière noire, même dans le mur du fond, dont les travaux à la pointe sèche ne sont pas encore entièrement ébarbés. Rare sur papier du Japon.

Troisième état. La planche est réduite à la hauteur de 185 millimètres, non compris une marge de 7 millimètres, qui se trouve dans le bas. Ce dernier état, du reste sans valeur sous le rapport de l'art, est extrêmement rare et passe pour presque unique. Nous ne l'avons vu qu'au musée d'Amsterdam ; c'est l'épreuve qui faisait partie de la collection Van Leyden. Il est vraisemblable que l'on aura détruit la planche immédiatement après l'avoir réduite, et que l'on aura seulement tiré une ou deux épreuves pour se rendre compte de l'effet de cette réduction, peut-être aussi pour le seul plaisir de faire une *rareté.*

Nota. Pierre Yver fait mention d'une épreuve antérieure au premier état connu. Voici en quoi elle en diffère : les mains sont toutes blanches et le bonnet n'est que légèrement formé et de peu de tailles, la partie de la cravate qui est à la gauche du cou est sans aucun trait ni pli, et par conséquent entièrement blanche. L'on n'y aperçoit pas non plus la croisée ni la bouteille, mais simplement quelques tailles fines et légères dans le fond à droite. Cette épreuve, qui est celle décrite par Claussin, n'est, suivant toute apparence, qu'une épreuve d'essai, ou peut être n'est elle, comme dit Bartsch, qu'une de ces maculatures que les graveurs tirent des planches pour en extraire parfaitement tout ce qui reste du noir d'impri-meur, et qui sont toujours fort grises, parce qu'on n'enduit la

planche, pour cette opération, que d'huile d'olive et de térében-
thine.

Hauteur, 0,198 , largeur, 0,149.

BARTSCH, 276. CLAUSSIN, 273. WILSON, 278

Si les traditions du métier sont insuffisantes à celui
qui n'a pas le génie de l'art, elles sont presque inutiles
à celui qui le possède. Voyez comme Rembrandt a su
obtenir ici toute la vigueur et tout le charme de son
effet sans s'inquiéter des règles connues et des mé-
thodes consacrées. Comme ses tailles sont mal disci-
plinées, et pourtant comme elles mettent bien à leur
place le clair et l'ombre, et accentuent à propos ce qui
donne le relief, ce qui exprime la vie ! Fourrure, soie
ou velours, il attaque toute chose avec la même liberté
d'allure ; il laisse courir sa main au gré d'une indépendance qui est toujours guidée pourtant par un
instinct de la forme, par un sentiment exquis de ce
qui doit avancer ou fuir, de ce qui est mat, dur, poli,
chatoyant, ligneux ou friable. La pierre du mur, le
chêne de la table, le fer du maillet, la boîte remplie de
poinçons, et la soucoupe d'argent, qui brille à une
place où toute autre matière s'éteindrait, toutes ces
choses sont rendues par des tailles d'un grain plus
carré, plus égal et par conséquent plus froid que celles
qui rendent la doublure fourrée de la robe et les aspé-
rités du crépi de la muraille, sur la gauche de l'estampe. Mais, encore une fois, c'est en jouant avec sa

pointe, et à travers le désordre pittoresque de ses hachures, que le peintre-graveur nuance la touche de
chaque objet, en indique la substance, en varie l'accent.
Quant au rendu de la chair, il est vraiment merveilleux. En regardant de près les grosses hachures qui
modèlent le nez et la joue du personnage, on se demande comment de ce réseau de tailles courtes, tremblées, inégales, a pu se dégager la physionomie de
Lutma, avec sa double expression de bonhomie et de
finesse; mais, grâce à l'énergie des ombres vigoureusement sabrées, mais tranquilles, qui enveloppent
toute l'estampe, les plus grossiers travaux de la chair
sont devenus délicats; les poutres du visage sont passées à l'état de demi-teinte.

Nous savons peu de chose sur Lutma le père; mais
son fils est connu des amateurs par des estampes cu-
rieuses dans lesquelles il s'est servi du ciselet au lieu
du burin, genre de gravure qu'il appelait lui-même
opus mallei, ouvrage fait au maillet. Il a gravé dans
cette manière quatre portraits en forme de bustes an-
tiques, fort estimés et très-difficiles à trouver beaux
d'épreuves. Ils sont tous les quatre in-folio, et représentent Lutma le père, Lutma le fils, le poète Vondel,
surnommé le cygne batave, *olor Batavus,* et le célèbre
historien P. C. Hooft, que les Hollandais appellent un
second Tacite, *alter Tacitus.* Ces portraits peuvent
faire considérer Lutma le jeune comme le véritable

inventeur de la gravure à l'imitation du crayon, dont
François et Demarteau se disputèrent la découverte
au siècle dernier. Le ciselet armé de dents dont se servait Lutma n'est autre chose que notre *roulette*. Seulement, au lieu de le promener avec la main sur la
planche, Lutma en imprimait les dents à coups de
marteau ou de maillet, *mallei*.

Lutma le jeune a aussi gravé à l'eau-forte, dans le
goût de Rembrandt, un portrait de son père, presque
vu de face et vêtu d'une robe doublée d'hermine,
tenant d'une main un porte-crayon, de l'autre des lunettes, et fort ressemblant, du reste, à celui-ci. On
connaît aussi de Lutma : 1° un très-rare portrait de
lui-même, où il est représenté dessinant, coiffé d'un
chapeau élevé; 2° quelques ruines romaines gravées
avec beaucoup de goût, et datées de 1656.

183. *Manasseh-ben-Israël.*

Il est vu à mi-corps et de face. Il a des moustaches claires. Sa
barbe est assez longue, mais il n'en a qu'au menton. Il est coiffé
d'un grand chapeau rond dont on ne voit que les larges bords re
levés. Il est vêtu d'un manteau ouvert par devant, qui laisse voir
un justaucorps boutonné en haut, et il porte un grand collet qui
lui couvre les épaules. Le fond est clair, à l'exception de quelques
tailles le long de l'épaule droite. On lit au milieu de la droite :
Rembrandt f. 1636. Ce portrait est cintre par le bas; mais la
planche est quadrangulaire, de sorte qu'il y reste dans le bas une
marge.

On distingue deux états de ce portrait :

Premier état. La barbe est claire. Il y a des salissures dans la marge. Assez rare.

Deuxième état. La barbe est plus travaillée et plus épaisse. On remarque dans le bas de la planche, vers le milieu de la marge, la marque de l'étau, ce qui prouve que Rembrandt a reverni la planche pour la faire remordre.

Hauteur, 0,148; largeur, 0,108.

BARTSCH, 269. CLAUSSIN, 266. WILSON, 271.

Le juif Manasseh-ben-Israël, dont nous décrivons ici le portrait, est l'auteur du livre espagnol intitulé : *Piedra gloriosa ó de la estatua de Nabuchadnezar,* pour lequel Rembrandt a gravé les quatre sujets décrits sous le n° 8 de notre catalogue. Il a joué un rôle important dans l'histoire de sa religion et de sa race. Ses coreligionnaires l'envoyèrent en mission auprès de Cromwell pour obtenir du protecteur le rappel des juifs en Angleterre. C'est au retour de son voyage à Londres qu'il mourut en 1657, à Middlebourg. Sa vie a été écrite en anglais par Thomas Pocock.

184. *Le bourgmestre Six.*

Le portrait en pied de Jean Six, auteur hollandais, qui fut depuis bourgmestre de la ville d'Amsterdam. Ce portrait, gravé d'une pointe très-fine, est remarquable par un tres-bel effet de clair-obscur. Six est représenté debout, adossé à une croisée ouverte, d'où vient le jour. Il est occupé à lire un livre broché, de format in-quarto, qu'il tient des deux mains. L'attention qu'il porte à sa lecture est parfaitement exprimée sur son visage, qui n'est éclairé que par le reflet des pages du livre. Son habit est ouvert par le haut, ainsi que son collet dont on voit pendre les cordons. Sa chevelure blonde et abondante tombe avec grâce sur ses épaules. Son manteau, jeté derrière lui sur l'appui de la fenêtre, lui sert comme de coussin. On voit à gauche, dans le fond, son épée et son baudrier placés sur une table, au-dessus de laquelle paraît un tableau couvert d'un rideau presque entièrement tiré. Au bas, du même côté, sur le devant, est une chaise sur laquelle il y a deux livres, dont l'un est ouvert. On lit en bas, dans une petite marge, vers la gauche : *Jean Six, Æ. 29*, et vers la droite : *Rembrandt f. 1647*.

Il y a trois états connus de cette planche célèbre.

Premier état. Il est de la dernière rareté. On voit à la fenêtre, derrière le personnage, un appui de pierre qui monte jusqu'à la hauteur de la moitié de son bras. Le nom de Rembrandt et celui de Six ne sont pas encore gravés. Le musée d'Amsterdam et le Cabinet des estampes de Paris possèdent une épreuve de cet état. Celle du Cabinet de Paris, que l'on voit exposée dans un cadre, a été acquise en 1755 à la vente de Chabannes, pour le prix de 864 fr.

Second état. L'appui de pierre est supprimé. Le nom de *Rembrandt* est gravé à droite, avec la date de *1647*. Les deux chiffres du milieu sont écrits à rebours. Cette seconde épreuve, qui est fort rare, est aussi veloutée et aussi belle que la première, surtout quand elle est tirée sur papier du Japon. Nous avons vu, en 1853, à la vente de M. Th. (Thorel) à Paris, une pareille épreuve s'élever au prix de 3,500 francs. Cette épreuve avait été achetée par M. Thorel, en 1847, à la vente Debois, où elle lui avait coûté 3,000 francs.

Au moment où nous écrivons (mars 1864), une superbe épreuve du même état vient d'être poussée au prix de 6,250 fr. à la vente du riche cabinet de M. D.-G. A. (Arozarena), qui l'avait achetée lui-même 6,500 fr. à la vente de Ferol, en 1860.

Troisième état. Dans la marge du bas, à gauche, on lit : *Jean

Six, Æ. 29, et à droite, *Rembrandt, 1647*. Les chiffres *6* et *4* sont regraves dans le sens convenable. On rencontre des épreuves de cet état qui sont encore veloutées et vigoureuses. Elles sont très-rares.

Gersaint raconte que, dans un de ses voyages en Hollande, il eut la bonne fortune de se trouver à Amsterdam quand on y faisait la vente du cabinet de Six. On y voyait figurer, dans une magnifique collection d'estampes, vingt-cinq épreuves du portrait de Six, qui furent vendues de 15 à 18 florins chacune. Il en acheta, lui, Gersaint, trois ou quatre. En 1750, un amateur anglais en acheta une, en Hollande, 150 florins. Six ans plus tard, à la vente de M. Batt, ce même portrait s'éleva au prix de 35 livres sterling. On vient de voir combien la valeur en est augmentée.

Il est dit que M. de Béringhen, lorsqu'il fit sa fameuse collection, ne put à aucun prix se procurer une épreuve de ce portrait de Six, et qu'il dut se consoler de cette lacune au moyen d'une copie très-bien faite (sans doute un dessin) et de nature à tromper les connaisseurs eux-mêmes. Cela ferait croire que la planche avait été pendant quelque temps égarée, car les épreuves n'en étaient pas absolument introuvables. La planche est aujourd'hui entre les mains de la famille Six, à Amsterdam. Elle était si finement gravée qu'elle s'est bien vite usée à l'impression. On en rencontre parfois des epreuves pâles et tristes, dont quelques unes ont été reprises au lavis et retravaillées; mais il est facile de les reconnaître, pour peu qu'on ait vu les belles épreuves. Il existe des copies gravées de ce portrait. Celle de Basan est lourde et sans esprit. Celle de François Novelli vaut beaucoup mieux.

Hauteur, 0,243, la marge comprise; largeur, 0,193.

BARTSCH, 285. CLAUSSIN, 282. WILSON, 287.

Me trouvant à Amsterdam au mois de juillet 1857, j'allai visiter une exposition de curiosités, ouverte sur

le quai du Rokin par la Société *Arti et Amicitiæ*. J'étais
en compagnie d'un peintre éminent qui est aussi un des
plus charmants causeurs de ce temps, Paul Chenavard,
l'auteur de ces cartons grandioses que la République
française de 1848 destinait à la décoration du Pan-
théon, et qui devaient dérouler sur les murailles du
temple l'histoire philosophique et universelle du genre
humain. Passionnés l'un et l'autre pour Rembrandt,
nous fûmes ravis de voir figurer à l'Exposition la
planche de cuivre sur laquelle ce grand maître avait
gravé le portrait de son ami Jean Six, qui n'était alors
que secrétaire de la ville d'Amsterdam, dont il fut ensuite bourgmestre. Ce cuivre vénérable, celui de tous
qu'il a travaillé avec le plus de délicatesse, de patience
et d'amour, je le touchais respectueusement, je le pe-
sais dans mes mains, j'examinais s'il serait encore possible d'en tirer une de ces épreuves veloutées, harmo-
nieuses, au noir transparent et profond, que les
amateurs payent aujourd'hui des prix fous; mais je vis
trop bien que l'extrême finesse d'un travail qui semble
fait avec la pointe d'une aiguille n'avait pas pu tenir
longtemps à l'impression, et que ces admirables égratignures, ayant effleuré seulement le cuivre, avaient
dû être oblitérées par la main de l'imprimeur après le
tirage d'un petit nombre d'épreuves. Du reste, ce n'est
point ici un effet ordinaire, une de ces franches op-
positions que pourrait raviver une simple remorsure

d'eau-forte ou une prudente reprise au burin ; c'est au contraire un effet de faux jour et d'ombres partout reflétées, qui fait passer l'œil par tous les demi-tons de la gamme du clair-obscur. On ne voit d'abord dans l'estampe que le portrait de Six, qui, debout, à contre-jour, occupé à lire un mémoire, se détache en vigueur sur le clair de la fenêtre, c'est-à-dire sur le champ du ciel. Mais bientôt sa tête intelligente, qui ne formait qu'une seule masse un peu confuse, se détaille, s'accentue, se précise, éclairée qu'elle est par le reflet du papier que le personnage tient de ses deux mains. Le regard s'habituant à l'obscurité de l'estampe y distingue peu à peu les accessoires que le peintre y a sobrement ménagés, le baudrier et l'épée, les registres municipaux entassés sur une chaise basse, les tentures de l'appartement, le chapeau à plume qui est accroché au bout d'un bâton ouvragé, sans doute un des insignes de la dignité de Jean Six, enfin le tableau encadré d'ébène qui est appendu à la muraille. Mais bien que les dégradations d'une gravure soient moins visibles sur le cuivre que sur le papier, on voit déjà que la fraîcheur du travail a disparu ; que l'harmonie enveloppante, une fois rompue, ne pourrait être rétablie par aucune autre main que par celle de Rembrandt. La planche n'est plus maintenant qu'une relique à conserver dans les sanctuaires de l'art.

Bien que Jean Six fût un homme de mérite et un

poëte distingué, on peut assurer que son nom serait aujourd'hui parfaitement oublié s'il n'eût été buriné par Rembrandt dans la marge de ce beau portrait, un des plus fameux de son œuvre. Nous savons, du reste, assez peu de chose sur Six, et voici tout ce que nous apprennent les livres hollandais. Jean Six, né en 1618, appartenait à une des plus anciennes familles de la Hollande. Il était fils de Jean Six et d'Anna Vijmer. Dès sa première jeunesse, il montra beaucoup de goût pour la langue latine et pour la littérature de son pays. Il fit même quelques opuscules dont les titres ne nous ont pas été conservés. Le seul ouvrage que l'on connaisse de lui maintenant, c'est la tragédie de *Médée*. Encore est-il probable que cet ouvrage serait oublié comme le reste, s'il n'avait donné lieu à l'estampe que Rembrandt grava tout exprès pour orner le livre de son ami, et qu'on appelle le *Mariage de Jason et de Creüse*. Nous avons donné dans le tome Ier l'analyse de cette tragédie remarquable, et l'on a pu voir qu'elle était l'œuvre d'un esprit vigoureux et cultivé.

En 1655, l'année même où sa tragédie fut représentée pour la première fois, Jean Six épousa Marguerite Tulp, fille de Nicolas Tulp, bourgmestre de la ville d'Amsterdam. Médecin distingué et professeur d'anatomie, Nicolas Tulp était le même qui avait été le patron de Rembrandt, lorsque celui-ci vint s'établir à Amsterdam, en 1630 ; et l'on se rappelle que le jeune

peintre, pour lui témoigner sa reconnaissance, peignit
ce professeur au milieu de son amphithéâtre, dissé-
quant le cadavre devant ses élèves, dans le tableau si
célèbre sous le nom de *la Leçon d'anatomie*. Ce fut
apparemment chez Nicolas Tulp que Rembrandt fit la
connaissance de Jean Six qu'il devait immortaliser à
son tour. Cependant le mariage de Six avec Marguerite Tulp contribua, beaucoup plus que ses talents, à
le faire nommer membre du comité des États de Hollande, dignité à laquelle n'étaient guère admis que les
parents ou les alliés des anciens membres. L'année
suivante, Six devint secrétaire de la ville d'Amsterdam; mais il ne fut bourgmestre qu'en 1691, lorsqu'il avait la tête grise, dit le biographe hollandais.
Dans le temps de la guerre entre l'Angleterre et la
Hollande, vers 1667, il avait été élu échevin; il le fut
encore dans les années 1688 et 1689. Jean Six mourut le 18 mai 1700, âgé de quatre-vingt-deux ans. Il
était seigneur de Vromade et de Hillegom. Il avait eu
huit enfants qui, la plupart, moururent avant lui.

Sur une épreuve du portrait de Six par Rembrandt,
le poète Vondel, leur ami commun, écrivit quatre
vers hollandais, dont voici à peu près la traduction :

> Tel on nous peint Jean Six dans sa verte jeunesse,
> Amoureux des beaux-arts dont toujours il rêva,
> Mais plein, pour la vertu, d'une austère tendresse:
> Or, la vertu demeure, et la couleur s'en va.

J'ai trouvé ces vers dans l'ouvrage de Jacobus

Kok, qui a pour titre : *Vaderlandsche Woordenboek.*
Deel. XXVII. Les voici au surplus en hollandais :

« Zoo maelt men Six, in't bloeienst van zijn jeught,
« Verlieft op kunst, en wentenschap en deught
« Die schooner blinkt dan iemands pen kan schrijven,
« De verf vergaet : de deugth zal eenwigh blijven! »

185. *Autre portrait du bourgmestre Six.*

Morceau non décrit.

Tête d'homme vue de trois quarts, coiffée d'un chapeau qui est posé sur l'oreille droite. Il a de longs cheveux d'un ton clair qui lui tombent sur l'épaule et il porte un grand collet de dentelle. La pièce est sans signature et sans date.

Hauteur, 0,047 ; largeur, 0,047.

BARTSCH, 286. CLAUSSIN, 283. WILSON, 288.

Il y a une incontestable ressemblance entre ce portrait et celui de Jean Six que tous les amateurs connaissent : ce sont les mêmes traits, les mêmes cheveux blonds et longs, tombant sur l'épaule ; quant à l'exécution de cette petite eau-forte, elle est vive, légère, spirituelle, et l'on peut l'attribuer au maître, si on la rétablit par la pensée à l'état d'eau-forte pure, en faisant abstraction des reprises au burin qui paraissent être le fait d'une main étrangère. C'est nous qui le premier y avons remarqué cette ressemblance et cru y reconnaître la main de Rembrandt. Depuis, Messieurs les conservateurs du musée d'Amsterdam semblent avoir adopté notre sentiment, car la *Revue universelle des arts* a publié quelques notes communiquées par M. Klinkamer, dans lesquelles cet iconographe range le nouveau portrait présumé de Jean Six parmi les *Adjonctions à l'œuvre de Rembrandt.*

Au surplus, sans vouloir imposer notre opinion, nous la soumettons au jugement des amateurs, et si nous n'avons pas fait copier ici ce très-rare morceau, c'est faute d'en avoir trouvé une épreuve à l'eau-forte pure.

Ferdinand Bol paraît l'avoir reproduit dans le n° 12 de son œuvre.

186. *Jean Corneille Sylvius.*

Improprement dit : *Janus Sylvius.*

Portrait de Jean Corneille Sylvius, ministre predicant à Amsterdam. Il est vu presque de face, ayant le corps dirigé un peu vers la gauche. Il porte une calotte sur la tête et une fraise au cou. Sa robe est garnie de fourrure au collet et par devant. Il est assis devant une table, les mains l'une sur l'autre, posees sur un livre ouvert : à la gauche du fond, qui est partout couvert de travaux, on voit une colonne et à la droite une voûte. On lit dans ce fond, vers le milieu de la gauche *Rembrandt,* et au-dessous : *1633.*

Il est a croire qu'il existe quelques épreuves de cette planche à l'eau forte pure, car la piece est chargee de travaux au burin qui ont dû être employés par Rembrandt pour suppléer à l'insuffisance ou aux inegalites de la morsure. Mais ces travaux au burin s'etant uses sans doute ont ete repris rudement, de sorte qu'ils ont constitue un second etat. Aussi Wilson a-t-il distingué les deux états qu'il decrit ainsi .

Premier état. Tres-rare; l'estampe est claire et harmonieuse, bien que les ombres en soient riches. Il y en avait dans la vente Denon une épreuve qui était retouchée au bistre et rehaussée de blanc.

Deuxième état. Les ombres sont durement reprises et l'harmonie de l'estampe est rompue.

Hauteur, 0,164; largeur, 0,139.

BARTSCH, 266. CLAUSSIN, 263. WILSON, 268.

En comparant ce portrait, appelé jusqu'à présent *Janus Sylvius,* avec celui que Bartsch a décrit sous le nom de Jean Corneille Sylvius, j'ai été frappé de la ressemblance qui existait entre les deux personnages, ressemblance qui n'avait pas encore été remarquée, bien qu'elle soit frappante. Seulement Jean Corneille paraît plus vieux, plus cassé que Janus. J'en ai conclu, après avoir pris l'avis des iconophiles les plus exercés, que Janus ou Jean n'était autre que Jean Corneille représenté deux fois par Rembrandt, à la distance de quelques années. Et tout confirme cette explication. Jean Corneille Sylvius était, nous l'avons dit, cousin de Saskia Uylenburg, première femme de Rembrandt. Il avait été ministre à Sloten, près de Leeuwarden, en Frise, et c'est là sans doute qu'il avait connu la famille Uylenburg, et qu'il avait épousé Aeltje Uylenburg, nièce de Rombertus, et par conséquent cousine de Saskia. Par lui, selon toute apparence, s'était fait le mariage de Saskia avec Rembrandt; du moins il figure dans l'acte comme donnant

son consentement, sans doute en qualité de tuteur. Il
était donc naturel que Rembrandt fît le portrait d'un
homme qui allait devenir son cousin par alliance.
Aussi voyons-nous le premier portrait de Sylvius daté
de 1633, c'est-à-dire de quelque six mois peut-être
avant le mariage, qui eut lieu le 10 juin 1634. Et si,
après la mort de Sylvius, Rembrandt, mû par un pieux
souvenir, a recommencé le portrait du prédicant
d'après un dessin ou une peinture, c'est qu'il n'était pas
satisfait de sa première eau-forte, qui avait mal réussi
à la morsure et avait dû être reprise au burin, ce qui
l'avait alourdie. Toutes ces raisons nous ont paru
convaincantes; mais la plus décisive de toutes, c'est la
ressemblance incontestable et complète, sauf la différence d'âge, qui existe entre Janus et Jean Corneille.
Ces deux personnages, bien évidemment, n'en font
qu'un.

187. *Autre portrait de Jean Corneille Sylvius.*

Le même personnage, plus âgé, est représenté à une fenêtre ovale,
tenant de la main gauche un livre fermé dans lequel il a ses doigts,
et avançant la main droite dans l'action de prêcher. Il porte une
calotte sur la tête, une fraise au cou, et il est revêtu d'un manteau
garni de fourrures et à manches courtes. Sa main droite sortant du
cadre ovale avec un relief extraordinaire y projette une ombre très-
forte. On voit aussi l'ombre portée de sa tête sur le bord gauche
de la fenêtre. De ce côté pend un rideau, et au milieu du haut,
sur un pilier, on lit: *Rembrandt, 1645.* Autour de l'ovale est écrit:
Spes mea Christus Johannes Cornelij Sylvius Amstelodamo-bat:

functus SS. minist. : anno 45 et 6 menses in Frysia, in Tyema-rum et Phirdgum annos 4 in Balc et Harich unicum. In min-nerstgœ anno 4. Slotis annos 2. In Hollandia Slotis annos 6 Amstelodami annos 28 et 6 menses, ibidemque obijt anno 1638, 19 novembre natus annos 74, etc. Au bas, dans une grande marge, sont ecrits, sur deux colonnes, huit distiques latins de Barlæus .

Cuius adorandum docuit facundia Christum,
    Et populis veram pandit ad astra viam,
Talis erat Sylvi facies. Audivimus illum
    Amstelijs isto civibus ore loqui.
Hoc Frisijs præcepta dedit : pietasq. severo
    Relligioq. diu vindice tuta stetit.
Præluxit, veneranda suis virtutibus, ætas.
    Erudytq. ipsos fessa senecta viros
Simplicitatis amans fucum contemsit honesti,
    Nec sola voluit fronte placere bonis.
Sic statuit : Jesum vita meliore doceri
    Rectius, et vocum fulmina posse minus.
Amstela, sis memor extincti qui condidit urbem
    Moribus, hanc ipso fulsijt ille Deo
                 C. BARLÆUS.

Haud amplius deprædico illius dotes,
Quas æmulor, frustraque persequor versu.
                  P. S.

Ce portrait se rencontre rarement, surtout beau d'épreuve, parce que la gravure en étant peu profonde n'a pu tenir longtemps à l'impression. C'est au velouté des barbes et à la saleté du fond de la planche, particulierement dans les coins, que se reconnaissent les premieres épreuves[1].

Hauteur, 0,277; largeur, 0,181.

BARTSCH, 280. CLAUSSIN, 277. WILSON, 282.

1. Wilson dit au sujet de cette planche que la plus belle épreuve qu'on en connaisse était celle que possédait lord Aylesford. Il ajoute que cette epreuve avait appartenu a Sylvius lui-même, et qu'elle était passee des

Voici ce que nous savons, du reste, des diverses phases du ministère de Jean Corneille Sylvius. En 1593, il devint *proponent,* et fut appelé à Tiemmarum et à Firdgum ; en 1597, à Balc et à Harich ; l'année suivante à Minnertsga ; en 1602, il passa à Sloten en Frise, et deux ans après à Sloten en Sloterdijck. C'est en 1610 qu'il fut ministre prédicant dans les églises d'Amsterdam ; il avait commencé les fonctions de son ministère à l'hôpital de cette ville. Il y mourut à l'âge de soixante-quatorze ans, en 1638, quatre ans après le mariage de sa cousine avec Rembrandt.

D'après ce que nous avons dit à l'article précédent, c'est le second portrait de Jean Corneille. Projetant

mains de sa famille dans celles de M. de Bosch, à la vente duquel elle fut achetée par Josi. Mais il est impossible qu'une épreuve du second portrait de Sylvius lui ait appartenu a lui-même, car ce portrait fut gravé par Rembrandt de souvenir, ou peut-être d'après une peinture, sept ans après la mort de Sylvius. Quoi qu'il en soit, nous dirons un mot ici de la collection de lord Aylesford, dont nous avons parlé en plusieurs endroits de cet ouvrage. Bien des fois nous avons entendu des amateurs demander le catalogue de la vente Aylesford, et nous même nous l'avions longtemps cherché ; mais nous avons su enfin que la vente de cet amateur n'avait jamais été faite publiquement. L'œuvre de Rembrandt seul, et il était bien loin d'être complet, fut vendu par lord Aylesford pour la somme de trois mille livres sterling (75,000 francs) au fameux marchand d'estampes Woodburn, celui-là même dont la vente s'est faite à Londres au mois de juillet 1854.

Croirait-on que cet habile marchand, qui était aussi un fin connaisseur, revendit à M. Holford, pour trois mille cinq cents livres sterling, dix-sept pièces seulement de l'œuvre de lord Aylesford ! Parmi ces pièces se trouvait une épreuve du *Juif à la rampe* avec la bague noire. Il importe d'ajouter que M. Holford est trente ou quarante fois millionnaire.

l'ombre de sa tête et de sa main sur les bords de la fenêtre ovale qui l'encadre, ce portrait semble sortir de l'estampe ; mais ce n'est pas seulement par l'énergie du clair-obscur et par la délicatesse du travail qu'il est supérieur au premier, c'est par un sentiment admirable d'humilité chrétienne et d'onction, qui semble traduire ces mots gravés sur le cadre : *Spes mea Christus.*

188. *Le Docteur Petrus Van Tol.*

Pièce improprement dite : *L'Avocat Tolling.*

Un portrait d'homme, des plus rares de l'œuvre de Rembrandt. Il represente le médecin Pierre Van Tol, vu presque de face, assis dans un fauteuil devant une table sur laquelle se trouvent, à gauche, plusieurs livres ouverts les uns sur les autres. Sa tête est couverte d'un chapeau rond un peu élevé, qui projette une ombre sur les yeux. Il porte une moustache, une barbe blanche taillée carrément, un collet, et une robe qui paraît doublée de fourrure. Ses bras sont appuyés sur le fauteuil, dont le dossier est orné de clous et surmonté d'une tête de lion. Au bas de la droite, on aperçoit une bouteille bouchée d'un linge et se terminant par un tuyau recourbé comme une cornue, une autre bouteille carrée, et une petite fiole entre les deux. Ces trois objets paraissent indiquer l'étude de la chimie. Le fond est ombré de plusieurs tailles derrière les bouteilles, et sur la gauche, tout le long du fauteuil et un peu au-dessus. Ce morceau porte en bas une marge d'environ dix-sept millimètres.

On connaît un *premier état* de cette pièce où le coude gauche, au lieu d'être arrondi, fait un angle. Il s'en trouva une épreuve à la vente Verstolk de Soelen. Il va sans dire qu'elle est de la dernière rareté.

Les épreuves du *second état* sont toutes avec des barbes, ce qui fait présumer que la planche n'a tiré qu'un très-petit nombre, et qu'elle a été ensuite brisée ou perdue ; cela expliquerait pourquoi les épreuves én sont si rares.

Hauteur, y compris la marge, 0,196 ; largeur, 0,148.

BARTSCH, 284. CLAUSSIN, 281. WILSON, 286.

Gersaint et Bartsch ont donné à ce portrait le nom de l'Avocat Tolling, mais j'ai lieu de penser qu'ils ont fait erreur. Le catalogue de Burgy, rédigé à La Haye en 1755, par un amateur hollandais, qui devait être sur ce point mieux instruit que Gersaint, désigne ainsi cette pièce : *le Portrait fameux du médecin Pierre Van Tol, extraordinairement rare;* et tout me fait supposer que cette désignation est la meilleure. Il est en effet bien peu vraisemblable que Rembrandt eût représenté un avocat entouré de fioles et d'objets indiquant l'étude de la chimie, et il faut dire aussi qu'on ne voit pas souvent les avocats se livrer à un tel genre d'étude.

Quoi qu'il en soit, ce portrait, fort bien gravé d'ailleurs, est d'une si grande rareté que les connaisseurs se le disputent avec acharnement dans les ventes publiques, lorsqu'il vient par extraordinaire à s'y produire. Il me souvient à ce sujet d'avoir entendu raconter par un amateur français en réputation, qui habite Londres, qu'à la vente Pole Carew, qui eut lieu dans cette ville en 1835, il se passa une scène intéressante

à propos d'une épreuve de *l'Avocat Tolling*. A cette
vente se trouvaient les plus illustres curieux de l'Angleterre : lord Aylesford, lord Spencer, sir Astley,
William Esdaile, Chambers Hall, Wilson, Maberly,
M. Donnadieu, notre compatriote, grand collectionneur
d'autographes, de dessins et d'estampes, le chevalier
de Claussin, auteur d'un des *Catalogues* de Rembrandt,
et en même temps les plus riches marchands de Londres : les Colnaghi, les Tiffin, les Smith, les Graves,
les Evans. Jamais peut-être on ne vit de plus magni-
fiques estampes. Presque toute la collection de Pole
Carew provenait des cabinets Barnard, Haring, Hibbert, lord Bute. Le portrait d'Asselyn, avec le chevalet, c'est-à-dire du premier état, fut vendu 39 livres
18 schellings (près de 1,000 francs); le portrait du
ministre anabaptiste Anslo avait été poussé à 74 livres
11 schellings (1,800 francs) : la Pièce de cent florins
venait de monter à 163 livres (4,075 francs). Enfin
on mit sur table *l'Avocat Tolling*. C'était une épreuve
admirable, presque unique, chargée de barbes, avec
les bords raboteux, moins travaillée que celle du musée
d'Amsterdam. Elle avait été achetée par M. Pole Carew 56 livres seulement, à la vente de M. Hibbert,
en 1809. La chaleur des enchères était à son comble.
Toutes les physionomies paraissaient altérées. M. de
Claussin respirait à peine. Quand l'estampe passa devant lui, elle avait déjà monté à 150 livres ! Il la prit

d'une main tremblante, l'examina quelque temps à la
loupe et mit 5 livres ; mais en un tour de table, l'enchère s'éleva à 200 livres (5,000 francs !) ; le pauvre
Claussin était pâle ; une sueur froide ruisselait sur ses
tempes. N'y pouvant plus tenir, et sentant qu'il avait
affaire à quelque puissance, il essaya de fléchir le com-
pétiteur inconnu qui lui faisait une si rude guerre.
Après avoir balbutié quelques mots en anglais, « Messieurs, reprit-il dans cette même langue qu'il parlait à
peu près comme sa langue maternelle, vous me con-
naissez, je suis le chevalier de Claussin ; j'ai consacré
une partie de mon existence à dresser un nouveau Catalogue de l'œuvre de Rembrandt, et à copier à l'eau-
forte les plus rares estampes de ce grand maître. Il y a
vingt-cinq ans que je cherche *l'Avocat Tolling,* et je
n'ai guère vu ce morceau que dans les collections nationales de Paris et d'Amsterdam, et dans le portefeuille de feu Barnard, où se trouvait l'épreuve que
voici. Si cette épreuve m'échappe, il ne me reste plus,
à mon âge, d'espérance de la revoir. Je supplie mes
concurrents de prendre en considération les services
que mon livre a pu rendre aux amateurs, ma qualité
d'étranger, les sacrifices que je me suis imposés toute
ma vie pour composer une collection qui me permît
de faire des remarques nouvelles sur ce bel œuvre
de Rembrandt... » Un peu de générosité, Messieurs,
ajouta Claussin, pour sa péroraison ; il avait déjà les

larmes aux yeux. Ce *speech* inattendu ne fut pas sans produire quelque sensation. Beaucoup en furent touchés ; quelques-uns souriaient, et racontaient tout bas que ce même M. de Claussin, qui était capable de pousser une estampe à quatre et cinq mille francs, était souvent rencontré le matin dans les rues de Londres, allant chercher deux sous de lait dans un petit pot... Mais après un moment de silence, un signe fut fait à l'*auctionner,* une enchère fut criée..., et le marteau fatal tomba sur le chiffre 220 livres !... On sut alors seulement que l'heureux acquéreur était M. Verstolk de Soelen, ministre d'État en Hollande.

189. *Uytenbogaert.*

Pièce dite : *Le Peseur d'or.*

Portrait d'Uytenbogaert, receveur des États de Hollande. Il est représenté assis à une grande table sur laquelle sont placés plusieurs sacs d'argent et un grand livre de compte. Il tient une plume de sa main droite qui est appuyée sur ce livre ; de l'autre main, il donne un sac d'argent à un garçon de comptoir qui est sur le devant à droite, un genou en terre. Le receveur est coiffé d'un bonnet de mezzetin et vêtu d'une robe garnie de fourrure. Au-dessus du grand livre, on voit des balances, avec deux sacs dans un des deux bassins. Sur le devant à gauche, on remarque un coffre de fer et trois tonneaux dont deux sont couchés et l'autre est posé sur son fond. Dans celui-ci on voit des pièces de monnaie. Dans le fond de la gauche, on aperçoit, en dehors d'une porte dont le bas est fermé, un homme avec un sac d'argent, et une femme qui appuie une main sur le battant de la porte, et semble avancer l'autre main. Au-dessus de la tête de Uytenbogaert, il y a sur le mur un tableau de forme oblongue, cintré par le haut, où est représenté le sujet du *Serpent d'airain*. Au bas, dans la marge à gauche, est gravé *Rembrandt f.*, et au-dessous, *1639*.

On distingue trois états de ce portrait :

Premier état. Extrêmement rare. La tête du receveur n'est exprimée qu'au trait et par trois ou quatre hachures.

Wilson, à propos de ce premier état, mentionne une épreuve qu'il en a possédée et qui provenait de la vente Denon. Rembrandt, dit-il, y avait dessiné la tête d'une façon tout à fait magistrale, mais il l'avait modelée par d'autres travaux que ceux qu'il a ensuite employés dans le portrait fini. Il avait aussi lavé au bistre toute la planche, et y avait mis l'effet brillant et moelleux d'une peinture. Il est probable[1], ajoute Wilson, que Rembrandt ayant dû attendre pour dessiner la tête du receveur (qui peut-être n'avait pas eu le temps de poser), acheva le portrait sur l'épreuve en question et suppléa au visage absent de son modèle, de manière à se donner à lui-même, en attendant, la satisfaction d'un bel effet.

Nous ajouterons à cette note de Wilson que le catalogue Denon rédigé par M. Duchesne ne décrit comme épreuve du *Peseur d'or*, retouchée au pinceau, qu'une épreuve du second état.

Second état. Très-rare. La tête du receveur est finie et les pièces de monnaie qui étaient sur le tonneau sont, non pas mieux indiquées que dans le premier état (comme le disent nos prédécesseurs Claussin et Wilson), mais au contraire presque entièrement effacées. Cette seconde épreuve est chargée de barbes principalement aux fourrures de la robe du receveur, qui ont été reprises à la pointe sèche, et ces barbes y produisent un effet brillant.

On sait que le capitaine William Baillie a fait une assez bonne

---

1. It is not unlikely that Rembrandt perhaps waited for the actual portrait of the Receiver, so as to cause the vacancy for the face; and in meantime, in the impression here noticed, supplied a countenance, to please himself with the perfect effect. *A descriptive Catalogue of the prints of Rembrandt, by an amateur, London,* 1836.

copie de ce second état du portrait du *Peseur d'or ;* en y lit dans la marge du bas :

> . . . . . . Scilicet improbæ
> Crescunt divitiæ.

Vers la droite est marqué le monogramme du capitaine, composé des lettres *W* et *B* entrelacées; mais comme il y a, de cette copie, des épreuves avant la lettre qu'on ne distingue par aisément (dit Bartsch) de l'estampe originale, il est nécessaire d'appeler l'attention des amateurs sur le sac d'argent que le peseur d'or donne au garçon à genoux devant lui. Dans l'estampe originale, il y a, au haut de ce sac, un pli de la forme d'un 3 écrit à rebours et penché, tandis que dans la copie de Baillie, ce même pli ressemble à un 5.

Il y a encore, ajoute Bartsch, une autre copie non moins trompeuse (le mot *trompeuse* nous parait ici un peu fort), faite par Jacques Hazard, amateur anglais, mort à Bruxelles en 1787. Elle diffère de l'estampe originale et de la copie de Guillaume Baillie, en ce que le livre de compte du receveur n'offre aucun trait d'écriture.

Nous devons signaler encore une troisième copie en sens inverse, par Van Bruges.

Troisième état. La planche est entièrement retouchée, et cette retouche, que l'on dit avoir été exécutée par le capitaine Baillie, a fait beaucoup perdre à l'estampe de sa beauté et de son éclat. La reprise des travaux a donné de la lourdeur à diverses parties, principalement aux fourrures de la robe et à la tête du garçon de comptoir qui a un genou en terre. Le visage du receveur porte aussi la trace de travaux additionnels, et l'on remarque sur le tableau qui représente le Serpent d'airain de nouvelles hachures qui, partant de la figure du serpent, rayonnent sur la planche.

Les épreuves de ce troisième état sont ordinairement sur du faux papier des Indes, *on thick spurious India paper,* lequel imite le vieux papier du Japon avec cette différence que le papier dont Rembrandt se servait est fait de soie pure et se déchire difficilement, au lieu que le papier sur lequel se trouvent impri-

mées les épreuves de la planche retouchee par Baillie est très-
cassant, étant fait d'écorce d'arbre.

Hauteur, 0,250, y compris la marge inférieure qui est de 13 millimètres;
largeur, 0,205.

BARTSCH, 281. CLAUSSIN, 278. WILSON, 283.

Nous avons vainement cherché quelques renseignements sur Uytenbogaert, et nous n'avons pas même pu
savoir s'il était, ou non, parent de Jean Uytenbogaert,
ministre des Remontrants, dont le nom latinisé s'écrit,
en Hollande, *Wtenbogardus*, ainsi que Bartsch l'écrit
lui-même dans son catalogue, sans doute pour distinguer, l'un de l'autre, les deux personnages. Le seul
ouvrage où nous espérions trouver quelque indication
intéressante touchant le *Peseur d'or* était le *Catalogue descriptif de sept mille portraits hollandais*, publié à Amsterdam en 1853 par M. Frédérik Müller,
un des plus savants libraires de l'Europe; mais ce
précieux dictionnaire ne renferme pas le nom du receveur des États de Hollande, et il nous souvient en
effet que, lorsque M. Müller nous montra sa magnifique collection en 1851, nous lui exprimions le regret
de n'y pas voir figurer encore quelques-uns des rares
portraits de Rembrandt, entre autres l'original du *Docteur Petrus Van Tol* et le *Peseur d'or*. M. Scheltema, dans
sa curieuse biographie de Rembrandt, ne nous fournit
non plus aucun document sur Uytenbogaert. Nous
trouvons seulement le nom de ce financier, cité plus

d'une fois dans la correspondance de Rembrandt avec Constantin Huygens, secrétaire du prince Frédéric-Henri, au sujet des sommes qui étaient dues au peintre pour ses tableaux, et c'est sans doute à l'occasion des paiements que Rembrandt eut à toucher des mains du receveur, que se fit leur connaissance, ou, pour mieux dire, que se lia leur amitié.

190. *Johannes Wtenbogardus,*

Ministre des Remontrants.

Wtenbogardus n'est ici que le nom latinisé de Uytenbogaert; nous le conservons en latin pour le distinguer du précédent. Le ministre est représenté dans un ovale et gravé sur une planche de forme octogone. Il est vu presque de face et assis dans un fauteuil; sa main gauche tient un des côtes du livre qui est ouvert et placé sur la table. On voit dans le fond de la droite plusieurs volumes négligemment posés les uns sur les autres. Il est coiffé d'une calotte, il porte une barbe grise et une fraise au cou. Au bout de la planche, en dehors de l'ovale, on lit, à gauche : *Rembrandt f.,* et sur la droite : *1635.* Dans une marge reservée au bas de la planche sont gravés ces quatre vers latins :

> Quem præmirari plebes, quem castra solebant
> Damnare et mores aula coacta suos,
> Jactatus multum, nec tantum fractus ab annis,
> Wtenbogardus sic tuus, Haga, cedit.

Ces vers ont été composés par le célèbre Hugo Grotius, dont le nom est gravé à la droite des vers, la lettre *H* se mêlant à la lettre *G.*

Il y a, non pas trois, mais quatre états de ce morceau, dont le cuivre existe encore et se trouvait compris dans le fonds de Jean.

Premier état. De la plus grande rareté. On n'y voit ni le rideau,
ni les quatre vers latins. La fraise que le ministre porte à son cou
est seulement au trait, la planche est en général moins travaillée :
elle est aussi plus grande, car elle mesure 249 millimètres de hauteur, au lieu de 225, et 186 millimètres de large, au lieu de 184.

Il existe une épreuve de cet état au musée d'Amsterdam.

Deuxième état. Non moins rare que le précédent. Il n'en diffère
que par la fraise qui est partout plus travaillée, et par l'expression
du visage qui est mieux rendue.

Troisième état. Le rideau est ajouté. Tout le portrait est fini ;
le caractère de la tête est malheureusement altéré. La planche est
réduite à une forme octogone, mais avec des oreilles ou onglets
aux deux extrémités droite et gauche. Les épreuves de cet état sont
encore très-rares.

Quatrième état. Les onglets ont été supprimés, et la planche a
une forme octogone régulière. Cet état est commun.

Hauteur de la planche réduite, 0,225 ; largeur, 0,184.

BARTSCH, 276. CLAUSSIN, 277. WILSON, 282.

Jean Uytenbogaert (ou Uytenbogaard), né à
Utrecht en 1557, était un homme d'un profond savoir
et d'un grand caractère. Il a joué un rôle très-important,
par ses actes et par ses écrits, dans les controverses
religieuses qui agitèrent la Hollande au xviie siècle.
Dès sa jeunesse il eut du goût pour la théologie et son
bonheur était d'aller écouter tous les sermons et tous
les prêches. S'étant décidé pour la Réforme, il partit
en 1580 pour Genève où il allait suivre les enseigne-
ments de Théodore de Bèse et d'Antoine de La Faye.
Revenu à Utrecht quatre ans après, il fut nommé pré-

dicant de la ville, puis appelé par l'Église de La Haye, qui obtint qu'on le lui céderait pour deux ans. En 1599, à l'époque du siége de Bommel, il se rendit au camp pour y prêcher, et le prince Maurice fut si con-tent de ses prédications, qu'il le garda auprès de lui comme chapelain de l'armée, ensuite comme chapelain de la cour, *Hofprediker.*

Pendant quinze ans il suivit le prince d'Orange dans toutes ses campagnes et fut attaché à sa per-sonne; mais bien que le stathouder fût opposé à la doc-trine des Arminiens, Uytenbogaert, qui était l'ami d'Arminius, ne laissa pas de soutenir ce théologien, et lorsqu'en 1609 une conférence fut ouverte devant les États de Hollande entre les Arminiens et les Goma-ristes, le chapelain de Maurice y figura comme le se-cond d'Arminius. L'année suivante, les États Généraux ayant envoyé en France une ambassade extraordi-naire, Uytenbogaert en fut l'aumônier. Cette mission le mit en rapport avec le Genevois Casaubon, gendre d'Henri Estienne et bibliothécaire d'Henri IV. Présenté au roi, l'aumônier de l'ambassade reçut de lui des marques d'une considération toute particulière.

Cependant, Arminius étant mort de fatigue et de chagrin, les sectateurs de sa doctrine présentèrent en cette même année, 1610, ces fameuses *remontrances* qui leur firent donner depuis le nom de *Remontrants,* et Uytenbogaert devint pour eux comme le successeur d'Arminius, sans pour cela se séparer du prince d'Orange dont il resta le chapelain jusqu'en 1614. Mais le stathouder ayant rompu avec Barnevelt et avec Grotius qui soutenaient les Remontrants et qui étaient les amis de Uytenbogaert, celui-ci fut enveloppé dans la disgrâce du grand-pensionnaire. Le 29 août 1618, il alla voir Barnevelt et le trouva dans sa bibliothèque non plus comme autrefois occupé à feuilleter ses livres ou à écrire, mais rêveur, sombre et accablé de sinistres pressentiments. Uytenbogaert lui adressa de réligieuses consolations, lui serra la main et se retira profondément ému. Une heure après Barnevelt était arrêté pour être quelques mois plus tard traîné à l'échafaud, et Grotius était enfermé dans la prison d'où il s'évada.

Uytenbogaert, refugié d'abord à Amiens et ensuite à Paris avec un autre remontrant célèbre, Bischop (Episcopius), fut assigné devant le synode de Dordrecht et condamné par contumace au bannissement à perpétuité et à la confiscation de ses biens. Toutefois, dans son malheur, il conserva l'amitié de Louise de Coligny, veuve de Guillaume le Taciturne, et de son fils Frédéric-Henri, frère de Maurice, avec lesquels il correspondait en langue française. Après avoir séjourné quelque temps à Paris, il se rendit à Rouen où l'archevêque le reçut avec de grands égards, dans l'espérance d'opérer un rapprochement entre l'Église et les sectes qui la divisaient; mais le remontrant fut inébranlable.

Lorsque Frédéric-Henri succéda à son frère Maurice en 1625, Uytenbogaert, Bischop et leurs sectateurs, purent rentrer en Hollande. Grâce à l'amitié du nouveau stathouder, l'ancien chapelain de la cour fut toléré à La Haye où il prêcha jusqu'à la fin de ses jours. Son portrait fut peint, en 1633, par Michel Mirevelt ; deux ans après il fut dessiné et gravé par Rembrandt, qui, pour le dire en passant, se trouvait ainsi, quoique jeune encore, en relation avec les plus illustres personnages de son pays. En 1643, Episcopius étant mort à Amsterdam, Uytenbogaert, bien qu'âgé alors de quatre-vingt-six ans, voulut aller rendre les derniers devoirs à son compagnon d'exil ; s'étant approché du cercueil, il dit en touchant le front de son ami : « Tête chère, combien tu renfermais de sages pensées ! » Uytenbogaert mourut lui-même l'année suivante, à quatre-vingt-sept ans.

PORTRAITS DE REMBRANDT

ET DE SA FAMILLE

Pour faciliter les recherches des amateurs, j'ai cru devoir consacrer un chapitre à part aux portraits de Rembrandt et de sa famille. Dans les catalogues de Bartsch, de Claussin et de Wilson, les portraits de Rembrandt par lui-même sont tous rangés, il est vrai, au commencement de l'œuvre, avec celui de son fils Titus; mais ils sont séparés des portraits de sa mère et de sa femme, lesquels sont disséminés dans la onzième classe. Dans un autre classement qui me paraissait meilleur, uniquement parce qu'il était plus logique, j'ai trouvé un avantage auquel je n'avais pas songé. Je possédais il y a quelques années trois cent quatre estampes originales de Rembrandt[1], y com-

---

1. Cet œuvre, que j'avais commencé il y a plus de vingt ans (vers 1837), je le cedai en 1854 à M. Thibaudeau et on l'a vu figurer dans sa vente, sauf quelques pièces qu'il avait consenti à échanger contre des dessins. Mais il n'est qu'heur et malheur en fait de vente. Celle qui eut lieu après la mort de M. Thibaudeau fut désastreuse. Il semblait qu'il y eût un concert tacite entre les amateurs et les marchands pour arrêter les enchères. Six mois après, les memes estampes se vendaient le triple ; aujourd'hui elles ont au moins quintuplé.

Aussi, après avoir essayé de recomposer un œuvre de Rembrandt, j'ai dû renoncer à ce projet, vu le prix excessif auquel se sont élevees les eaux-fortes de ce maître. Les simples amateurs ont à subir aujourd'hui la concurrence écrasante des financiers, dont nous avons fait ainsi l'éducation a notre détriment. Helas! il n'y a plus maintenant que les nations ou les millionnaires qui puissent avoir un bel œuvre de Rembrandt.

pris un certain nombre d'états différents, constituant des doubles. A l'exception des grands morceaux, tels que *Jésus présenté au peuple,* la *Pièce de cent florins,* la grande *Résurrection de Lazare* (dont j'ai en vain cherché une épreuve des premiers états), et certaines raretés d'un prix inabordable pour un simple homme de lettres comme moi, telle que le prétendu *Avocat Tolling,* sans parler des pièces qu'on ne peut avoir à aucun prix, parce qu'elles sont immobilisées dans les collections publiques de l'Europe, j'avais l'œuvre le plus nombreux peut-être qu'un amateur ait jamais réuni. Cet œuvre était rangé à peu près dans l'ordre que j'ai suivi pour le présent ouvrage. Il en résulta des rapprochements qui amenèrent des remarques tout à fait nouvelles ; celles, par exemple, qui ont trait à la *Grande Mariée juive,* comme aussi au double *Portrait de Jean Corneille Sylvius.*

191. *Tête de la mère de Rembrandt.*

(*Vieille bien caractérisée, regardant en bas.*)

Une tête de vieille, vue de trois quarts, et dont le menton touche presque au bord de la planche. Elle est coiffée d'une sorte de capuchon épais qui tombe au niveau des épaules, et dirigée vers la droite, d'où vient la lumière. Le fond est clair, à l'exception d'une petite partie de la gauche qui est ombrée d'une seule taille jusqu'à la hauteur du milieu de la tête. On lit dans le haut : *Rembrandt f. 1633.*

On distingue deux etats de ce morceau.

Premier état, de la plus grande rareté. L'estampe est gravée à l'eau-forte pure, et peu colorée Le fond est entièrement clair et l'on ne voit ni le nom de Rembrandt ni l'année. La planche est plus grande, elle mesure 63 millimètres de haut sur 58 de large, au lieu de 42 millimètres sur 40. « J'ai vu, dit Claussin, une de ces sortes d'epreuves où Rembrandt avait dessiné à la pierre noire le haut du corps. »

Deuxième état. La planche est réduite aux dimensions ordinaires; on y voit le nom de Rembrandt et la date de 1633. La tête est terminée et se modèle vigoureusement.

Hauteur, 0,042; largeur, 0,040.

BARTSCH, 351. CLAUSSIN, 341. WILSON, 346,

192. *Tête de la mère de Rembrandt, vue de' face.*

(*Vieille à bouche pincée.*)

Autre tête de vieille ressemblant à la précédente, mais vue de face, et dont le menton touche également au bord inférieur de la gravure. Elle est coiffée d'une cornette qui projette son ombre jusque sur les yeux. La tête, éclairée par la droite, est gravée d'un ton rembruni. Le fond est clair, à l'exception du bord de la gauche qui est ombré d'une seule taille. On lit sur la gauche, à la hauteur des deux tiers de la tête : *Rt. 1628*. Le chiffre 2 est retourné.

On connaît aussi deux états de cette estampe.

Premier état. Le cuivre est plus grand par le bas, ce qui place la tête dans le milieu de la planche, de sorte que le menton n'en touche plus le bord. Il n'y a de gravé que le visage. Nous avons vu au Musée d'Amsterdam l'épreuve dont parle Claussin, et que l'on peut considérer comme unique. La cornette, ainsi qu'une partie du buste, sont indiquées à la pierre noire au moyen de quelques hachures très-spirituelles et très-libres de la main même de Rembrandt. Cette épreuve, provenant de la collection van Ley den, est celle dont Pierre Yver fait mention dans son *Supplément*.

Deuxième état. La planche diminuée par le bas et réduite aux dimensions ordinaires. La cornette est gravée, et d'un ton plus coloré que le visage.

Hauteur, 0,063 ; largeur, 0,065.

BARTSCH, 352 CLAUSSIN, 342. WILSON, 347

193. *Petit buste de la Mère de Rembrandt*

(*Buste de vieille d'un beau caractère.*)

Un buste de la mère de Rembrandt spirituellement et légèrement gravé. La tête est couverte d'une espèce de coiffe relevée sur l'oreille droite et pendante sur l'oreille gauche. La figure est dirigée vers la droite de l'estampe, d'où vient la lumière. Sa robe est ouverte par devant. Le fond est clair, sauf qu'il est ombré d'une seule taille le long du dos. On lit au haut de la droite : *R. 1628;* le chiffre *2* est retourné.

Claussin décrit deux états de cette planche, et voici en quels termes :

« *Première épreuve,* de la dernière rareté, où la tête seule est terminée. Le côté de la coiffe relevé sur l'oreille droite, ainsi que la partie extérieure de cette même coiffe, pendante sur l'épaule gauche, n'y sont point exprimés. Le buste manque entièrement.

« La *seconde épreuve* est celle qui a été décrite, où la coiffe est terminée et le buste gravé. Comme Rembrandt a fini cette coiffe à la pointe sèche, sans en avoir ôté les barbes, il en résulte que ces mêmes parties sont chargées de manière noire dans les anciennes épreuves. »

Claussin ayant décrit ce premier état, il est à présumer qu'il l'a vu, bien que son habitude, quand il cite une grande rareté, soit de dire dans quel cabinet il l'a rencontrée : mais nous voulons

signaler après lui une erreur dans laquelle ne manqueraient pas
de tomber quelques amateurs en consultant l'œuvre, d'ailleurs si
magnifique, du Cabinet des Estampes de Paris. Il se trouve dans
cet œuvre un premier etat, où la planche a 75 millimètres de hauteur au lieu de 65, et l'epreuve est tellement faible que certains
travaux n'y paraissent point, et qu'ainsi on peut la prendre pour
une simple ébauche. En y regardant de très-près, je me suis aperçu
que ce premier état était factice, et que pour faire croire à une
plus grande hauteur de la planche, on avait ajouté à l'épreuve,
dans sa partie supérieure, une petite bande de papier de 10 millimètres, après avoir eu soin de se procurer un tirage assez pâle
pour que les tailles les plus fines ne vinssent pas à l'impression.
En retournant l'épreuve du Cabinet des Estampes, j'ai fait cette
autre remarque, que les filigranes du papier sont, au verso, dans
le sens horizontal, tandis qu'ils sont verticaux de l'autre côté, d'où
il suit que l'épreuve a été doublée, sans aucun doute pour dissimuler la frauduleuse addition de la bande de papier. Mais voulant
pousser plus loin l'illusion, l'auteur de la supercherie a jeté dans
le haut de l'épreuve quelques taches feintes, qu'il a très-habilement disséminées, de manière que l'œil ne fût pas frappé de deux
taches véritables que la sophistication de l'estampe avait produites
sur la ligne de jonction des deux papiers. Ensuite, par des salissures adroites, pratiquées tant au delà de cette ligne qu'en deçà,
il a masqué de son mieux la démarcation qui aurait trahi sa
fraude.

Weigel mentionne une copie de cette pièce, signée *Both*.

Hauteur, 0,065; largeur, 0,063.

BARTSCH, 354. CLAUSSIN, 343. WILSON, 348.

Bien que cette petite estampe soit une des premières
que Rembrandt ait gravées, c'est peut-être la plus
parfaite qui soit sortie de sa main. A aucune époque

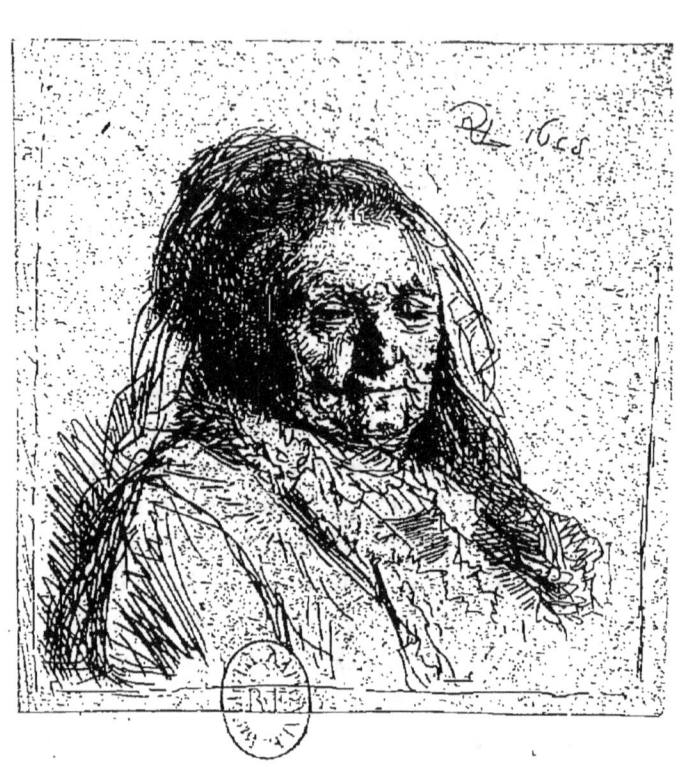

de sa vie le grand peintre n'a eu la pointe plus délicate
et plus sûre, jamais il ne poussa plus loin le sentiment des plans, ni le bonheur de l'exécution. Rien de
plus admirable, en fait de petites gravures, que le
choix des tailles au moyen desquelles il a exprimé
l'attendrissement des tempes, l'enchâssement des yeux
et les sourcils ravagés par le temps, la joue de son
modèle, sillonnée de rides, la bouche finement plissée
par une longue habitude d'observation et de légère
ironie, et les méplats du nez et les sécheresses du
menton. Rembrandt n'avait, en 1628, que vingt-deux
ans, et déjà il était accompli dans l'art de sentir et
dans le talent d'exprimer. A un âge où il n'était pas
encore sorti de la maison paternelle, car il ne s'établit
à Amsterdam qu'en 1630, il était naturel qu'il com-
mençât par ses parents ses études de la figure humaine ;
mais ce qui est tout à fait remarquable, c'est que les
deux premières gravures qu'il fit du buste ou de la
tête de sa mère, et qui sont l'une et l'autre datées
de 1628 (on ne connaît aucune estampe de Rembrandt
antérieure à cette date), sont les plus étonnantes de
toutes, et que même dans le beau portrait que nous
appelons *la Mère de Rembrandt au voile noir* (Bartsch
la nomme *Vieille femme assise*), l'artiste n'a pas mieux
rendu les palpitations de la vie présente, ni les traces
profondes de la vie passée.

194. *Buste de la Mère de Rembrandt,*
vu de face.

La tête est vue de face et coiffée d'une cornette à l'ordinaire, qui est arrangée à peu près comme dans le n° 192. Le corps est dirigé vers la droite d'où vient le jour. Il est couvert d'une robe fourrée qui n'est que légèrement tracée. Le fond est blanc, à l'exception de quelques petites tailles qui se voient à la droite de l'estampe. Ce morceau, gravé d'une pointe assez grosse, est d'un bel effet. Il est extrêmement rare.

Hauteur, 0,078 ; largeur, 0,063.

BARTSCH, 353. CLAUSSIN, 344. WILSON, *article omis.*

Bartsch et Claussin ont décrit cette estampe sans dire où ils l'avaient vue : nous savons, pour notre part, qu'il n'en existe aucune épreuve, ni au musée d'Amsterdam, ni au Cabinet des Estampes de Paris, ni au *British Museum.* Nous n'avons pas cru cependant devoir supprimer ce morceau, comme l'a fait Wilson, qui, chose étrange! le passe sous silence dans son catalogue sans dire pour quelle raison, tandis que dans cette même classe des portraits de femme où se trouve rangé le buste si rare que nous venons de décrire d'après Bartsch, Wilson a rejeté deux autres pièces, l'*Étude pour la Grande Mariée juive,* et la *Vieille femme méditant sur un livre,* mais en ayant soin de donner les motifs de ces deux suppressions. J'ignore donc ce qui l'a porté à rayer de son catalogue le *Buste de la Mère de Rembrandt, vu de face,* pièce que je n'ai jamais vue.

195. *Buste de la Mère de Rembrandt, la main sur la poitrine.*

Portrait en buste de la mère de Rembrandt. Elle est vue presque de face. Sa tête et son corps sont un peu dirigés vers la droite de l'estampe. Ses yeux sont baissés et sa main gauche est placée sur sa poitrine. Elle est coiffée d'un voile noir qui laisse à découvert tout le front, et elle est vêtue d'une robe noire montante que dépasse le bord de sa chemise. Le fond est entièrement couvert de tailles. Au milieu d'une petite marge, au bas de l'estampe, on lit : *Rt. 1631.*

Wilson distingue un *premier état* dans lequel le fond serait moins travaillé particulièrement autour de la tête : nous n'avons jamais pu vérifier cette différence.

Hauteur, 0,094, y compris la marge du bas, qui est de 9 millimètres ; largeur, 0,065.

BARTSCH, 349. CLAUSSIN, 339. WILSON, 344.

Cette estampe a servi à remplacer la femme de Rembrandt dans la pièce que l'on trouvera décrite ci-après sous le n° 201 du présent catalogue, *Rembrandt et sa femme.* Après avoir découpé avec adresse et précision la tête de la mère de Rembrandt, en ne conservant le buste que jusqu'au-dessus de la main, on a délicatement collé la découpure sur le fond blanc de l'estampe qui représente Rembrandt et sa femme, et la tête de la vieille mère est venue s'encadrer ainsi à côté du buste de son fils et à la place de sa bru.

196. *La Mère de Rembrandt, au voile noir.*

(*Vieille femme assise.*)

C'est le nom qu'il convient de donner à cette pièce, que Bartsch et Claussin appellent *Vieille femme assise.*

Elle est assise, en effet, dans un fauteuil, devant une table ronde dont on ne voit qu'une partie, et le corps dirigé vers la droite, d'où vient le jour. Sa tête, qui est vue de trois quarts, est extrêmement finie et porte le caractère d'une femme très-âgée. Elle a pour coiffure un voile noir, et elle est revêtue d'un mantelet garni de fourrure. Ses mains, posées devant elle, sont croisées l'une sur l'autre. On lit vers le milieu de la gauche, derrière le fauteuil : *Rt. f.*

On connaît maintenant quatre états différents de cette estampe. Ils se trouvent au musée d'Amsterdam où nous les avons vérifiés.

Premier état. Il est de la plus grande rareté. L'ombre au-dessous du fauteuil n'est formée que de deux tailles légères qui se croisent. Les tailles tirées obliquement de gauche à droite, et qui croisent celles du fond, dans l'ombre portée par le fauteuil, ne s'élèvent pas aussi haut que ces premières tailles. Le monogramme *Rt. f.* est gravé très-légèrement

Second état. L'ombre au-dessous du fauteuil est fortifiée par de petites tailles, données verticalement, et les secondes hachures obliques, croisant celles du fond, s'élèvent aussi haut que les premières tailles et touchent au monogramme.

Troisième état. La ligne du nez est marquée d'un second trait dans toute sa longueur. La tache noire qui se voyait au bout du nez est effacée.

Quatrième état. La planche est coupée en ovale et la gravure est très-affaiblie.

Hauteur, 0,145 ; largeur, 0,128.

BARTSCH, 345. CLAUSSIN, 333. WILSON, 339.

Il n'est pas de portrait que Rembrandt ait plus souvent recommencé que celui de sa mère, si ce n'est le sien propre, et toujours il a parfaitement réussi à exprimer, soit avec la pointe, soit avec le pinceau, les rides de marbre, les innombrables rides de cette tête pleine de caractère, et qui est certainement des plus belles dans son genre. Le précieux Gérard Dow, le fameux Denner lui-même, n'allèrent jamais plus loin dans le modelé d'un de ces masques parcheminés qu'ils se plaisaient tant à peindre, ni dans le rendu de ces mains de vieilles femmes qui étaient le triomphe de leurs pinceaux : mains fines et rugueuses tout ensemble, sillonnées de plis profonds, accidentées de verrues et dont la peau, tout à tour épaisse et transparente, lisse et grenue, recouvre des os luisants, des tendons encore fermes et, çà et là, des veines gonflées.

Il n'existe qu'un seul acte émané de la mère de Rembrandt : c'est son testament daté du 4 juin 1634. Elle était veuve alors, et il est dit dans cette pièce qu'elle ne savait pas écrire. Nous avons fait à Leyde bien des recherches pour savoir encore quelque chose de particulier sur les parents de Rembrandt. Voici tout ce que nous avons trouvé, et c'est à M. Rammelman Elsevier (descendant des fameux imprimeurs) que nous le devons. Du dépouillement de divers actes découverts à Leyde par cet habile archéologue, il résulte que :

Lysbeth Harmensz (fille d'Harmen), veuve en 1574

de Gerrit Roelops Van Rijn, fut mariée en 1581, en secondes noces, à Cornelis Claasz (fils de Nicolas), meunier de Berckel. De son premier mariage, elle eut deux enfants :

HARMEN VAN RIJN	MARIETTE VAN RIJN
Marié à Leyde le 8 octobre 1589 dans l'eglise de Saint-Pierre, à Cornélie Van Zuitbrouck, fille de Guillaume-Adrien de Zuitbrouck, de laquelle il eut les sept enfants dont les noms suivent : Adrien. Gerrit (décédé en 1631). Machtelt (Mathilde). Sara. Willem (né en 1597). REMBRANDT, né le 15 juillet 1606 à Leyde même [1]. Lysbeth.	Mariee à Pierre-Nicolas de Merenblick, batelier, duquel elle eut des enfants. L'année de son mariage, elle convint avec son frère Harmen de partager la maison de leur père, située à Leyde dans le Weddesteeg (petite rue de l'Abreuvoir), et d'y demeurer en deux familles. Elle mourut en 1600.

Dans le testament du père de Rembrandt, reçu par le notaire Wondevliet, à la date du 1er mars 1600, il est dit qu'il demeurait dans le Weddesteeg. Il n'avait alors que cinq enfants. Les deux autres, Rembrandt

1. On voit que la naissance de Rembrandt est fixée au 15 juillet 1606 par M. Elsevier, qui a trouvé chez les notaires de Leyde tout ce qu'il reste dans leurs offices d'actes relatifs à la famille de Rembrandt. C'est une raison de plus, pour moi, de maintenir cette date de 1606, bien que d'après l'acte de mariage découvert par M. Scheltema cette date dût être portée a 1608. Il serait surprenant que le bourgmestre Orlers, qui avait sous la main les actes de l'état civil, quand il écrivit le nom de Rembrandt dans sa *Description de Leyde,* n'eût pas consulté ces actes avant de préciser l'année où Rembrandt avait été inscrit sur les registres de naissance.

et Lysbeth, sont mentionnés dans un acte de 1622. Les autres pièces trouvées par M. Elsevier sont : 1° un registre mortuaire où figurent une fille d'Harmen comme enterrée le 2 mai 1604, et un autre enfant dudit Harmen, enterré le 6 avril 1604. Une peste qui affligea la Hollande dans cette année 1604 explique ces deux morts si rapprochées. Dans l'un de ces actes, Harmen Gerritsz (fils de Gerrit) est qualifié de meunier, *molenaar;* 2° un testament de Lysbeth Van Rijn, du 24 juin 1642, par lequel elle laisse 900 florins à chacun de ses deux frères, Rembrandt et Adrien, en sus de leur part.

197. *La Mère de Rembrandt assise, aux gants noirs.*

(Autre vieille femme assise.)

Le portrait de la même personne, egalement assise dans un fauteuil devant une table ronde, mais le corps tourné vers la gauche. Elle est vue de trois quarts, et coiffée d'un voile noir, sous lequel on voit un bonnet à rayures croisées, qui lui couvre et lui serre le front. Elle est couverte, comme la précédente, d'un mantelet fourré, et elle porte des gants noirs à ses deux mains qu'elle a devant elle, l'une dans l'autre. Le fond est blanc, à l'exception de quelques tailles derrière le fauteuil, dans le bas de la droite. On lit en haut de l'estampe sur la gauche : *Rembrandt,* et au-dessous *f.*

Hauteur, 0,148 ; largeur, 0,114.

BARTSCH, 344. CLAUSSIN, 334. WILSON, 340.

Cette pièce forme un singulier pendant à la précédente. Autant la première est gravée finement, d'une pointe qui pénètre dans tous les plis de la peau, autant la seconde est traitée librement et comme sabrée de hachures rudes et rapides ; mais l'une et l'autre expriment à merveille les ravages du temps et les rides d'une vieillesse encore robuste, aussi bien que les fourrures du mantelet. Il semble que Rembrandt ait voulu faire voir, par ce contraste, qu'il y a plus d'une manière pour le même artiste de montrer qu'il est un maître.

198. *La Mère de Rembrandt, au bonnet de dentelle.*

(*Vieille femme, coiffée à l'orientale.*)

Elle est vue de profil, à mi-corps, assise dans un fauteuil. Son corps est dirigé vers la droite de l'estampe, d'où vient la lumière. Elle est coiffée d'un riche bonnet, à barbes de dentelles, qui pend derrière son dos. Elle a sa main gauche sur la poitrine, et sa main droite sur le bras du fauteuil. On lit vers le bas de la droite *Rt. 1631.* Le fond est blanc, à l'exception d'une ombre portée derrière le fauteuil jusqu'à la hauteur des épaules.

Ce morceau rare est gravé avec beaucoup de délicatesse et de sentiment, dans le goût de la *Mère de Rembrandt, au voile noir* (nᵒ 196), et il serait au moins aussi beau, si l'eau-forte avait convenablement mordu ; mais l'insuffisance de la morsure fait qu'on ne le rencontre jamais beau d'épreuve. Il y en a trois états.

Premier état. Extrêmement rare. L'ombre qui est derrière le fauteuil s'élève plus qu'à la hauteur du sommet de la tête. Les cheveux sont dans une espèce de bourse un peu pendante.

Deuxième état. L'ombre est effacée depuis le haut jusqu'au niveau des épaules, mais non sans laisser des traces sur la planche.

Les travaux entrepris pour amener cette pièce à l'effet sont seulement commencés au-dessous de la manche droite, et y produisent une crudité.

Troisième état. Les traces de l'effacement de l'ombre ont disparu, tous les travaux ont été repris ou remordus et produisent un effet plus vigoureux, mais la tête demeure toujours pâle, et elle est dans cet état plus faible encore que dans le premier.

Hauteur, 0,146 ; largeur, 0,128.

BARTSCH, 348. CLAUSSIN, 338. WILSON, 343.

199. *La Femme de Rembrandt.*

Pièce improprement dite : *La Grande Mariée juive.*

Le portrait d'une femme qu'on appelle la *Grande Mariée juive,* pour la distinguer d'une figure à mi-corps appelée la *Petite Mariée juive.* Elle est assise, dirigée vers la gauche et vue jusqu'au-dessous du genou. Sa tête nue est garnie de longs cheveux qui lui couvrent entièrement les épaules et qui sont retenus au dessus du front par un cordon de perles. Elle tient de la main gauche un rouleau de papier, et appuie la droite sur le bras du fauteuil dans lequel elle est assise. Auprès d'elle, à sa droite, est une table chargée de papiers et de livres. Par-dessus sa robe, qui paraît être de velours, elle porte une espèce de peignoir. Elle se détache sur un fond d'architecture. Ce portrait rare est gravé très habilement et avec beaucoup de soin ; il est très-chargé de travaux. On lit au bas de la gauche, auprès de la main droite du modèle : *R. 1634.* Ce monogramme et ces chiffres sont écrits à rebours.

Claussin ne compte que trois états de cette planche, mais il y en a réellement quatre.

Premier état. D'une extrême rareté. Il n'y a que le buste qui soit fini, ainsi que la partie supérieure du fond, dont l'architecture est plus simple que dans les états suivants. L'ombre portée par la figure est plus haute, étant de niveau avec le sommet de la tête. On a remarqué avec raison que dans cet état le travail de la pointe était plus agréable et plus léger. Cependant les deux ou trois épreuves que nous avons vues étaient d'une teinte grise, d'un effet très-pâle, confuses et maculées.

Second état. Il est encore plus rare que le précédent. La planche est terminée. L'architecture ne présente pas, au-dessus de la tête du modèle, les divisions dont il sera parlé plus bas. Les mains et le peignoir sont blancs, c'est-à-dire ne sont pas encore couverts des tailles légères qu'on remarque dans les états suivants.

Troisième état. L'architecture présente, entre autres petits changements, une division longitudinale qui fait voir dans la pierre une nouvelle saillie; mais les mains et le peignoir sont encore blancs. Le contour du nez est plus arrêté, plus ferme, et rend le nez plus mince.

Nota. Les travaux sur les mains et sur le peignoir sont postérieurs aux changements introduits dans l'architecture. Il n'est donc pas possible que le duc de Bedford possède (ou ait possédé) une épreuve où les mains soient couvertes de tailles légères, tandis que l'architecture ne présenterait pas encore les changements que nous venons de signaler. Wilson a dû se tromper ici, ou bien l'épreuve du duc de Bedford était sophistiquée [1].

Quatrième état. Les mains et le peignoir, qui étaient trop clairs dans les épreuves antérieures, sont couverts de tailles légères.

Claussin, en parlant de ce quatrième état, qui est le troisième de son catalogue, dit que « l'on en reconnaît les belles épreuves à un point ou tache noirâtre qui se trouve sur la partie claire de la joue gauche, vers le haut. Plus cette tache est forte, plus l'épreuve

---

1. Voici comment Wilson décrit ce troisième état : « The hands and the « toilet gown are lightly shaded throughout, and some other places « on the shadows are more worked upon, but the architecture is still « without divisions indicating stone work. Such an impression is in the « collection of the duke of Bedford. »

est ancienne et belle. » Cette indication, qui peut être utile aux
amateurs, peut servir aussi à les tromper sur le degre d'anciennete de l'épreuve, parce qu'il est facile de rendre une tache plus
apparente, par le seul emploi de la pierre d'Italie. Soit dit cependant pour ceux-là seulement dont l'œil n'est pas très-exercé.

Hauteur, 0,218 ; largeur, 0,167.

BARTSCH, 340. CLAUSSIN, 330. WILSON, 337.

En examinant ce portrait avec beaucoup d'attention,
j'y ai remarqué un monogramme et une date qui
avaient échappé aux auteurs des précédents catalogues. Cette date, qui est celle du mariage de Rembrandt, 1634, m'a fait penser que la prétendue *Mariée
juive* était tout simplement la femme de Rembrandt
lui-même. Pour m'en assurer, j'ai rapproché cette
pièce des deux portraits connus de la femme de Rembrandt. Le premier est celui qui la représente à côté de
lui, dans l'estampe que Bartsch, Claussin et Wilson,
ont cataloguée sous le n° 19 ; le second est en buste et
de profil : c'est la *Femme coiffée en cheveux* (n° 337
de Claussin). Ces deux portraits, bien que l'un soit un
simple croquis et l'autre un profil, offrent une ressemblance incontestable avec la *Grande Mariée juive*. On
y retrouve le même front bas, les mêmes cheveux
longs, abondants et ondés, un nez bien fait, une
bouche épanouie, dont la lèvre inférieure est épaisse et
légèrement relevée, des joues pleines, et au-dessous du
menton un pli très-marqué qui sépare le menton de la

naissance du cou et qui, dans une tête d'ailleurs si jeune, est un trait vraiment caractéristique. Maintenant, si l'on considère que ce portrait de mariée a été gravé par Rembrandt l'année même de son mariage, et qu'il a été fini avec une complaisance, avec un soin tout particuliers, on sera convaincu, comme nous le sommes, que ce n'est pas là un portrait de fantaisie, et que le peintre a employé les loisirs de la lune de miel à dessiner le portrait de sa femme, telle qu'il l'avait vue le jour de ses noces, dans tout l'éclat de sa parure de mariée, les yeux brillants d'une joie naïve, et tenant à la main le contrat de son bonheur. Et ce qui me confirme de la manière la plus positive dans cette opinion, c'est que la peinture originale de cette prétendue *Mariée juive* existe à Londres, dans le cabinet de M. Donnadieu, telle qu'elle a été gravée en manière noire par Haid, en 1781, pour la collection de Boydell[1]. Mais dans le tableau la mariée n'est pas seule : elle est accompagnée d'une vieille femme qui est évidemment la mère de Rembrandt, dont nous avons tant de fois le portrait. A côté de la mariée, qui tient un papier, et qui est assise comme dans l'estampe, on voit un miroir, et, sur une table recouverte d'un

---

1. Si nous invoquons ici le nom de M. Donnadieu, c'est qu'il n'est pas indifférent de trouver un tableau de maître dans les mains du premier venu, ou bien dans la possession d'un amateur aussi connu par ses belles collections et par la sûreté de son coup d'œil.

riche tapis, une cassette entr'ouverte. Ce tableau, qui rappelait en partie la fameuse estampe de Rembrandt, improprement appelée la *Mariée juive*, a été décrit par John Smith dans son *Catalogue raisonné of the works of the most eminent painters*[1], comme représentant le sujet de Bethsabé qui reçoit un message de David. On peut voir que cette différence d'interprétation fait jouer un rôle bien équivoque à la femme et surtout à la mère de Rembrandt; mais les auteurs de catalogues n'y regardent pas ordinairement de si près. Buchanan, dans ses curieux *Memoirs of painting*, voit dans ce tableau, non pas la femme, mais la maîtresse de Rembrandt, et il le signale sous ce titre dans le catalogue de la collection Vitturi : *Rembrandt's mistress. From prince Carignan's collection at Turin. Lord Maynard : bought at his sale, and sold to sir H. Mildmay.*

1. Smith, ainsi qu'il le déclare lui-même, n'a point vu le tableau et ne l'a décrit que d'après la gravure de Haid. Voici, du reste, la description telle qu'elle se trouve dans la septième partie de son catalogue, au n° 34 de l'œuvre Rembrandt :

« Bathseba receiving a message trom David. The picture represent a
« handsome portly woman, with long flaxen hair, falling in tresses on
« her shoulders, attired in a richly embroideied robe and mantle,
« seated, resting one hand on the elbow of the chair, and holding a letter
in other, the contents of which appear to occupy her thoughts. A co-
« vered toilet, on which are a looking-glass and a jewel casket, stands
« before her, and on the forther side of the table is an elderly woman
« the messenger of the king. The figure is seen to the kness. Engraved
« by J. G. Haid, under the title of *Rembrandt's mistress.* Described
« from the print. »

Mais pour en revenir au mariage de Rembrandt, dont l'acte a été retrouvé dans les archives de la ville d'Amsterdam, cet acte est du 10 juin 1634. Il est passé entre : « Rembrandt Van Rijn, fils de Harmen, de « Leyde, âgé de vingt-six ans » (on le rajeunissait ici de deux ans, puisqu'il était né en 1606 [1]), « demeu- « rant dans le Breestraat, montrant le consentement « de sa mère, d'une part ; et, d'autre part, Saskia « Uylenburg, de Leuwaarden, demeurant au bilt de « Saint-Annenkerk, ayant pour témoin son cousin, « Jean Corneille, prédicant. »

Saskia était fille de Rombertus Uylenburg, docteur en droit, pensionnaire de la ville de Leuwaarden, et qui, depuis 1584 jusqu'à 1597, appartint à la magistrature de cette ville, soit comme bourgmestre, soit comme échevin. En 1597, il devint conseiller de la cour de Frise, et il en remplit les fonctions jusqu'à sa mort, arrivée en 1624. On s'est demandé de quelle façon avait pu se faire la connaissance du peintre avec la famille Uylenburg. Un poète hollandais, M. Van Lennep, dans une esquisse historique sur Rembrandt, nous apprend que Saskia était la nièce de Wouter, aubergiste d'Amsterdam, tenant le *Oude Zijds Heeren Logement,* et que cet aubergiste, chez lequel Rembrandt

1. On peut en voir une nouvelle preuve dans ce que nous disons plus bas, au n° 211 : *Rembrandt au chapeau rond et au manteau brodé.*

avait demeuré, fut l'intermédiaire du mariage. Mais il est beaucoup plus probable. comme le pense M. Scheltema, que Rembrandt connut Saskia par l'entremise du pasteur Jean Corneille Sylvius, qui avait épousé Aeltje Uylenburg, nièce de Rombertus Uylenburg, et qui était par conséquent le cousin de Saskia. En 1633, un an avant le mariage de Rembrandt, ce grand peintre avait gravé le portrait de Jean Corneille Sylvius, qui était depuis longues années ministre prédicant à Amsterdam, et, suivant toute apparence, ce fut par lui qu'il se maria, car les parents de Saskia Uylenburg étant morts en 1634, Sylvius se trouvait, lui ministre célèbre et vénéré, le tuteur naturel de sa cousine [1]. Du reste, en affirmant que ce portrait de la *Mariée juive* n'est autre que celui de la femme de Rembrandt, nous devons ajouter qu'il s'agit ici de la première femme de ce grand peintre, car il se maria deux fois, ainsi que nous l'avons dit dans sa vie, et ainsi que le prouvent les registres du Westerkerk (église occidentale d'Amsterdam).

200. *La femme de Rembrandt.*

(*La Petite Mariée juive.*)

Figure à mi-corps qu'on appelait la *Petite Mariée juive*, pour la distinguer du morceau précedent. Elle est vue de trois quarts,

---

1. Voyez dans l'Œuvre l'article de Jean Corneille Sylvius, et ce que nous révelons au sujet de ce portrait.

dirigee vers la droite et debout. Sa tête est ceinte d'un petit cordon de perles ou de pierres precieuses. Ses cheveux longs tombent jusque sur ses bras. Elle est vêtue d'un peignoir blanc à larges manches agrafe sous le menton, et ses mains sont jointes. On voit au bas de la droite une roue dentee, comme celle qu'on represente dans les images de sainte Catherine, et qui est l'attribut de son martyre. Du même côte, dans le haut, on lit : *Rembrandt f.*, et au-dessous *1638;* mais ce nom et cette date sont gravés très-legerement et a rebours.

On ne connaît qu'un seul etat de cette estampe, mais les premières epreuves se distinguent à la vivacité du noir, et même à la présence de quelques légères barbes. Au fur et à mesure du tirage, les épreuves ont naturellement pâli, et, aux dernières, le nom et la date sont à peine visibles.

Hauteur, 0,108; largeur, 0,176.

BARTSCH, 342. CLAUSSIN, 332. WILSON, 338.

Que cette personne soit la première femme de Rembrandt, cela n'est pas un seul instant douteux. Il suffit de comparer ce portrait à ceux connus pour représenter la femme du peintre, Saskia Uylenburg, par exemple à la *Femme coiffée en cheveux*. Ce morceau, copié par Hollar, était connu déjà pour représenter la femme de Rembrandt, et cela du temps de Rembrandt lui-même, puisque Hollar était le contemporain du peintre. Ainsi ce que nous avons dit de la *Grande Mariée juive* s'applique parfaitement à la *Petite*, car l'identité des physionomies est incontestable. Maintenant, pourquoi Rembrandt a-t-il dessiné sa femme en sainte Catherine, auprès d'une roux dentée? Sans

doute parce que sa femme portait le prénom de Catherine. Peut-être même Saskia veut-il dire Catherine
dans le hollandais des Frisons? C'est ce que nous
n'avons pu vérifier.

S'il en était ainsi, le portrait de la *Petite Mariée
juive* deviendrait à son tour une preuve à l'appui de
nos observations touchant les n°ˢ 199, 201, 202, à
savoir : que ces diverses pièces sont autant de portraits, à différents âges, de Saskia Uylenburg.

201. *La femme de Rembrandt, coiffée en cheveux.*

Pièce dite   *Femme coiffee en cheveux*

Portrait de femme a mi corps, dirige vers la droite de l'estampe
La tête en est agreable et vue un peu plus que de profil elle est
coiffee en cheveux avec plusieurs rangs de perles, elle porte un
collier à deux rangs, avec un mouchoir de dentelle ouvert par
devant et pendant des deux côtes Sa taille est courte et les manches
de sa robe sont ouvertes et composees de differentes bandes
d'etoffes. Au dessus de sa tête on lit   *Rembrandt f. 1634*

Hauteur, 0,088 , largeur, 0,067

BARTSCH, 347 CLAUSSIN, 337 WILSON, 342.

Nous avons déjà parlé, à propos de la pièce improprement appelée la *Grande Mariée juive,* de la ressemblance qui existe entre cette mariée et la *Femme coiffée
en cheveux.* Ces deux figures ressemblent l'une et
l'autre à la femme de Rembrandt, telle qu'il l'a repré-

sentée à côté de lui dans le morceau connu sous le nom de *Rembrandt et sa femme*. Que si l'identité de la personne n'était pas évidente, nous ajouterions, comme sorte de preuve, que la *Femme coiffée en cheveux,* ainsi que la *Grande Mariée juive,* a été gravée en 1634, c'est-à-dire l'année même du premier mariage de Rembrandt. Mais indépendamment de cette considération, il est clair que la personne représentée dans l'estampe de *Rembrandt et sa femme* est exactement la même que celle-ci. Le front bas, la chevelure abondante et blonde, le nez droit, la bouche étroite et fermée, les joues, l'air de tête, les épaules hautes, la taille très-courte, tout est semblable, tout, dis-je, jusqu'à ce corsage dont les manches sont composées des mêmes bandes· d'étoffe, et bouillonnées de la même façon. Quant au premier mariage de Rembrandt, nous en avons donné les détails à propos de la *Grande Mariée juive :* nous n'avons pas à y revenir.

202. *La femme de Rembrandt malade.*

Pièce dite : *Femme à grande cornette.*

Une femme en buste, très-légèrement gravée et toujours assez faible d'épreuve, l'eau-forte ayant peu mordu, par la volonté du peintre Elle est vue de trois quarts, la tête inclinée vers la droite de l'estampe d'où elle est éclairée, elle est coiffee d'une ample cornette négligemment posée et dont les deux bouts pendent sur ses epaules. Le corps n'est point acheve ; les deux bras sont caches

par un drap de lit, comme si la personne était couchée, mais sur
son seant. Le fond est clair sur la droite et légèrement ombré à la
gauche.

Hauteur, 0,063 ; largeur, 0,051.

BARTSCH, 359. CLAUSSIN, 349. WILSON, 353.

En comparant avec attention cette figure au portrait de la *Femme coiffée en cheveux*, j'ai acquis la conviction que ces deux estampes représentaient la même
personne, c'est-à-dire la première femme de Rembrandt, Saskia Uylenburg. Nous avons dit que Saskia
mourut en 1642, après huit ans de mariage; elle
mourut donc fort jeune, car il n'est pas présumable
qu'elle fût plus âgée que Rembrandt, qui, en 1642,
n'avait que trente-six ans. Le portrait qu'il en fit
en 1634 nous la montre, d'ailleurs, comme une femme
aux joues pleines, à la chevelure abondante, au front
bas, à la peau tendue, c'est-à-dire avec tous les signes
de la jeunesse. Ce fut donc de quelque maladie qu'elle
mourut, et c'est durant cette maladie que Rembrandt
la dessina. Au premier abord, on ne se douterait point
que la *Femme à grande cornette* est la même que la
Femme coiffée en cheveux; mais il suffit de rapprocher
les deux figures pour voir qu'elles diffèrent seulement
par la santé et par l'âge. Les traits dans la seconde
sont les mêmes que dans la première; il n'y a que le
dépérissement des chairs qui les ait altérés. Les yeux,
agrandis par la souffrance et creusés dans leur orbite,

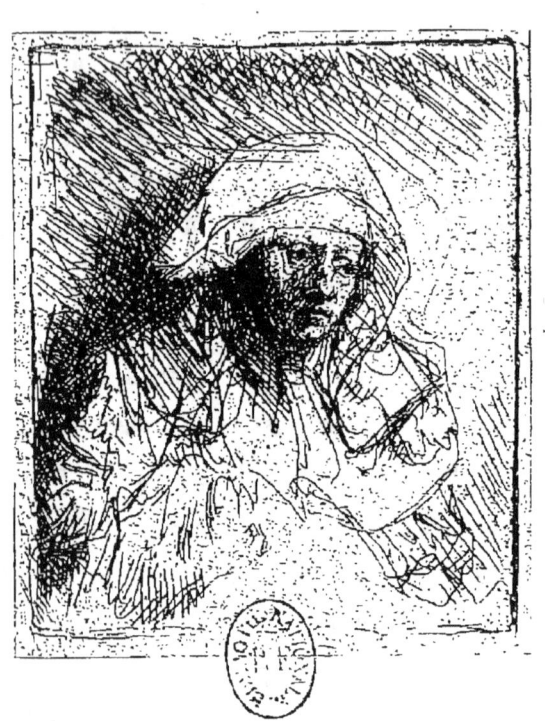

sont, à cela près, dans les mêmes proportions. Le nez
présente le même caractère avec des méplats plus pro-
noncés ; on y retrouve, au-dessus de la narine, une
petite dépression en sens diagonal, qui est tout.à fait
caractéristique. La bouche est petite, discrète et fermée,
dans l'une comme dans l'autre estampe, mais elle est
plus accentuée par la douleur ; les joues amaigries font
ressortir la saillie des pommettes, qui était déjà remarquable dans le portrait de 1634. La physionomie, qui
exprimait la douceur et le calme, porte maintenant
l'empreinte d'une tendresse languissante et d'une mélancolie résignée... Mais quelle admirable tête ! quelle
délicatesse de sentiment dans le peintre qui l'a dessinée
d'une main émue et les yeux déjà pleins·de larmes !...

Avant de graver cette eau-forte, Rembrandt fit un
dessin au lavis de bistre, représentant la même femme
malade, assise sur son lit, la tête penchée tristement.
Le musée du Louvre possède ce précieux dessin, où
il n'y a qu'un souffle, mais c'est le souffle de l'âme.

Il est gravé en fac-simile dans le bel ouvrage de
M. Alphonse Leroy, qui a pour titre : *Collection de
dessins originaux de grands maîtres, gravés en fac-
simile.* Paris, Rapilly, 1857.

203. *Rembrandt et sa femme.*

Les deux portraits sont gravés sur la même planche. Rembrandt
est à droite ; il est vu de face et à mi-corps ; sa tête est couverte

d'un chapeau à larges bords; son collet est ouvert, son corps est dirigé vers la gauche, et il s'appuie, du bras gauche, sur une table placee devant lui. Il tient à la main un porte-crayon. Au second plan, vers la gauche et derrière la même table, l'on voit et l'on reconnaît sa femme, qui est aussi vue presque de face, étant legèrement tournée vers la droite. Le fond est clair. On lit au haut de la gauche *Rembrandt f ,* et au-dessous *1636.*

Sans distinguer plusieurs états de cette jolie estampe, on en reconnaît les belles epreuves à l'ombre de dessous le chapeau de Rembrandt, cette ombre, très-nourrie dans les premieres épreuves, s'est affaiblie au fur et à mesure du tirage, de sorte qu'elle est dépouillée et pâle dans les épreuves communes. Il en est de même du fond, qui est sale et légèrement teinte dans les belles epreuves, et qui finit par être parfaitement net dans les epreuves d'un tirage plus avancé.

Hauteur, 0,103 , largeur, 0,092

BARTSCH, 19. CLAUSSIN, 19. WILSON, 19.

Nous avons dit à propos d'un des bustes de la mère de Rembrandt, celui qui porte le n° 195 du présent catalogue, qu'on l'avait quelquefois substitué au portrait de la femme de Rembrandt sur les épreuves de la planche que nous venons de décrire. Cette substitution s'est pratiquée ainsi. On a couvert d'un papier mince, découpé *ad hoc,* la partie de la planche où se trouve le portrait de la femme de Rembrandt, de façon que sous la presse cette partie est restée blanche, et que l'on n'a imprimé que le portrait de Rembrandt; ensuite on a couvert ce portrait d'un papier mince, également découpé; l'on a ajusté l'épreuve sur la planche qui représente *la Mère de Rembrandt la main sur la poitrine*, et on a fait passer l'épreuve une seconde fois sous la presse. On a obtenu ainsi quelques épreuves singulières, de nature à intéresser les curieux, d'autant plus qu'on en a tiré un fort petit nombre, afin de leur donner surtout le mérite de la rareté.

J'ai possédé une magnifique épreuve de *Rembrandt et sa femme*, imprimée sur satin de la Chine.

204. *Rembrandt aux cheveux crépus.*

Jeune homme en buste. Sa tête est vue de face, bien que légèrement tournée vers la gauche d'où vient la lumière. Ses cheveux sont crépus, courts et elevés sur le sommet. On voit, au haut de son habit, un petit collet blanc ouvert par le milieu. Le fond est clair, à l'exception d'une ombre légère au bas de la droite. On lit au-dessus de cette ombre, en petits caractères : *Rt.* Ce morceau est fort difficile à rencontrer beau d'épreuve. Il est généralement pâle et indistinct.

« J'ai vu, dit Claussin, dans l'œuvre de Rembrandt qui appartenait à M le comte de Vries, de Vienne en Autriche, une très-belle épreuve de ce petit portrait, qui diffère de l'épreuve ordinaire en ce que la planche est un peu plus grande et raboteuse sur les bords. »

Cette épreuve a passé depuis dans le cabinet Verstolk de Soelen. Elle a été comprise dans la vente de ce cabinet et adjugée au prix de 22 florins, 50.

Hauteur, 0,058 ; largeur, 0,049.

BARTSCH, 1. CLAUSSIN, 1. WILSON, 1.

205. *Rembrandt aux cheveux crépus et au toupillon élevé.*

Ce portrait a de la ressemblance avec le précédent. La tête y est vue de face et éclairee par la gauche. Le corps est tourné vers la droite. Les cheveux, dont un toupillon s'élève au-dessus de l'œil gauche, sont fort crépus ; tout le front est couvert d'une ombre qui passe sur les yeux et les rend presque indistincts. On voit, au haut de l'habit, un collet blanc. A la gauche du fond, une ombre très-legere s'étend de haut en bas, mais à droite elle ne monte qu'à la hauteur de l'épaule. Il y a au bas de la planche une marge d'environ 15 millimetres

Hauteur, 0,090, y compris la marge ; largeur, 0,072

BARTSCH, 27. CLAUSSIN, 27. WILSON, 27.

206. *Rembrandt aux trois moustaches.*

On ne voit dans cette petite estampe que la tête de Rembrandt, vue presque de face et coiffee d'une casquette à courte visière qui penche sur l'œil droit. Le peintre s'est représenté avec trois moustaches, c'est-à-dire avec des moustaches et une royale. Ses cheveux, qui sont courts sur le côté gauche et ne dépassent pas le niveau de l'oreille, sont longs du côté droit et tombent jusque sur l'epaule, qui n'est pas indiquée de ce côté. La tête est éclairée par la droite.

Claussin fait mention d'une épreuve où l'œil du côté eclairé etait moins grand, et qui présentait moins de travaux, ce qui constitue bien un *premier état.*

L'œil gauche élargi, et quelques légers travaux additionnels dans le bonnet et dans les cheveux, marquent le *second.*

Hauteur, 0,051 ; largeur, 0,042.

BARTSCH, 2. CLAUSSIN, 2. WILSON, 2

Tous ceux qui possèdent le catalogue de Claussin
y ont vu la copie du *Rembrandt aux trois mousta-*
ches. Cette copie est proprement faite et d'une pointe
attentive, mais le travail, qui est égal et froid, ne reproduit pas tout l'esprit de l'original. Rembrandt insiste
où il faut, et il passe rapidement et comme négligemment sur le reste. Cette jolie tête, au surplus, est une
de celles qu'il a gravées avec complaisance, et c'est
une des meilleures dans la classe des portraits de
Rembrandt. Elle est évidemment de sa jeunesse.

207. *Rembrandt à l'oiseau de proie.*

Il est vu de face, ses cheveux sont crepus et couverts d'un bonnet de mezzetin, son corps est dirigé vers la gauche, son habit est
garni de boutonnières des deux côtés, il en est de même de sa
manche qui est ouverte Il tient sur son bras droit un oiseau de
proie qui ressemble à un faucon

Ce morceau, ayant ete sans doute mal mordu, a eté repris, soit par
Rembrandt soit par un autre, à gros traits de burin. Il faut croire
que l'estampe, aussi mal retouchée que mal venue, aura ete effacee
apres le tirage d'un tres petit nombre d'epreuves, car elle est fort
rare

Hauteur, 0,126, largeur, 0,096

BARTSCH, 3 CLAUSSIN, 3 WILSON, 3.

Il en est de cette estampe comme de celles qui ont
été reprises au burin, d'une main lourde et grossière,
par Van Vliet ou tout autre. Au premier abord il est
impossible de les attribuer à Rembrandt, tant les tra-

vaux en sont durs et brutalement conduits ; mais si
l'on vient à rencontrer une épreuve tirée avant les
retouches, on conçoit que le morceau a pu être primi-
tivement de la main du maître. Nous n'avons vu aucune épreuve de ce genre ; mais il doit en exister
quelqu'une, et, dans ce cas, une épreuve *avant les
reprises au burin* caractériserait bien clairement un
premier état.

208. *Rembrandt au nez large.*

Buste de jeune homme ressemblant à Rembrandt, qui est toujours reconnaissable à la grosseur de son nez, à la largeur et à la
rondeur de son masque, à ses cheveux crepus, quelquefois heris-
sés, et enfin à l'épaisseur de ses levres. Cette fois il s'est représente
avec un nez extraordinairement épate Sa tête est nue et vue de
face, ses cheveux sont frisés; il a le cou nu et le corps enveloppé
d'un manteau. Le fond est clair, sauf la partie gauche où il est
ombré d'une double taille jusqu'à la hauteur de l'épaule. L'estampe
est eclairée par la droite; elle est gravee durement, à grosses
tailles, et elle n'a rien de remarquable, si ce n'est qu'elle est des
plus rares parmi les portraits de Rembrandt. Elle manque dans
bien des collections fameuses, notamment au British Museum.

Hauteur, 0,069; largeur, 0,031.

BARTSCH, 4. CLAUSSIN, 4. WILSON, 4.

209. *Rembrandt au visage rond.*

Ce portrait est aussi tres-rare. On n'y voit que la tête qui est nue
et vue presque de face. Les epaules ne sont indiquees que par un
seul trait de chaque côté. Les cheveux sont crepus, les yeux cou-

verts; le nez est gros et très-épaté; le visage est rond, il est éclairé par la droite et un peu tourné de ce côté. La poitrine est légèrement ombrée par des hachures tirées de gauche à droite. Le fond est entièrement clair.

On connaît quatre états de cette estampe.

Premier état. La planche est plus grande; elle porte 63 millimètres de hauteur sur 47 millimètres de large, dans le haut de la planche, et sur 49 dans le bas. Ce n'est qu'une ébauche spirituelle. Elle est d'une extrême rareté. L'épreuve que nous en avons vue au musée d'Amsterdam est d'une legèreté exquise.

Deuxième état. La planche a les mêmes dimensions. On remarque sur le visage et surtout sur le menton des tailles dures qui ne paraissent pas ébarbées; en revanche, des tailles fines qui se voyaient dans le fond de la première épreuve ont disparu dans celle-ci.

Troisième état. La planche est réduite aux dimensions ordinaires, qui sont de 42 millimètres sur 40; elle est moins chargée de barbes.

Quatrième état. Une ligne en zigzag qui, dans l'état précédent, se voyait sur l'épaule gauche du personnage, a été effacée.

Hauteur, 0,042; largeur, 0,040.

BARTSCH, 5. CLAUSSIN, 5. WILSON, 5.

210. *Rembrandt au bonnet fourré et à l'habit noir.*

Buste de jeune homme gravé durement et à grosses tailles noires. La tête est vue de face, elle est coiffée d'un bonnet fourré qui penche un peu sur l'œil droit, les cheveux sont frisés, pendants sur l'épaule droite et relevés de l'autre côté. Le corps est dirigé vers la gauche d'où vient le jour. Le fond est clair, à l'exception d'une petite partie de la droite qui est ombrée d'un double trait à la hauteur de l'épaule.

On connaît deux états de ce très-rare morceau.

Premier état. La planche est plus grande : elle porte 84 millimètres de hauteur sur une largeur égale; elle est de la dernière rareté.

Deuxième état. La planche est réduite aux dimensions ordinaires qui sont :

Hauteur, 0,065 ; largeur, 0,058.

BARTSCH, 6. CLAUSSIN, 6. WILSON, 6.

211. *Rembrandt au chapeau rond et au manteau brodé.*

La tête, vue presque de face, est garnie de cheveux crépus qui, du côté gauche, pendent sur l'épaule; elle est coiffée d'un chapeau rond dont le bord est relevé par devant. Le personnage est dirigé vers la gauche et éclairé par la droite. Il porte au cou une fraise à dentelles plissée et il est couvert d'un riche manteau doublé de fourrure, un peu relevé sur l'épaule. Sa main gauche, qui est gantée avec manchette brodée, sort de dessous le manteau. Le fond est chargé de tailles sur la gauche et dans le haut de l'estampe. On lit, au haut de la gauche, à travers les tailles : *Rt 1631*, et sur la droite : *Rembrandt.*

Ce portrait, dont les six premières épreuves sont très-rares, n'a pas été bien décrit par nos devanciers. Nous en avons tres-soigneusement établi les divers etats, qui sont au nombre de dix, après avoir etudié et comparé les œuvres du musée d'Amsterdam, du British-Museum et du cabinet de Paris.

Premier état, non décrit. On n'y voit que la tête, les cheveux et le chapeau, qui sont très-légèrement gravés. Le reste du corps n'est pas indiqué. Il n'y a aucun travail dans le clair du chapeau sur le devant. Le bord du chapeau, à gauche, n'a pas de contre-tailles obliques dans toute l'étendue de l'ombre, montant de gauche a droite.

Deuxième état. C'est celui que Claussin a décrit comme le premier. Cet etat, dont il n'existe sans doute qu'une seule epreuve, celle du British-Museum, ne se distingue du premier que par la presence des contre-tailles obliques sur le bord du chapeau.

Dans cette épreuve infiniment precieuse, le corps est dessiné à la pierre noire par Rembrandt lui-même, au haut de la droite est indiqué en deux traits le cintre d'une fenètre. L'epreuve est signée de la main de Rembrandt qui, avec le même crayon, a écrit dans le fond à gauche : *Æ 28*, et au-dessous : *anno 1631.*

Troisième état. Il diffère du second en ce que le clair du chapeau est entièrement éteint par une taille légèrement arrondie et oblique, descendant de gauche à droite, et par une contre-taille horizontale. Le blanc de l'œil, qui est dans l'ombre, est éteint par de très-fines tailles droites, au lieu que dans les états précédents il etait sans aucun travail. Le fond du chapeau, qui présentait quelques clairs dans le bas, est ici entierement noir. Le corps n'est pas encore marqué.

Dans une epreuve de ce troisieme etat, qui est au British-Museum, le corps est indique à la pierre noire par Rembrandt, avec d'autres plis que dans le second etat, et, au lieu d'être de profil, il se montre presque de face.

Quatrième état. L'œil qui est dans l'ombre est plus distinctement dessine. La prunelle en est plus travaillée, de manière que le point noir du milieu se fond avec le reste. La demi-teinte légere qui environnait l'œil a disparu, de sorte que l'ombre du côte gauche fait masse.

Cinquième état. La tête et le chapeau restent les mêmes. Le corps est dessiné et gravé, la fraise est indiquée légèrement, sans contour arrête sur les épaules. Le manteau ne présente aucune broderie sur l'épaule. Le fond est clair, à l'exception d'une petite ombre portée dans le bas de la gauche. Au haut de ce côte se trouve le monogramme *Rt.*

Sixième état. On y remarque des travaux additionnels. mais ce qui le caractérise nettement, c'est la date de *1631* ajoutée au monogramme. Le fond est le même.

Septième etat. Le chapeau est entièrement repris à la pointe seche et couvert de tailles nouvelles et ondoyantes qui suivent la forme des bords. La fraise est arrêtée dans ses contours, et de nouvelles mèches de cheveux, tombant jusque sur le manteau, le font ressortir. On distingue sur le manteau des broderies, et tout le long des bords, des espèces de boutons qui l'enrichissent. L'œil qui est dans le clair est noirci par des traits fort durs, ainsi que le contour inférieur du nez. Le fond reste le même, sauf l'indication d'un mur d'appui au bas de la droite, contre le manteau, au bord de la planche.

Huitième etat. Le fond est couvert de tailles sur la gauche et dans le haut de la planche. Vers le bas de la droite, tout au bord de la planche, l'indication du mur d'appui a disparu.

Neuvième état. Le fond est le même que dans l'état précédent. Au dessous de la main et de la manchette, il n'y a aucune solution de continuité dans le noir. On peut encore lire le monogramme precédent. La fraise est enrichie de broderies très-visibles.

Dixième etat. Le fond est nettoyé et entièrement éclairci, à l'exception de l'angle inférieur de la gauche. L'épreuve est sèche et de l'aspect le plus pauvre.

Hauteur, 0,148 , largeur, 0,130.

BARTSCH, 7. CLAUSSIN, 7. WILSON, 7.

L'épreuve du deuxième état que possède le *British Museum*[1], et qui provient de la collection de Wilson, est un morceau infiniment précieux, disons-nous, non-seulement parce qu'il est achevé à la pierre noire par Rembrandt lui-même et signé de sa

---

[1]. En parlant de cette épreuve, à la page qui précède, nous avons laisse passer une erreur typographique : ligne 8, au lieu de Æ 28, lisez : Æ 25.

main, mais encore parce que nous y voyons une preuve nouvelle, et cette fois irrécusable, que Rembrandt est né en 1606, comme nous l'avions affirmé d'après Orlers, et non pas en 1608, comme le dit M. Scheltema, se fondant sur l'acte de mariage qu'il a retrouvé. En effet, en 1631, Rembrandt avait vingt-quatre ans révolus, et il entrait dans sa vingt-cinquième année, s'il était né en 1606. Aussi voyons-nous qu'il a hésité entre le chiffre 4 et le chiffre 5,

$$2\,\mathcal{4}$$

sans doute parce qu'il n'avait pas alors vingt-cinq ans accomplis, et qu'il se trouvait entre la vingt-quatrième et la vingt-cinquième année de son âge.

La question, pour nous, est donc tranchée : Rembrandt est né en 1606; il n'y a plus à y revenir, et il est clair maintenant qu'il y a eu erreur dans l'acte de mariage, ou bien que Rembrandt s'est volontairement rajeuni de deux ans dans une déclaration faite en présence de sa fiancée.

212. *Rembrandt aux cheveux hérissés.*

On le reconnaît à son nez gros et large, ses cheveux crépus sont epars et hérissés tant au sommet qu'autour de la tête, et ils tombent sur ses épaules. Il porte de petites moustaches et une barbe très-courte qui a l'air d'un poil follet. Les sourcils froncés, la bouche un peu de travers et les lèvres pincées donnent au visage une physionomie grimaçante. La tête est presque vue de face, un peu tournée vers la gauche, d'où vient la lumière. L'épaule est marquée par un simple trait; mais il y a de l'ombre sous le menton. Le fond est blanc.

Ce morceau est gravé avec esprit. On en compte cinq états :

Premier état. La planche est plus grande; elle a 90 centimètres de hauteur, au lieu de 65, et 72 centimètres de large, au lieu de 60. Les épreuves de ce premier état sont d'une extrême rareté; il manque au *British Museum.*

Deuxième état. La planche est réduite aux dimensions de 65 centimètres sur 60. La tête est plus travaillée. Les yeux et le nez sont accentués.

Troisième état. Le contour de la bouche, qui n'était fortement accusé que dans le milieu, l'est ici tout le long des lèvres, et le coin de la bouche, à gauche, est noir.

Quatrième état. Le nez n'a plus qu'une forme ronde. Il est couvert, dans le bas, de tailles horizontales. Le haut de la tête est couvert de tailles.

Cinquième état. La planche est entièrement et tres-durement reprise au burin, et les cheveux qui tombaient sur l'epaule sont raccourcis; l'épreuve est laide. La gravure a l'air d'avoir ete refaite avec un méchant couteau.

Hauteur, 0,065 , largeur, 0,060.

BARTSCH, 8. CLAUSSIN, 8. WILSON, 8.

213. *Rembrandt aux yeux chargés de noir.*

Il est en buste. Sa tête est nue, garnie de cheveux frises, vue de trois quarts et dirigée vers la droite, d'où vient la lumière. Ses yeux sont très-petits et très-chargés de noir, ce qui les rend desagréables. Il a le nez fort gros et sa bouche est pincée. Le fond n'est ombré que du côté gauche. On n'y voit ni nom ni date. Ce portrait est fort rare. Les quelques épreuves qu'on en connaît ont les bords très-raboteux; le fond de la planche est sale et d'une saleté assez uniforme.

Hauteur, 0,065; largeur, 0,054

BARTSCH, 9. CLAUSSIN, 9. WILSON, 9.

La description de cette estampe est suivie, dans le Catalogue de Bartsch, de la note que voici : « L'opi-« nion d'Yver est que cette estampe est gravée par « Livens. J'avoue que je ne l'ai jamais pu rencontrer. « J'en ai transcrit la description telle que Gersaint « nous l'a donnée sous le numéro 13 de son Cata-« logue. Plusieurs amateurs ont cru y reconnaître la « pièce de Livens, dont on trouve le détail dans notre « Catalogue au numéro 44 des pièces de ce maître. « Il semble qu'Yver soit du même avis; mais en « comparant la pièce mentionnée de Livens avec la « description de notre numéro 9, on voit qu'elle ne « s'y accorde pas bien. L'estampe de Livens est plus « grande; on n'y remarque ni *le nez fort gros,* ni *la* « *bouche pincée,* et le fond n'est pas ombré seulement « du côté gauche, mais l'ombre se prolonge aussi « dans le bout, vers la droite de cette estampe. »

D'après la déclaration de Bartsch, qu'il n'a jamais pu rencontrer ce portrait, on peut juger combien il est rare. Pour notre compte, nous ne l'avons vu que dans les œuvres du Cabinet de Paris, du *British Museum*

et du Musée d'Amsterdam. Quant au morceau en lui-
même, il nous semble de peu de valeur, et nous l'eussions rangé parmi les pièces douteuses, s'il ne fallait
pas apporter beaucoup de circonspection dans ces
matières, par cette raison que la plupart des amateurs
n'ayant pu être consultés sur une pièce qu'ils n'ont
pas vue, il ne conviendrait pas de leur imposer légèrement la décision d'un seul. La vérité est que le travail de ce portrait est d'une régularité froide, sans
accent, sans esprit, et que l'on n'y trouve point cette
vivacité de sentiment dont le .moindre croquis de
Rembrandt porte la trace.

214. *Rembrandt faisant la moue.*

Il est en buste; la tête est nue, vue de face et éclairée par la
droite. Le froncement des sourcils et le mouvement des lèvres lui
donnent l'air d'un homme qui fait la moue. Les cheveux sont abondants, frisés et un. peu hérissés. Le buste est couvert d'une fourrure et dirige vers la gauche. On remarque au sommet de la tête
deux petits traits penchés de gauche à droite et presque paral-
lèles, qui traversent les dernières mèches de cheveux et vont d'un
bout de la planche à l'autre.

Il y a trois états de ce portrait.

Premier état. Extrêmement rare. La planche est plus large;
elle mesure 74 centimètres de large sur une hauteur égale. On lit
la date *1630* dans les deux petits traits qui traversent le haut de
la planche.

Deuxième état. Il ne reste, de la date *1630,* que les deux chiffres
30; la planche est réduite, dans sa largeur, à 60 centimètres.

Troisième état. Les deux traits qui traversent le haut de la planche sont effacés.

Hauteur, 0,074; largeur, 0,060.

BARTSCH, 10. CLAUSSIN, 10. WILSON, 10.

Le premier état de ce portrait se trouvait dans la vente Verstolk de Soelen. Il fut racheté par la famille, au prix de 25 florins.

215. *Portrait de Rembrandt de forme ovale.*

C'est un petit portrait où le maître s'est représenté un bonnet sur la tête. Il est gravé à grosses tailles et d'un ton fort rembruni. Les cheveux sont crépus et les yeux sont perdus dans l'ombre. On le reconnaîtra facilement à l'ovale irrégulier qui l'encadre, et qui est formé de petites entailles très courtes et très-inégales faites au burin et représentant comme une chaîne de métal.

Ce morceau est extrêmement rare. Il en existe trois états, qui sont décrits ci-après.

Hauteur, 0,065, largeur, 0,051. .

BARTSCH, 12. CLAUSSIN, 12. WILSON, 12.

On lit dans le Catalogue de Claussin, imprimé en 1824 : « Il y a à la Bibliothèque du roi une épreuve avant l'ovale formé par des points. Peut-être unique. » Voilà bien longtemps que cette épreuve manque dans l'œuvre de la Bibliothèque; mais il n'y a aucune raison pour mettre en doute l'assertion de Claussin, répétée en 1836 par Wilson, qui peut-être l'avait, à cette

,époque, vérifiée. Il faut donc mentionner, comme un *premier état*, l'épreuve avant l'ovale.

Deuxième état, non décrit. La planche est plus grande; elle porte 92 centimètres de haut sur 54 de large : elle est plus étroite de 4 centimètres dans le bas que dans le milieu. L'ovale y est gravé. A droite, au-dessous de l'ovale, on remarque la trace d'un travail qui aurait été effacé au brunissoir.

Troisième état. La planche est réduite aux dimensions de 65 centimètres sur 51.

Pierre Yver, dans son *Supplément,* dit que ce portrait, qui ne lui paraît pas être de Rembrandt, fut vendu dans la vente Amadée de Burgy (faite à La Haye en 1755), comme étant connu en Hollande sous le nom du portrait de Titus, fils de Rembrandt. Or, Bartsch fait observer avec raison que la remarque de Pierre Yver se rapporte à une autre estampe, à celle qui porte dans le *Supplément* de Pierre Yver le numéro 133, et dans le Catalogue de Bartsch le numéro 338. Mais Bartsch se trompe à son tour quand il dit que ce numéro 338 est le portrait de Titus. En effet, cette estampe, qui représente un jeune homme, est datée très-lisiblement de 1629 (le chiffre est écrit à rebours), époque à laquelle Rembrandt n'avait que vingt-trois ans et n'était pas encore marié; il est donc impossible que le jeune homme représenté soit son fils. On trouvera, du reste, ce portrait décrit ci-après dans le présent catalogue, sous le numéro 223.

Pour en revenir au *Portrait de Rembrandt de forme ovale,* bien qu'il soit gravé très-brutalement, je ne crois pas devoir adopter l'opinion de Pierre Yver, qui le regardé comme douteux. Rembrandt, préoccupé de tel ou tel effet, le cherchait quelquefois avec le premier instrument venu, et sans s'inquiéter de la finesse du travail. Cependant, si j'ai fait reproduire ici ce morceau d'après un calque fait par moi en Hollande, c'est uniquement à cause de l'extrême rareté du portrait. Il est à remarquer, au surplus, que presque toutes ces pièces infiniment rares le sont justement à cause de leur imperfection même ou de leur rudesse, le maître ayant détruit la planche après avoir tiré trois ou quatre épreuves de ces essais rapides et grossiers.

216. *Rembrandt au bonnet plat.*

(Portrait de Rembrandt, aux cheveux courts et frisés.)

Buste très-ressemblant à Rembrandt. Il est vu presque de face, le corps tourné vers la droite, d'où vient la lumière. Les cheveux sont courts et frisés; la tête est couverte d'une toque molle et plate qui retombe sur l'oreille droite; la bouche est fort pincée et d'une expression qui s'accorde avec le froncement du sourcil. Il porte un manteau sous lequel paraît un pourpoint un peu ouvert par le haut et attaché avec un petit ruban. Le fond est clair, à l'exception

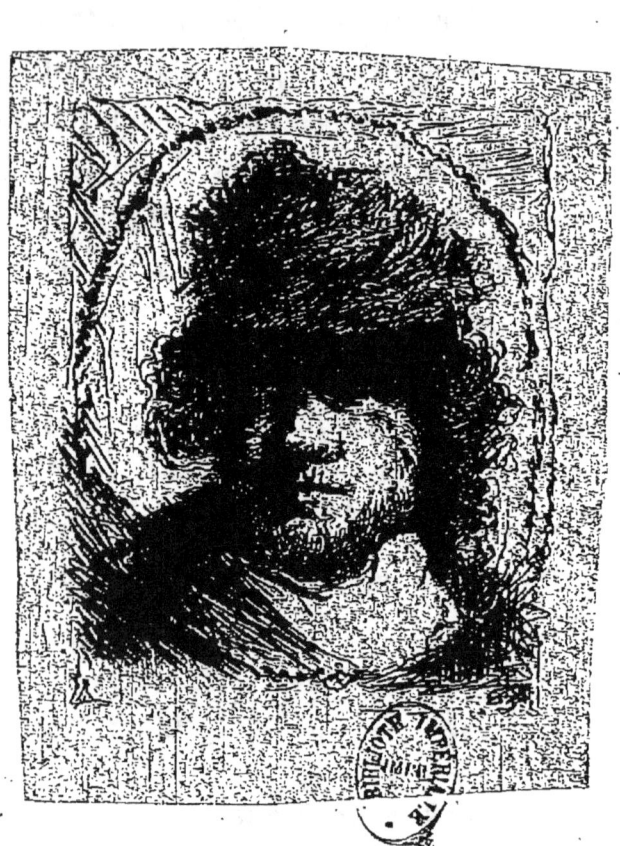

de la gauche, où paraît l'ombre portée de la figure. Dans le bas est une marge irrégulière d'environ un centimètre.

Il y a deux états de ce portrait :

Premier état. On y remarque le nom de Rembrandt, mais si faiblement gravé que, dans certaines épreuves de ce premier état, il est à peine lisible.

Second état. Vers le haut de la gauche, on lit *Rembrandt,* mais ce nom n'est pas écrit de la main du maître.

Hauteur, 0,094, la marge comprise ; largeur, 0,060

BARTSCH, 26. CLAUSSIN, 26. WILSON, 26.

Ce portrait serait fort recherché s'il était rare; il est en effet gravé avec beaucoup de goût, de légèreté et d'esprit. Jacques Hazard en a fait une copie en sens inverse, et cette copie vaut mieux que celle de Cumano, qui est très-mauvaise. En général, les copies d'après Rembrandt ne servent qu'à faire ressortir l'accent magistral des originaux, et c'est seulement à ce titre que les amateurs peuvent admettre ces copies dans leurs œuvres, à moins qu'elles n'y soient placées pour tenir lieu de l'original, quand il est très-rare.

247. *Rembrandt aux yeux hagards.*

Tête d'homme ressemblant à Rembrandt, vue presque de face et couverte d'une toque molle et plate, semblable à celle du portrait qui précède ; le haut de cette toque est coupé par le bord de la planche. La tête, tournée vers la droite et légèrement penchée en arrière, est éclairée par la gauche; le corps, qui est seulement in-

diqué, est dirigé vers la droite. Les cheveux sont courts et frisés ;
les yeux, hagards, très-ouverts et presque ronds, expriment l'étonnement et la frayeur ; la bouche est un peu ouverte. Le personnage porte de petites moustaches. Le fond est clair à l'exception
d'une ombre très-légère au bas de la gauche. On voit gravé au
milieu du bas, à la hauteur de la poitrine : *Rt. 1630;* mais ces
chiffres sont mal exprimés et indistincts.

Ce morceau n'est pas commun. Nous n'en avons jamais vu
qu'un seul état. Cependant le catalogue de Marcus mentionne une
epreuve, sans doute unique ou presque unique, dont la dimension
en largeur serait plus grande de 5 millimètres, et qui aurait conséquemment 47 millimètres de large, au lieu de 42.

Hauteur, 0,049 ; largeur, 0,042

BARTSCH, 320. CLAUSSIN, 33. WILSON, 33.

. 248. *Rembrandt riant.*

Un petit buste d'homme qui ressemble à tous les portraits connus
de Rembrandt. Il est gravé finement et avec esprit. La tête est vue
de face et coiffée d'un bonnet. Les cheveux sont abondants et frisés ;
ils couvrent presque entièrement le front. La bouche, ouverte et
riante, laisse voir les dents supérieures. Le corps est dirigé vers la
droite de l'estampe, d'où vient le jour, et revêtu d'un manteau qui
est fermé par devant avec quatre boutons. Un bout de collet pend
au cou du personnage. Au-dessus de son bras droit, on voit,
dans le fond, une ombre très-légère, formée de quelques fines
hachures non croisées. Au haut de la planche, du même côté,
c'est-à-dire à la gauche du spectateur, on lit le monogramme et la
date : *Rt. 1630,* légèrement gravés. Ce morceau est rare. On en
connaît, non pas deux, mais trois états.

Premier état, non décrit. La planche est raboteuse et plus haute
de deux millimètres. Elle a de plus une forme irrégulière, la lar-

geur étant, dans le haut, de 42 millimètres, et, dans le bas, de 45.

Deuxième état. Les bords sont nettoyés; la planche est réduite et remise d'équerre. Elle est gravée assez légèrement et cependant d'un ton très-coloré.

Troisième état. La planche est retouchée. La partie ombrée des cheveux, le côté droit du visage et l'ombre de l'épaule droite sont noircis par un travail régulier au burin. Les cheveux, qui présentaient deux clairs sur la gauche. n'en présentent plus aucun.

Hauteur, 0,049 , largeur, 0,042

BARTSCH, 316. CLAUSSIN, 29. WILSON, 29

Gersaint et Bartsch avaient rangé ce morceau dans la classe des portraits d'hommes, ainsi que le précédent; Claussin et Wilson ont fait passer avec raison ces deux pièces dans la classe des portraits de Rembrandt. Il n'est pas rare que les peintres prennent leur propre figure pour type et s'en servent comme d'un modèle familier, d'autant plus utile que c'est un modèle intelligent et qui peut se plier à tous les caprices de la pensée; mais Rembrandt est celui de tous les peintres qui a le plus souvent posé devant lui-même. Il a observé l'humanité entière dans un homme, et cet homme c'était lui. A tous les moments du jour, il s'étudiait devant son miroir et il cherchait à démêler dans les traits de son visage les plis correspondants à la joie ou à la douleur, les rides de la mélancolie, l'expression de la frayeur ou de l'étonnement, les contractions du rire, enfin toutes les altérations produites

sur la physionomie par les mouvements de l'âme, par
les variations de l'humeur ou par la permanence du
caractère.

Que si les portraits de Rembrandt n'ont entre eux
qu'une ressemblance de famille, ressemblance qui
même a pu échapper quelquefois aux iconographes,
cela tient, on le conçoit, à ce que le peintre a cherché
dans sa tête, non pas le modèle d'un portrait rigou-
reux, mais le motif d'une expression générale. En
d'autres termes, Rembrandt poursuivait l'idéal de sa
pensée dans la réalité de sa figure. Une chose remarquable, au surplus, c'est que, parmi l'œuvre immense
de ce grand homme (tableaux ou gravures de sa main),
on ne trouve que deux fois la physionomie de l'hila-
rité. Une seule estampe de lui et une seule peinture,
celle qui est au musée de Dresde, le représentent la
bouche ouverte et riante. Rembrandt était un homme
habituellement sérieux, mélancolique et rêveur, et
l'on peut juger, à l'ensemble de ses ouvrages, que
l'expression de la gaieté était, chez lui, plutôt l'étude
d'un des aspects de la vie que la manifestation de
son propre cœur.

219. *Rembrandt à la bouche ouverte.*

Ce buste de jeune homme, ressemblant à Rembrandt, est dirigé
vers la gauche de l'estampe. Sa tête vue presque de face est éclairée
par la droite. Ses cheveux sont frisés et hérissés vers le haut, sa

bouche ouverte et sa lèvre inférieure saillante expriment la douleur et la plainte. Il porte une robe ouverte par le haut; le fond est tout clair, à l'exception· du bas de la gauche, où il y a quelques hachures. On lit au haut du même côté : *Rt. 1630*. Plus les bords de la planche sont raboteux et marqués, plus l'épreuve est belle.

Cette estampe n'est pas commune : on en connaît deux états :

Premier état. Très-rare. La planche est plus grande; elle mesure 81 millimètres de haut sur 72 de large.

Second état. La planche est rognée à la gauche et au bas, elle est aussi un peu plus travaillée et reduite aux dimensions ci-dessous .

Hauteur, 0,072 ; largeur, 0,061.

BARTSCH, 13. CLAUSSIN, 13. WILSON, 13.

Ce portrait, fort bien gravé, ne rappelle que de loin la physionomie bien connue de Rembrandt. Si Bartsch, Claussin et Wilson l'ont placé dans la classe des portraits personnels du maître, c'est qu'ils n'ont pas remarqué la ressemblance de cette tête avec celle du *Gueux assis sur une motte de terre*. Avant de peindre ce gueux, dont l'expression est si vive, si criante, Rembrandt en avait étudié séparément la tête, et en plus grand, pour mieux s'assurer de tous les traits qui devaient peindre le gémissement et la douleur. Une fois ces traits bien saisis, il les a reproduits fort à propos dans la figure d'un mendiant qui implore l'aumône sur les chemins.

220. *Rembrandt aux yeux louches.*

(*Portrait de Rembrandt aux cheveux crépus.*)

C'est un buste dirigé vers la droite. Le côté gauche du visage est fortement ombré, et les cheveux, qui sont crépus, tombent sur l'épaule gauche. L'habit, ouvert par le haut, est bordé d'une large fourrure. Le fond est blanc, à l'exception de quelques tailles que l'on voit au bas de la droite.

Ce morceau est très-rare; il y en a, non pas deux, mais trois états :

Premier état. La planche est plus grande; elle porte 58 millimètres de haut sur 56 de large. Il y a un espace entre la bouche et le contour extérieur de la joue, du côté ombré de la tête, qui est si profondément mordu que les tailles en sont détruites. On lit dans le haut de la gauche : *Rt. 1631.*

Deuxième état, non décrit. Le défaut produit par l'excès de la morsure est reparé.

Troisième état. Le monogramme a disparu, et la planche est réduite aux dimensions ci-dessous :

Hauteur, 0,049, largeur, 0,036

BARTSCH, 25. CLAUSSIN, 25. WILSON, 25.

221. *Portrait de Rembrandt, de forme octogone.*

Une tête de jeune homme vue de face et ressemblant à Rembrandt, elle est couverte d'un bonnet de fourrure sous lequel se voient des cheveux crépus. Cette petite estampe se fait reconnaître aisément à la forme octogone de la planche et n'a pas besoin d'une plus ample description. On lit avec peine, dans le fond de la gauche qui est tout blanc, *Rt*.

Hauteur, 0,040, largeur, 0,036.

BARTSCH, 336. CLAUSSIN, 31 WILSON, 31.

Bartsch avait rangé cette estampe parmi les *têtes de fantaisie*; c'est avec raison que Claussin et Wilson l'ont placée dans la classe des portraits de Rembrandt, car la ressemblance est frappante. Il faut ajouter que la pièce est parfaitement dessinée et gravée, et qu'on la trouve rarement.

222. *Rembrandt au collet pendant.*

(Portrait de Rembrandt au manteau, avec le collet pendant)

Ce buste est dirigé vers la gauche et éclairé par la droite. La tête est de trois quarts, les cheveux, crepus et eleves sur le sommet, tombent jusque sur les sourcils. Le corps est enveloppé dans un manteau brun sur lequel pend un collet; ce manteau, ferme par devant avec des boutons, laisse voir le haut de la chemise. Il n'y a dans le fond qu'une ombre legere au bas de la gauche. Au bout du même côte, on lit *Rt. 1631*

On distingue quatre états de ce portrait.

Premier etat. C'est celui qui vient d'être décrit.

Deuxième état Le contour des cheveux du côté gauche, au-dessus de l'oreille, est change par l'addition de quelques nouveaux traits.

Troisième etat. L'ombre du visage est retouchee. Les cheveux qui touchent la joue gauche sont descendus jusqu'au-dessous de la bouche, et le manteau est couvert de tailles diagonales régulierement donnees avec le burin.

Nota. Un quatrieme etat est marque, dans l'œuvre du *British*

Museum, comme présentant une nouvelle retouche dans les ombres du visage, et une lumière moins large sur la joue droite. Mais ce quatrième état, attentivement examiné, m'a paru fort douteux, et j'ai cru devoir me borner à en faire mention.

Hauteur, 0,065, y compris une marge de 4 millimètres; largeur, 0,054

BARTSCH, 15. CLAUSSIN, 15. WILSON, 15.

223. *Rembrandt au bonnet rond et fourré.*

Ce buste est dirigé vers la droite, d'où vient le jour La tête est de face et couverte d'un bonnet de forme ronde. Les cheveux sont courts et frisés. Il est enveloppé dans un manteau au haut duquel on aperçoit, vers la gauche, une fourrure. L'autre côté du manteau, au-dessous de la joue, n'est point achevé. On lit au haut de la gauche : *Rt. 1631.*

Cette pièce a deux états, qui n'ont pas été décrits :

Premier état. Les ombres du visage sont transparentes et délicates. Il y a un léger clair sur l'épaule gauche.

Second état. Les ombres sont noircies, dures et lourdes. Le bonnet, dans le bas de la gauche, présente un pli oblique très-accusé, qui ne se voit point dans les premières épreuves; l'habit est repris sur l'épaule gauche avec des tailles qui paraissent rentrées au burin, et le clair a disparu.

Hauteur, 0,060, largeur, 0,056

BARTSCH, 16. CLAUSSIN, 16. WILSON, 16.

Ce morceau n'ayant pas été régulièrement, franchement mordu, ne se trouve jamais beau d'épreuve, et c'est grand dommage, car il est gravé avec beaucoup de sentiment, d'une pointe légère et libre. Il en existe une copie en sens inverse.

224. *Rembrandt au bonnet retombant.*

(*Portrait de Rembrandt avec trois crocs.*)

Le jour venant de la droite éclaire une tête de trois quarts, coiffée d'un bonnet arrondi qui retombe sur le devant. C'est de tous les portraits de cette classe celui qui ressemble le plus à Rembrandt. Gersaint et Bartsch l'ont désigné sous le nom de l'*homme à trois crocs,* parce qu'il a trois moustaches, deux sur la lèvre supérieure et une sous la lèvre inférieure. Ses cheveux sont courts et frisés ; il a les yeux petits et le nez épaté. Il est enveloppé d'une robe bordée de fourrure et son cou est nu. Le fond est tout clair.

Ce portrait est gravé avec sentiment et d'une pointe légère. Mais il n'est charmant que dans les épreuves du premier état, qui sont extrêmement rares.

Premier état. La planche est plus haute de 9 millimètres et les bords en sont raboteux. L'épaule droite est claire.

Deuxième état, non décrit. Mêmes dimensions. L'ombre du bonnet est fortifiée par des tailles obliques et rudes qui paraissent données au burin. L'épaule droite est couverte de travaux.

Troisième état. La planche est réduite de 9 millimètres dans la hauteur. Quatre ou cinq traits en zigzag se remarquent dans le bas de la droite. Les bords supérieurs du bonnet, qui étaient légèrement interrompus, sont repris et ne présentent aucune solution de continuité.

Quatrième état. L'ombre sous le menton et sur le cou est très-vigoureuse et ressentie au moyen de tailles rudement rentrées au burin. Les travaux de l'épaule sont recouverts d'une taille oblique également donnée au burin. Les traits en zigzag ont disparu.

Hauteur, 0,049, largeur, 0,040.

BARTSCH, 319. CLAUSSIN, 28. WILSON, 28.

225. *Rembrandt au bonnet de fourrure inégal.*

(*Rembrandt à bonnet et robe fourres.*)

La tête est vue de face et coiffée d'un bonnet fourré de forme irrégulière, c'est-à-dire beaucoup plus haut sur la droite que sur la gauche. Il porte une robe garnie de fourrure. Cette robe, ouverte par le haut, laisse apercevoir la chemise et le col. Il est éclairé par la droite. Le fond est blanc à l'exception d'une double taille qui se trouve sur la gauche, à la hauteur de l'épaule. On lit au haut du même côté : *Rt. 1631.* Au bas est une marge de 4 millimètres.

Cette pièce est rare : Nous en connaissons deux états que nos prédécesseurs n'ont point décrits.

Premier état. On voit un clair placé mal à propos dans l'ombre, à côté du nez dont le contour est indistinct; ce défaut vient de la morsure.

Deuxième etat. Le défaut est réparé. Le contour du nez à gauche est ressenti. Les cheveux, qui étaient partout du même ton, sont plus noirs du côté droit contre l'oreille. Le bonnet et la robe sont noircis d'une vigoureuse contre-taille, qui est horizontale dans le bonnet, verticale dans l'habit. Il se peut que cette retouche ne soit pas de la main de Rembrandt.

Hauteur, 0,063, y compris la marge du bas, largeur, 0,056.

BARTSCH, 14. CLAUSSIN, 14. WILSON, 14

Ce n'est pas, on le pense bien, pour le plaisir de faire du nouveau que nous avons changé plusieurs fois la désignation des estampes de Rembrandt : cette désignation avait été faite par Gersaint, Bartsch et Claussin un peu trop légèrement; tantôt elle n'était pas assez précise, tantôt elle pouvait induire en erreur les curieux en leur faisant confondre ce qu'il s'agissait de leur faire distinguer. Par exemple, Rembrandt, dans ses portraits, s'est représenté plus d'une fois avec une robe et un bonnet fourrés ; il importait donc, pour faciliter les recherches des amateurs, que la désignation de chaque morceau fût assez spéciale et assez caractéristique pour qu'ils le pussent reconnaître au premier coup d'œil. Voilà pourquoi nous avons appelé le portrait que nous venons de décrire : *Rembrandt au bonnet de fourrure inégal.*

Mais il est dans ce livre un autre changement dont quelques personnes nous ont demandé compte. Pourquoi, nous dit-on, avoir interverti l'ordre ancien, celui auquel les amateurs ont été habitués par les catalogues précédents? D'abord parce que cet ordre n'était ni simple, ni logique. Il n'était pas simple, puisqu'il divisait en douze classes ce que nous avons pu sans inconvénient diviser en six; il n'était pas logique, parce que, dans un œuvre où l'histoire tient une place si importante, il fallait naturellement respecter la chronologie, et commencer, comme nous l'avons fait et comme on l'a fait au Cabinet des Estampes, par Adam et Ève. En second lieu, un livre n'est pas composé uniquement pour les générations présentes; il importe donc, avant tout, de le bien composer. Une fois ce parti pris de ne pas suivre Bartsch et Claussin dans le classement général de l'œuvre, il n'y avait pas de

raison pour s'astreindre à les suivre dans leur classement partiel. Pour les portraits qui ont un nom,
l'ordre alphabétique nous a paru le plus commode.
Pour les portraits de Rembrandt en particulier, nous
avons commencé par les plus petits en dimension et
les moindres en beauté, parce qu'il est plus naturel
d'établir, quand on le peut, une progression ascen-
dante, et de finir par les morceaux les plus importants
et les plus beaux plutôt que par une pièce insigni-
fiante qui refroidirait infailliblement l'admiration.

226. *Rembrandt au bonnet fourré et à l'habit blanc.*

Dans ce petit buste, Rembrandt est vu presque de face, ayant le
corps dirigé vers la droite et éclairé par la gauche. Il porte un
bonnet fourré qui lui tombe jusque sur les sourcils. Le bas de
l'oreille droite est découvert, et les cheveux, qui sont frisés comme
toujours, pendent sur l'épaule droite. L'habit, ouvert par devant,
est bordé de fourrure. Le fond est clair, à l'exception d'une ombre
légère dans le coin à gauche, depuis le bas de la planche jusqu'à
la hauteur de l'épaule. Dans le haut, du même côté, on lit :
Rt. 1630.

Ce joli portrait, gravé d'une pointe légère et fine, est décrit avec
quatre états dans le *Supplément* de Claussin.

Premier état. Extrêmement rare. La planche est plus grande ;
elle porte 92 millimètres de haut sur 67 de large ; elle est très-irré-
gulière sur la droite. On lit directement au-dessus du portrait,
vers le milieu, le monogramme et la date *Rt. 1630,* gravés très-
finement. Le fond est sale, taché, et les bords sont raboteux.

Deuxième état. La planche est réduite aux dimensions ci-après.

Le monogramme et la date sont regraves légèrement dans le haut de la planche, à gauche Très-rare.

Troisième etat On remarque une ombre légère dans le fond à gauche, derrière l'épaule. Le monogramme est mieux marqué. Il y a quelques travaux de plus sur la tempe droite. Les bords de la planche sont encore raboteux.

Quatrième etat. La planche est nettoyée; les bords en sont unis et régularisés.

Hauteur, 0,060, largeur, 0,051.

BARTSCH, 24 CLAUSSIN, 24. WILSON, 24.

227. *Rembrandt aux cheveux crépus, fortement ombré.*

Il est place à la droite de l'estampe, d'où vient le jour. Il a le côte droit du visage très-fortement ombré, ses cheveux crépus et tres-epais lui tombent sur l'epaule droite, et sa levre superieure es garnie d'une petite moustache. Son manteau est eclairé dans le haut sur l'epaule gauche. Le fond est ombré, excepté dans le coin de la gauche, qui est blanc depuis le milieu de l'estampe jusqu'au bas, et où on lit : *Rt*

Ce morceau est fort-rare : on en voit deux epreuves au musée d'Amsterdam. Ce sont les seules que nous connaissions. Dans la *première*, le côté droit du visage est extrêmement et uniformément noir. Le monogramme ne s'y voit pas, la planche est tres-raboteuse sur les bords. Dans la *deuxième*, on voit le monogramme et un reflet de lumière sur la joue droite. Cette retouche parait faite au pinceau, sans aucun doute par Rembrandt lui-même.

Hauteur, 0,067 ; largeur, 0,065.

BARTSCH, 332. CLAUSSIN, 324, et 12 du *Supplement*. WILSON, 34.

Si nous avons fait graver ici un *fac-simile* de ce portrait, c'est uniquement à cause de son extrême

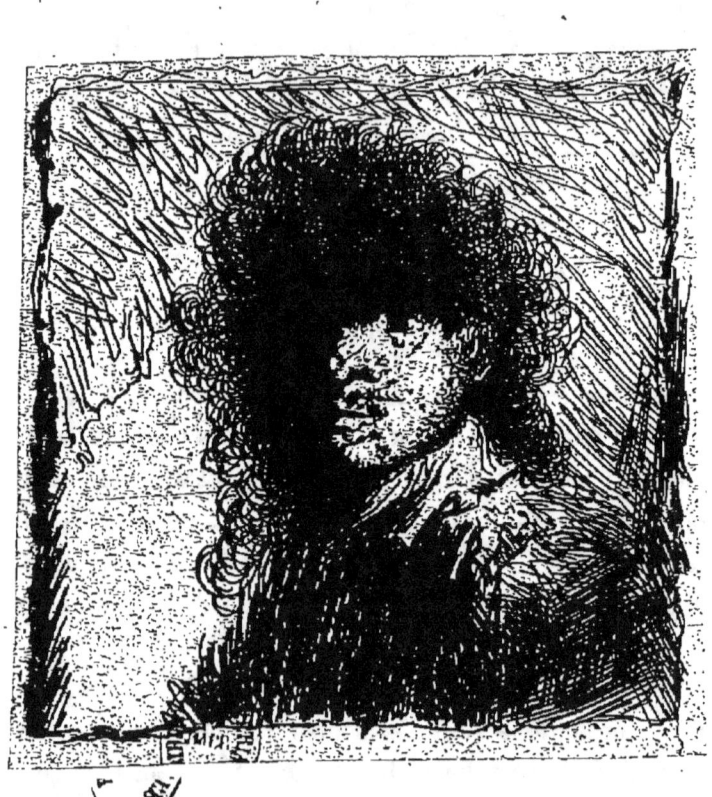

.rareté, et pour donner satisfaction aux amateurs qui n'auraient jamais pu le voir qu'en faisant tout exprès un voyage. La pièce en elle-même était peu digne de cet honneur ; car il est clair qu'elle a été manquée à la morsure, et que Rembrandt, mécontent de sa planche, y a renoncé, après avoir essayé de corriger, par un reflet mis au pinceau sur l'épreuve, l'extrême lourdeur de cette figure, qui n'était presque en entier qu'un paquet de noir.

228. *Rembrandt gravant une planche.*

C'est une estampe haute et étroite sur laquelle est gravé très-legerement et presque sans ombre un buste qui ressemble beaucoup à Rembrandt dans son âge mûr. Il est vu de face, la tête couverte d'un bonnet dont le bout penche sur le côté droit. Au-dessous de ses cheveux crépus et bouclés, on aperçoit ses deux oreilles. Le visage est plein et l'on distingue sur la lèvre supérieure quelques poils de moustaches. Au haut de l'habit on voit le col de la chemise. Rembrandt s'est représenté ici assis sur une chaise dont le dos est peu visible, et dans l'attitude d'un artiste qui dessine ou qui grave une planche. Le fond est teinte ; au bas de la gauche est grave très faiblement : *Rembrandt f. 1645.*

« Cette estampe, dit Claussin, faisait partie de l'œuvre qui appartenaît à J. Barnard, de Londres, dont j'ai déjà parlé. Elle était imprimee sur papier de soie du Japon. Les dimensions que donne Gersaint au numero 11 de son Catalogue, se rapportant à l'idée que j'en ai conservée, je crois que celle de l'œuvre de J. Barnard est pareille à celle decrite par Gersaint. »

Hauteur, 0,121, largeur, 0,067

CLAUSSIN, 32   WILSON, 32.

Il nous paraît fort douteux que l'estampe ici décrite par Claussin ait été gravée par Rembrandt; mais il nous paraît certain, en revanche, qu'elle a été gravée d'après un dessin du maître. Claussin, pour l'attribuer à Rembrandt, s'appuie sur une description déjà donnée par Gersaint au numéro 11 de son Catalogue; mais cette description, que Bartsch a trouvée trop vague pour ne pas la regarder comme suspecte. est du moins précise sur un point, savoir que le portrait est coiffé d'un bonnet *orné d'une plume.* Cette circonstance nous empêche évidemment de confondre la pièce de J. Barnard avec celle mentionnée par Gersaint.

Bartsch a fait, du reste, quelques observations judicieuses touchant le numéro 11 du Catalogue de Gersaint, observations qui s'appliquent aussi aux numéros 10, 12 et 17 du même Catalogue.

« La description trop peu détaillée que les dits au-
« teurs (Gersaint, Helle et Glomy) nous donnent de
« ces estampes, en observant qu'elles sont rares, nous
« fait croire qu'ils ne les ont point vues eux-mêmes, .
« mais que le rapport qu'ils en font leur a été commu-
« niqué. Pierre Yver, qui a suppléé des détails à pres-
« que tous les articles du Catalogue de *Gersaint,* s'il
« eût vu ces trois morceaux, n'aurait sûrement pas
« manqué d'y ajouter les indications qui auraient pu en
« rendre l'explication plus claire. Cependant son *Sup-*
« *plément* a été fait sur l'œuvre de M. *Van Leyden,*

« sans contredit le plus complet qui ait jamais existé.
« Ces quatre estampes ne se sont pas trouvées non
« plus dans les œuvres de Rembrandt qui faisaient
« partie des fameuses collections de *Jean Lucas Van*
« *der Dussen* et de *N. Marcus*, dont les catalogues
« sont imprimés. J'ai bien examiné, en 1784, l'œuvre
« de Rembrandt qui appartenait à M. de Peters; mais
« je ne les y ai point rencontrées. Ceux qui, des fa-
« meux cabinets de *Marolles* et de *Beringhen*, ont
« passé ensuite à la Bibliothèque du roi de France,
« où j'ai eu occasion de les examiner, ne les conte-
« naient pas non plus. Or, si ces estampes ne se trou-
« vent point dans les collections les plus complètes,
« si aucun catalogue n'en fait mention, si les connais-
« seurs les plus expérimentés ne les ont jamais ren-
« contrées, il y a tout sujet de croire que les descrip-
« tions des sieurs *Helle* et *Glomy*, ou de celui qui les
« leur a fournies, se rapportent plutôt à des estampes
« gravées par quelque autre artiste dont le goût ap-
« prochait peut-être de celui de Rembrandt, qu'à des
« pièces véritablement sorties de la main de ce grand
« artiste. »

Telles sont les raisons pour lesquelles Adam Bartsch
n'a pas admis dans son Catalogue le numéro 11 de
Gersaint, qui, suivant Claussin, serait le même que le
Rembrandt gravant une planche.

Il faut ajouter que ce morceau a été gravé au siècle

dernier par François Basan, et qu'il se trouvait dans l'œuvre de Mariette. Claussin dit que l'estampe de Basan est une bonne copie de celle de Rembrandt ; je croirais plutôt que Basan a gravé son estampe sur le même dessin du maître, d'après lequel a été gravée la pièce qui appartenait à J. Barnard, et qu'ainsi il existe, non pas une gravure originale et une copie, mais deux gravures faites d'après un seul et même dessin original.

229. *Rembrandt avec une écharpe autour du cou.*

C'est un buste dirigé vers la gauche, mais la tête est retournée vers le spectateur et vue presque de face ; elle est coiffée d'une toque un peu penchée sur l'oreille droite. Il porte autour du cou une echarpe qui lui pend derrière le dos. Il est couvert d'un vêtement remarquable par une petite aiguillette attachée sur l'épaule gauche. La tête est dans l'ombre ; la lumière vient de la droite. Au bas de l'estampe est ménagée une marge d'environ 12 millimètres, dans laquelle on lit vers la gauche : *Rembrandt, f. 1633.*

Ce portrait n'est pas rare, si ce n'est dans les toutes premières epreuves. On en connaît quatre etats.

Premier état, extrêmement rare. La planche a 11 millimètres de plus sur la hauteur et 13 millimètres de plus sur la largeur. On n'y voit ni le nom ni l'année, le bonnet seul est très-fini et contraste avec l'inachevé du reste de l'estampe, qui est légère et blonde. Il n'existe à notre connaissance qu'une seule epreuve de ce premier état. Elle est au Musée d'Amsterdam.

Deuxième état. Ce qui le distingue du premier, c'est que la planche est réduite aux dimensions de 132 millimètres en hauteur

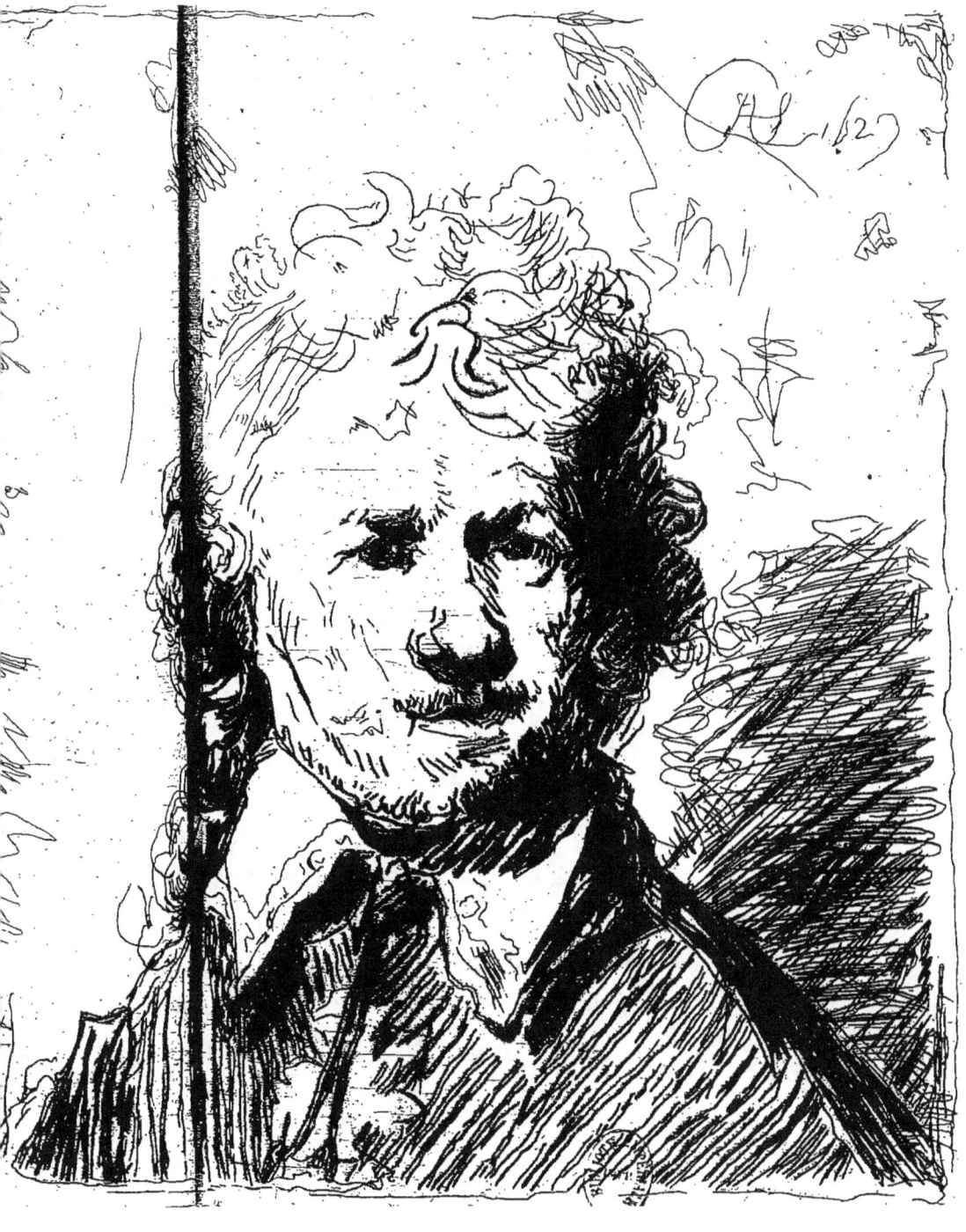

dirigé vers la droite, d'où vient la lumière ; un large collet retom
sur l'habit. Le fond est presque entièrement blanc sur la droite
au-dessus de la tête, mais de grosses tailles données sur la gauch
y indiquent une ombre portée. On lit dans le haut de la gauch
en lettres retournees : *Rt. 1629.* Cette pièce paraît gravee av
deux pointes réunies, surtout dans l'habit et sur le collet.

Hauteur, 0,173 ; largeur, 0,155

BARTSCH, 338. CLAUSSIN, 30. WILSON, 30.

Pierre Yver et Bartsch avaient placé cette pièc
parmi les *Têtes d'homme de fantaisie,* et l'avaie
donnée, d'après le Catalogue de Burgy, comme repr
sentant le fils de Rembrandt, nommé Titus ; ma
Claussin y a remarqué avec raison une ressemblan
frappante avec les autres portraits de Rembrandt.
l'a donc rétablie à sa véritable place. Il est en effet bie
certain que ce buste ne peut représenter que Rem
brandt lui-même, puisqu'il porte la date de 1629
époque à laquelle le peintre ne s'était pas enco
marié. Claussin a cru lire 1639, et non pas 1629
cependant ce dernier chiffre est très-nettement écr
quoique à rebours, comme on peut le voir d'après
calque que nous en donnons ici. A supposer d'ai
leurs qu'il fallût lire 1639, la personne représentée
pourrait jamais être le fils de Rembrandt, puisq
Titus n'avait alors que quatre ans.

Vu l'extrême rareté de ce portrait, dont on ne co
naît que deux épreuves, l'une à Amsterdam, l'aut

à Londres, j'ai cru devoir le calquer avec soin pour le donner en *fac-simile* dans mon ouvrage ; mais l'habile graveur, M. Flameng, à qui j'avais confié le soin de graver mon calque, a oublié de le retourner ; de sorte que la pièce se trouve ici en sens inverse, toutefois fort exactement reproduite, à cela près.

231. *Rembrandt au sabre flamboyant.*

Il est vu de face, la tête couverte d'une espèce de turban. Il tient dans sa main droite, ramenée sur sa poitrine, un sabre dont la lame est flamboyante d'un côté. Il est vêtu d'une robe brodée, enrichie d'hermine dans le haut, et il porte un cordon garni de joyaux. On lit au haut de la gauche : *Rembrandt f. 1634.*

Il y a de ce morceau trois états :

Premier etat, non décrit. La planche est un peu plus grande ; elle porte 101 millimètres sur la largeur, au lieu de 99. Le bord droit de la planche a deux traits de bordure irréguliers et marqués profondement. La lame du sabre se continue entre ces deux traits.

Deuxième état. La partie du sabre qui dépassait le premier trait de la bordure est effacée, la planche ayant été réduite aux dimensions de 99 millimètres. La reduction de la planche a entamé la lettre *R* du nom de *Rembrandt.* Le visage présente une tache autour et au-dessous de l'œil qui est dans l'ombre, l'eau-forte ayant mal mordu cette partie, dont le contour est resté baveux.

Troisième état. Les défauts dont nous venons de parler sont réparés. La tache sous l'œil a disparu. Les cheveux sont repris et le contour du visage est vigoureusement accuse.

Hauteur, 0,121 ; largeur, 0,099.

BARTSCH, 18 CLAUSSIN, 18 WILSON, 18.

232. *Rembrandt au sabre et à l'aigrette.*

Il est vu de trois quarts et dirigé vers la droite de l'estampe, d'où vient le jour. Il a sur la tête un petit bonnet de fourrure, surmonté d'une aigrette blanche, fixée par un gros diamant. Il porte des cheveux longs et crépus; on lui voit une perle à l'oreille droite. Il est vêtu à peu près comme un Hongrois, d'une espèce de justaucorps à brandebourgs, par-dessus lequel est jeté un manteau qui est attaché par devant avec une agrafe. Il a une moustache fine et une barbe courte et noire, sous laquelle on distingue un mouchoir rayé et un hausse-col semblable à celui de nos officiers. On lit sur la droite de l'estampe en caractères allongés : *Rembrandt f. 1634.* La planche est ovale.

Il existe trois états de cette planche :

Premier état. Le personnage, au lieu d'être seulement en buste, est vu jusqu'aux genoux. Son bras droit est posé sur la hanche· son bras gauche tient par le pommeau un sabre courbe, sur lequel il paraît s'appuyer. Il porte une ceinture par-dessus un justaucorps à brandebourgs, et son manteau est doublé de soie et enrichi de fourrures. Le fond est clair, à l'exception du bas de la gauche, qui est couvert de doubles tailles jusqu'à la hauteur du coude. On lit avec assez de peine au haut de la gauche : *Rembrandt*, et au-dessous : *1634.* La planche est rectangulaire. Hauteur, 0,197; largeur, 0,163. De la plus grande rareté.

Deuxième état. La planche est réduite et coupée dans une forme ovale, avec quatre oreilles aux quatre côtés de l'ovale, et figurant à peu près un octogone dans lequel on aurait inscrit un ovale. Rare.

Troisième état. C'est celui que nous avons décrit. Les oreilles sont supprimées, et la planche est parfaitement ovale.

Hauteur, 0,060 ; largeur, 0,050.

BARTSCH, 23. CLAUSSIN, 23. WILSON, 23.

De tous les portraits considérés comme étant ceux de Rembrandt lui-même, celui-ci est un des plus célèbres, tant·à cause de sa beauté qu'à raison de la rareté extrême du premier état, qui est celui dont nous avons donné une épreuve photographique d'une fidélité irréprochable dans la première édition de cet ouvrage. Gersaint rapporte que de son temps on ne connaissait que deux épreuves de ce premier état, dans toute la Hollande : celle de M. Van Leyden, et celle qui appartenait au conseiller Muilman.

Aujourd'hui, on en connaît quatre épreuves :

1° Celle qui provenait de la collection Van Leyden : elle est maintenant dans le magnifique œuvre du Musée d'Amsterdam ;

2° Celle du conseiller Muilman, qui passa, en 1773, dans le cabinet de Georges Andrews, puis, en 1785, dans celui de Ploos Van Amstel, d'où elle sortit pour entrer dans l'œuvre de lord Aylesford, à qui Josi la vendit 350 guinées (9,187 francs) ;

3° Celle qui est sous cadre au Cabinet des estampes de la Bibliothèque, à Paris ; elle provient de M. de Péters, auquel elle n'avait coûté que 1,800 francs, et qui la vendit, en 1785, au Cabinet du roi avec beaucoup d'autres pièces ;

4° L'épreuve qu'on voit maintenant au *British Museum*. C'est celle qui faisait partie de l'œuvre de Rembrandt, qui appartenait à M. Denon, ancien directeur de nos musées, œuvre des plus précieux qui avait été formé par Jean-Pierre Żoomer d'Amsterdam, contemporain et ami de Rembrandt. L'épreuve de M. Denon fut quelque temps en la possession de M. Wilson, célèbre amateur de Londres, auteur du *Descriptive Catalogue of the prints of Rembrandt, by an amateur;* elle fut ensuite vendue à M. Verstolk de Soelen, à la vente duquel elle figurait en 1847, et fut achetée pour le *British Museum* au prix de 1,805 florins.

D'après l'inventaire des meubles et effets de Rembrandt, on peut voir que ce peintre fantasque aimait à s'entourer de tous les objets qui pouvaient l'aider à représenter les différentes nations de la terre; qu'il recherchait particulièrement les costumes, les armures, et se plaisait à revêtir et à coiffer de mille façons diverses le plus familier de tous ses modèles, qui était lui-même. Pertuisanes, mousquets, hallebardes, sabres turcs à lames de Damas, poignards malais, arbalètes et carquois des Indes, casques, cuirasses, hausse-cols en fer, ceintures de couleurs voyantes, peaux de lions, il avait chez lui tout ce qu'on trouvait alors et tout ce qu'on trouve aujourd'hui encore dans le quartier des juifs à Amsterdam. Sa maison était un vaste magasin d'objets d'art et de haute curiosité, dans lequel il puisait, selon sa fantaisie du jour, l'ajustement qui devait accompagner son portrait ou celui d'un ami.

Tantôt il se déguisait en maggyar hongrois, comme nous le voyons ici, tantôt il se coiffait d'un turban à l'orientale, tantôt d'un bonnet de loutre, tantôt d'un vieux chiffon, passant du vulgaire au solennel, du pompeux au grotesque, mais toujours sérieux dans ses allures, et surtout dans l'expression qu'il donnait à la tête de son modèle, expression qui, chez lui-même, était souvent celle du génie.

Ce portrait, du reste, aurait pu être retranché de la classe des portraits du peintre par lui-même ; car non-seulement il ne ressemble pas à Rembrandt, et présente des particularités étrangères à sa figure bien connue, par exemple une verrue sur la joue gauche, mais encore il rappelle d'une manière assez frappante la figure du duc de Gueldre montrant le poing à son père, dans le célèbre tableau de Rembrandt qui est au Musée de Berlin.

233. *Rembrandt au bonnet orné d'une plume.*

Il est vu de face, coiffé d'une espèce de bonnet de Mezzetin avec une plume qui pend sur le côté, il est vêtu d'un riche manteau orné de fourrures et de brandebourgs ; de dessous ce manteau sort le bras droit serré au poignet par une fine manchette ; la main droite est placée sur la poitrine et à demi cachée sous le manteau. Le fond est clair à l'exception d'une petite ombre portée au-dessus de l'épaule droite, le long du bord de la planche. On lit dans le haut, vers la gauche, en caractères fins et faibles : *Rembrandt f. 1638.*

Bien qu'il y ait deux états de ce portrait, il n'est pas facile de les bien distinguer et de les décrire avec précision : Dans le *premier état*, le nom de Rembrandt quoique finement gravé est très-visible, le trait du menton est fortement prononcé Il y en a au musée d'Amsterdam une epreuve qui paraît retouchée au pinceau par le peintre.

Dans le *deuxième état*, le trait du menton s'est tellement affaibli que le menton et la barbe ont changé de forme. Dans les épreuves de cet état, on ne distingue plus le nom de Rembrandt qui a été peu à peu effacé par l'effet du tirage. Mais on voit qu'il y a entre ces deux états une différence qui n'est bien sensible que d'une tres belle à une très-mauvaise epreuve, car de l'epreuve où le nom peut encore se lire ou du moins se deviner encore, à celle où le nom est tout à fait illisible, il n'y a nécessairement qu'une imperceptible nuance.

Il faut ajouter à ces observations qu'un travail de reprise assez régulier et formé par de petites tailles verticales, se remarque sur la joue droite du personnage. Ce travail n'est pas de la main de Rembrandt. Il a dû être fait du temps de Basan, et il peut servir à caractériser d'une manière plus précise les épreuves du *second état*

Hauteur, 0,135, largeur, 0,103.

BARTSCH, 20 CLAUSSIN, 20 WILSON, 20.

Il est difficile de porter plus loin que ne l'a fait Rembrandt dans le premier état de cette planche, l'art d'exprimer la vie et surtout de nuancer avec justesse l'aspect des diverses substances, telles que la soie, le velours, la fourrure, la plume, le linge, les broderies, les passementeries. En variant à propos les badinages de sa pointe, en épargnant le fond du papier où il faut, en évitant de creuser ses tailles autre part que dans les noirs les plus décidés, Rembrandt a su tout rendre ou, pour mieux dire, tout peindre avec l'eau-forte dans ce portrait. L'opulence de son costume, le soyeux de son manteau et de sa toque élégante, la légèreté du linge et de la plume résultent de tailles courtes, interrompues, tremblées, à travers lesquelles la lumière transparaît et, pour ainsi dire, scintille. Un graveur qui voudrait apprendre à varier ses travaux d'une façon brillante ferait bien d'étudier cette estampe et même de la copier. Il y verrait qu'il y a un moyen sûr de faire des eaux-fortes lumineuses, riches d'effet, pleines de saveur et vivantes même dans les objets matériels : c'est de ne pas croiser les tailles, ou de ne les croiser que très-rarement, de les arrêter brusquement aux approches des clairs les plus vifs et de *laisser travailler le papier*, comme disent les graveurs ; en d'autres termes, de ne pas alourdir ses premiers travaux par des contre-tailles et d'être toujours avare de demi-teintes.

234. *Rembrandt appuyé.*

Ce portrait passe pour le plus beau de ceux qui, dans les anciens catalogues, composaient la première classe. Le peintre s'y est représenté a mi-corps, vu de trois quarts ; ses cheveux sont longs et crépus ; sa tête est couverte d'un bonnet de Mezzetin, posé sur l'oreille. Il porte un rabat et un riche manteau. Il est dirigé vers la gauche et appuyé sur un parapet. Sa main gauche est gantée,

il tient la droite sur sa poitrine. On lit au haut de la gauche :
Rembrandt f. 1639.

Il y a trois états de cette pièce.

Premier état. Le cordon qui borde la partie inférieure du bonnet
se trouve plus court sur la droite. Cette épreuve, fort rare, est
naturellement plus vive que l'épreuve ordinaire. On y découvre
quelques parties non ébarbées, principalement la main placée sur
la poitrine.

Nota. Une épreuve de ce premier état fut vendue 58 livres sterling à la vente Pole Carew, en 1835.

Deuxième état. Le cordon est allongé ; il dépasse le bonnet et
va jusqu'a l'extrémité des cheveux. — Il existait, disait on, dans la
collection de lord Aylesford, une épreuve dans laquelle le bonnet
était plus grand, suivant l'intention que semble indiquer le contour
de ce bonnet. « Je tiens, dit Wilson [1], de lord Aylesford lui-
même, que son épreuve était une épreuve du deuxième état, sur
laquelle Rembrandt avait indiqué au crayon quelques changements
et additions dans l'appui de pierre et derrière la figure ; mais ces
additions et ces changements n'ont pas été exécutés par Rembrandt
sur sa planche, et ne se voient point dans l'état suivant.

Troisième état. « La planche, dit Wilson, a été fort bien retouchée. » Nous n'avons jamais vu d'épreuve de cette retouche.

Hauteur, 0,207 ; largeur, 0,164.

BARTSCH, 21. CLAUSSIN, 21. WILSON, 21.

Il existe aujourd'hui une jolie copie de ce portrait,

1. In lord Aylesford's collection, an impression was said to exist, in
which the cap was broader than in the subsequent impressions, as the
outline would seem to indicate might have been the case. The editor
learns from this Lordship that such is not the fact. Lord Aylesford pos-
sesses an impression of the *second state*, in which Rembrandt has indi-
cated with crayon the intended alteration in the band, and has made
some additions to the stone work, and behind the figure, which, however,
he has not executed in the third impression.

un des plus beaux de l'Œuvre. Elle est d'un habile
graveur hollandais, M. Kaiser, pour être mise en tête
de l'ouvrage de M. Scheltema, qui a pour titre : REM-
BRANDT, *Redevoering over het leven en de verdiensten
Van Rembrandt Van Rijn,* ouvrage dont nous avons
déjà parlé. La physionomie de Rembrandt, sa coiffure
habituelle, son costume, sont, pour ainsi dire, consa-
crés par cette belle estampe, et il est à regretter qu'on
ne les trouve pas plus exactement reproduits dans la
statue de ce grand peintre, qui fut érigée à Amsterdam
en 1852. L'auteur, M. L. Royer, a mis sur la tête
de son héros, au lieu de la toque élégante que nous
voyons ici, un bonnet plat qui lui donne l'air d'un
paysan. La statue, du reste, n'est pas mal conçue
comme pose. Le peintre est représenté debout, la tête
légèrement inclinée, et les mains l'une sur l'autre,
dans l'attitude de la réflexion, mais prêt à saisir avec
son crayon ce qu'il aura observé dans la nature ou
ce qu'il aura vu dans sa pensée.

L'histoire de cette statue de Rembrandt vaut bien
qu'on la raconte. Disons d'abord que c'est aux seuls
artistes des Pays-Bas que la Hollande en est rede-
vable. M. Immerzeel junior, auteur d'un *Éloge de
Rembrandt* [1] qui fut couronné en 1839, terminait son
ouvrage par ces mots : « Aurons-nous encore long-

1. Lofrede op Rembrandt door J. Immerzeel junior, lid van de Maat-
schappij van Nederlandsche Letterkunde te Leyden. Te Amsterdam, 1841.

temps la honte de nous entendre demander s'il existe
en. Hollande une statue de Rembrandt? » Deux ans
après, il fut répondu à cet appel dans uh repas donné
à La Haye par les artistes des Pays-Bas, en l'honneur
de M. Dekeiser, peintre d'Anvers. M. J. Bosboom,
peintre lui-même, y porta un toast où, rappelant que
la Belgique avait érigé une statue à Rubens, il exprimait le vœu qu'il en fût élevé une à Rembrandt. Ce
toast fut accueilli avec enthousiasme. Le lendemain,
deux commissions d'artistes et d'amateurs se for-
mèrent, l'une à La Haye, l'autre à Amsterdam. Celle-
ci, prise dans le sein de la société *Arti et Amicitiæ,*
se composait de MM. J.-W. Pieneman, président;
J.-A. Kruseman, vice-président; L. Portman, secrétaire; W.-M. Klijn, trésorier; N. Pieneman, B.-B. Tau-
rel (graveur émérite qui a eu l'honneur d'avoir pour
disciple M. Calamatta); Tétar Van Elven, J.-S. Doyer
et L.-H. de Fontenay. On y adjoignit plus tard
MM. A. Oltmans, F. Greive, Dubourcq, qui remplaça
le vice-président, et J. Warninck, qui remplaça le trésorier. Les membres de la commission de La Haye
furent : MM. Beynen, président; Van de Sande Bac-
kuysen, vice-président; E.-M. Calisch, secrétaire;
J. Van Hove, trésorier; J. Eeckout, A. Schelfout,
J. Moerenbout, A. Waldorp et L.-A. Vincent. On y
fit entrer plus tard, et c'était bien juste, M. J. Bosboom, ainsi que MM. J. Van Weerden et W. Dreib-

holtz. La première réunion dès deux commissions eut
lieu à Lisse, en juillet 1841. On tomba d'accord que
c'était à Amsterdam, où Rembrandt avait passé sa vie
et laissé tant de preuves de son génie, que devait être
élevée sa statue. On décida ensuite que le modèle de
ce monument national serait confié à un artiste des
Pays-Bas et fondu en bronze dans une fonderie nationale, et l'on adressa une requête au bourgmestre
de la ville d'Amsterdam, afin d'obtenir un emplace-
ment pour l'érection de la statue. Le bourgmestre répondit favorablement et proposa, comme le point le
plus convenable, la place de l'ancienne Bourse.

Nantis de cette concession, les commissaires rédi-
gèrent un programme et ouvrirent des listes de souscription. Le prince d'Orange, depuis Guillaume III,
le même qui avait formé à Bruxelles cette fameuse
galerie de tableaux, fut le premier souscripteur. Il
s'associa au projet de tous ses vœux et fit contribuer
largement tous les membres de sa famille. Cet exemple
fut suivi par de grands personnages. A Leyde, à Rotterdam, à Utrecht, à Harlem, à Dordrecht et même à
Anvers, des amateurs se réunirent pour activer la souscription, et une certaine somme fut amassée, qu'on
se hâta de convertir en rentes, par une précaution
touté hollandaise. Cependant, dix ans s'écoulèrent
sans qu'on pût arriver au chiffre prévu pour la dé-
pense. Il faut bien le dire, Rembrandt, si célèbre dans

le monde, était assez peu connu en Hollandè, si ce n'est des amateurs et des artistes. Beaucoup de bons bourgeois, à qui l'on présentait la liste de souscription, demandèrent si c'était un marin. D'autres s'étonnaient qu'un simple peintre fût jugé digne des honneurs d'une statue. On aurait dû, suivant eux, commencer par les illustres amiraux de la Hollande, et peut-être aussi faire passer Vondel avant Rembrandt. Bref, la souscription s'étant ralentie, on eut un instant l'idée d'exécuter la statue en *mastic-pierre*.

Quant au modèle, il fut d'abord question d'ouvrir un concours ; mais comme il n'y avait alors dans les Pays-Bas aucun autre sculpteur de talent que MM. Royer et Van der Ven, on abandonna cette idée, le premier de ces deux artistes ayant accepté la proposition de faire un modèle de la statue, moyennant une faible indemnité. La maquette achevée, M. Royer l'exposa dans les bâtiments de la Société *Arti et Amicitiæ*, à Amsterdam, ensuite à La Haye, dans les salons de l'Académie. Le roi Guillaume II se la fit porter dans son palais, où elle fut jugée par tout ce qu'il y avait d'hommes éclairés en Hollande. On trouva que l'artiste avait saisi la ressemblance physique de Rembrandt aussi bien que sa physionomie morale. M. Royer fut donc invité à exécuter son modèle, ce qu'il fit en 1847. Il ne restait plus qu'à le fondre en bronze, lorsque les événements politiques ayant fait baisser les

fonds publics, le capital de la souscription se trouva
tout à coup réduit presque de moitié : il fallut ajourner.
Toutefois, les artistes ne perdirent pas courage, et,
grâce à leurs efforts, on parvint, en 1849, à couvrir
les frais de la fonte en bronze, qui fut confiée à
MM. Enthoven, de La Haye.

Le 7 mai 1852, la statue fut montée sur son piédestal à Amsterdam, non pas au milieu de la place
de l'ancienne Bourse, comme le bourgmestre l'avait
annoncé d'abord, mais sur le Marché au beurre, em-
placement moins convenable, désigné en dernier lieu
par l'autorité, sous prétexte que le percement du
Rockin s'opposait au projet primitif, mais en réalité
pour donner une petite satisfaction aux vaniteux dé-
dains de l'aristocratie locale. L'inauguration eut lieu
le 27 mai. Le roi étant arrivé avec son fils, accompagné du bourgmestre d'Amsterdam et des commissaires pour la Nord-Hollande, M. Beynen lui adressa
un discours où il rappelait avec émotion cette glo-
rieuse époque du xviie siècle, qui avait été l'âge d'or
de la patrie. Le discours fini, le voile qui couvrait la
statue fut enlevé aux acclamations de la foule et au
son des fanfares. En ce moment, un coup de soleil
perça le nuage et vint éclairer la fête. M. Beynen,
parlant alors au bourgmestre, M. Van Reenen, lui
déclara, au nom des souscripteurs, qu'ils faisaient
hommage de la statue de Rembrandt à la ville d'Am-

sterdam, et le bourgmestre accepta ce don pour la cité.
Le roi, après avoir remercié les commissions réunies,
les félicita d'avoir érigé un monument qui n'était pas
sanglant comme celui qui fut élevé sur le champ de
bataille de Heiligerlee (où mourut le comte Adolphe
dans la guerre de l'Indépendance) ; « et cependant,
ajouta-t-il en se tournant vers la foule, je compte que
la Hollande saurait au besoin reconquérir la gloire
des armes aussi bien que celle des arts et des lettres. »

A la cérémonie de l'inauguration succéda une fête
brillante qui se continua le lendemain. La grande salle
du Parc avait été splendidement décorée; on y avait
disposé des siéges pour 1,800 personnes. L'hymne
national y fut entonné par un chœur de deux cents
voix; on y récita des vers de M. Van Breis; on y
chanta une ode en l'honneur de Rembrandt, composée
par M. Hayes et mise en musique par M. Verhulst.
Des danses, des illuminations, des concerts, des feux
d'artifice, le tirage de la loterie des dons, et une
pièce de circonstance intitulée : *Apothéose de Rembrandt*, terminèrent cette fête. Pour en consacrer le
souvenir, deux médailles furent frappées : l'une par
M. Menger, d'Utrecht; l'autre, par M. Hart, de
Bruxelles. Sur la face antérieure de la statue on lit :
REMBRANDT, et sur la face opposée, en hollandais :
HOMMAGE DE LA POSTÉRITÉ, l'an 1852.

235. *Rembrandt dessinant.*

Il est vu de face, à mi-corps, la tête coiffée d'un chapeau rond semblable à ceux qui se portent aujourd'hui, et revêtu d'un habit qui rappelle celui des Jésuites. Il est assis à une table et il tient de la main droite un crayon avec lequel il dessine sur un papier soutenu par un gros livre qui lui sert comme de pupitre Son bras gauche est appuyé sur la table, a la droite du dessinateur ou, si l'on veut, à la gauche de l'estampe, à travers une croisée ouverte, on aperçoit dans le lointain un paysage. On lit sur une banderole attachée dans le haut de la croisee · *Rembrandt f. 1648.*

Il y a de nombreux etats de ce portrait · j'en ai distingue jusqu'a dix, dont huit avant le paysage, sans compter l'etat actuel de la planche, qui est aujourd'hui affreusement défigurée.

Premier etat. C'est une simple esquisse, sans effet. Cet etat est si rare que nous ne l'avons vu ni au Cabinet des Estampes de Paris, ni au musee d'Amsterdam, ni au British Museum, ni dans aucune collection publique ou privee. Mais Claussin affirme en avoir vu une épreuve dans le fameux œuvre de J. Barnard, vendu à Londres en 1798.

Deuxième etat. Wilson le designe très-vaguement par ces mots . Il est plus travaille et les traits sont mieux definis Ce deuxième état manque egalement dans les trois collections nationales de Paris, d'Amsterdam et de Londres.

Troisième etat. Le visage, qui était d'une seule teinte pâle et sans accent, est maintenant vivant et spirituel. Le buste est chargé de barbes, mais le reste est d'un ton uniforme et gris, les mains et les manchettes sont blanches, ainsi que le côte droit du papier à dessin.

Quatrième etat. Le bord de la planche, qui etait irrégulier dans le haut de la gauche, a été regularise. L'ensemble de la planche ayant reçu de nouveaux travaux, a pris un beau ton velouté. Les mains et les manchettes sont encore blanches

Cinquième état. Le nom de Rembrandt et l'année 1648 se lisent sur une banderole attachée au haut de la fenêtre. Les mains sont encore blanches. Le papier présente l'indication de quelques feuilles de plus.

Sixième état. La main gauche est ombrée d'une taille légère. La main droite est encore blanche.

Septième état. La main droite, celle qui dessine, a été couverte comme la gauche d'une taille légère. La manchette de l'autre main est restée blanche. On remarque des contre-tailles horizontales sur l'épaule gauche, et le visage présente de nouvelles petites tailles très-fines, notamment sur la tempe droite.

Huitième état. Le papier dans son épaisseur, à droite, a reçu des contre-tailles verticales très-fines. Il en est de même de l'épaisseur du livre qui sert de pupitre au dessinateur. La manchette de la main gauche est teintée de hachures légères. — Wilson a confondu cet état avec le précédent.

Neuvième état. On y voit un paysage à travers la fenêtre, dont le montant a été couvert dans toute son étendue de contre tailles horizontales, et l'on en remarque de pareilles sur la banderole, excepté dans la portion de cette banderole qui est au-dessous du chiffre 1648. Le contour du bras qui dessine a été rentré. Le papier et le pupitre ont reçu de nouvelles tailles, et l'on voit sur la manchette de la main gauche des contre tailles très-fines à la pointe sèche.

Dixième état. La planche est retouchée lourdement et de la manière la plus désagréable, l'ombre au dessous de la main droite est rechargée. La tête est reprise à la pointe sèche, l'ombre qui divisait le livre servant de pupitre est effacée, le nom de Rembrandt sur la banderole n'est presque plus visible.

La planche existant encore dans le commerce a subi d'autres retouches toutes modernes et tellement grossières qu'il n'est pas utile de les mentionner ici, parce que de telles épreuves ne peuvent pas trouver place dans l'œuvre d'un amateur. C'est à peine si l'on

peut y admettre la precedente, celle du dixième état, à titre de
curiosité.

Hauteur, 0,159 , laigeur, 0,123

BARTSCH, 22. CLAUSSIN, 22. WILSON, 22.

Il nous a fallu beaucoup de temps et de patience
pour établir bien clairement les divers états de ce portrait, et cela parce que la suite complète ne s'en trouve
dans aucune des grandes collections que nous avons
tant de fois vérifiées, ayant fait trois voyages à
Amsterdam et onze voyages à Londres. Ainsi, les deux
premiers états manquent à Amsterdam et à Paris,
aussi bien qu'au *British Museum ;* mais il faut croire
que Wilson ne les a pas décrits sans les avoir vus quelque part. Le quatrième et le cinquième état manquent
également dans les trois collections. Le sixième manque
à Amsterdam, et le dixième à Londres. Ce n'est donc
qu'après avoir rapproché et conféré toutes mes notes
que j'ai pu arrêter définitivement et, je crois, sans
erreur, la description de tous les états. La pièce, d'ailleurs, en valait bien la peine ; car le *Rembrandt dessinant* est un des plus beaux portraits du maître, depuis
la quatrième jusqu'à la neuvième épreuve. L'effet en
est mystérieux et profond ; le modelé en est puissant,
quoique assourdi. L'expression du personnage est celle
d'un artiste qui étudie silencieusement la nature, et qui
la pénètre de ses regards attentifs et intelligents. Placé
dans l'ombre, un peu à contre-jour, mais assez près

de la fenêtre pour que son papier seulement en soit éclairé, Rembrandt s'est représenté ici absorbé dans son étude, et comme fasciné par le spectacle de la nature qui pose devant lui. Il semble aussi qu'en amenant peu à peu cette grande tranquillité des ombres, il ait voulu exprimer le recueillement du travail et le silence.

236. *Portrait de Titus van Ryn, fils de Rembrandt.*

Il est en demi-figure. La tête est vue presque de face et coiffee d'une toque, les bras sont enveloppes dans un manteau, la tête est plus terminee que le corps, qui n'est marqué qu'au trait; il n'y a qu'une ombre légère vers la gauche

Les premières épreuves de ce portrait, qui est très-rare, sont ordinairement sur papier du Japon, et tirées de la planche non ébarbée.

Hauteur, 0,101, largeur, 0,072

BARTSCH, 11. CLAUSSIN, 11. WILSON, 11

Il n'est pas douteux pour moi que ce petit portrait ne représente le fils de Rembrandt, nommé Titus, comme le pense Claussin. En effet, d'une part, ce jeune homme petit, chétif et maigre, ressemble étonnamment à Rembrandt, et, d'autre part, il est impossible que ce soit Rembrandt lui-même, puisqu'il représente presque un enfant, et qu'il a été évidemment dessiné d'après nature à une époque où Rembrandt avait perdu le goût de finir ses eaux-fortes, c'est-à-dire dans sa dernière manière. Nous savons, par les papiers que Josi et M. Scheltema ont trouvés aux archives d'Amsterdam, que Titus était le fils unique de Rembrandt et de sa première femme, Saskia Uylenburg; que, Saskia étant morte en 1642, Titus hérita la moitié des biens de sa mère, dont l'usufruit appartenait à Rembrandt pour le cas où il ne contracterait pas un second mariage; que Rembrandt s'étant remarié dut rendre ses comptes à son fils; que, en 1656, le 17 mai, il transporta, par-devant la Chambre des Orphelins, sur la tête de son fils Titus, la propriété de la maison qu'il habitait à Amsterdam, sur le Breestraat; qu'en 1660, cette maison fut vendue 6,173 florins; que les effets mobiliers de Rembrandt, ses dessins, tableaux, gravures et portefeuilles, saisis et mis en vente, produisirent la somme de 4,964 florins dont 4,180 furent payés au bourgmestre Corneille Witzen, principal créancier; que, les autres créanciers et les frais payés, il resta pour Titus, y compris les 6,173 florins, prix de la maison, une somme de 6,952 florins 9 stuivers, dont il donna quittance aux commissaires de la Chambre des Insolvables, sous la caution d'Abraham Fransz, ce même marchand d'estampes dont le portrait figure dans l'œuvre de Rembrandt.

Il résulte également de l'inventaire dressé par les commissaires de la Chambre des Insolvables que Titus van Ryn était peintre ou tout au moins dessinateur, car on trouve, parmi les peintures ou dessins qui ornaient l'antichambre du cabinet de Rembrandt, un objet ainsi désigné : « *Trois petits chiens d'après nature, par Titus van Ryn.* » Enfin il est certain que Titus mourut jeune, puisqu'il mourut avant son père, c'est-à-dire avant 1669, ce qui explique naturellement cet air chétif et délicat que l'on remarque dans son portrait.

237. *Griffonnements avec la tête de Rembrandt.*

Plusieurs etudes en différents sens sur la même planche. Dans le haut vers la droite, on remarque la tête de Rembrandt parfaitement gravée et très-finie. Il est vu presque de face, couvert d'un bonnet qui n'est point achevé, et il est éclairé par la droite. En tournant l'estampe de gauche à droite, on voit deux petites figures de gueux, un vieux et une vieille, au dos voûté, qui tiennent l'une et l'autre un bâton et qui se dirigent en sens divers, l'homme vers la gauche, la femme vers la droite. Au-dessus de ces deux figures, on distingue une tête de vieille coiffée d'une espèce de guimpe, et, au dessous, une tête de vieillard renversée. Si l'on tourne encore l'estampe, elle presente un autre griffonnement oppose à la tête de Rembrandt; c'est un vieillard à mi-corps, vu de profil, un peu courbé, et dont on ne voit que la tête et le bras gauche.

Claussin et Wilson n'ont décrit que deux états de ce précieux morceau, mais nous en avons relevé trois au Musee d'Amsterdam

Premier état. La planche est plus grande, elle porte en hauteur 104 millimètres au lieu de 99, et, en largeur, 112 millimètres au lieu de 103. Les bords en sont raboteux et irréguliers. Le fond est sale et taché par des accidents d'eau-forte principalement au-dessus du bonnet inachevé de Rembrandt.

Les epreuves de ce premier état sont superbes, mais extrême-ment rares. La tête de Rembrandt y est d'une vigueur extraordi-naire et d'un modelé surprenant.

Deuxième état. La planche est nettoyée et réduite aux dimen-sions de 99 millimetres sur 103.

Troisième état, non decrit. La planche est encore coupée de manière qu'on n'y voit plus que la tête de Rembrandt. Les dimen-sions de cet état sont de 51 millimètres en hauteur sur 54 de large. Les épreuves de ce troisième état sont d'une extrême rareté, si tant est qu'il en reste une autre que celle du Musée d'Am-sterdam.

Hauteur ordinaire, 0,99 , largeur ordinaire, 0,103.

BARTSCH, 363. CLAUSSIN, 353. WILSON, 357.

Des trois états que nous venons de décrire, Claussin n'a connu que les deux premiers, et Wilson n'a indiqué que le premier et le troisième. Ces trois états sont cependant bien caractérisés, puisque le second se distingue du premier, non-seulement par la disparition des taches d'eau-forte, mais encore par une réduction de la planche, et que le troisième se distingue des deux autres par une nouvelle réduction du cuivre. Cette feuille de croquis est du reste remplie de saveur. La tête de Rembrandt est d'une ressemblance frappante, mais vue exprès par le côté disgracieux. Le nez est une véritable trogne ; l'expression du visage est celle d'une espèce

de bandit en méditation; mais quelle énergie de
modelé! quelle profondeur, quelle chaleur de fini et
de clair-obscur!

238. *Griffonnements légers avec la tête nue*
de Rembrandt.

Autre feuille de croquis gravés en divers sens sur la même
planche. D'un côté, c'est une femme en pied, vue de profil et
dirigée vers la gauche. Son corps est couvert d'une espèce de manteau à manches pendantes ouvert par devant. Elle tient un chau-
dron des deux mains, et à côté d'elle se trouve une petite fille vue
par derrière. Au bas de ces deux figures on lit : *Rt 1651*, gravé
faiblement. En regardant l'estampe dans un autre sens, on voit au
milieu de la planche, mais un peu vers la droite, une tête d'homme
en cheveux, vue de face et qui ressemble parfaitement à Rembrandt ; à côté, en remontant vers la gauche, la moitié d'une figure
de vieillard, dont la tête en profil est couverte d'un bonnet. Cette
estampe, gravée très légèrement et peu finie, est au nombre des
rares. « Les belles épreuves, dit Claussin, sont assez sales dans le
fond et sur les bords de la planche, le monogramme et l'année,
qui sont gravés à la pointe sèche, n'y sont pas entièrement
ebarbés.

Hauteur, 0,110, largeur, 0,094

BARTSCH, 370 CLAUSSIN, 360. WILSON, 364.

Claussin a fait une assez bonne copie de ce
morceau intéressant; mais la propreté de sa pointe
donne de la froideur à cette copie comme à toutes
celles qu'il a exécutées d'après Rembrandt. Pas

d'amateur qui ne· convienne aujourd'hui que les copies de M. Léopold Flameng sont incomparables et les seules trompeuses.

PORTRAITS DE FEMMES (ANONYMES).

239. *Étude pour la Grande mariée juive.*

Ce morceau, où il n'y a de gravé que la tête et les cheveux, est ou une copie inachevée de *la Grande mariée juive* ou une étude qui n'était pas bien venue et qui, pour cette raison, aura été abandonnée. Elle est plus petite que l'autre, et elle est moins rare ; je crois qu'il en existe deux *etats,* dont le second se distingue à un petit trait échappé au milieu du nez.

Hauteur, 0,159 ; largeur, 0,094

BARTSCH, 341. CLAUSSIN, 331.

Pierre Yver, dans son *Supplément,* et Bartsch, dans son Catalogue, ont mentionné cette pièce comme une étude pour le portrait qu'ils ont improprement appelé *la Grande mariée juive,* et que nous avons décrit plus haut, sous· le numéro 199, comme étant un portrait de la femme de Rembrandt. Claussin a fait remarquer avec raison que la pièce était douteuse, qu'elle était terminée avec trop de soin pour une étude, et travaillée trop timidement pour une estampe originale. Wilson est allé plus loin ; il l'a retranchée de l'œuvre.

« Elle n'est pas assurément de Rembrandt, » dit-il, *it is assuredly not by Rembrandt.* Placé entre ces deux autorités, nous avons imité de préférence la circonspection de Claussin qui, tout en exprimant ses doutes sur l'*Étude pour la Grande mariée juive,* l'a cependant laissée dans son œuvre, par respect pour l'opinion d'un certain nombre d'amateurs. Pour nous, les seules pièces que nous ayons supprimées sont celles au sujet desquelles il n'y a aucun doute dans l'esprit d'aucun connaisseur.

240. *La jeune fille au panier.*

Elle est vue de profil un peu plus qu'à mi corps, et dirigée vers la gauche. Elle est coiffée, comme un garçon, d'une casquette plate, ses cheveux sont retournés par derrière, et sa joue est cachée par une bandelette qui passe sous le menton. Les mains sont placées devant elle sans être jointes · elle porte à son bras droit un panier, et à son bras gauche pend une bourse en forme de gibecière. Elle a autour du cou un fichu qui lui couvre les épaules ; la pièce est gravée légèrement, presque au simple trait. Le fond est clair, à l'exception de l'ombre portée de la figure qui est exprimée sur la gauche de l'estampe.

Hauteur, 0,085 , largeur, 0,060

BARTSCH, 356. CLAUSSIN, 346. WILSON, 350.

Cette pièce est fort jolie et d'un naturel charmant., Elle n'est pas commune. Le British Museum en a deux épreuves et une contre-épreuve. Il ne

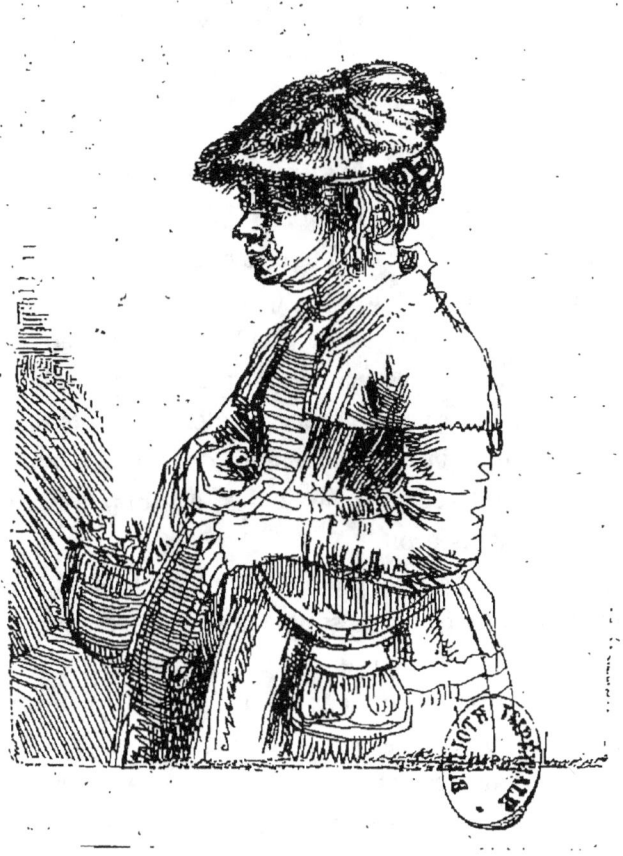

serait pas impossible que la planche existât en Angleterre, car c'est de là que venaient toutes les épreuves
que j'ai vues ou que j'ai possédées. Il y a quinze
ou vingt ans, on ne les trouvait presque jamais
en France.

241. *La mauresse blanche.*

On nomme ainsi le buste d'une femme qui est évidemment
une negresse ou une mulâtresse, quoique son visage ne soit pas
teinté. Elle est vue plus que de profil et tournée vers la gauche,
d'où vient la lumière; elle paraît assise près d'une table. Elle est
coiffee d'un voile retroussé et pendant derrière la tête, avec une
plume sur le haut. On lui voit autour du cou un mouchoir qui
pend plus sur le devant que sur le dos, et qui n'est grave qu'au
trait ainsi que le bras droit.

On en connaît deux états que Claussin et Wilson ont decrits

Premier état. La planche est plus grande : elle porte 114 millimètres de hauteur, au lieu de 96, et 87 millimètres de large, au
lieu de 75. On distingue au haut de la planche le monogramme de
Rembrandt *Rt*, écrit à rebours. Cet etat est fort rare; nous ne
l'avons vu que dans les Cabinets de Paris et d'Amsterdam.

Second etat. Le monogramme a disparu, la planche ayant été
coupee et réduite aux dimensions ci-après :

Hauteur, 0,096 , largeur, 0,076

BARTSCH, 357 CLAUSSIN, 347 WILSON, 351.

Cette vive et spirituelle estampe justifie d'une
manière frappante ce que nous avons dit dans la
Grammaire des arts du dessin, au sujet du dessin et de

la couleur. « La supériorité du dessin sur la couleur est écrite dans les lois mêmes de la nature ; elle a voulu, en effet, que les objets nous fussent connus par ce qui les dessine et non par ce qui les colore. Elle s'est servie du dessin pour définir les objets et de la couleur pour les nuancer. Je suppose que le peintre étende sur la toile le ton juste de la chair humaine, ce ton ne nous donnera point l'idée de l'homme, tandis qu'il suffira des plus grossiers contours pour nous rappeler cette idée. On voit même le dessin devenir expressif sans le secours de la couleur, au point de la suppléer en l'indiquant. « Les premiers peintres de l'antiquité, dit Philostrate (dans la *Vie d'Apollonius*), ont peint avec une seule couleur, et rien n'empêche qu'on ne distingue dans de pareilles peintures les formes, les caractères, les passions. Si vous faites le portrait d'un nègre avec un crayon blanc, le trait ne laissera pas, il est vrai, de paraître blanc aux spectateurs ; mais, les formes de son nez aplati, de ses cheveux crépus, de ses joues saillantes, de ses lèvres épaisses, le noirciront suffisamment à leurs yeux. »

242. *La liseuse.*

Portrait d'une jeune femme, vue presque de profil, à mi-corps, et dirigée vers la gauche. Elle est assise à une table et penchée sur un livre qu'elle lit attentivement. Elle est coiffée d'un bonnet à ramages, retenu par une étroite écharpe dont les deux bouts retombent sur son épaule et sur son dos. Sa main gauche est appuyée sur le livre qu'elle lit, et sa main droite, posée sur la poitrine, est à demi cachée sous sa robe. On lit vers le milieu du haut *Rembrandt f. 1634.* Cette estampe est bien gravée et d'un bel effet.

Il y en a trois états

Premier état. Extrêmement rare La planche n'est pas d'équerre sur la gauche. Le nez de la liseuse est plus court que dans les épreuves ordinaires. Le contour de la paupière de l'œil gauche est inachevé, ce qui produit l'effet d'une touffe de cils blonds. Les hachures qui se voient au-dessous du livre, à gauche, ne traversent pas le trait carré, et ne l'atteignent même pas. Le bras, ou, si l'on veut, la manche du corsage est moins large de quelques millimètres.

Deuxième état. Le trait carré a été rentré pour que la planche fût d'équerre, il empiète maintenant sur le livre et coupe les hachures dont nous venons de parler. La manche du corsage est élargie. Le contour de la paupière de l'œil gauche est repris.

Troisième état. Il diffère des deux premiers en ce que le nez s'y trouve légèrement allongé et grossi par le bas

Hauteur, 0,121 , largeur, 0,099.

BARTSCH, 345. CLAUSSIN, 335 WILSON, 341.

Nous relèverons, à propos de ce joli morceau, une des erreurs les plus étranges assurément qui aient pu échapper à un iconographe. Cette erreur consiste à avoir donné la description d'une estampe qui n'existe point et n'a jamais existé. Adam Bartsch, sous le titre de *Vieille femme méditant sur un livre,* a décrit une gravure factice, composée de deux morceaux très-adroitement rapportés, laquelle se trouvait

de son temps au Cabinet des estampes de la Bibliothèque du roi, et s'y trouve encore aujourd'hui. M. de
Péters, peintre et célèbre amateur, dont la collection
fut achetée par le Cabinet des estampes en 1786, s'était
avisé de couper sur une épreuve la tête de la *Liseuse*
et de la remplacer par la *Tête de la Mère de Rembrandt*
(n° 192) dont le menton touche précisément au bord
inférieur de la planche. Ces deux pièces étaient ajustées
à s'y méprendre. On conçoit parfaitement que Bartsch,
admis à voir l'œuvre de M. de Péters dans le cabinet
de cet amateur, ne pouvait ni suspecter une pareille
supercherie, ni se permettre une vérification impolie,
dans le cas où il aurait conçu quelque doute. La
vérité est qu'il tomba dans le piége, et décrivit comme
un morceau *de la dernière rareté,* l'estampe qu'il
avait sous les yeux, sans s'apercevoir de la disparate
qui existait entre une tête aussi vieille et une main
aussi jeune. Depuis 1784, qui est l'époque où Bartsch
vit l'œuvre de M. de Péters, la tête si habilement
rajustée sur les épaules de la *Liseuse,* s'est en quelques
endroits légèrement décollée, et, pour peu qu'on y
regarde, on aperçoit les traces du raccord, qui
d'ailleurs est parfaitement visible si l'on retourne
l'estampe. On peut donc s'étonner que Claussin,
qui avait entrepris de refaire Bartsch. se soit borné
à le copier ici, sans se livrer à une vérification qui
était devenue facile. Il faut croire, du reste, qu'il

fut averti de son erreur; car lorsqu'il publia son *Supplément*, il avoua qu'on pouvait *aisément* reconnaître dans cette pièce un procédé de l'imprimeur qui, faisant passer la même feuille sur deux planches différentes, avait áinsi composé une nouvelle estampe. Mais cela même n'est pas exact; car c'est en superposant une épreuve à l'autre, après en avoir aminci les bords, que certains amateurs ont arrangé pour les ∙divers cabinets cette trompeuse gravure, qui existe au British Museum absolument dans les mêmes conditions qu'au Cabinet des estampes de Paris. Là, seulement, on a eu soin de doubler l'épreuve, pour mieux dissimuler le raccord.

243. *Femme à la guimpe.*

(Buste de femme âgée)

C'est ∙en effet le buste d'une femme assez âgée dont la tête est vue de trois quarts, dirigée vers la droite et éclairée par la gauche. Elle est coiffee d'une sorte de turban, et des deux côtés de sa coiffure pendent deux brides attachees au menton en forme de guimpe de religieuse. Elle est vêtue d'une palatine de fourrure, le buste finit par un contour qui se relève des deux côtes et forme un ovale irrégulier.

Il existe deux états de ce morceau :

Premier état. La planche est plus grandě : elle porte environ 74 millimètres de haut, au lieu de 72, et 74 millimetres de large, au lieu de 58. Cet état est d'une extrême rareté. Il n'en existe, a notre connaissance, que deux épreuves, l'une au Musée d'Amsterdam, l'autre au *British Museum.* Claussin et Wilson le croyaient unique.

Second état. La planche est réduite aux dimensions ci-après :

Hauteur, 0,072, largeur, 0,058

BARTSCH, 358. CLAUSSIN, 348. WILSON, 352.

On comprendra, cette fois encore, que ce n'est pas pour le plaisir d'innover que nous avons changé le nom de cette pièce, mais bien pour ne pas lui laisser cette vague désignation de *Buste de femme âgée,* qui peut convenir à vingt pièces différentes.

244. *Vieille dormant.*

Une vieille femme en buste, vue de face et dormant, la tête appuyée sur sa main gauche et les deux bras posés sur un livre ouvert. Elle est éclairée par la gauche. Ses lunettes sont passées dans l'index de sa main droite. Sa coiffure ressemble à un turban et ses épaules sont couvertes d'un petit mantelet de fourrure. Le fond est ombré entièrement, mais inégalement, étant plus clair sur la droite que sur la gauche.

Hauteur, 0,069, largeur, 0,051.

BARTSCH, 350. CLAUSSIN, 340. WILSON, 345.

Comme le dit Wilson, la *Vieille dormant* est une des meilleures estampes du maître. « C'est un chef-d'œuvre de composition, d'expression, de fini et d'effet. » *In point of composition, expression, finishing, and effect, it is carried to great perfection.*

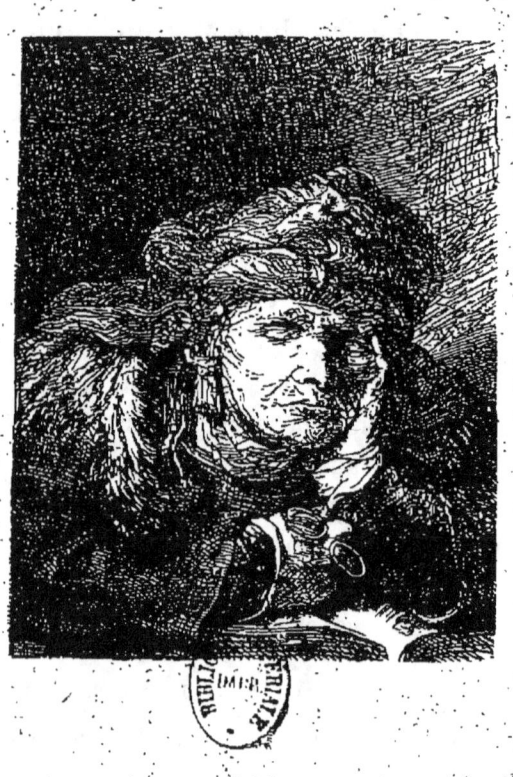

Déjà il en existait une excellente copie gravée dans le même sens que l'original; mais celle que nous donnons ici est fidèle, on peut le dire, jusqu'à l'identité, puisque c'est une gravure exécutée par M. Piaud sur une planche de bois qui portait une épreuve photographique de l'estampe. Il serait difficile, en effet, de trouver, soit dans l'œuvre de Rembrandt, soit ailleurs, un morceau mieux senti, plus frappant de vie et de vérité, plus charmant par le clair-obscur. L'abandon du sommeil et les fatigues de la vieillesse y sont exprimées de la manière la plus attachante. Une tête de Léonard de Vinci ne serait pas mieux dessinée, et c'est beaucoup dire. La pointe du graveur a curieusement poursuivi et fouillé tous les détails de cette individualité puissante et nerveuse qui a longtemps résisté à la mort et qui, en ce moment, succombe à la lassitude. Les rides du visage, l'attendrissement des paupières fermées, les plis de la peau sur des mains longues et amaigries, la fourrure du mantelet, le parchemin de la Bible sur laquelle tombent les lunettes, sont rendus avec une complaisance qui, chez Rembrandt, se soutient bien rarement ainsi jusqu'au bout. Il me semble qu'il faut regarder cette estampe en silence, ou du moins qu'on ne doit point parler haut, de peur de troubler un si respectable et si doux sommeil.

245. *Vieille au capuchon.*

(*Vieille avec voile noir.*)

Une vieille femme en buste, gravée à grosses tailles et d'un ton dur. Sa tête est vue de trois quarts, éclairée par la gauche et dirigée vers la droite. Sa coiffure est recouverte d'un capuchon noir qui lui tombe sur les épaules ; sa robe est ouverte par devant et doublée de fourrure. Sous le menton pend comme une guimpe de religieuse. Le fond est clair, à l'exception d'une petite partie ombrée à la hauteur de l'épaule gauche de la vieille et contre le menton. Dans le coin supérieur de la gauche, on lit *Rt. 1631.*

Cette estampe est rare ; il y en a quatre états :

Premier état. On peut le regarder comme *unique;* on ne le connaît que par la mention qui en est faite au n° 457 du catalogue de Marcus. Il est dit dans ce catalogue que le capuchon n'est que faiblement ébauché, ainsi que la tête et le buste ; que la fourrure et les plis de la robe n'y sont pas encore exprimés.

Nous ne savons qui possède cette épreuve, mais elle n'existe ni au Musée d'Amsterdam, ni au British Museum, ni au Cabinet des Estampes de Paris.

Deuxième état, extrêmement rare. Le capuchon, peu chargé de tailles, n'est ombré qu'en demi-teinte. L'épaule ne présente de doubles tailles qu'au milieu de l'ombre.

Troisième état, rare. Le capuchon est comme dans la première épreuve ; mais des contre tailles sont ajoutées à l'ombre de l'épaule

Quatrième état. Le capuchon, couvert de tailles et de contre-tailles, est entièrement noir, on n'y voit plus une échancrure assez prononcée qui, dans les états antérieurs, se trouvait près du bord gauche de la planche. L'ombre de l'épaule gauche a été fortifiée par une troisième taille verticale. L'épaule et la fourrure ont été reprises. Le sourcil au dessus de l'œil droit a été également retravaillé, ainsi que le nez. Tous ces travaux additionnels, durs et lourds, paraissent faits d'une main étrangère.

Hauteur, 0,058 ; largeur, 0,054.

BARTSCH, 355. CLAUSSIN, 345. WILSON, 349.

Il en est de cette estampe comme de beaucoup d'autres qui, après avoir été légèrement gravées par Rembrandt, ont été grossièrement retouchées après sa mort au profit des marchands qui en possédaient les cuivres. Telle planche qui avait peu tiré, mais qui était charmante dans ses rares épreuves, a été rentrée d'un burin pesant, et dès lors elle a pu résister à un tirage considérable. C'est ce qui explique pourquoi il y a en général tant de différence entre la rareté des premiers états et le nombre des épreuves tirées des troisièmes et des quatrièmes. Aussi peut-on dire qu'il est impossible de bien connaître Rembrandt comme peintre-graveur, si l'on n'a vu les grandes collections dans lesquelles on trouve ses estampes telles qu'il les a gravées de sa main, ou bien avec des retouches qui sentent encore la volonté et le talent supérieur du maître. Il y a aujourd'hui, dans le courant de la circulation, quantité d'eaux-fortes de Rembrandt qui originairement furent de lui, sans aucun doute, mais qui n'en sont presque plus aujourd'hui, tant elles ont été défigurées par les possesseurs du cuivre ou par les artistes médiocres qu'ils ont employés.

246. *Tête de vieille.*

Une tête de vieille femme vue de trois quarts, dirigée vers la droite et ombrée du même côté. Les yeux sont baissés. Le haut de la planche étant coupé, on ne voit point la partie supérieure de la tête. Au haut de la gauche, on distingue le monogramme *Rt.* Le fond sur la droite est fortement rembruni. Ce morceau est extrêmement rare.

Il en existe deux états que Wilson a décrits : le *premier état* présente moins de travaux, particulièrement sur la joue gauche, l'œil et le devant de la tête. Quelques travaux additionnels dans ces parties caractérisent le *second état*.

Hauteur, 0,038, largeur, 0,045.

BARTSCH, 360. CLAUSSIN, 350. WILSON, 354.

N'ayant jamais vu qu'un seul état de cette pièce qui manque au *British-Museum*, et dont il n'y a qu'une seule épreuve dans les collections nationales d'Amsterdam et de Paris, il nous est impossible de rendre plus précises les indications de Wilson qui sont trop vagues. Dire, en effet, tout simplement, qu'il y a *plus* ou *moins* de travaux dans un état que dans un autre, c'est presque ne rien dire pour l'amateur qui n'a pas sous les yeux les différents états. Aussi avons-nous soigneusement évité ce genre d'indications toutes les fois que nous avons pu définir avec précision le travail manquant dans un état et ajouté dans l'état suivant.

247. *Femme lisant.*

Elle est assise, vue jusqu'à mi-corps et couverte d'une espèce de peignoir. Elle appuye sa tête sur une de ses mains; de l'autre main elle tourne les feuillets d'un livre. Ce morceau est très-légèrement gravé et presque unique.

Hauteur, 0,105 ; largeur, 0,101

BARTSCH, 361. CLAUSSIN, 351. WILSON, 355.

Cette pièce manque dans les Cabinets de Paris et de Londres. Le *British-Museum* n'en possède qu'un calque à la plume, sans doute d'après l'épreuve unique ou presque unique du musée d'Amsterdam. Inspection faite de cette épreuve, lors de notre dernier voyage en Hollande, nous sommes très-porté à croire que la pièce n'est pas de Rembrandt. C'est aussi, ou à peu près, l'opinion de Claussin qui dit dans son *Supplément :* « Ce morceau que je trouve fort médiocre ne peut être attribué qu'aux premiers essais du maître. »

248. *Vieille portant lunettes et lisant.*

Elle est vue à mi-corps et un peu plus que de profil. Elle porte un grand bonnet allongé, et des lunettes avec lesquelles elle lit attentivement dans un livre qu'elle tient de ses deux mains. Tournée vers la droite, elle est éclairée par la gauche. Le fond est blanc, à l'exception d'une petite ombre que l'on voit à la hauteur du

visage. Le haut de la planche présente quelques accidents d'eau
forte qui font tache, et les bords sont irréguliers et raboteux.

Hauteur, 0,076 ; largeur, 0,067

BARTSCH, 362. CLAUSSIN, 352. WILSON, 356.

Quelques minutes et quelques légers traits de
pointe ont suffi au peintre pour graver cette estampe,
et cependant il a dit tout ce qu'il voulait dire. Il a
exprimé l'attention de la liseuse, son tempérament
sec et nerveux, ses cheveux rares, ébouriffés et gri-
sonnants, et ce qui reste encore de vitalité dans une
créature intelligente qui ne vit plus que par le cerveau... Il y a des moments où les maîtres, au lieu
de creuser la nature, se contentent de l'effleurer en
passant, et quelquefois ils mettent autant et plus de
saveur dans ces œuvres rapides que dans celles qui
les ont longtemps retenus. C'est qu'il ont tout vu et
tout deviné d'un coup d'œil, et que leurs croquis
ont alors, non pas l'imperfection d'une ébauche, mais
le charme d'une réticence.

249. *Feuille de six têtes, dont cinq de femmes.*

Six têtes gravées sur une même planche. Au milieu on remarque une tête de femme, vue de face et coiffée en cheveux avec un
voile ; elle ressemble beaucoup au portrait connu de Saskia Uylenburg, femme de Rembrandt. A côté, sur la droite est une autre
tête de femme, vue de face et gravée seulement au trait. La bouche
est cachée par la main gauche du modèle. Au-dessous, dans le

milieu, on voit en profil une tête de femme dont les yeux sont baisses. A la gauche de la planche, est gravée une quatrième tête de femme vue de face et coiffée d'un chapeau à large bord, et plus haut, du même côté, la tête d'un vieux Turc à turban, vue presque de profil et dirigée vers la droite. La cinquième tête de femme fai pendant à celle du Turc : elle est représentée jeune ; la tête est un peu tournee vers la droite d'où vient le jour. Au bas de l'estampe, vers le milieu, est écrit : *Rembrandt f.* et au-dessous *1636*.

On ne connaît qu'un seul état de cette planche. Cependant il est possible d'en distinguer les premières épreuves : d'abord à quelques légers traits qui salissent un peu le fond et qui ont peu à peu disparu par l'effet du tirage ; ensuite à une tache faite par le brunissoir sur la signature de Rembrandt, et qui s'est également effacée au fur et à mesure de l'impression. Mais il y a sur la tête de femme vue de profil quelques autres taches de brunissoir qui sont, au contraire, la marque des épreuves postérieures.

Hauteur, 0,150, largeur, 0,123.

BARTSCH, 365. CLAUSSIN, 355 WILSON, 359.

Le cuivre de cette feuille de croquis existe encore dans le commerce. Il faisait partie du fonds de la veuve Jean. Il n'est donc pas impossible que les marques de brunissoir et les légères salissures du fond ayant disparu par le seul fait du tirage, on les ait rétablies sur le cuivre pour imiter les premières épreuves. Les amateurs devront donc regarder surtout à la fraîcheur et à la beauté de l'impression. Ce qui est certain, c'est que la tête vue de profil, au bas de l'estampe, présente aussi sur la joue et sur le haut du front des traces de brunissoir et quelques légers traits qui ne se trouvent pas dans les épreuves anciennes, ainsi, que me l'a fait remarquer le conservateur du *Print-room* au British-Museum, M. Carpenter.

250. *Étude de trois têtes de femmes.*

De ces trois têtes, la plus apparente est placée au milieu du haut. Elle est vue de face et couverte d'un voile; la main droite dont les doigts sont écartés est posée sur son visage et en cache un côté depuis le haut du front jusqu'au bas de la joue, les doigts s'appuyant sur la tempe et se perdant dans les cheveux. La seconde tête est gravée au-dessous, vers la droite; elle est tournée légèrement du même côté. Sa coiffure n'est point achevée. La troisième tête vue de face n'est qu'une ébauche au trait; elle est placée à gauche. Ce morceau est rare; il en existe deux états :

Premier état. Il est d'une extrême rareté. On n'y voit qu'une seule tête, celle qui est au haut de la planche et un peu cachée par une main. Le fond est rempli de traits et d'égratignures. Le Musée d'Amsterdam et le Cabinet des estampes de Paris possèdent une épreuve de ce premier état. Il s'en voit encore une troisième au *British-Museum*, mais celle-là est rognée.

Second état. C'est celui où sont gravées les trois têtes.

Hauteur, 0,126, largeur, 0,103

BARTSCH, 367. CLAUSSIN, 357. WILSON, 361.

On entend souvent dire que les Hollandais en général et Rembrandt en particulier ont eu le *culte du laid.* Il serait pourtant difficile de voir dans les eaux-fortes italiennes une tête plus jolie, plus vivante et plus charmante que celle qui est ici gravée seule dans

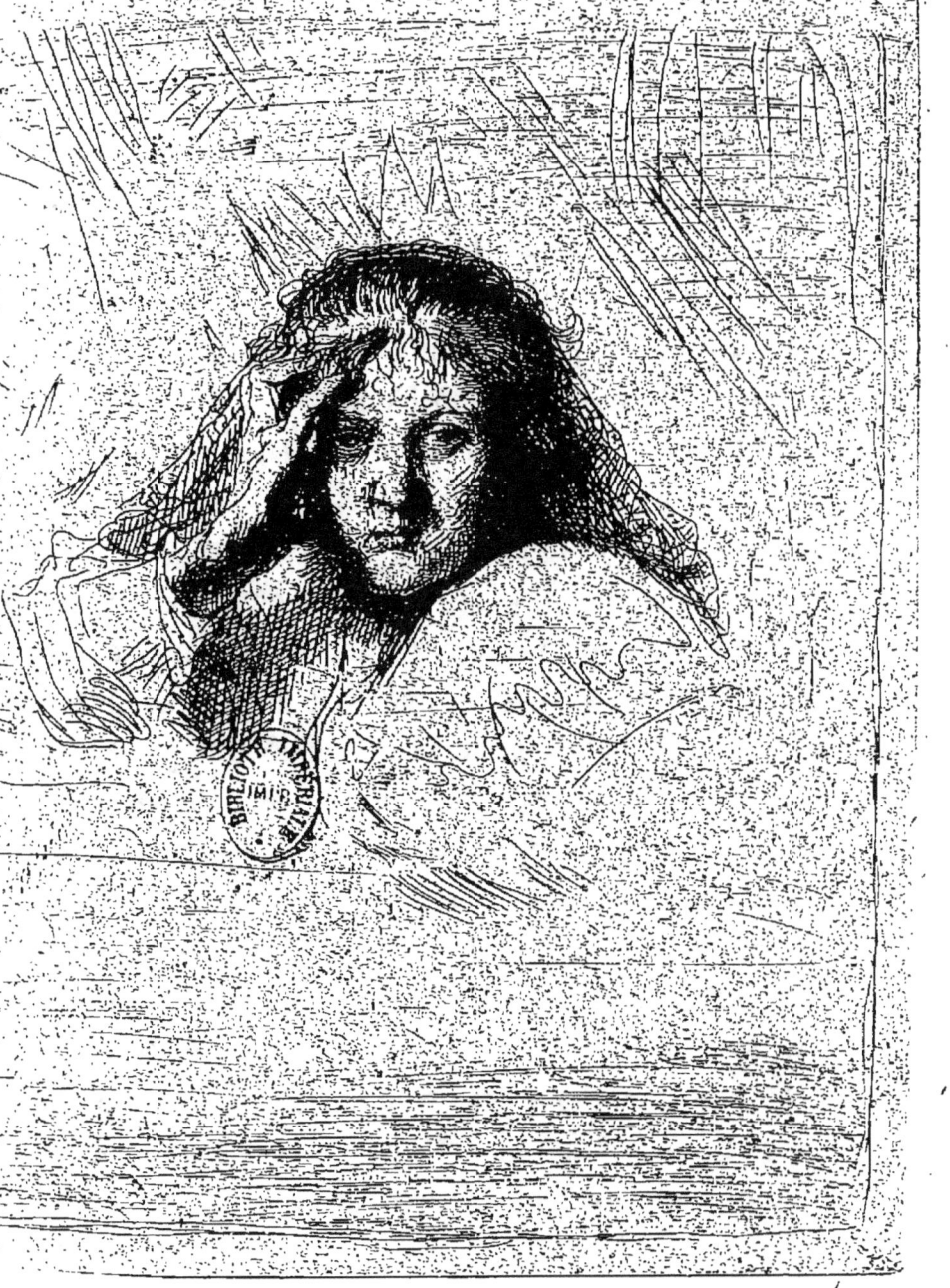

le premier état. C'est encore la femme de Rembrandt qui a servi de modèle à ce délicieux croquis, ou plutôt qui en a été le motif. En effet, le caractere de la tête est changé. Il y a plus de vivacité dans l œil, plus d'expression dans la bouche, plus de sentiment dans toute la physionomie. Ce n'est plus cette Frisonne à la chevelure d'un blond fade, au tempérament lymphatique, à l'air endormi, dont le portrait a déjà passé sous nos yeux plus d'une fois : c'est une femme que la pensée anime, que l'esprit éclaire. Les doigts longs de sa main potelée ont un mouvement plein de grâce ; elle a été saisie dans un moment où une idée de bonheur, peut-être une velléité de coquetterie, venait de la transfigurer. Ou bien c'est le peintre qui l'aura vue ainsi à travers son imagination, et qui se sera plu à réveiller par une morsure d'eau-forte cette nature indolente et assoupie.

Rembrandt, il est vrai, n'a pas écarté la laideur de son œuvre. Il a regardé autour de lui, et tout ce qui vit sous le soleil lui a paru digne de ses couleurs, les êtres les plus difformes étant rachetés à ses yeux par la présence d'une âme. Mais toutes les fois que ses regards ont rencontre une figure aimable, une belle tête, il en a senti la grâce ou la beauté comme un grand maître qu'il était. — Les amateurs nous sauront gré d'avoir reproduit ici le premier état, doublement précieux, de cette rare eau-forte.

251. *Trois têtes de femmes, dont une qui dort.*

La femme qui dort est placée au haut de l'estampe, vers la gauche, la tête appuyée sur sa main droite. La seconde tête, gravee à la droite de la première, est vue de trois quarts, tournee vers la gauche et couverte d'un voile noir relevé en forme de bonnet. La troisième est au-dessous des deux autres dans le milieu de la planche; elle est vue un peu plus que de profil, tournee vers la gauche et les yeux baissés; elle porte un voile qui est seulement indiqué au trait. On lit au haut de l'estampe, vers le milieu : *Rembrandt* et au dessous *f. 1637.*

Nous avons vu dans la collection de M. Émile Galichon une épreuve qui, d'après les indications ecrites de M. Guichardot, aurait été imprimée avant quelques travaux repris dans les ombres, et constituerait conséquemment un *premier état.*

Hauteur, 0,132; largeur, 0,096.

BARTSCH, 368. CLAUSSIN, 358. WILSON, 362.

Ce morceau n'est pas moins heureusement venu que le précédent; s'il eût été aussi rare, nous l'eussions fait graver en *fac-simile* par le très-habile Flameng; mais les amateurs pouvant se le procurer sans de trop grandes difficultés voudront posséder en original une pièce qui est au nombre des meilleures et des plus jolies.

252. *Petite tête de femme.*

C'est une étude très-légèrement gravée au coin d'une petite planche, dans le bas de la droite; le buste est tourné de ce côté,

la tête est coiffée d'une simple cornette ; le fond de la planche est
sale, et les bords en sont irréguliers et raboteux.

Hauteur, 0,060 ; largeur, 0,054.

BARTSCH, 375. CLAUSSIN, 365. WILSON, 369.

Malgré le peu d'importance de cette petite pièce, nous
l'avons fait reproduire, à cause de son extrême rareté.

Il n'en existe en effet que trois épreuves connues ; ce
sont celles d'Amsterdam, de Londres et de Paris.

PORTRAITS ANONYMES (HOMMES).

253. *Jeune homme à la gibecière.*

(Jeune homme assis.)

Il est assis et vu jusqu'aux genoux. Sa tête, presque de face, est
dirigée vers la droite et coiffée du bonnet ordinaire. Il a le corps
un peu tourné vers la gauche, et il est vêtu d'une espèce de casa-

quin. Il porte une gibecière au côté gauche, et il a autour du cou un mouchoir dont les deux bouts pendent fort bas par devant. Sa main droite est posée sur sa cuisse et la gauche sur sa poitrine. Au haut du côté gauche est la date *1650*. Cette estampe est fort rare.

Hauteur, 0,076 ; largeur, 0,067.

BARTSCH, 258. CLAUSSIN, 255. WILSON, 259.

Nos prédécesseurs ont émis un doute au sujet de cette pièce qui ne leur paraît pas être de la main de Rembrandt. Elle ne porte pas en effet le caractère de sa pointe, qui est toujours spirituelle quand elle effleure le cuivre, toujours colorée quand elle y insiste. Cependant, comme il convient de mettre beaucoup de circonspection en ces matières, nous imiterons l'exemple de Wilson et de Claussin, qui ont déclaré ce morceau douteux, sans le retrancher de l'œuvre.

254. *Jeune homme au chapeau retroussé, dans un octogone.*

Il est en buste, mais terminé seulement jusqu'au cou, le reste de la planche étant blanc. Il est renfermé dans un octogone allongé et il porte, comme les ministres de Hollande au xviie siècle, un chapeau retroussé, dont la gravure est plus terminée que celle de la tête. Ses cheveux bruns et abondants sont épars sur l'épaule gauche où ils sont moins exprimés que sur la droite. Il y a quelques hachures dans le haut de la gauche.

Ce morceau est de la plus grande rareté. Il en existe deux états.

Premier état. Il est gravé légèrement, à l'eau-forte pure, et

d'un effet agréable. Un reflet est indiqué sur le bord du chapeau,
à gauche.

Second état. La planche est reprise au burin. Les cheveux
et le chapeau sont noircis. Le reflet sur le bord du chapeau a
disparu.

Le Musée d'Amsterdam ne possède que le second état; le premier
ne se trouve, à notre connaissance, qu'au Cabinet des estampes de
Paris.

Hauteur, 0,108; largeur, 0,090.

BARTSCH, 329. CLAUSSIN, 321. WILSON, 326

L'extrême rareté de ce portrait, dont la physionomie
est si profondément individuelle, et l'effet si charmant
dans le premier état, si énergique dans le second, nous
ont engagé à le faire reproduire en *fac-simile* par
M. Flameng, qui s'en est acquitté avec une habileté
merveilleuse. Il serait impossible, en effet, d'imiter
avec plus d'intelligence et plus de précision les qualités de ce morceau précieux. A vrai dire, ce qu'il y
a d'un peu dur dans le second état tient peut-être à
ce que le côté droit de l'estampe est mal venu à l'impression. Mais on comprendra que le graveur ait voulu
et dû s'en tenir à une imitation scrupuleuse.

Nous invitons les amateurs, particulièrement ceux
de Hollande, à rechercher quel pourrait être le personnage représenté. Nous avions cru un instant que
c'était Gérard Dov, dans sa jeunesse.

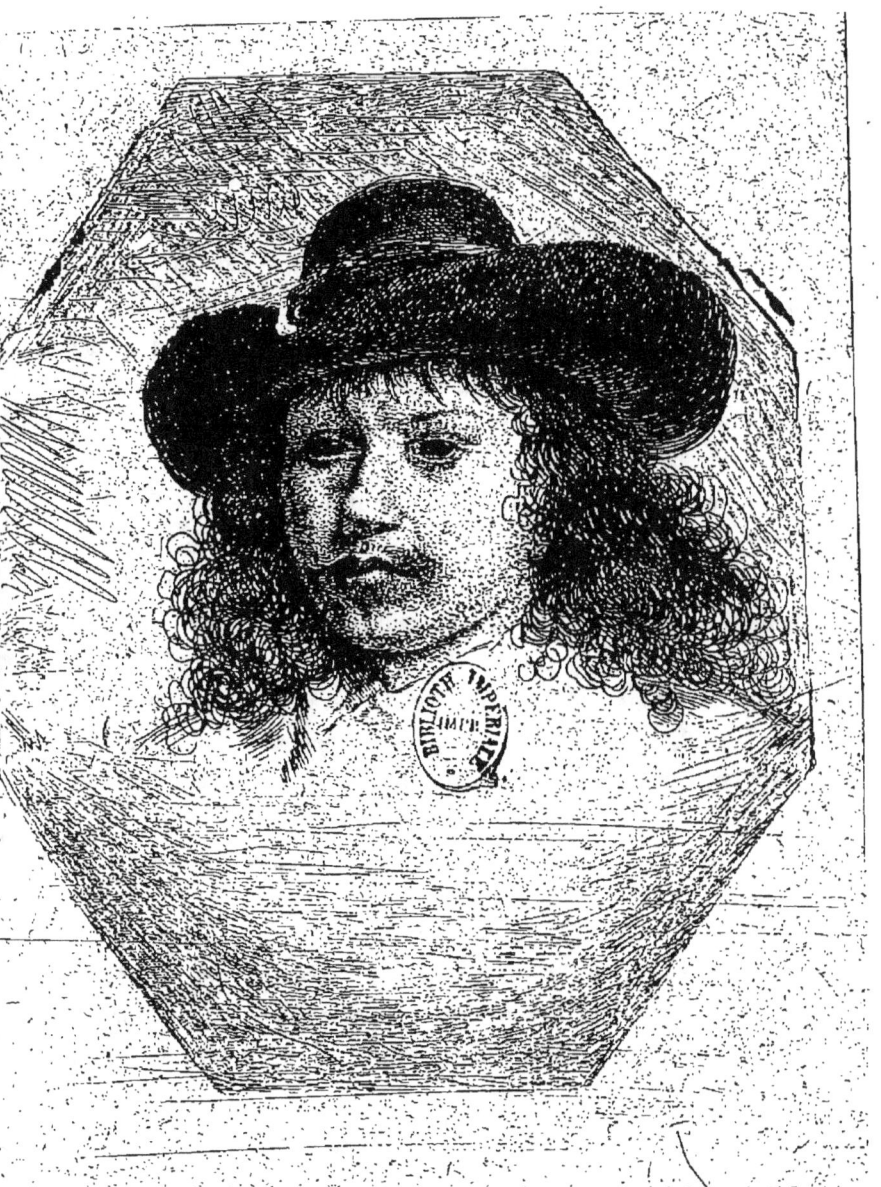

255. *Jeune homme à toque-de velours.*

(*Homme en cheveux.*)

Il est en buste; sa tête, vue presque de profil, et coiffée d'un bonnet de mezzetin, est tournée vers la gauche; il est vêtu d'une robe noire. Ses cheveux, longs et noirs, descendent jusqu'au-dessous du menton. Dans le fond, sur la droite, à la hauteur de l'épaule, on voit quelques hachures, et du côté opposé, le monogramme *Rt*. Dans les belles épreuves, l'habit et la toque paraissent être de velours.

Wilson a décrit ce portrait beaucoup mieux que ne l'avaient fait Bartsch et Claussin, qui n'y avaient pas remarqué le monogramme et n'en avaient annoncé qu'un seul état, tandis qu'il y en a deux; mais il s'est trompé en disant que le premier état était avant le monogramme.

Premier état, de la plus grande rareté. On y voit le monogramme *Rt;* mais on n'y voit point la mèche de cheveux qui descend jusqu'au dessous du menton. L'effet en est brillant et superbe.

Second état. Il se distingue par la mèche de cheveux dont nous venons de parler; quelques tailles diagonales ont été ajoutées au bas du front pour dissimuler un trait échappé en sens contraire, tres-visible dans le premier état. Dans le fond, sur la droite, derrière le dos du personnage, on remarque aussi quelques tailles diagonales qui n'étaient pas dans l'état précédent. Le vêtement est plus travaillé.

Hauteur, 0,155; largeur, 0,137.

BARTSCH, 289. CLAUSSIN, 286. WILSON, 291.

Ce portrait avait été catalogué par Claussin et Bartsch sous le titre : *Homme en cheveux,* ce qui signifie homme nu-tête, tandis que ce personnage porte une toque. On voit avec quelle légèreté ont été faites les descriptions de l'œuvre de Rembrandt. Wilson a eu soin de rectifier cette erreur, et il a mentionné, dans le titre, le bonnet de mezzetin *a young man in an mezzetin cap*, de façon qu'on puisse facilement retrouver la pièce parmi les portraits anonymes de l'œuvre.

Livens a copié ce joli portrait en contre-partie, et il l'a gravé librement, à sa manière, sans s'astreindre à l'imitation des travaux. Les siens sont pointillés dans les chairs et plus légers dans le reste. Mais sa tête est moins modelée; elle a moins de relief.

256. *Jeune homme en chapeau.*

Il est aussi en buste, très-légèrement grave. Il porte un chapeau retroussé comme celui des ministres de Hollande, décrit au n° 254. La tête et le chapeau sont un peu plus exprimés que le reste. Placé à la droite de l'estampe, il est tourné vers la gauche.

C'est un croquis fort rare.

Hauteur, 0,092 ; largeur, 0,067.

BARTSCH, 330 CLAUSSIN, 322 WILSON, 327.

Ayant été autrefois très-curieux de connaître cette estampe qui manque au Cabinet de Paris, nous avons pensé que beaucoup d'amateurs auraient la même curiosité. Nous avons donc fait graver ici le *fac-simile*

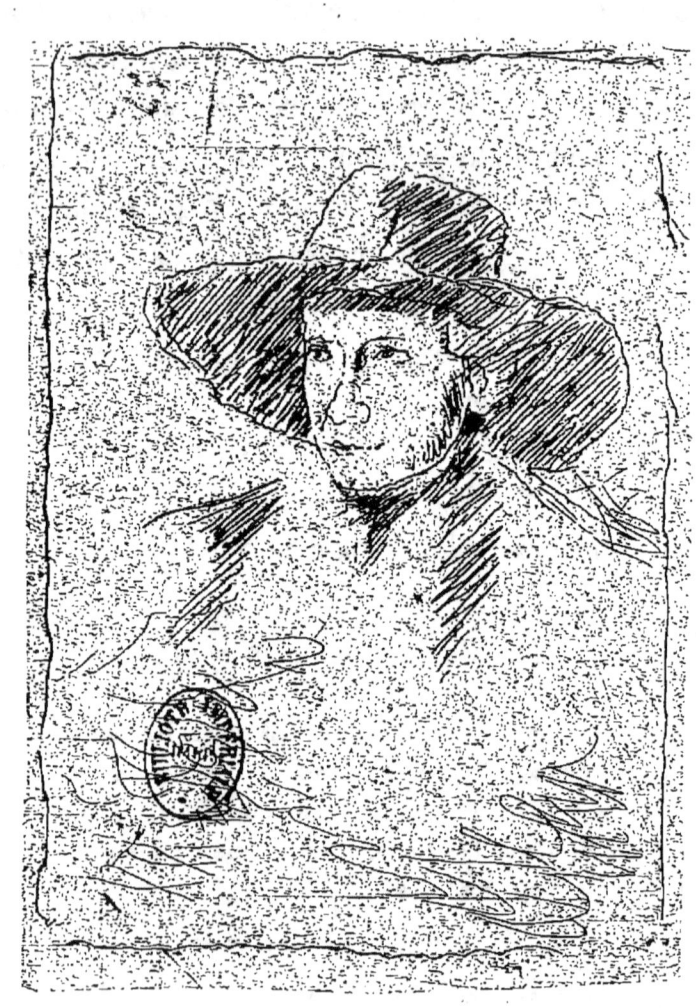

d'un calque rapporté par nous de Hollande. La pièce, du reste, est tracée d'une pointe maigre et n'a point justifié l'impatience que nous avions eue de la voir. Ce qui peut lui donner quelque intérêt, c'est qu'elle est d'une rareté extrême et qu'il n'est pas impossible d'y reconnaître un croquis en quatre coups de pointe du portrait de Clément de Jonghe.

257. *Écrivain dans le costume du seizième siècle.*

(Homme avec chaîne et croix.)

Il est à mi-corps; la tête est vue de trois quarts et dirigée vers la gauche. Il porte une calotte sur des cheveux longs et plats, et il a au cou une chaîne qui est passée sur une chemisette, et à laquelle pend une croix. Devant lui sont quelques livres; sa main gauche est appuyée sur un de ces livres. De la main droite il tient une plume. Son costume élégant et riche rappelle celui du seizième siècle; un manteau de fourrure est replié autour de son bras gauche; le fond est rembruni. Dans une marge qui est ménagée au bas de l'estampe, on lit vers la gauche : *Rembrandt f. 1641.*

Il y a quatre états de cette estampe :

Premier état. Extrêmement rare; le personnage a le cou nu, le col de la chemisette n'étant pas encore exprimé. Toute la pièce est moins travaillée que dans les états suivants. A la vente Verstolk de Soelen, en 1847, une épreuve de ce rarissime état, qui avait appartenu à Pierre Mariette, fut vendue (ou retirée) au prix de 345 florins.

Deuxième état. La chemisette est ajoutée, et les ombres du fond ne vont pas jusqu'au haut de la planche. Cet état est encore rare. On remarque sur les livres qui se trouvent près du bord, à gauche, de grands traits verticaux; des taches blanches qui paraissaient le long du bord droit ont disparu en partie.

Troisième état. On distingue quelques légères retouches dans le contour supérieur des yeux, sous le nez et dans la bouche. La planche, plus travaillée dans les parties ombrées, présente un effet riche et brillant.

Quatrième état. Le fond a reçu des travaux additionnels qui en ont fait disparaître les inégalités, l'ombre ayant été poussée jusqu'au haut de la planche. Dans cet état, les épreuves ont perdu le brillant de leur effet et n'offrent plus que des ombres plates.

Hauteur, 0,153, largeur, 0,101.

BARTSCH, 261. CLAUSSIN, 258. WILSON, 263.

258. *Jeune homme assis et réfléchissant.*

Il est vu de trois quarts, placé à la droite de l'estampe et dirige un peu vers la gauche, où l'on voit des cahiers et des livres sur une table. Il porte un bonnet qui laisse voir des cheveux courts et plats, et il est enveloppe dans une robe de chambre doublée de fourrure. Autour de son cou est passé un grand mouchoir ouvragé qui lui pend sur la poitrine. Son attitude est celle de la réflexion. Au haut de la gauche est gravé *Rembrandt* et au-dessous : *f. 1637.* Le fond est ombré des deux côtés, presque jusqu'à la hauteur de l'epaule, à partir du bas.

On n'a décrit de ce portrait qu'un seul état; nous en connaissons deux :

Premier état. On remarque sur les mèches de cheveux, tout à fait à droite, des parties claires qui ont été couvertes dans l'etat suivant par des tailles courtes indiquant de nouveaux cheveux.

Second état. Outre la disparition des parties claires dans les cheveux, qui est un moyen de le reconnaître, cet état présente encore une différence dans le bonnet, qui a été travaillé et qui a légèrement changé de contour.

Ce morceau, sans être précisément rare, n'est pas des plus communs.

Il en existe une copie assez faible par Novelli, et une copie trompeuse dont j'ignore l'auteur, et qui est rare. Cette dernière copie, quand on ne la voit pas à côté du modèle, est si bien faite pour donner le change, que nous avons vu, en 1855, un de nos experts les plus connus, la présenter pour l'original dans une vente publique, et cela, sans soulever aucune autre réclamation que la nôtre.

Hauteur, 0,096, largeur, 0,081.

BARTSCH, 268. CLAUSSIN, 265. WILSON, 270.

J'ai eu souvent occasion de parcourir l'œuvre de Rembrandt avec des artistes, soit en leur faisant les honneurs de ma collection, soit en regardant avec eux les réserves du Cabinet des estampes, et je dois dire que le *Jeune homme assis et réfléchissant* est une des pièces qui les ont toujours le plus frappés. On n'est pas habitué, en effet, à voir un étudiant plongé dans une méditation aussi profonde. Fermé dans sa robe de chambre, entouré de ses livres et de ses cahiers d'étude, ce philosophe de dix-huit ans semble avoir deviné les futurs mécomptes et l'inanité de la vie. Son visage exprime une fermeté précoce, et son regard est plein de songes. La mélancolie dans la jeunesse est plus touchante encore que dans l'âge mûr ; elle annonce un esprit supérieur, secrètement averti de la vanité des choses; elle est la maladie des grandes âmes et leur poésie.

259. *Homme à bouche de travers.*

Un buste d'homme très légèrement gravé. Il a le corps tant soit peu tourné vers la droite d'où vient la lumiere. Sa tête est nue et vue de face ; ses cheveux sont frisés et élevés sur le sommet de la tête.·Sa bouche est un peu de travers, et la lèvre inférieure avance plus que la supérieure. On voit un collet au-dessus de son habit, qui est ouvert par devant, et qui n'est gravé qu'au trait, à l'exception d'une petite ombre au haut de son épaule droite. Du côte opposé, près de l'épaule gauche, le fond présente quelques légères tailles.

Il y a de cette pièce deux états qui n'ont pas été bien décrits

Premier état. La tête est entièrement teintée, non par l'effet des barbes, mais par un travail à la roulette, dont les grains sont parfaitement visibles. Le fond est sale dans le coin de la gauche. Très-rare.

Second état. Le fond est nettoyé; la manière noire a disparu

Hauteur, 0,065; largeur, 0,060.

BARTSCH, 305. CLAUSSIN, 301. WILSON, 305.

260. *Homme au chapeau à grands bords.*

Un buste d'homme placé sur la gauche de l'estampe et tourné vers la droite, d'où vient la lumière. Sa tête, vue de trois quarts, est couverte d'un chapeau rond à larges bords, retroussé sur le devant. Il a des moustaches et il porte une fraise plate et tombante. Son habit est boutonné. Le fond est clair. Au haut de la gauche est gravé *Rt. 1630.*

Hauteur, 0,078 ; largeur, 0,065.

BARTSCH, 311. CLAUSSIN, 307. WILSON, 312.

M. Verstolk de Soelen croyait avoir un premier état de ce portrait : il en possédait une épreuve avant le monogramme ; mais j'ai reconnu que cette épreuve était sophistiquée, et qu'on l'avait imprimée avec un cache-lettre. En effet, le monogramme se trouve dans les toutes premières épreuves qui ont le fond sale. Ces épreuves sont rares. La tête y est pleine de vie et la collerette se détache très-brillante sur la saleté du fond.

261. *Buste d'homme au bonnet orné de plumes.*

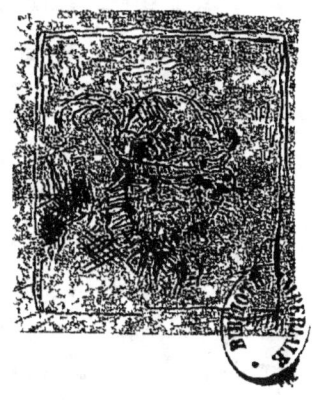

Très-petit buste vu de face, éclairé par la droite et légèrement grave. Il est coiffé d'un bonnet à retroussis qui lui tombe sur les yeux et qui est orné, du côté gauche, de deux plumes. Ce bonnet laisse voir des cheveux. Le personnage a des moustaches et il porte une fraise. Le fond est clair, à l'exception de quelques légers traits sur la gauche.

Il y a deux états de ce petit portrait :

Premier état. Le buste n'est qu'au trait. On n'en connaît qu'une seule épreuve qui doit être unique ou presque unique; elle est au Musée d'Amsterdam.

Second état. Le buste est gravé, mais à peu de frais. Le fond est teinte, et sur cette teinte très-prononcée les plumes se détachent légères.

Hauteur, 0,031; largeur, 0,027.

BARTSCH, 335. CLAUSSIN, 327. WILSON, 331.

Ce petit portrait étant fort rare, même dans le second état, j'ai cru devoir le faire graver en *fac-simile* par M. Flameng, d'après un calque très-exact que j'avais rapporté de Hollande. Nos amateurs seront sans doute d'autant plus charmés d'en retrouver ici une copie fidèle, que la pièce manque au Cabinet des estampes de Paris.

262. *Homme sous une treille.*

Il est à mi-corps dirigé vers la gauche, mais la tête vue de face. De la main droite il semble montrer quelque chose; sa main gauche s'appuie sur une table qui est placée devant lui sous une treille. Il est coiffé d'un bonnet de mezzetin et porte une barbe courte. Vers le haut de l'estampe, à gauche, sous un trait, on lit : *Rembrandt f. 1642.*

Ce morceau n'est pas commun.

Hauteur, 0,072, largeur, 0,056

BARTSCH, 257. CLAUSSIN, 254. WILSON, 258.

L'*Homme sous une treille* ressemble beaucoup à Rembrandt, et nous l'aurions rangé dans la série

des portaits du maître par lui-même, s'il ne portait
la date de 1642. Rembrandt à cette époque n'avait
que trente-six ans, tandis que le personnage représenté ici paraît bien plus âgé.

263. *Homme faisant la moue.*

Un buste d'homme dirigé vers la gauche et éclairé par la droite.
Sa tête, vue presque de profil, est coiffée d'une calotte. Il porte une
barbe courte, épaisse et frisée. Ses lèvres saillantes font la moue.
Il est couvert d'un habit bordé de fourrure, qui est fermé avec un
bouton par le haut, et il a une cravate autour du cou. Le fond est
légèrement teinté, seulement sur la gauche, d'une ombre qui s'affaiblit graduellement de bas en haut.

Cette pièce est assez rare : elle manque au Cabinet des estampes
de Paris. On en distingue un *premier état* à l'absence de quelques
contre-tailles, notamment sur le front et sur les yeux, lesquelles
contre-tailles constituent donc le *second état.*

Hauteur, 0,074; largeur, 0,060.

BARTSCH, 308. CLAUSSIN, 304. WILSON, 309.

Le catalogue de la vente Verstolk de Soelen mentionne un premier état non décrit, mais sans en donner les remarques. L'épreuve que possédait M. Verstolk provenait de la collection Robert Dumesnil, et se
trouvait comprise dans la vente faite par cet iconographe en 1835. C'est le catalogue de la vente rédigé
par M. Robert Dumesnil lui-même, qui nous a fourni
l'indication de l'état non décrit.

264. *Homme âgé, en robe fourrée et bonnet.*

(*Homme avec bonnet.*)

Buste d'homme dirigé vers la gauche et éclairé par la droite. Il est sans barbe; sa tête, vue de trois quarts, est penchée. Il porte un petit bonnet de poil ras qui finit en pointe arrondie. Sa robe est bordée de fourrure et ouverte par devant, de manière à laisser voir un autre vêtement qui monte jusqu'au cou. Le fond est clair tout autour de la tête; mais il y a quelques hachures légères dans le coin supérieur de la droite, et du côté gauche depuis le haut jusqu'au niveau de la bouche; de là jusqu'au bras il y a une ombre vigoureuse. On lit au haut de la gauche : *Rt. 1631.*

Il existe trois états de cette estampe :

Premier état. On remarque sur l'extrémité du nez une petite place très claire. Les cheveux sur la tempe sont rares et à peine indiqués.

Deuxième état. La planche a été grossièrement et entièrement retouchée par une main qui n'est pas celle de Rembrandt. Le point clair que l'on remarquait au bout du nez a été couvert d'une simple taille. Les cheveux, plus abondants, forment comme un bandeau noir au-dessus de l'oreille. La bouche est plus claire, bien que sabrée de tailles au burin. Un pli, qu'on distinguait près de la bouche sur la joue, a disparu sous les nouvelles tailles.

Troisième état. Encore plus travaillée, plus noire et plus alourdie

Hauteur, 0,074, largeur, 0,058.

BARTSCH, 307. CLAUSSIN, 303. WILSON, 307.

265. *Homme de face avec bonnet.*

(*Tête d'homme de face.*)

Ce n'est pas une tête seulement, c'est un buste d'homme vu de face et coiffé d'un bonnet en forme de calotte. On lui voit les deux oreilles, la gauche plus que la droite. Il a de légères moustaches et il porte un manteau bordé de fourrure et ouvert par devant. La lumière venant de la droite éclaire franchement le haut de sa joue gauche, son front, son nez, et descend jusqu'à sa poitrine. Le fond est ombré, mais il ne l'est que très-légèrement autour de la tête.

Nous avons compté, dans l'œuvre du Musée d'Amsterdam, jusqu'à cinq états de ce morceau :

Premier état. La planche est plus grande : elle porte, en hauteur, 95 millimètres, et en largeur, 72. Le fond est entièrement clair, le vêtement n'est presque ombre que par une seule taille, si ce n'est sur la gauche où il est d'ailleurs peu travaillé. On remarque sur la gauche, de haut en bas, un mur en ruine qui vient en avant et derrière lequel la figure paraît posée. Ce mur ne touche pas le bord droit de la planche. On ne connaît que deux épreuves de ce premier état : l'une est dans la collection nationale d'Amsterdam, l'autre dans celle de Paris.

Deuxième état. La planche a les mêmes dimensions. Le bonnet est entièrement retravaillé ainsi que le vêtement qui ne présente plus de parties claires autres que la chemise. Le mur en ruine touche au bord droit de la planche. On lit au bas, dans une marge, *Rt. 1630*. Très-rare.

Troisième état. La planche a été rognée et ne porte plus que 77 millimètres de hauteur sur 60 de large. Par suite le mur a été supprimé, mais on en retrouve encore quelques traces dans le coin à gauche. Des travaux ont été maladroitement ajoutés, sans doute par une main étrangère, au bonnet, aux ombres de la joue droite et à celles de l'épaule droite. Au haut de la gauche et sur le fond encore blanc, on lit : *Rt. 1630*. Très-rare.

Quatrième état. Le fond est couvert de tailles nombreuses mais légères ; les ombres de la figure sont encore reprises, et le vêtement, par suite de travaux additionnels, ne se distingue plus du mur dont on apercevait encore les traces dans l'état précédent. Sur l'épaule droite, on peut encore reconnaître deux plis plus clairs que le reste du vêtement. On remarque sur le cou de nouvelles contre-tailles qui ont fait disparaître les plis de la chair sous le menton. — La planche est réduite à 75 millimètres sur 55.

Cinquième état. Le contour du bonnet, sur la gauche, est repris et arrêté par un trait dur et sec. Les deux plis, relativement clairs, de l'épaule droite ont disparu sous des tailles nouvelles qui, allant depuis le collet du manteau jusqu'au bord de la planche, donnent au vêtement, de ce côté, une teinte uniforme.

Hauteur, 0,075 ; largeur, 0,055.

BARTSCH, 304. CLAUSSIN, 300. WILSON, 304.

266. *Homme assis, aux trois moustaches.*

(*Homme à moustaches et grand bonnet.*)

Un homme âgé, vu de trois quarts et en buste ; il est assis sur une chaise dont on voit la partie supérieure. Sa tête est tournée vers la droite. Il est couvert d'un bonnet fort élevé, large du haut, et entouré, dans le bas, d'une espèce de bandeau qui lui tombe sur le front. Il porte trois moustaches, c'est-à-dire deux moustaches et une royale. Il est enveloppe d'un manteau borde d'une fourrure blanche. Dans le fond, au-dessus de la chaise, il y a une légere ombre qui diminue graduellement vers le bas. Au-dessus de cette ombre, près du coin de la planche, on lit : *Rt. 1630.*

Il y a non pas deux, mais trois états de ce portrait :

Premier état. Extrêmement rare. La planche est irreguliere dans tous les sens et plus grande. Elle porte 105 millimètres de hauteur sur environ 87 millimètres de largeur ; mais elle est un petit peu plus longue sur la droite que sur la gauche, et un petit peu moins large dans le haut que dans le bas où elle mesure pleinement 87 millimètres. Dans cet état, le bout du manteau ne touche pas au coin droit de la planche.

Deuxième état. La planche est coupée et réduite aux dimensions de 103 millimètres sur 83. Le manteau vient toucher le coin droit de la planche.

Troisième état. On remarque sur la joue gauche un trait échappé qui la coupe à la hauteur de la moitie du nez. Ce trait est échappé au burin de l'artiste qui a retouché la planche du temps de Basan, car l'estampe est plus travaillée dans cet état que dans les précédents, et il est clair que ces retouches ont été faites par les possesseurs du cuivre au siècle dernier, car on les trouve sur des epreuves d'un papier jaunâtre qui a servi au tirage de Basan.

Hauteur, 0,103; largeur, 0,083.

BARTSCH, 321. CLAUSSIN, 314. WILSON, 319.

Ce portrait, qui est d'une belle exécution, n'est pas sans ressembler à celui que nous avons décrit plus haut sous le nom de Jacques Cats. Il a, du reste, été reproduit plusieurs fois dans l'école de Rembrandt. On le trouve imité deux fois dans l'œuvre de Livens, et une fois dans l'œuvre de Van Vliet, qui s'est contenté de changer la forme du bonnet et d'assombrir le vête-ment. Outre ces imitations, il existe une copie fort trompeuse du même portrait. Voici à quoi on peut la reconnaître : Dans l'estampe originale, il y a sur les cheveux, au-dessus de l'oreille, un trait échappé qui, dans la copie, a été transformé en une seconde mèche de cheveux.

267. *Buste d'homme à bonnet fourré et manteau brodé.*

(*Homme à barbe courte et bonnet fourré.*)

Un homme à mi corps, dirigé vers la droite, mais la tête vue de face. Il a la barbe courte et frisée, et il porte sur la tête un bonnet fourré. Son corps est enveloppé d'un manteau brodé, le fond n'est ombré que sur la gauche, derrière le dos du personnage. Du même côté, vers le haut, on lit avec peine : *Rt. 1631.*

Ce morceau n'est pas commun, il en existe quatre états :

Premier état, de la plus grande rareté. La planche est plus large de quatre millimetres, elle mesure de 129 à 130 millimètres. On aperçoit une main sortant du manteau. On ne voit ni le monogramme ni la date.

Deuxième état. Le monogramme et l'année y sont ajoutés, et comme le peintre les a gravés à la pointe sèche, les premières epreuves de cet état ont, en cet endroit, de la manière noire. Il est donc facile de les distinguer des épreuves postérieures qui ont ete tirées après que le nom et la date ont ete ébarbés.

Troisième état. La planche a toujours les mêmes dimensions, mais la main a été supprimée et remplacée par une fourrure. Le visage est beaucoup plus travaillé dans les ombres, notamment pres du clair, au-dessous de l'œil droit. Dans l'ombre du bonnet, à gauche, on remarque des traits courts et forts, presque horizontaux, qu'on retrouve encore sur le collet, un peu au dessous de l'oreille. Le nez, un peu moins gros, est d'une forme plus nettement accusée. L'œil gauche a été repris et chargé de nouveaux travaux.

Quatrième état. La planche, coupee sur la droite, n'a plus en largeur que 123 millimetres. Le monogramme et la date, presque effacés, sont devenus à peine lisibles.

Hauteur, 0,148; largeur, 0,123.

BARTSCH, 263. CLAUSSIN, 260. WILSON, 265

Le premier état de cette pièce n'existe pas au Musée d'Amsterdam ; aussi Pierre Yver ne l'a-t-il mentionnée dans son *Supplément* que par ouï-dire.

C'est, du reste, un des plus beaux portraits de Rembrandt. On ignore quel personnage il représente ; mais il est si vivant, qu'on le sent fait d'après un modèle que le peintre aura connu de très-près. La nature, sans jamais se répéter, nous offre cependant çà et là certaines ressemblances frappantes qui semblent accuser des âmes jumelles, et ces ressemblances sont d'autant plus remarquables lorsqu'elles se produisent dans des pays éloignés l'un de l'autre, et à plusieurs siècles de distance. Je connais, pour mon compte, de par le monde, un homme qui pourrait croire avoir vécu du temps de Rembrandt et avoir eu l'insigne honneur d'être gravé par ce grand peintre. C'est un fourbe aimable et bienveillant, vernissé d'ailleurs de quelque politesse, un faux littérateur, un faux ami, un faux bonhomme, un faiseur. Il est tantôt hardi jusqu'à l'étourderie, tantôt prudent jusqu'à l'astuce la plus noire. Son plus rare talent est d'obtenir de grandes faveurs avec de petits cadeaux et d'exploiter à fond ceux qu'il accable de sa bonne volonté et de ses déférences. Il a soin de n'écouter jamais que le second mouvement dans la crainte que le premier ne soit bon. Je l'ai vu souvent singer à s'y méprendre l'homme dévoué, l'ami délicat ; je l'ai vu même attraper, pour quelques mi-

nutes, les manières d'un gentilhomme, et trahir tout
de suite l'esprit et les tournures d'un commis-voya-
geur. Les fourbes sont sans doute de tous les pays et
de tous les temps, mais il est prodigieux d'en trouver
un aujourd'hui qui ait exactement les mêmes traits,
le même sourire, la même peau, la même physionomie
morale, la même âme, si l'on peut ici parler d'âme,
qu'un personnage peint et gravé il y a deux siècles
par Rembrandt, au plus profond, au plus secret de la
cité des Juifs.

268. *Vieillard portant la main à son front.*

Dans cette estampe, gravée à la pointe sèche, il n'y a de terminé que la tête d'un vieillard à barbe blanche et sa main ridée,
le reste n'est que très-faiblement indiqué par quelques traits fins
La tête est vue de trois quarts; elle est coiffée du bonnet ordinaire
qui est placé un peu de côté. Le vieillard porte la main gauche a
son front.

On connaît trois états de ce morceau:

Premier état, extrêmement rare. Le fond de la planche est sale,
et les bords en sont raboteux; les parties ombrées sont chargées
de manière noire, et il y a des barbes aux traits fins qui indiquent
le vêtement.

D'après la remarque de Wilson, ce premier état serait plus large
de deux millimètres environ, mais nous ferons observer aux amateurs que des differences aussi peu sensibles peuvent tenir uniquement au plus ou moins de retrait dans le papier.

Deuxième état. Les barbes ont disparu, la planche est nettoyee
et les bords en sont adoucis, et c'est sans doute en les régularisant

qu'on aura réduit le cuivre de deux millimètres environ sur la largeur.

Troisième état. Le portrait est entièrement achevé par Georges-Frédéric Schmidt, de Berlin, sur le dessin de Nicolas Lesueur. Le vieillard est debout, vu jusqu'aux genoux; il est habillé d'une longue pelisse, ouverte par devant avec une écharpe, et il porte au cou un médaillon pendu à une chaîne d'or. La main droite est posée sur une table sur laquelle on voit des papiers et un buste d'Homère. Derrière la table est une croisée par où entre la lumière. Le fond représente une bibliothèque. Les épreuves de cet état sont fort rares, le propriétaire de la planche n'en ayant fait tirer qu'une cinquantaine. L'estampe ne porte ni le nom de Lesueur, ni celui de Schmidt, ni la date de la retouche, que l'on sait avoir été exécutée en 1770.

Hauteur, 0,137; largeur, 0,114

BARTSCH, 259. CLAUSSIN, 256. WILSON, 260.

C'est un M. Trible qui, ayant acheté la planche de Rembrandt au siècle dernier, eut la malheureuse idée de la faire terminer par Lesueur. Il n'y a qu'un artiste médiocre qui ait pu se permettre de porter ainsi la main sur une planche que Rembrandt avait laissée inachevée, et ne pas sentir qu'il manquait de respect envers un grand maître. L'estampe, du reste, a perdu tout son charme sous le crayon de Lesueur et le burin de Schmidt.

Rien de plus saisissant que de voir au milieu d'une feuille blanche la tête et la main d'un vieillard qui cherche sa pensée et semble regarder attentivement dans l'intérieur de son esprit. Il y avait quelque

chose d'étrange et de fantastique dans l'apparition de
cette figure dont on ne voyait pas le corps, et Rembrandt, en négligeant à dessein de finir ses planches,
savait bien qu'il éveillait par là l'imagination du spectateur et l'invitait souvent à rêver. C'était donc une
lourde faute que de terminer ce qui produisait un effet
attrayant par l'inachevé même du premier dessin;
mais Lesueur en a commis un autre, celle de donner
un air prétentieux, un air de pose à ce vieillard debout, que certainement le maître aurait représenté
assis, et dont la tête exprimait une méditation si
secrète, si intime. Tous les détails ajoutés à ce portrait,
cet accoutrement plus moderne, ce buste, cette bibliothèque, ne font que distraire inutilement le regard,
alors que Rembrandt avait su si bien le concentrer
sur une tête admirable, qui commandait d'autant plus
l'attention qu'elle était elle-même singulièrement et
profondément attentive.

269. *Juif au bonnet agrafé de pierreries.*

(Vieillard à barbe carrée)

Buste de vieillard à grande barbe touffue. La tête est vue de
trois quarts et couverte d'un bonnet de velours, qui est orné en
haut d'une riche bande d'étoffe, attachée sur le devant avec une
agrafe de pierreries. Il est dirigé vers la droite et il porte une robe
de fourrure qui forme plusieurs plis sur le haut de son épaule. Sa
main gauche paraît être appuyée sur le pommeau d'une canne qui

n'est, du reste, qu'indistinctement indiqué. La lumière vient de la droite. On lit au haut de la gauche : *Rembrandt f. 1637.*

Hauteur, 0,094; largeur, 0,083

BARTSCH, 313 CLAUSSIN, 309. WILSON, 314.

Bien qu'on n'ait jamais décrit qu'un seul état de cette estampe, j'estime qu'il doit y en avoir quelque épreuve à l'eau-forte pure, parce qu'on voit sur la gauche du bonnet des reprises au burin qui, sans doute, auront été faites après que le graveur aura tiré au moins une épreuve de son eau-forte. Quoi qu'il en soit, tout ce portrait, à l'exception de la main, est d'un fini précieux, et je crois y voir une étude pour la superbe peinture qui est au Musée de Munich et qui représente un riche et vieux Juif assis dans un fauteuil.

270. *Vieillard au grand manteau de velours noir.*

(Vieillard à grande barbe et bonnet fourré.)

Portrait d'un vieillard à grande barbe blanche, vu de face, à mi-corps, éclairé par la droite, et la tête très-légèrement tournée vers la gauche. Il est coiffé d'un bonnet de fourrure qui porte une ombre sur son front; il est enveloppé d'un grand manteau de velours, et assis dans un fauteuil sur un bras duquel il appuie son coude droit, laissant pendre sa main, qui sort de dessous le manteau. Le fond est ombré à gauche, jusqu'à la hauteur du coude. Plus haut, du même côté, on lit : *Rt. f.*

On distingue deux états de ce portrait :

Premier etat. Toutes les ombres, particulièrement celles de la figure et du bonnet, sont travaillees légèrement et ont moins de vigueur que dans l'épreuve ordinaire. Le visage présente des parties claires du côté de l'ombre. Le monogramme est tres-finement gravé. Cette épreuve est fort rare.

Second état. Les ombres sont fortifiées par de nouveaux travaux ; les parties claires que le visage présentait du côte de l'ombre sout éteintes ; des tailles et entretailles nouvelles sont ajoutees sur le manteau, notamment au-dessus de la main, ce qui la fait ressortir, et l on ne voit plus, au-dessous, des places blanches qui se remarquaient dans le premier état. Le monogramme est plus fortement marqué. Cette épreuve est moins rare et moins estimée que la première.

Hauteur, 0,149; largeur, 0,128

BARTSCH, 262. CLAUSSIN, 259. WILSON, 264.

On trouve dans les grandes collections, particulièrement dans celle du Cabinet des estampes de Paris, des épreuves de ce *Vieillard à grande barbe,* qui ne paraissent pas d'accord avec la description que nous venons de faire des deux états de la planche, description qui est conforme, d'ailleurs, à celle que donnent les catalogues de Claussin et de Wilson. Ainsi, nous avons quelquefois rencontré le monogramme très-finement gravé dans certaines épreuves qui présentaient cependant beaucoup de vigueur dans les ombres. Cela tient sans doute à ce que le possesseur de ces épreuves les trouvant pâles, en avait repris le noir avec du lavis et du crayon, pour les faire paraître plus brillantes.

Et cela est d'autant plus vraisemblable, que les anciens catalogues, ceux de Gersaint, de Pierre Yver et de Bartsch, n'ayant distingué aucune différence dans ce morceau, les amateurs ont pu croire que les épreuves les plus vigoureuses étaient les premières tirées, tandis que c'était précisément le contraire. Un graveur, habitué à reconnaître la fraîcheur des premiers travaux, la légèreté, la transparence que présente une eau-forte au commencement du tirage, lorsqu'il ne s'y mêle pas de pointe sèche, un graveur, dis-je, ne s'y serait point trompé ; mais les curieux qui, pour la plupart, ne font rien sans leur guide, et jugent rarement par eux-mêmes, ont pensé que l'antériorité de l'épreuve était prouvée par le noir, et c'est pour cela que quelques-uns d'entre eux ont sophistiqué la leur. Aussi ai-je observé que ces sortes de retouches avaient eu lieu sur d'anciennes épreuves, c'est-à-dire à une époque où le catalogue de Claussin n'avait pas encore paru. Quant à l'épreuve qui est dans l'œuvre de la Bibliothèque, elle provient, selon toute apparence, de M. de Peters, qui était peintre en miniature et passé maître dans l'art de laver, noircir et brillanter les estampes.

Mais quel beau portrait ! quel étonnant caractère de vieillard ! l'âme aura certainement beaucoup de peine à abandonner ce corps robuste qui, malgré ses rides innombrables, conserve encore tant de vitalité, tant d'énergie. Quelle vie de travail, de méditation et de patience. que de luttes obstinées, que de labeur n'annonce pas ce visage labouré de plis profonds et durs, comme le seraient les sillons creusés sur un buste de marbre par le ciseau du sculpteur ! quelle rude existence ne fait pas supposer cette main, jadis si fine, maintenant ratatinée et flétrie ! Il semble que ce juif, car c'en est un, a dû acquérir bien péniblement la richesse que supposent la dignité de son costume, sa robe de soie, son opulent manteau de velours et la précieuse fourrure de son bonnet. Faut-il s'arrêter maintenant à la variété, à l'excellence des travaux employés par le graveur pour exprimer le soyeux de la robe, le velouté du manteau, la finesse de la martre? Faut-il admirer comment la blancheur de la barbe est indiquée par la seule absence des tailles? Ce sont là des qualités si familières à Rembrandt qu'on les remarque à peine. Mais, ce qu'il est impossible de ne pas remarquer, en dehors même du maniement de la pointe, c'est l'accent de ce modelé que Ribera luimême n'aurait pas poussé plus loin, c'est la fière tournure de ce portrait qui ne ferait pas plus d'impression s'il était peint et qu'il fût de grandeur naturelle, car on en peut dire ce que de Piles disait en général des portraits de Rembrandt : « Bien loin de craindre la comparaison d'aucun peintre, ils mettent souvent à bas par leur présence, ceux des plus grands maîtres. »

271. *Vieillard au bonnet fendu.*

(Vieillard à barbe carrée.)

Buste d'un vieillard gravé avec beaucoup d'esprit, d'une pointe
legere, sa tête, vue de trois quarts et dirigée un peu vers la
droite, est coiffée d'un bonnet de fourrure très-elevé, dont le haut
est separé en deux par le milieu. Ce bonnet lui tombe sur l'œil
gauche et laisse voir, de l'autre côte, un bout de la calotte et toute
l'oreille droite. Il porte une grande barbe touffue. Son corps, vu de
face, est couvert d'un manteau ouvert par devant; sa main droite
est posee sur une large ceinture qui lui entoure le corps. Il y a au
bas du portrait une marge étroite formée par quelques lignes horizontales. Le fond est légerement ombré sur la droite, à la hauteur
de l'épaule. On lit au haut de la gauche : *Rembrandt f. 1640.*

Hauteur, 0,150 , largeur, 0,137.

BARTSCH, 265. CLAUSSIN, 262. WILSON, 267.

M. Robert Dumesnil a mentionné, dans un de ses
catalogues, un *premier état* dans lequel la bouche serait
mal indiquée et aurait exigé une correction qui constituerait le *second état*. Bien que nous n'ayons pu
vérifier ces remarques, nous avons trop de confiance
dans le doyen de nos iconographes pour ne pas les
accepter telles quelles. Au surplus, les premières
épreuves de ce portrait expressif et vivant, quoique
légèrement gravé, ont quelques barbes dans les ombres principales, ainsi que dans les lignes horizontales qui forment la marge du bas.

Il en existe une copie en manière noire qui se rencontre assez rarement. Elle figurait dans la vente Verstolk de Soelen.

272. *Vieillard chauve, à couronne de cheveux noirs.*

(*Tête d'homme chauve.*)

Un vieillard vu de profil et dirigé vers la droite de l'estampe. Sa tête est chauve ; mais il lui reste par derrière une touffe de cheveux noirs ; ses yeux sont un peu baissés. Il est couvert d'une robe fourrée. Le fond, presque blanc vers le bas, est fortement ombré dans la partie supérieure. Au bas de la droite est gravé *Rt* et au-dessous : *1630.*

Il y a trois états de ce morceau :

Premier état, extrêmement rare. La planche est plus grande ; elle porte 117 millimètres de hauteur sur 85 de large. Le personnage est vêtu d'une robe bordée d'hermine, et il porte au cou la chaîne d'un ordre. Le fond est blanc à l'exception de quelques traits sur la gauche. On lit au bas de l'estampe, dans le milieu de la marge : *Rt 1630,* et un peu de côté *Rt 163,* le dernier chiffre n'étant pas exprimé.

Deuxième état, aussi rare que le précédent. La planche a les mêmes dimensions, mais on n'y voit plus que la tête et le haut de l'épaule ; le corps a été effacé. Le fond est blanc. Vers le milieu du bas on lit : *Rt.* Les bords de la planche sont, comme dans l'état qui précède, sales et raboteux.

Troisième état. Le haut du fond est couvert de tailles. De nouveaux travaux ont été ajoutés à la tête, principalement aux cheveux, à la fourrure et à la robe. La planche est réduite à ses dimensions ordinaires qui sont :

Hauteur, 0,069 ; largeur, 0,058

BARTSCH, 292. CLAUSSIN, 289. WILSON, 294.

Wilson rappelle ici que Daulby a mentionné un quatrième état qui serait moins large de 5 millimètres ; mais cette remarque jusqu'à présent n'a pas été confirmée. Il est bon de faire observer aux amateurs que les petites différences dans les dimensions n'ont souvent d'autre cause que le retrait du papier, toujours un petit peu variable.

273. *Le même vieillard chauve, en contre-partie.*

C'est le buste précédent, gravé en sens inverse, tel qu'on le voit dans le troisième état, mais avec cette différence que celui-ci n'a point de barbe. Il est du reste un peu plus grand et gravé à grosses tailles On n'y trouve ni nom, ni date. Le fond est fortement ombré de hachures croisées et irrégulières : sur la droite, depuis le haut jusqu'à la hauteur du cou, sur la gauche jusqu'au dessous du menton. Ce morceau est, dans la classe des portraits, un des plus rares.

Le Musée d'Amsterdam en possède deux états, et Claussin les a décrits dans son *Supplément*.

Premier état, extrêmement rare. La planche est plus grande d'environ 33 millimètres, dont moitié en haut, moitié en bas.

Deuxième état. La planche est réduite aux dimensions ci-après :

Hauteur, 0,074 ; largeur, 0,067

BARTSCH, 293 CLAUSSIN, 290. WILSON, 308.

A en juger par la façon dont il est gravé, ce buste est plutôt de Livens que de Rembrandt. Il est peu probable que Rembrandt ait pris plaisir à se copier lui-même, et d'autre part cette libre gravure, qui est

sabrée avec tant d'esprit et si expressive sous ses rudes
tailles, n'a pu être exécutée que par un de ses élèves
les plus habiles, qui ne saurait être ici ni Ferdinand
Bol, qui avait la pointe maigre, ni Van Vliet, qui
n'avait guère que le côté grossier de la rudesse, car la
rudesse des vrais maîtres cache quelquefois un sentiment très-fin.

274. *Vieillard chauve, à couronne de cheveux gris.*

Ce personnage paraît être le même qui est représenté dans les
deux pièces précédentes ; mais il est dessiné dans un autre esprit et
gravé d'une pointe plus délicate que le n° 272. Il est tourné vers
la droite et il est aussi vu de profil, mais un peu plus penché. Le
fond est légèrement ombré vers le bas de la droite, et dans le coin
de la gauche, au haut de la planche, on lit : *Rt. 1630.*

Wilson distingue deux états : le *premier* avant le monogramme
et la date, le *second* avec la date et le monogramme.

Hauteur, 0,056; largeur, 0,042

BARTSCH, 294. CLAUSSIN, 291. WILSON, 295.

J'ai vu au Musée d'Amsterdam des épreuves qui
étaient évidemment toutes premières, avec les bords
raboteux et le fond sale, et qui cependant portaient le
monogramme et l'année. Cela me ferait douter des
états décrits par Wilson, d'autant plus que j'ai vu dans
le même Musée de bonnes épreuves où le nom avait
disparu. Il est possible que le nom se soit vite effacé et
qu'il ait été remordu. Wilson aura vu peut-être une

de ces bonnes épreuves, tirées après l'effacement du
monogramme et avant la remorsure.

275. *Buste de Vieillard chauve, à tête baissée.*

Buste de vieillard à tête chauve, penché en avant et un peu tourné
vers la droite, d'où vient la lumière. Sa bouche est très-ouverte et
l'on voit ses dents. La partie droite de son corps vu de face est
fortement ombrée, ainsi que la tête où il n'y a de clair que sur le
front, sur le nez et sur l'épaule gauche du personnage. Le fond est
entièrement blanc. Dans le haut de la gauche, on lit : *Rt, 1631.* Il
y a, dans le bas, une marge de 5 millimètres.

On distingue deux états de ce morceau, qui n'est pas commun :

Premier état. Les plis du manteau sur l'épaule qui est dans la
lumière, sont ombrés légèrement et d'une seule taille, au-dessus de
la marge. Les épreuves de cet état sont très-rares et d'un fort bel
effet.

Second état. Les plis du manteau sont ombrés d'une contre-
taille. L'ensemble est plus travaillé. L'oreille est plus distincte; les
dents sont effacées.

Hauteur, 0,069, largeur, 0,056

BARTSCH, 298. CLAUSSIN, 294. WILSON, 298.

Dans les estampes de sa jeunesse, Rembrandt a été
ordinairement fin et délicat. Cette fois, par exception,
(l'estampe est de 1631) il a employé des travaux gros
et rudes, mais si bien disciplinés, après tout, qu'ils
produisent un effet plein de vigueur, de relief et d'harmonie. On ne peut pas dire, ce nous semble, avec
Claussin, que ce portrait soit « médiocrement gravé. »

276. *Buste d'homme chauve à gros nez.*

Ce buste est vu de trois quarts et dirigé vers la droite, d'où vient la lumière. La tête, qui est remarquable par la grosseur du nez, est chauve, sauf quelques cheveux courts au-dessus de l'oreille. Le personnage est enveloppé d'un manteau bordé d'un large parement de fourrure. Toute la partie droite du fond est ombrée, ainsi que le bas de la gauche. Au haut de la planche, dans le coin gauche, on lit : *Rt. 1631.* La pièce est assez rare. Il y en a, non pas deux états, mais trois :

Premier état. La planche y est moins travaillée; mais on le distingue surtout à ce que les plis de la chair dans le cou du personnage sont sensibles.

Deuxième état. La planche a été reprise par une main étrangère dans les ombres de la figure, notamment à la hauteur de l'oreille, ainsi que sur le cou, dont la chair a perdu toute sa souplesse. On remarque sur l'épaule une nouvelle taille dure et presque verticale

Troisième état. Le visage, travaillé à nouveau, présente sur la joue droite une ombre d'un ton uniformément noir, qui va jusqu'à l'oreille.

Hauteur, 0,065 ; largeur, 0,058.

BARTSCH, 324. CLAUSSIN, 317. WILSON, 322.

Wilson a émis un doute sur cette pièce : *probably this piece is not the work of Rembrandt,* dit-il ; mais l'observation ne paraît juste que pour le second et le troisième état qui portent la trace évidente d'une retouche grossière.

277. *Vieillard à barbe et cheveux frisés.*

(*Vieillard avec barbe.*)

Un buste de vieillard portant barbe, très-bien gravé. La tête est de trois quarts et dirigée vers la gauche. Les cheveux sont frisés et un peu hérissés. Il est couvert d'un manteau qui est eclairé, ainsi que la tête, par la droite de l'estampe. Le fond est clair, à l'exception de quelques tailles simples sur la gauche. On lit au haut, du même côté : *Rt. 1631.* Extrêmement rare.

Hauteur, 0,056, largeur, 0,047.

BARTSCH, 297. CLAUSSIN, 293. WILSON, 297.

En regardant cette pièce au Musée d'Amsterdam, j'exprimai le doute qu'elle fût de Rembrandt, et mon sentiment fut partagé par les conservateurs du Musée; mais j'ai pensé depuis qu'il devait exister ou avoir existé quelque épreuve à l'eau-forte pure, puisque la planche avait été évidemment retouchée au burin. Or, les amateurs savent jusqu'à quel point une retouche maladroite peut défigurer l'estampe la plus jolie.

278. *Vieillard à barbe blanche et bonnet à poil.*

(*Vieillard à grande barbe.*)

C'est un buste de vieillard gravé avec légèreté et délicatesse. La tête, presque vue de face, est couverte d'un bonnet de fourrure à long poil ; elle est éclairée par la droite de l'estampe. La barbe est très large, blanche et longue. Le fond est clair, à l'exception d'une ombre légère, qui est au bas de la gauche, vers l'épaule.

Il y a deux états de ce portrait, dont l'épreuve n'est jamais bien venue.

Premier état, rare. Les bords de la planche sont irréguliers, raboteux et sales. Les tailles dont le buste est couvert n'atteignent pas tout à fait le bord inférieur de la planche. Le ton est argentin

Second état. Les bords de la planche sont adoucis, et le buste est travaillé jusqu'au bord inférieur de la planche.

Hauteur, 0,060 ; largeur, 0,054

BARTSCH, 312 CLAUSSIN. 308 WILSON, 313

279. *Vieillard à barbe carrée et très-haut front.*

Un autre buste de vieillard, gravé d'un ton fort et à grosses tailles. La tête est vue de trois quarts et coiffée d'un bonnet qui paraît être de grosse étoffe Le front est très-haut, les yeux sont baissés. Le personnage est couvert d'une robe bordée de fourrure. Il est dirigé vers la droite et éclairé du même côté. Le fond est entièrement blanc. Dans le haut est le monogramme *Rt.*

Il y a deux etats de cette estampe qui est de la plus grande rareté :

Premier état, presque *unique.* Ce n'est guère qu'une ébauche à l'eau-forte pure. La planche est plus grande ; elle mesure 87 millimetres de haut sur 74 millimetres environ de large.

Second état. Le monogramme est très-peu visible. Le buste est repris au burin et à grosses tailles. La planche est réduite aux dimensions ci-après.

Hauteur, 0,074 ; largeur, 0,065

BARTSCH, 314. CLAUSSIN, 310. WILSON, 315.

Rien à dire sur ce buste, sinon qu'il ressemble à

Rabelais, par l'expression du visage, la hauteur du front et la coiffure.

280. *Vieillard à barbe blanche et bonnet à rebord.*

(Buste de vieillard.)

Il est placé à la gauche de l'estampe et dirigé vers la droite, d'où vient la lumière. Il porte une barbe blanche et un bonnet à rebord, et il est couvert d'un manteau bordé de fourrure. Le fond est entièrement blanc. Ce portrait est poussé à l'effet. Les épreuves en sont rares.

Il y a deux états qui n'ont pas encore été décrits :

Premier état. La planche est plus grande, elle porte 58 millimètres de haut sur 49 environ de large. On y voit le nom de Rembrandt.

Second état. La planche est réduite aux dimensions ci après, en coupant le cuivre, on a enlevé le nom de Rembrandt.

Hauteur, 0,051, largeur, 0,042

BARTSCH, 337. CLAUSSIN, 328. WILSON, 332.

Ce petit portrait n'est recherché que parce qu'il est rare, car le personnage représenté est fort laid. Peut-être en existe-t-il aussi une eau-forte pure, car le travail en a été repris au burin comme dans l'estampe ci-dessus décrite au n° 277.

281. *Vieillard à grande barbe et au front ridé.*

(*Vieillard à grande barbe.*)

Buste d'un vieillard vu presque de face. Il a la tête nue et les cheveux un peu hérissés sur le sommet. Le front est ridé. Il paraît assis et regarder en bas. Son corps, dont le devant n'est presque pas marqué, est légèrement tourné vers la droite d'où vient la lumière. Le fond est ombré sur la gauche jusqu'à la hauteur de l'épaule. Sur la droite, à environ 25 millimetres du bas, on distingue le monogramme *Rt,* gravé très-finement.

Ce morceau est exécuté d'une pointe spirituelle, et il est d'un bel effet. On en connaît deux états :

Premier état. La planche est plus large : elle porte 117 millimètres au lieu de 103. Elle est maculée en plusieurs endroits. On y lit la date *1631* à côté du monogramme.

Second état L'estampe est retravaillée. Les ombres sont plus nourries et font un plus bel effet. La planche est coupée de manière que la date *1631* a disparu ; il ne reste que le monogramme.

Hauteur, 0,119 , largeur, 0,103.

BARTSCH, 260. CLAUSSIN, 257. WILSON, 261.

282. *Vieillard à barbe ébouriffée et au front ridé.*

(*Vieillard à barbe carrée fort large.*)

Vieillard en buste, un peu tourné vers la droite. La lumière qui vient de ce côté éclaire son front, qui est très ridé, et le haut de son épaule gauche. Sa tête, vue presque de face, est penchée en avant, elle est chauve sur le devant, mais couverte au sommet de cheveux frisés. Ses yeux sont baissés, et tout son visage est couvert d'ombres. Il a une barbe ébouriffée, très-large et très-longue. Le fond est blanc, à l'exception d'une petite ombre qui se voit au-dessus de l'épaule droite. On lit au haut de la gauche : *Rt. 1630.*

Cette estampe est gravée avec légèreté. On en reconnaît le *premier état* à l'absence du monogramme et de la date, qui ne sont gravés que dans le *second état.*

Hauteur, 0,090 ; largeur, 0,076.

BARTSCH, 325. CLAUSSIN, 318. WILSON, 323.

283. *Vieillard à longue barbe blanche et à tête chauve.*

Il est en buste, vu de trois quarts et tourné vers la droite. Sa tête est penchée et chauve sur le devant, avec quelques cheveux au sommet. Son corps est couvert d'une robe à long poil avec un collet. La lumière, qui vient de la droite, éclaire vivement son front, son nez, et sa barbe, qui est blanche, large et très-longue. Le fond n'est ombré que légèrement et sur la gauche, au-dessus de l'épaule. Dans le haut de la gauche est gravé : *Rt. 1630.*

Hauteur, 0,096 ; largeur, 0,081

BARTSCH, 309. CLAUSSIN, 305. WILSON, 310.

Le modèle qui a posé pour ce portrait, un des plus beaux parmi les anonymes, paraît être le même qui est reproduit dans les deux morceaux précédents. C'est une belle figure de vieux juif comme il s'en voit encore à Amsterdam, où la race d'Israël s'est mieux conservée que partout ailleurs. Mais il est clair que Rembrandt n'a pas voulu précisément faire un portrait : il s'est servi de ce modèle comme d'un motif heureux pour

étudier divers effets de lumière sur la figure humaine
Donner tout son relief à une tête chauve que l'âge a
sillonnée, rendre la légèreté des rares cheveux qui la
couronnent, traduire et varier les tons de la barbe en
y mettant assez de travaux pour qu'elle parût épaisse
et assez peu pour qu'elle parût d'un blanc çà et là
jauni, faire glisser un rayon du jour sur cette tête penchée en avant, sur les paupières abaissées et sur la
saillie des pommettes, c'était là le principal objet de
son attention. Aussi la même physionomie lui a-t-elle
fourni des portraits différents, suivant qu'il la voyait
en pleine lumière ou dans l'ombre, ou dans la pénombre, suivant qu'il l'avait surprise en un moment
de sommeil ou en mouvement. La ressemblance individuelle le préoccupait beaucoup moins que l'art de
modeler la chair, d'exprimer la vie. Cet art, il le possédait si bien à vingt-quatre ans, lorsqu'il gravait les
estampes dont nous parlons, que par la suite il ne s'y
est pas surpassé lui-même. Vieux, il traitera la nature
en maître, il en abrégera le modelé, il la verra d'un
peu loin et en grand; jeune, il l'imite avec les soins
attentifs d'un amoureux; il en détaille la beauté ob-
servée de près; il s'intéresse aux moindres plis de la
peau, aux accidents les plus fugitifs et aux plus délicates nuances du-clair obscur; mais il sait déjà saisir
et faire triompher l'ensemble.

284. *Vieillard à barbe pointue, les cheveux hérissés.*

Le corps est un peu tourné vers la droite, mais la tête, vue de trois quarts, est inclinée vers la gauche, qui est le côté de l'ombre. Elle est chauve par devant, avec des cheveux hérissés sur le sommet. Les yeux sont baissés; la barbe est large et longue, et elle finit en pointe. Le fond est clair, sauf une petite ombre qui est sur la gauche, au-dessus de l'epaule. On lit au haut de la gauche, en caractères déliés : *Rt. 1631.*

Ce morceau est grave d'une pointe très-fine. Il y en a deux états.

Premier état, très-rare. On n'y voit ni le monogramme ni la date. L'estampe est moins travaillée aux endroits que nous allons indiquer.

Second état. Des travaux ont été ajoutés dans l'ombre de la figure, dans l'ombre du fond, sur l'epaule droite et sur les cheveux qui entourent l'oreille gauche; mais on distingue plus sûrement ce second état à la présence du monogramme et de la date.

Hauteur, 0,067; largeur, 0,065

BARTSCH, 315. CLAUSSIN, 311. WILSON, 316.

On peut considérer ce portrait comme une étude dessinée d'après le même modèle que les précédents, quelle que soit la différence de l'expression. Quand on a vu dans le présent œuvre les trente-trois portraits que Rembrandt a gravés d'après lui-même, sans parler de ceux qu'il a peints, quand on a vu combien de physionomies différentes il a su donner à sa propre physionomie, on conçoit aisément qu'il ait eu le talent de découvrir dans un seul et même vieillard les divers caractères de la vieillesse. La même observation s'applique aux deux estampes qui suivent.

285. *Vieillard à grande barbe et à l'épaule blanche.*

Buste de vieillard à grande barbe blanche, dont la tête est chauve sur le devant, le reste etant garni de cheveux un peu herisses et frisés; elle est vue de face et baissee. Le visage est couvert d'ombres, sauf un petit clair sur le côte gauche du front et du nez Le corps est dirige vers la droite et couvert d'une robe bordee de fourrure L'épaule droite est toute claire, sans aucune taille.

Hauteur, 0,072, largeur, 0,065.

BARTSCH, 291. CLAUSSIN, 288. WILSON, 293.

286. *Vieillard à grand bonnet, qui dort.*

Autre buste de vieillard à grande barbe, vu presque de face. Sa tête ponchee et ses yeux quasi fermés lui donnent l'attitude d'un homme qui s'endort. Il est coiffé d'un grand bonnet de fourrure serré par une echarpe qui pend derrière son dos. Il porte un manteau à collet qui est ouvert par devant, mais attaché sur sa poitrine avec une agrafe. On lit au haut de la gauche : *Rembrandt,* et on remarque au-dessus le commencement d'une *R* tracée à rebours.

Hauteur, 0,112, largeur, 0,101.

BARTSCH, 290. CLAUSSIN, 287. WILSON, 292.

Il existe au Musée d'Amsterdam une épreuve curieuse de ce portrait. On n'y voit d'éclairé que le nez, la joue droite et la partie de la poitrine que ne recouvre pas le manteau; le reste de la planche est teinté au charbon, mais d'un travail léger qui a dû s'effacer très-vite à l'impression, si tant est que ce travail ait été exécuté sur la planche même, ce qui n'est pas facile à décider. Si c'est le cuivre qui a été ainsi légèrement teinté, on conçoit que la teinte ait bientôt disparu sous la main de l'imprimeur, et que de pareilles épreuves soient fort rares et par cela même précieuses; que si le ton n'a été passé que sur l'épreuve, elle est unique et plus précieuse encore, car il est fort probable que cette variante est de la main de Rembrandt.

Quoi qu'il en soit, il faut s'arrêter un instant devant ce portrait qui est vraiment admirable, non-seulement par la vérité surprenante de l'expression, mais encore par le choix des travaux, qui sont très-librement conduits et même assez rudement, mais avec un sentiment exquis de ce qu'il fallait traduire du bout de la pointe, je veux dire le parcheminé de la peau, les crevasses de la chair, le ton de l'écharpe fripée, le plucheux du bonnet dont la fourrure s'est usée sur l'arête des plis, et le chatoiement de l'agrafe, et le blanc du linge qui brille sous le noir velouté du manteau. Ce qui, dans la nature était sale, fruste et à peine digne d'attention, devient, dans une estampe si habilement sabrée, inté-ressant, amusant pour l'œil. Ces guenilles semblent riches; ce manteau paraît magnifique; cette agrafe, peut-être misérable, a l'air d'un joyau. Les pauvretés,

les friperies d'un vieux Juif sordide et rance, le peintre
les convertit en trésors !

287. *Vieillard nu-tête, les deux mains sur un livre.*

Bartsch et Claussin décrivent ainsi cette estampe : « Portrait
« extrêmement rare, représentant un vieillard à grande barbe, assis
« devant une table, les deux mains appuyées sur un livre. Il a la
« tête nue et ses regards sont portés vis-a-vis de lui. Ce morceau
« est gravé seulement au trait, et si légèrement qu'on a de la peine
« à le discerner parfaitement. »

Hauteur, 0,135 ; largeur, 0,108.

BARTSCH, 267. CLAUSSIN, 264. WILSON, 269.

Nous n'avons jamais vu cette pièce : elle manque
dans toutes les grandes collections, dans celles d'Amsterdam, de Paris, de Londres. Aucun amateur ne la
possède, du moins que nous sachions, et il ne paraît
pas que ni Bartsch, ni Claussin l'aient jamais eue sous
les yeux. J'observe, en effet, que leur description est
très-vague : il n'y est pas dit si le vieillard est de face
ou de profil, s'il est dirigé vers la droite ou vers la
gauche, et c'est là cependant un trait caractéristique
et très-important que les iconographes n'oublient
jamais. Wilson ajoute, il est vrai, à la description de
Bartsch, que le vieillard a une plume dans la main (*his
right hand has a pen in it*); que la pièce est presque
unique ; qu'elle se trouvait autrefois dans la collection

du bourgmestre Six, et, enfin, qu'elle fut cédée par
Houbraken, avec d'autres raretés, à un amateur anglais; mais il n'est pas sûr que Wilson ait vu l'estampe,
bien qu'il lui donne d'autres dimensions que Bartsch,
puisqu'il la dit haute de 8 pouces anglais et 7 dixièmes, sur une largeur de 7 pouces et 4 dixièmes (ce
qui donne 217 millimètres sur 185). Les renseignements que donne Wilson sont, du reste, extraits du
catalogue de Gersaint qui, lui non plus, n'a pas vu la
pièce, car il dit : « Je n'ai pu tirer d'autres éclaircis-
« sements sur ce morceau, qui pourrait cependant se
« reconnaître, si on le rencontrait. » Helle et Glomy
disent bien ensuite : « Nous avons vu ce portrait
« dans l'œuvre qui nous a passé par les mains et qui
« est présentement en Angleterre ; il porte 5 pouces
« de haut sur 4 de large. La description qu'en fait
« M. Gersaint est exacte » ; mais en dépit de cette
affirmation de Helle et Glomy, et jusqu'à vérification,
nous serions tenté de croire que la pièce n'existe
point, et qu'il faut la confondre avec le *Vieillard en
méditation,* n° 111 du présent Catalogue, dont nous
avons donné un admirable *fac-simile* par M. Flameng.
Il est à remarquer que dans les deux estampes les
dimensions (celles que donne Bartsch) sont les mêmes
à un ou deux millimètres près ; que l'une et l'autre
représentent un vieillard à grande barbe, assis à une
table, ayant une plume dans une main et les deux

mains appuyées sur un livre ; que dans l'une et l'autre
pièce le vieillard regarde devant lui ; que la légèreté
du travail est commune, aux deux morceaux, et que
la seule différence entre les deux descriptions consiste
dans le bonnet, qui est du reste indiqué en deux coups
de pointe.

288. *Turc, au bonnet serré par un turban.*

(Deuxième tête orientale.)

Il est vu de profil et dirigé vers la gauche. Sa tête est couverte
d'un bonnet elevé, serré par un riche turban, dont le bout est garni
de fourrure ainsi que le parement de la robe. Il a des moustaches
herissées Le fond sur la droite est ombré de hachures irrégulières
presque jusqu'au haut de la planche. Au-dessus de la tête est ecrit
Rembrandt, en caractères bizarres, semblables à ceux de l'estampe
que nous avons donnee plus haut comme étant le portrait de Cats
(Le *d* est ecrit à rebours.) A la suite du nom se trouve tracé, de
la même ecriture, le mot *fecit* precéde d'un autre mot qu'on a lu
Venetus, mais qu'il faut lire probablement *Rhenetus*, traduction
latine de Van Ryn (du Rhin).

Hauteur, 0,150 , largeur, 0,123

BARTSCH, 287. CLAUSSIN, 284 WILSON, 289.

Lorsqu'on rapproche la *seconde tête orientale,* de la
copie qu'en a gravée Livens en contre-partie (n° 19
de son œuvre), on sent mieux la vigueur et le brillant de l'original. La main, d'ailleurs, si habile du
copiste, fait reconnaître et apprécier par opposition
celle de l'ami qui fut son maître.

289. *Turc, au turban et à l'aigrette.*

(Troisième tête orientale)

Un Oriental à grande barbe, gravé dans le même goût que le précédent. Il est vu de profil et tourné vers la droite. Il porte un bonnet serré par un turban brodé, sur le devant duquel est attachée une plume, et dont les bouts pendent sur son dos et sont frangés. Il a des moustaches sur sa lèvre supérieure et sa barbe est longue et noire. Le fond est presque entièrement couvert de hachures bizarres, qui tournent et courent en tous sens. On lit au haut de la gauche : *Rembrandt* (le *d* à rebours), en caractères semblables à ceux de l'estampe qui précède, et à la suite un mot que nous croyons aussi être *Rhenetus*, c'est à dire du Rhin (Van Ryn) Au-dessous du nom se trouve la lettre *f* et la date *1635*, tracées de la même main. Extrêmement rare.

Hauteur, 0,157, largeur, 0,135

BARTSCH, 288. CLAUSSIN, 285 WILSON, 290.

Malgré l'énergie et l'éclat de ce morceau, quelques amateurs le regardent comme douteux. Ils ont peine à croire que Rembrandt ait si étrangement changé d'écriture et se soit amusé à ces griffonnis dont le fond est chargé, et qui ne signifient rien, n'expriment rien. Ils ne comprennent pas non plus tant de gribouillages dans les vêtements et le bonnet. La vérité est que l'estampe est mauvaise, lourde et dure. D'un autre côté, il serait difficile d'expliquer que Livens eût pris la peine d'en faire une copie, si l'original n'était pas de

Rembrandt. Enfin il est permis de penser que la signature et les griffonnis insignifiants et puérils qui couvrent la planche, sont de la main de quelque jeune élève, peut-être même d'un enfant; cela expliquerait l'extrême rareté de la gravure qui, ainsi gâtée, aurait été mise au rebut après le tirage de trois ou quatre épreuves.

290. *Petit vieillard chauve, la bouche entr'ouverte.*

Petit buste de vieillard, vu presque de profil et tourné vers la droite, d'où vient la lumière. Il est en partie chauve et sa tête, pointue par le haut, est garnie par derriere de cheveux hérisses. Sa barbe est longue, et sa bouche entr'ouverte semble exprimer l'attention Son corps est couvert d'une robe fourrée. Le fond de la planche est entierement blanc.

Hauteur, 0,036, largeur, 0,027

BARTSCH, 334. CLAUSSIN, 326. WILSON, 330.

Cette estampe, qui est fort rare, fait partie de la planche portant le n° 366 dans le Catalogue de Bartsch, le n° 356 dans le Catalogue de Claussin, et le n° 308 dans le nôtre. Elle a donc un premier état qui se trouve dans la planche entière; le second état est celui que nous venons de décrire; nous n'en connaissons pas d'autre.

291. *Juif à barbe frisée, la bouche ouverte.*

(*Vieillard à barbe courte*)

Petit buste de vieillard dont la barbe est courte et frisée. Sa tête est vue de trois quarts et coiffée d'un bonnet à rebord. Sa bouche ouverte lui donne l'expression d'un homme qui crie. Son corps, dirige vers la gauche, est éclairé par la droite. Ses épaules sont couvertes d'une espèce de manteau ouvrage qui ressemble à une chape. Cette petite estampe est gravée d'une pointe forte et un peu dure; elle n'est pas commune. Nous en avons vu et possede, non pas trois, mais quatre états.

Premier état, extrèmement rare. La chape n'est pas ombree dans le bas sur la droite, et l'on remarque sur la poitrine, à gauche, une petite place blanche.

Deuxième état. La chape est ombrée sur la poitrine, mais d'une simple taille.

Troisième état. La chape est ombrée sur la poitrine d'une double taille.

Quatrième état. Les bords de la chape sont ombrés d'une double taille qui y forme un nouveau pli.

Hauteur, 0,040 ; largeur, 0,033

BARTSCH, 300. CLAUSSIN, 296. WILSON, 300.

Comme le précédent, ce petit morceau a fait partie de la planche qui est décrite plus bas sous le titre : *Griffonnement avec cinq têtes et demi-figure,* et sous le n° 308. C'est donc dans la planche entière que se trouve le tout premier état, qu'il faudrait appeler *avant la planche coupée,* et que nous n'avons pas compté dans les états particuliers de l'estampe.

Mais c'est ici le moment de redresser une étrange erreur commise par Pierre Yver, Bartsch et Claussin, et répétée par Wilson. A la suite du *Vieillard à barbe courte* (que nous appelons ici, pour le mieux désigner, *Juif à barbe frisée, la bouche ouverte*), nos prédéces-seurs ont décrit en ces termes une estampe qui est la même avec d'autres dimensions. « Une tête semblable « à la précédente, mais plus petite, représentant un « vieillard dont la barbe est courte et frisée. Morceau « infiniment rare, de onze lignes en carré. »

Or, en examinant cette pièce au Musée d'Amsterdam, qui est le seul endroit où on la trouve, j'ai remarqué qu'elle était tirée sur parchemin et que le parchemin, en se rétrécissant beaucoup plus que le papier ordinaire, avait produit une épreuve en miniature que nos devanciers ont prise pour une autre estampe et qui, sauf les dimensions, est absolument identique à celles du *Juif à barbe frisée, la bouche ouverte*. J'ai donc naturellement supprimé la description de ce second morceau, puisqu'il ne faisait qu'un avec le premier.

292. *Petit vieillard à nez aquilin et haut bonnet.*

(*Buste de vieillard.*)

Il est vu de trois quarts et dirigé vers la droite, d'où vient le jour. Il porte un bonnet de fourrure très-élevé, dont le rebord est clair et dont la pointe va jusqu'au bout du coin de la droite. Il a

le nez long et aquilin. On lui voit deux moustaches à la lèvre
supérieure et une troisième au menton. Il est vêtu d'un manteau
fourré qui, étant ouvert par le milieu, laisse entrevoir sa chemise
et une espèce de ceinture. Le fond est tout à fait clair. Cette petite
estampe n'est pas rare : il en existe au Musée d'Amsterdam trois
états, qui avaient été décrits dans le *Supplement* de Pierre Yver et
dans le catalogue du cabinet Marcus.

Premier état. Il est à l'eau-forte pure. Le bout du bonnet est
clair ainsi que le bout de la fourrure qui est derrière l'oreille. Tout
le vêtement a l'aspect d'une fourrure.

Deuxième état. Le clair du bonnet et celui de la fourrure est
éteint par de nouveaux travaux, le vêtement a été recouvert de
tailles et de contre-tailles régulières, de sorte que le collet seul
paraît en fourrure.

Troisième état. Le collet de fourrure a été entièrement et gros
sièrement recouvert, à gauche et à droite, de contre-tailles qui
donnent à tout le vêtement un aspect uniforme.

Hauteur, 0,036 , largeur, 0,027.

BARTSCH, 333. CLAUSSIN, 325. WILSON, 329.

Le *Griffonnement à cinq têtes et demi-figure,* avant
d'être divisé en cinq morceaux, contenait aussi ce
petit buste, dont le tout premier état se trouve conséquemment dans la planche entière. Il en est de même
de la pièce qui suit.

293. *Esclave turc.*

On a donné ce nom à un très-petit buste représentant un homme
jeune, qui est vu de profil, placé dans la partie gauche de l'estampe
et dirigé vers la droite. Il est éclairé par devant et légèrement

gravé. Sa tête est couverte d'un bonnet plus large en haut qu'en bas. Il a des moustaches et il porte une fraise qui est plus longue sur la poitrine que sur les épaules. Le fond est blanc.

Il existe deux états de ce petit morceau, qui est rare.

Premier état, extrêmement rare. Il n'y a d'ombre que sur le haut du manteau, par derrière, et la planche est sale.

Second état. Les ombres du dos descendent jusqu'au bas du buste et couvrent tout le corps. La planche est nettoyée.

Hauteur, 0,038, largeur, 0,022.

BARTSCH, 303. CLAUSSIN, 299. WILSON, 303.

Nous rappellerons ici aux amateurs qu'ils trouveront, dans notre *Œuvre de Rembrandt reproduit par la photographie,* une très-fidèle image du griffonnement rarissime, presque unique, dont l'*Esclave turc* a fait partie, ainsi que les trois pièces précédentes, avant que la planche ne fût coupée en cinq.

294. *Profil de vieillard à courte barbe.*

C'est une tête très légèrement gravée, vue de profil et dirigée vers la droite. Elle est chauve sur le haut, mais avec un toupet de cheveux par derrière. Le personnage a une barbe courte et une fourrure autour du cou. Sa bouche est entr'ouverte. Le corps, à partir du collet de fourrure, n'est qu'ébauché. Le fond est clair, il y a seulement une légère ombre dans le bas de la partie droite de l'estampe.

Du même côté, à la hauteur de la tête, on remarque deux traits horizontaux et un troisième presque vertical, ce qui semble indiquer une muraille.

Les premières épreuves de ce joli croquis se reconnaissent à

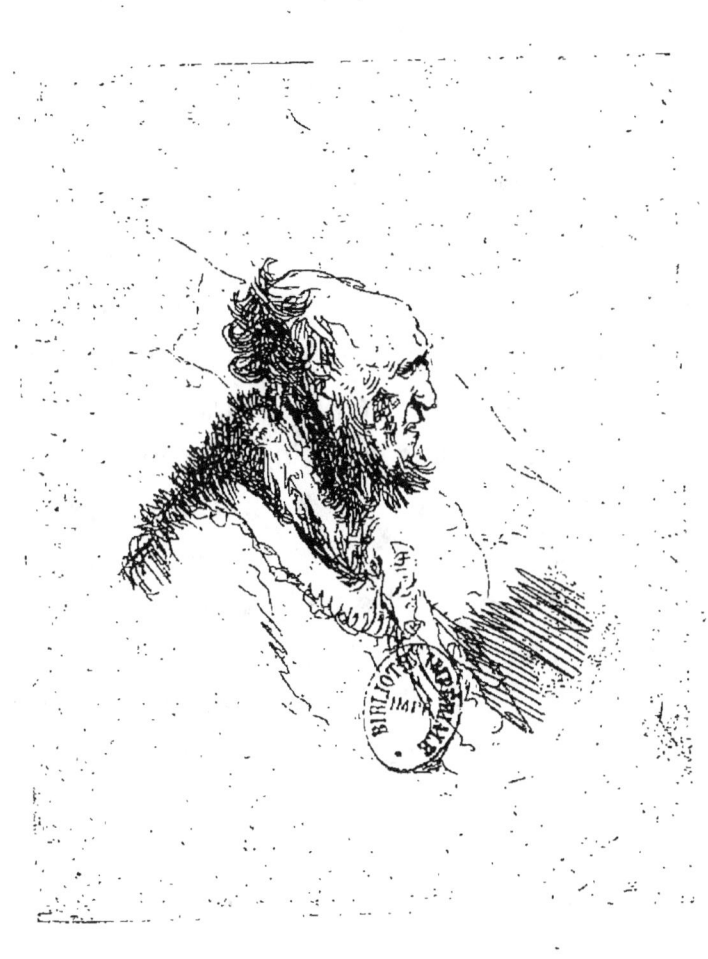

l'irrégularité des bords de la planche, qui sont très-raboteux, et à une saleté uniforme qui fait paraître le cuivre teinté. En régularisant les bords de la planche on en a légèrement réduit les dimensions, et cela peut constituer un *second état*.

Hauteur, 0,067 ; largeur, 0,056.

BARTSCH, 306. CLAUSSIN, 302. WILSON, 306.

Les amateurs trouveront ici avec plaisir la reproduction parfaitement fidèle du *Profil de vieillard à courte barbe*. C'est une gravure en bois, mais qui a été exécutée sur un dessin photographique, c'est-à-dire au moyen d'un négatif que le photographe avait obtenu directement sur la planche de buis. Un de nos plus habiles graveurs, M. Piaud, s'est chargé de mettre l'outil dans ce dessin dont les traits n'avaient pas toute la netteté désirable, mais avec une rare intelligence et en consultant sans cesse l'estampe originale qu'il avait sous les yeux, il est parvenu à la traduire avec la plus délicate précision.

295. *Homme avec bandelette au bonnet.*

Buste d'homme vu de profil, tourné vers la gauche et éclairé par la droite. Il est coiffé d'un bonnet à oreilles pendantes, qui est attaché à une bandelette faisant mentonnière. Il a une petite fraise au cou, et il porte une barbe courte et hérissée. Le fond n'est ombré que d'une seule taille, et il ne l'est que dans le bas de la gauche.

Hauteur, 0,054; largeur, 0,038.

BARTSCH, 323. CLAUSSIN, 316. WILSON, 321.

Il est à croire qu'il existe ou qu'il a existé une eau-forte pure de cette estampe, car elle est reprise au burin et rudement retouchée. Il est même probable que la retouche n'a eu d'autre objet que de réparer les défauts de la morsure. Quoi qu'il en soit, la gravure est restée spirituelle et elle est ainsi doublement précieuse, car elle est au nombre des plus rares.

296. *Esclave à haut bonnet.*

C'est ainsi qu'on nomme, je ne sais pourquoi, un petit buste « dont le caractère, » dit Bartsch, « approche beaucoup de celui d'un esclave turc. » La tête, vue de trois quarts, est tournée vers la droite; elle est couverte d'un grand bonnet très-élevé et ondoyant, à bord retroussé, et dont le haut touche presque le bord de la planche. Le corps est dirigé vers la gauche par où il est éclairé. Les épaules et la poitrine ne sont indiquées que par un simple trait.

On connaît deux états de cette estampe, qui est rare.

Premier état. L'ombre du bonnet sur la droite ne monte pas jusqu'au haut; elle est interrompue par deux places blanches.

Second état. L'ombre est reprise et atteint presque le contour du bonnet; elle présente une contre-taille diagonale. Sur la partie du bonnet qui couvre le front, il y a une seconde taille verticale et serrée.

Hauteur, 0,038; largeur, 0,015

BARTSCH, 302. CLAUSSIN, 298. WILSON, 302.

297. *Tête à bonnet.*

Un petit buste d'homme, gravé d'une pointe dure et lourde. Il est vu de face et coiffé d'un bonnet contourné par le haut et sur les côtés. Ses cheveux sont courts et très-frisés. Il est couvert d'un manteau qui est retroussé sur le devant et dont les bords sont déchiquetés. Le côté droit du buste est clair; mais le bonnet, le visage et le manteau sont très-fortement ombrés sur la gauche. Le fond n'est travaillé que dans le bas de la gauche. La pièce est très-rare. Il y en a trois états que Wilson a decrits, et que nous avons vérifiés à Amsterdam.

Premier état, presque unique. Les ombres ne sont pas aussi épaisses et le tout est moins travaillé. Sur la gauche, de l'autre côté de la tête, on lit : *Rt. 1631.* La planche est plus grande, elle mesure 64 millimètres sur 57.

Deuxième état, extrêmement rare; plus travaillé dans les ombres de la figure qui sont noires, et dans celles du fond.

Troisième état, très-rare encore. Le monogramme est effacé et la planche réduite aux dimensions ci-après :

Hauteur, 0,060; largeur, 0,056.

BARTSCH, 322. CLAUSSIN, 315. WILSON, 320.

298. *Profil à barbe droite et bonnet.*

(*Vieillard à barbe droite.*)

Autre petit buste de vieillard tourné vers la droite, d'où vient la lumiere. Sa tête touche presque au bord de la planche, de ce côte. Il porte un petit bonnet qui finit en pointe. Il a des cheveux courts, une barbe épaisse, roide et pointue. Son habit est retourné, et forme une sorte de collet sur les épaules. Le fond n'est ombré que derrière le dos, et légèrement. Vers le haut de la gauche, on lit : *Rt. 1631.*

Hauteur, 0,047; largeur, 0,038.

BARTSCH, 317. CLAUSSIN, 312. WILSON, 317.

L'extrême rareté de cette petite estampe n'y ajoute pas pour nous un grand prix, parce que le travail en est grossier et le ton dur. Au premier abord on la croirait plutôt de Van Vliet que de Rembrandt. Mais comme nous l'avons déjà fait observer pour quelques autres pièces qui précisément portent le monogramme *Rt* et en général la date de 1631, il est plus que probable qu'il existe ou qu'il a existé des épreuves à l'eau-forte pure, qui, si on venait à les découvrir, dissiperaient nos doutes et nous feraient voir une ébauche libre et bien sentie là où nous ne voyons que des tailles pesamment rentrées et de nature à étouffer toute finesse. C'est justement ce qui nous est arrivé au sujet du *Mendiant assis et son chien* (n° 139 de notre Catalogue) que nous allions retrancher de l'œuvre, lorsque nous avons rencontré au Cabinet des estampes, à Paris, derrière une maculature du *Gueux à gros ventre, dans son manteau,* une épreuve d'eau-forte qui nous a révélé tout de suite la main du maître, devenue plus tard méconnaissable sous les retouches de l'élève.

299. *Petite tête d'un homme qui crie.*

C'est la tête d'un gueux vu de trois quarts, et coiffé d'un petit bonnet finissant en pointe. Ses yeux sont fermés ; sa bouche est ouverte comme celle d'un homme qui crie avec force. Le corps est dirigé vers la droite d'où vient la lumière, et il est couvert d'un habit fermé sur le devant avec un bouton. La partie gauche est fortement ombrée, le fond est clair.

Pièce rare dont on connaît deux états, le *premier* avant la taille croisée au bas de l'épaule et avec les bords raboteux de la planche, le *second* après l'addition de cette taille et le nettoiement des bords.

Hauteur, 0,033 , largeur, 0,029.

BARTSCH, 327. CLAUSSIN, 320. WILSON, 325.

300. *Tête à demi-chauve, fort baissée.*

(*Vieillard à tête chauve.*)

Un très-petit buste de vieillard dont la tête est presque chauve et fort baissée. Il est vu de trois quarts et dirigé vers la gauche, sa barbe est grisonnante. Le jour vient de la droite et le fond est clair, sauf une légère ombre au bas de la gauche. On peut mettre cette estampe au nombre des rares. Elle est très-bien gravée, d'une pointe légère et intelligente. Les épreuves en sont ordinairement faibles; elle est de forme carrée.

Hauteur, 0,045, largeur, 0,045.

BARTSCH, 296. CLAUSSIN, 292. WILSON, 296.

301. *Profil de vieillard grotesque.*

Petite tête gravée avec esprit. Elle est vue de profil, tournée vers la droite et couverte d'un bonnet de fourrure élevé qu'entoure une bande d'étoffe. Le nez est plat et écrasé. Le fond est tout blanc, et la planche est cintrée par le haut. On en compte trois états.

Premier état. Il est à l'eau forte pure, très-rare.

Deuxième état. La planche est travaillée au burin, principalement sur l'épaule du vieillard. Le bandeau du bonnet présente un clair sur le devant. Il y a des contre-tailles derrière l'oreille.

Troisième état. L'estampe est entièrement retouchée par une main lourde et grossière. Le bandeau du bonnet est tout ombré.

Hauteur, 0,038; largeur, 0,024.

BARTSCH, 326. CLAUSSIN, 319. WILSON, 324.

302. *Petit buste à très-haut bonnet.*

Un petit buste de vieillard sans barbe, vu de face. Il est éclairé par la droite de l'estampe et tourné vers le même côté. Sa tête, un peu baissée, est couverte d'un très-haut bonnet fourré, carré par le haut et enfoncé sur les yeux. Son habit est croisé par devant et paraît attaché sur l'épaule droite avec un gros bouton. Le fond est blanc. La figure est claire du côté droit de l'estampe et légerement ombrée à la gauche.

Hauteur, 0,045 ; largeur, 0,031

BARTSCH, 299. CLAUSSIN, 295. WILSON, 299

Par la variété des aspects que présente son génie, Rembrandt est un véritable phénomène dans l'histoire de l'art. En général, les artistes que possède le démon de la poésie sont dépourvus d'esprit; on les voit même apporter dans les petites choses une certaine gaucherie qui est la contre-épreuve de leur force. Rembrandt fait exception à cette règle; il est tantôt rêveur, mystérieux, sombre, et il s'élève alors dans les régions les plus hautes du fantastique et même du lyrisme, tantôt

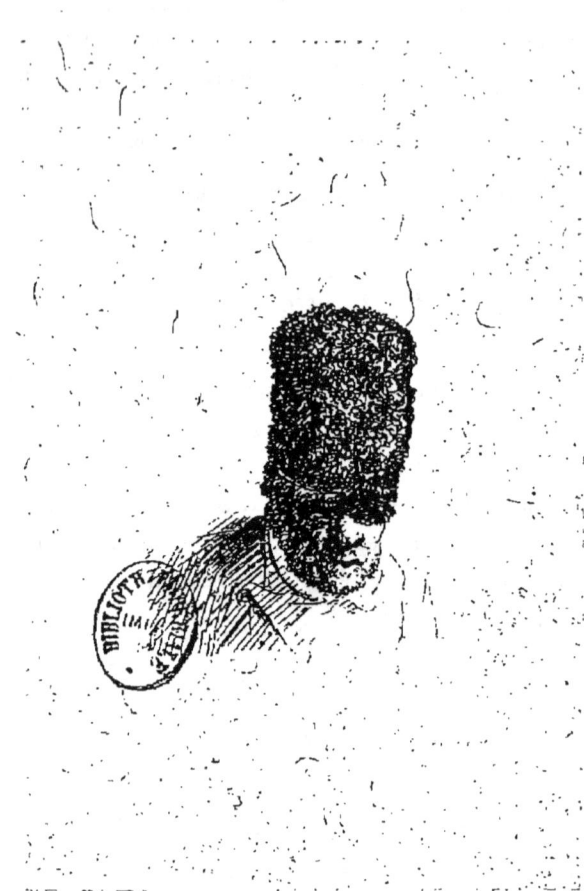

il est spirituel, souriant et amusé du spectacle de la
nature extérieure. Alors sa pointe exprime des ironies
charmantes et, sans tomber jamais dans la caricature,
il accuse des déviations d'un comique irrésistible, il
observe les plus grotesques accoutrements ; il se plaît
à indiquer avec malice la figure pochée de ce petit
vieillard qui semble coiffé d'un bonnet impossible, et
qui est pourtant d'une vérité si étonnante.

303. *Trois profils de vieillard.*

Une feuille d'études contenant trois têtes de vieillards, vues de
profil et dirigées vers la droite de l'estampe. Ces trois têtes paraissent dessinées d'après le même modèle, ou du moins il semble que
Rembrandt ait voulu y exprimer le même caractère. La plus fine
est dans le haut de la planche, à gauche ; au-dessous, est une autre
tête légèrement esquissée et ensuite effacée d'un trait en zigzag.
A côté de celle-ci, sur la droite, on voit une tête semblable, recouverte d'une calotte. On remarque, dans le bas, de gros traits
qui n'ont pas été entièrement ébarbés. Ce morceau est fort rare.
Les bords de la planche sont raboteux et le fond est un peu sale.

Hauteur, 0,097 ; largeur, 0,080.

BARTSCH, 368. CLAUSSIN, 364. WILSON, 374.

Claussin a fait une copie des *Trois profils de vieillards*, et, comme il le dit lui-même, cette copie est plus
soignée que l'original ; mais elle manque de la vivacité,
de la chaleur que Rembrandt mettait dans ses moindres

croquis ; elle est faite avec une propreté qui refroidit
le caractère des têtes et affaiblit cet accent de la vie que
le maître fait si bien sentir jusque dans les négligences
de sa pointe rapide et nerveuse. Claussin a reproduit
fidèlement tous les traits de l'original : il n'en a point
rendu l'esprit.

L'œuvre du Musée d'Amsterdam, qui est le plus
riche et le plus complet de tous les œuvres de Rembrandt, contient cinq ou six estampes qui sont attri-
buées à ce maître et qui n'ont pas encore été mention-
nées dans les Catalogues de Bartsch et de Claussin.
L'habile conservateur du Musée, M. Klinkhamer a
donné une très-sommaire description de ces quelques
pièces dans la *Revue universelle des Arts*. De ce
nombre est le petit buste que nous avons cru reconnaître pour un second portrait du bourgmestre Six et
que nous avons décrit dans le présent ouvrage sous
le n° 185.

Vient ensuite la petite *Tête d'un enfant endormi
sur un coussin :* elle est vue de face, vivement éclairée,.
et sans signature. Elle mesure 38 millimètres de haut
sur 40 de large. C'est un fort joli morceau, et très-
rare, qui faisait partie de la collection Denon ; mais
bien qu'il ne soit pas indigne de Rembrandt, nous n'y
retrouvons pas l'accent de sa pointe et nous le croyons
gravé par l'auteur de *l'Amour couché,* qui est une

estampe que nous avons supprimée. Des quatre autres
pièces qui ont été admises dans l'œuvre, deux seulement nous ont paru authentiques. En voici la description par M. Klinkhamer :

304. *Profil de vieillard,* non décrit.

Tête d'homme, vue de profil et tournée vers la droite; il est
coiffe d'un turban et porte une longue barbe. Sans signature.

Hauteur, 0,049 , largeur, 0,031

305. *Autre profil de vieillard,* non décrit.

Tête d'homme tournée vers la droite, avec un bonnet de fourrure. Sans signature.

Hauteur, 0,047; largeur, 0,031.

Restent deux petites planches : l'une, mesurant
49 millimètres sur 31, représente un Juif à mi-corps,
dirigé vers la droite et coiffé d'un chapeau à larges
bords. Au-dessus de la tête est écrit en caractères à
rebours : *Rembrant,* sans *d;* celle-là nous a paru être
de Renesse, un des élèves de Rembrandt. — L'autre
est une tête d'homme, couverte d'un bonnet de fourrure, avec l'indication d'un bout de manteau doublé
aussi de fourrure; sans nom ni monogramme. Celle-ci,
qui a 54 millimètres de haut sur 49 de large, nous a
semblé douteuse.

306. *Petit vieillard à barbe pointue.*

Il est vu presque de face, de manière qu'on lui voit les deux oreilles, et il regarde un peu vers la gauche. Il porte une barbe pointue et il est vêtu d'une robe dont on voit un peu le revers qui est blanc. Le fond est ombré de hachures en sens divers, qui vont en se serrant de plus en plus depuis le bas jusqu'en haut. Très rare.

Hauteur, 0,062 ; largeur, 0,052

WILSON, 334.

Wilson est le premier qui ait décrit cette estampe en l'attribuant à Rembrandt, et l'opinion d'un amateur aussi compétent a pour nous tant de poids que nous n'hésitons pas à l'adopter, même sans contrôle, car nous n'avons jamais vu la gravure en question. Nous devons ajouter ici que Wilson, dans la rédaction de son catalogue, a eu pour collaborateur M. Tiffin, marchand d'estampes à Londres, dans le Strand, et un des plus célèbres connaisseurs de l'Angleterre.

307. *Tête d'homme à cheveux bouclés et claire moustache.*

Il est vu presque de face, un peu tourné vers la gauche, et il porte des moustaches rares et de longs cheveux bouclés qui tombent négligemment sur l'épaule droite. La joue et l'épaule gauches.

et le fond, sur la gauche, à la hauteur des yeux, sont éclaires partiellement; mais tout le reste est dans une ombre épaisse.

Hauteur, 0,062, largeur, 0,060.

WILSON, 336.

Lorsque Wilson décrivit cette pièce unique, en 1836, elle appartenait à lord Aylesford; depuis, elle a passé dans l'œuvre du British Museum où je l'ai vue. Elle est gravée d'une pointe libre, vraie et sûre, et tout à fait dans le goût de Rembrandt. Pour mon compte je ne fais pas de doute qu'elle ne soit de sa main.

308. *Griffonnement à cinq têtes et demi-figure.*

Une feuille de griffonnements, qui, lorsqu'elle est entière, est presque unique. Elle représente cinq têtes d'hommes et le buste d'un vieillard, vu presque par le dos, mais la tête de profil, tournee vers la droite. Il est coiffé d'un grand bonnet fourré, serré sur le front par une bandelette. Il est couvert d'un habit rapiécé et déguenillé, et ceint par le milieu du corps d'une corde qui pend. Ses mains jointes sont élevées à la hauteur de sa poitrine et appuyées sur un bâton. A droite de ce buste sont deux têtes l'une sur l'autre : celle d'en haut est de profil, tournée vers la droite, et coiffée d'un bonnet carré; celle d'en bas est dirigée vers la gauche, vue de trois quarts, et couverte d'un bonnet irrégulier. C'est la tête d'un vieillard à barbe courte, qui a la bouche ouverte comme un homme qui crie. Il porte sur ses épaules une etoffe rayee. A la gauche du buste se voient deux autres têtes, également l'une sur l'autre : celle d'en bas est coiffée d'un haut bonnet fourré; elle est vue de trois quarts et dirigée vers la droite; on remarque au-dessous une tête de chat furieux, très-spirituellement indiquée. La tête d'en haut est celle d'un vieillard chauve, à longue barbe, vu de profil. A côté de cette tête, il y en avait une autre, vue de face, qui a été biffée avec le brunissoir, dont on voit les marques. Au haut de la planche, vers la droite, est écrit à rebours le monogramme *Rt*.

Bartsch distingue deux épreuves différentes de ce morceau : la première avant l'effacement de la sixième tête, la seconde après. Mais il nous est permis de croire que l'existence du premier de ces deux états est une pure supposition; ce qui est certain, c'est que l'épreuve de l'œuvre de Beringhen, qui est aujourd'hui au Cabinet des estampes, et qui est regardée comme presque unique, porte les traces du brunissoir.

Hauteur, 0,099; largeur, 0,119.

BARTSCH, 366. CLAUSSIN, 356. WILSON, 360.

Nous disons que cette pièce est presque unique, mais seulement lorsqu'elle est entière, car la planche a été coupée en cinq morceaux, de sorte que l'on trouve ces petites têtes et le buste de vieillard séparés et disséminés dans l'œuvre de Rembrandt; ils sont décrits sous les numéros 108, 290, 291, 292 et 293 du présent Catalogue. Il est probable, comme le dit Wilson, que presque toutes les épreuves qui avaient été tirées de la planche entière ont été coupées, soit par l'artiste lui-même, soit par les amateurs, et que c'est particulièrement le cas de celles qui sont le moins finies; car ces dernières têtes ont été retravaillées après la division de la planche en cinq morceaux.

PAYSAGES ET ANIMAUX.

309. *Les ruines au bord de la mer.*

(*Le paysage à la vache.*)

A la gauche, sur une éminence, on voit une vache, et près de là, un homme qui porte une hotte sur le dos, et un autre dont on ne découvre que le haut du corps. Au pied de la hauteur est une troisième figure qui marche, et qui est couverte d'une longue robe. Ce paysage se termine au loin par la mer et par quelques ruines qu'on aperçoit sur le rivage. Vers le milieu de l'estampe s'élèvent trois petites tours placées à égale distance, et dont l'une, celle du centre, est un peu plus haute que les autres.

Ce morceau est extrêmement rare ; il manque dans l'œuvre de Paris. Il en existe deux états.

Premier état. La partie gauche de l'estampe n'est que très légèrement gravée ; la vache n'y est qu'au trait, ainsi que la figure qui en est le plus proche et qui n'est ombrée que par la salissure provenant des barbes restées sur la hotte. Il y a très-peu de travail dans le coin du bas de la droite. (Musée d'Amsterdam.)

Second état. Le terrain du coin de la gauche qui était clair dans le premier état, est ici couvert de deux tailles qui se croisent. La vache et la figure qui est auprès sont plus travaillées. Le coin de la droite a reçu quelques travaux additionnels. (Musée d'Amsterdam et du British Museum.)

Hauteur, 0,060; 'largeur, 0,117.

BARTSCH, 206. CLAUSSIN, 203. WILSON, 203.

Ce n'est pas sans quelque surprise, au premier abord, que nous avons lu dans le Catalogue du British Museum, ces mots écrits au crayon par le conservateur du Cabinet des estampes : *Il est douteux que cette pièce soit de Rembrandt.* Mais en y regardant de plus près, nous avons été gagné à notre tour par le sentiment du doute. En effet, certains travaux, et particulièrement ceux du second état, sont maigres et manquent d'esprit. La vache n'est pas non plus bien dessinée; cependant, la succession des plans est si bien indiquée dans ce petit paysage, la distance y est creusée avec tant d'art que je n'oserais attribuer l'estampe à un autre que Rembrandt. Lorsque j'en rapportai le calque fait par moi en Hollande, M. Flameng, l'intelligent graveur qui a enrichi mon livre de copies si merveilleuses, M. Flameng trouva charmant ce petit morceau, même dans mon calque, et il prit plaisir à l'emporter chez lui pour le graver. Cela me fit penser qu'il ne fallait pas se laisser aller au doute exprimé par M. Carpenter, quelle que fût ma déférence pour cet habile connaisseur. J'ai donc maintenu dans l'œuvre *les Ruines au bord de la mer,*

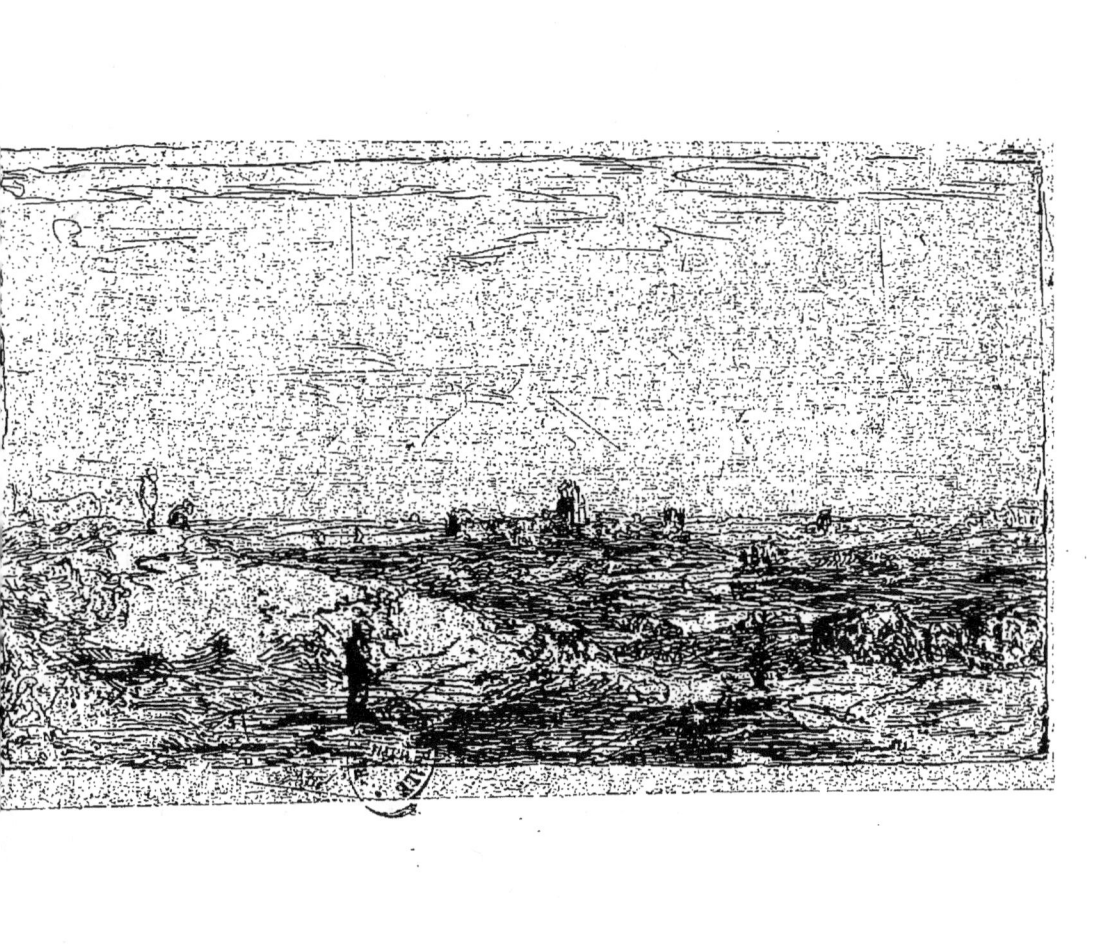

laissant aux amateurs le soin de se prononcer sur l'authenticité de l'original d'après la copie de M. Fla-meng, qui est ici placée en regard et qui est d'ailleurs fort bien mordue et très-fidèle.

Que si j'ai changé la dénomination de Bartsch, comme Wilson lui-même l'a changée, c'est pour distinguer ce morceau d'un autre Paysage à la vache, celui qui porte dans le présent Catalogue le n° 337.

310. *Le grand arbre à côté de la maison.*

C'est un petit paysage gravé légèrement mais d'un travail serré, qui, ayant été mordu egalement partout, ne produit pas d'effet. On y voit sur la gauche une maison dont la croisée est ouverte. A travers cette croisée on aperçoit le haut d'une figure. Un grand arbre s'élève à côté de la maison. Vers le milieu de l'estampe s'étend un bouquet d'arbres au pied duquel coule une rivière, et sur la droite se dessinent quelques montagnes.

Cette pièce est rare; elle se trouve toutefois dans les grandes collections.

Hauteur, 0,038 ; largeur, 0,081.

BARTSCH, 207. CLAUSSIN, 204. WILSON, 204

Ce n'est pas certainement par un effet fortuit de la morsure que ce paysage est ainsi uniforme, sourd, d'une pâleur égale et sombre. Je suis persuadé que Rembrandt a voulu rendre ici une impression par-ticulière, celle qu'on éprouve quelquefois lorsqu'on se promène dans les champs, et que tout à coup la

nature s'enveloppe d'un voile à travers lequel tous
les objets paraissent de la même valeur et toutes les
couleurs sont ramenées à l'unisson. Le temps venant à
se couvrir, les clairs s'éteignent, les ombres deviennent
grises, les arbres se confondent avec les terrains
éloignés, les montagnes ne tranchent plus avec le ciel,
l'eau devient terne et il court sur toute la campagne
comme un léger frisson. C'est un effet doux, tranquille,
dont le mystère invite à la rêverie et aux voyages.
Il y a plaisir alors, en attendant la pluie qui est
encore loin, à s'enfoncer dans le paysage, à pénétrer
au hasard dans les fondrières et les bois, à entendre
sous ses pas le bruit des feuilles tombées. Les poëtes
ont senti le charme inexprimable de ces moments
voilés. Oberman a parlé avec délices des promenades
que l'on fait par un temps couvert, sans aucun but,
lorsque l'on va uniquement pour aller et que l'on
cherche sans vouloir aucune chose... Ces bois uni-
formes, cette petite rivière, ces fonds d'un gris fin et
perdu et la fenêtre de cette maison d'où Rose va
peut-être sortir, me rappellent la journée si bien peinte
par le poète des *Contemplations* :

> Une eau courait fraîche et creuse
> Sur les mousses de velours,
> Et la nature amoureuse
> Dormait dans les grands bois sourds.
> . . . .

311. *Le pont de Six.*

Ce paysage est ainsi nomme parce qu'il fut fait d'après nature à la campagne du bourgmestre Six. Il est gravé très-légèrement et d'une pointe rapide. On voit dans le milieu un petit pont de bois, de la forme de ceux que l'on trouve ordinairement en Hollande sur les canaux des prairies et sur les chemins. A droite de ce pont, l'on voit deux hommes appuyés sur le garde-fou, qui paraissent causer ensemble. Au-dessous, coule un canal sur lequel est une barque qui est vue presque en entier, et qui s'étend jusqu'au bord de la droite de l'estampe. Du même côté, on aperçoit au loin une autre barque et quelques chaumières. Sur le devant, à gauche, sont griffonnes deux arbres, au travers desquels on distingue au loin un village garni d'arbres et la flèche d'un clocher. L'horizon est peu élevé. Au bas de la droite, on lit : *Rembrandt f. 1645.* Très-rare.

Bartsch et Claussin n'ont décrit qu'un seul état de cette estampe et Wilson n'en a connu que deux. Il en existe pourtant trois.

Premier état. Les chapeaux des deux figures appuyées sur le garde-fou du pont ne sont pas ombrés. Il se trouvait ure épreuve de cet état rarissime dans la vente de sir Thomas Baring, à Londres. Cette épreuve a passé par les collections Révil, Sheepshanks, Smith (de Desle street), Verstolk de Soelen, et c'est à la vente de ce célèbre amateur qu'elle a été achetée pour le British Museum, au prix de 199 florins.

Deuxième état, non décrit. Un des deux chapeaux est ombré, l'autre est encore clair. Il existe une épreuve de cet etat intermédiaire dans l'œuvre du British Museum ; elle provient aussi de la vente Verstolk, où elle a eté vendue 70 florins.

Troisième etat. Les chapeaux des deux figures sont ombres à la pointe sèche et plus élevés.

Claussin a fait une copie assez trompeuse de ce paysage, qui du reste a été copié en Angleterre une autre fois, et qui peut être facilement imité, pour peu que le graveur sache mettre une certaine franchise dans le maniement de la pointe.

Hauteur, 0,130; largeur, 0,225.

BARTSCH, 208. CLAUSSIN, 205. WILSON, 205.

On s'explique très-bien pourquoi ce morceau est si rapidement gravé ou plutôt griffonné, quand on en connaît l'histoire. Voici comment la raconte Gersaint : Rembrandt, qui était fort lié avec le bourgmestre Six, allait souvent à la campagne de ce magistrat. Un jour qu'il y était avec lui, un valet vint les avertir que le dîner était prêt. Au moment de se mettre à table, ils s'aperçurent qu'on n'avait point servi la moutarde. Le bourgmestre ordonna au valet d'en aller chercher promptement dans le village. Rembrandt, qui connaissait la lenteur ordinaire à ce valet, et qui avait le caractère vif, paria avec son ami Six que lui Rembrandt graverait une planche avant que le valet ne fût revenu. La gageure fut acceptée, et Rembrandt, qui avait toujours avec lui des planches toutes préparées, c'est-à-dire couvertes du vernis nécessaire, en prit une aussitôt, et y dessina le paysage qui se voyait du dedans de la salle à manger où ils étaient. La planche fut achevée en effet avant l'arrivée de la moutarde, et Rembrandt gagna son pari.

Les circonstances singulières qui ont donné lieu à la gravure du *Pont de Six* ont rendu ce paysage célèbre parmi les amateurs, et lui ont prêté beaucoup plus d'intérêt qu'il n'en aurait eu par lui-même. Il est certain qu'une telle estampe, si on n'en connaissait ni l'auteur ni l'origine, serait demeurée inaperçue et enfouie dans le portefeuille des marchands; mais les grands hommes ont le privilége de nous intéresser à tout ce qui émane d'eux, aux badinages de leur esprit, à leurs jeux, à leurs caprices.

312. *Vue d'Omval, près d'Amsterdam.*

Morceau toujours faible d'épreuve, l'eau-forte ayant trop peu mordu. On y voit, sur la gauche, plusieurs arbres, dans l'enfoncement desquels on aperçoit indistinctement une jeune fille assise et un jeune homme qui lui met une couronne de fleurs sur la tête Au devant, vers le milieu, s'élève un grand tronc d'arbre, peu chargé de branches et de feuilles et presque mort Plus loin, vers la droite, est un paysan, vu par le dos, qui n'est gravé qu'au trait Il est coiffé d'un chapeau à bord plat, son bras gauche est pendant Il est sur le bord d'une rivière, sur laquelle il regarde passer un petit bateau couvert, plein de monde. Sur l'autre bord de la rivière se dessine la vue d'Omval, qui est un village voisin d'Amsterdam, devant ce village, on voit plusieurs bateaux amarrés, et, sur la droite, deux moulins On lit au bas de la droite : *Rembrant f. 1645* Le *d* du nom de Rembrandt a été omis. Cette pièce est rare.

Bien qu'il n'y ait de cette planche qu'un seul état, on en distingue les premières épreuves à ce que le nom de Rembrandt y est à peine visible, étant encore couvert du noir des barbes. Dans

ces épreuves, le fond de la planche ainsi que les bords sont toujours sales.

Il serait possible qu'il y eût un premier etat avant l'effacement
de certaines branches du grand tronc d'arbre depouillé.

Hauteur, 0,225, largeur, 0,185

BARTSCH, 209. CLAUSSIN, 206 WILSON, 206.

J'ai vu au British Museum une épreuve singulière
de cette planche. A la place des deux figures qui sont
à gauche, celles de la jeune fille et du jeune homme
qui lui met une couronne sur la tête, il y a une petite
gravure coloriée représentant un enfant qui fait des
bulles de savon, entre un vase de fleurs et un autre vase
d'où s'échappe de la fumée. Au-dessus est écrit le mot
Leven (la vie) et le chiffre 2. A droite, au-dessus des
deux moulins, se dessine en sens diagonal une carte
qui est le huit de trèfle, et sur cette carte paraît jetée
une image coloriée, semblable à la première et aussi
grossièrement faite, qui représente une porteuse d'eau.
Au-dessus de cette figure est écrit *Boerinne* (paysanne) et, tout auprès, le chiffre 5. J'avais d'abord cru
n'avoir sous les yeux qu'une épreuve défigurée par un
barbare ; mais en y regardant de plus près, je me suis
aperçu que la planche avait été grattée, et que sur le
cuivre même de Rembrandt, une main étrangère avait
gravé ces trois images dont deux sont en couleur.
C'est la seule fois que j'ai vu une épreuve de la

planche ainsi outragée. Quel est le malheureux qui, possédant une planche de Rembrandt, a pu permettre ou se permettre un pareil acte de vandalisme?

C'est, du reste, grand dommage que l'eau-forte ait si faiblement mordu ce morceau, car il eût été plein de charme. Les arbres, les plantes, les fleurs rustiques du premier plan, gravés avec tant de soin, d'une pointe si souple et si complaisante, le vieux tronc noueux dont la taille du graveur a pour ainsi dire brodé l'écorce, et près duquel sont assis les deux amants dans une ombre mystérieuse, eût fait un repoussoir plus franc qui aurait rejeté sur un plan plus éloigné le village d'Omval, qu'on aperçoit de l'autre côté de la rivière, et les jolies chaloupes qui attendent sur le rivage le retour des promeneurs. Omval est en effet, pendant l'été, un but de promenade pour les marchands d'Amsterdam. Volontiers ces braves gens vont y passer le dimanche en famille, sur des bateaux couverts qui, avec moins d'élégance et plus de bonhomie, rappellent assez les gondoles de Venise.

313. *Vue d'Amsterdam.*

Ce joli paysage représente la ville d'Amsterdam vue dans le lointain. Le devant est un marais; plus loin la rivière l'Amstel traverse la plaine; au delà paraît la ville, prise d'un côté où elle présente un grand nombre d'églises et de moulins à vent. On distingue particulièrement au milieu de l'estampe, un grand bâtiment à double toit, placé entre un moulin à vent qui est à la droite, et une tour qui est à la gauche. De ce même côte sont les vaisseaux.

Hauteur, 0,112, largeur, 0,150.

BARTSCH, 210. CLAUSSIN, 207. WILSON, 207.

Wilson dit que la *Vue d'Amsterdam* est rare, et cependant c'est parmi les paysages de Rembrandt un des plus faciles à trouver. Les Hollandais le recherchent parce qu'il a pour eux le double mérite d'être gravé d'un très-bon goût et de représenter une vue *ancienne* d'Amsterdam. Cet intérêt archéologique a fait entrer l'estampe dans les cabinets de certains amateurs qui collectionnent spécialement les gravures topographiques. Il existe au surplus des copies assez trompeuses de la *Vue d'Amsterdam*.

314. *Le chasseur.*

On appelle ainsi ce paysage parce qu'on y voit sur le devant, au milieu de l'estampe, un chasseur qui se dirige vers le spectateur, tenant deux chiens de chasse en laisse et portant sur l'épaule un long bâton. Tout à fait à la droite de l'estampe s'élève un grand arbre peu garni de feuilles, sur lequel viennent se poser deux oiseaux. A gauche, sur une éminence, on aperçoit deux petites figures dont l'une est assise, l'autre debout Au coin de ce même côte sont deux canards qui nagent dans une mare. Le fond représente des montagnes peu éloignées au bas desquelles est un village que domine l'aiguille d'un clocher. Sur le versant de ces

montagnes, à gauche, on remarque quelques fabriques importantes et deux tours.

Ce paysage est rare : on en connaît deux états.

Premier état, très rare. On voit à gauche, sur la hauteur, au
delà des deux petites figures, une maison et un grenier à foin.
Les premières épreuves sont chargées de manière noire, mais les
barbes ayant fort peu résisté à l'impression, on trouve des epreuves
de ce premier état qui déjà sont arides et d'un aspect peu agreable

Second état. La maison et le grenier à foin sont effacés.

Hauteur, 0,128, largeur, 0,159.

BARTSCH, 211. CLAUSSIN, 208 WILSON, 208.

Les paysages de Rembrandt représentent tous des
vues de son pays, c'est-à-dire d'un pays plat dont le
terrain n'est accidenté que par des tertres ou par de
petites dunes comme celles que l'on voit aux environs
de Harlem, et qui protégent le continent contre la mer
Ici, par exception, ce sont des montagnes d'un grand
style, de belles lignes bien mouvementées, de belles
fabriques. On dirait que le peintre a jeté les yeux un
instant sur l'œuvre du Titien qu'il possédait, ou peut-
être sur quelqu'une des estampes que Baudet venait
de graver d'après Nicolas Poussin. On ne voit pas, en
effet, dans quelle partie de la Hollande, Rembrandt
aurait pu dessiner d'après nature des montagnes d'un
aussi grand caractère.

315. *Le paysage aux trois arbres.*

On appelle ainsi ce paysage, parce qu'on y voit sur la droite, placés à distance égale sur une élévation, trois grands arbres au travers desquels se dessinent, dans le lointa n, un chariot rempli de monde et quelques maisons. Sur le devant, vers la gauche, s'étend une pièce d'eau, et au delà, sur le rivage, sont deux figures, celles d'un homme debout qui pêche à la ligne et d'une femme assise qui est auprès de lui. Au loin, apparaît une grande ville hérissée de clochers. Entre cette ville et la pièce d'eau qui est sur le devant, on distingue une suite de prairies qu'animent divers groupes de figures et d'animaux. Presque au coin de la droite, dans le bas de l'estampe, sous le feuillage épais des arbustes du rivage, on aperçoit dans l'ombre, avec beaucoup de peine, deux personnes assises. Le ciel est couvert de nuages, et l'on voit tomber une forte pluie sur la gauche. Du même côté, tout au bas de la planche, sous les joncs, on devine plutôt qu'on ne lit le nom de *Rembrandt*. Mais la lettre *f.* et l'année *1643* sont visibles. Ce paysage, d'un effet brillant, est regardé comme un des plus beaux de l'œuvre. Les belles épreuves en sont très-rares; on les reconnaît à la présence des barbes dans les travaux du ciel, qui sont en grande partie à la pointe sèche.

Nota. On assure qu'il existe une épreuve avant la petite figure assise par terre au haut de la digue vers la droite, mais cette épreuve, que ni Claussin ni Wilson n'ont vue, et que nous n'avons nous-même jamais rencontrée, est peut-être quelque morceau falsifié par un amateur, qui aura gratté adroitement la figure pour faire un premier état, comme on a gratté la toupie dans la *Petite Tombe.*

Il existe plusieurs copies du *Paysage aux Trois Arbres,* une entre autres dans le sens et la grandeur de l'original, par James Hazard. Les meilleures sont celles de François Novelli et de notre

regrettable ami et camarade Louis Marvy, graveur plein de sen
timent, mort si jeune en 1851

Hauteur, 0,209, largeur, 0,279

BARTSCH, 212. CLAUSSIN, 209. WILSON, 209.

Un jour que je parcourais le magnifique œuvre de
Rembrandt que possède le Musée d'Amsterdam, je
crus voir, à ma grande surprise, dans le *Paysage
aux Trois Arbres*, quelque chose qui ressemblait à un
fantôme. J'en fis part, après quelque hésitation, aux
deux conservateurs du Musée, et à un peintre distingué d'Amsterdam, qui avait profité de l'occasion de
ma visite pour examiner les eaux-fortes de Rembrandt, qu'il connaissait à peine, le croirait-on! Il
me semble, leur dis-je timidement, que j'aperçois ici,
dans la partie claire du ciel, sur la gauche, un peu
plus qu'à la hauteur de la cime des arbres, les formes
vagues d'une figure fantastique. On dirait d'un géant
qui souffle l'orage. Les deux habiles conservateurs me
dirent alors que cette remarque avait déjà été faite par
eux-mêmes, et ils ajoutèrent qu'il y avait tel moment
où l'on distinguait clairement cette figure étrange, et
tel autre où l'on avait beaucoup de peine à la retrouver. Quant au peintre, il nous assura que la figure
dont nous parlions lui avait sauté aux yeux, et qu'il
était surpris de mon hésitation à la lui signaler. Il
m'est donc permis de croire que le fantôme du *Paysage
aux Trois Arbres* n'est pas une pure vision ou un

simple effet de la rencontre fortuite de quelques hachures. Rien, au surplus, ne s'accorde mieux avec l'humeur fantastique de Rembrandt, que la pensée de dramatiser un paysage, d'ailleurs si peu accidenté et si ordinaire, en y faisant apparaître un fantôme semblable à ce génie des tempêtes dont la grande image se dressa devant le héros de Camoëns.

Toutefois, ce n'est pas à cette remarque, jusqu'à présent inaperçue ou du moins inédite, que tient la célébrité du *Paysage aux Trois Arbres;* elle tient à la vigueur de l'effet, à l'excellent feuillé des trois arbres qui font repoussoir, à l'étonnante dégradation des plans qui se succèdent à perte de vue, et à quelques détails intéressants qui, perdus dans la masse, ne s'aperçoivent pas au premier coup d'œil. Bien des amateurs, par exemple, ont regardé vingt fois le paysage en question, sans y voir sur le devant d'autres figures que celles de l'imperturbable pêcheur à la ligne et de sa patiente épouse. Beaucoup n'ont jamais discerné les deux personnages que le peintre a placés tout à fait dans l'ombre, à la droite de l'estampe, sous une voûte de feuillage. comme s'il eût voulu les cacher avec autant de soin et de pudeur qu'ils en mettent eux-mêmes à éviter tous les regards.

316. *L'homme au lait.*

L'estampe est ainsi nommée, parce qu'on y voit, sur la droite, un paysan qui porte deux seaux de lait attachés à une traverse de bois échancrée au milieu, arrondie par les bouts et qui se pose derriere le cou et sur les deux épaules. Un grand chien court à ses pieds. Vers le milieu du paysage est tracé un chemin qui conduit à une maison rustique, flanquée d'une grange. Sur la gauche, on distingue quelques chaumières entourées d'arbres et, au-dessous, un canal au bord duquel est amarré un bateau. Le fond de la droite représente la mer avec plusieurs navires, tandis qu'au fond de la gauche, au-dessus des chaumières, on aperçoit des collines éloignées.

Il y a deux états de cette planche.

L'absence des collines au-dessus des chaumières est la remarque du *premier etat*. Les épreuves en sont extrêmement rares, elles ont de la manière noire provenant des barbes de la pointe sèche.

Le *second etat* se reconnaît donc à l'addition des collines au-dessus des chaumières. Les terrains qui s'étendent devant ces chaumieres et devant les grands arbres dont elles sont ombragees sont retravaillés à la pointe sèche et sont par conséquent moins clairs, surtout près du chemin. Quelques hachures ont eté ajoutées au bord de l'eau vers le milieu du bas de la planche. Les bonnes épreuves de ce deuxième état ont de la manière noire aux endroits où le travail a été repris.

Hauteur, 0,065 ; largeur, 0,173

BARTSCH, 213. CLAUSSIN, 210. WILSON, 210.

Délicatement gravé et fini avec soin, ce paysage a beaucoup de rapport, pour le travail, avec la *Grange à foin* qui porte dans le catalogue de Claussin le

n° 221 et dans le nôtre le n° 325. C'est le même
esprit, la même complaisance, la même façon de
manier la pointe et de rendre les feuillés, les terrains,
les herbes humides. Toutefois, nous ne placerons ces
jolis morceaux qu'au second rang, parce que ce travail
étant en quelques endroits trop serré, s'est alourdi par
cela même en faisant disparaître la transparence du
papier. Il est remarquable que Rembrandt a gravé
ses paysages les plus admirables en espaçant ses
travaux et en les traçant avec une grosse pointe. Le
fini convient aux tailles-douces ; mais l'eau-forte veut
en général plus de liberté, les parties inachevées y
font b:en, et aussi quelques négligences.

317. *Les deux maisons au pignon pointu.*

Sur le devant de la gauche est dessiné un canal vu en perspective, et dans le lointain, de ce côté, on aperçoit la mer. Au milieu
de l'estampe, sur le bord du canal, il y a deux maisons dont les
toits sont élevés et se terminent par deux perches qui forment une
espèce de pyramide. Ces maisons sont couronnées d'arbres. Tout
à fait à la droite, il y a un sentier au bout duquel paraît une petite
figure vue par derrière, et près de cette figure s'élèvent des arbres
que surmonte un clocher.

Hauteur, 0,056 ; largeur, 0,175.

BARTSCH, 214. CLAUSSIN, 211. WILSON, 211.

Bartsch, Claussin et Wilson ont fait suivre leur
description de la remarque suivante : « Ce paysage est

au nombre des plus rares. Il présente cette singularité qu'on le trouve presque toujours lavé à l'encre de Chine ou au bistre, ce qui donne à l'épreuve l'apparence d'un dessin. On prétend même que Rembrandt a fait ce paysage. et celui qu'on appelle le *Carrosse,* avec l'intention de les vendre comme dessins, et qu'il n'est jamais sorti d'épreuves de ses mains qu'il ne les eût auparavant lavées à l'encre ou au bistre. » Pierre Yver fait mention d'une épreuve de ce morceau, laquelle n'a été lavée ni au bistre ni à l'encre de Chine, et qui se trouvait dans l'œuvre de M. Van Leyden.

Nous avons vu au Musée d'Amsterdam l'épreuve que Pierre Yver avait mentionnée, et qui provient, en effet, de la collection Van Leyden. Cette épreuve a été évidemment tirée sur une planche gravée, et cela saute aux yeux lorsqu'on la compare à deux autres épreuves que possède le même Musée et qui sont lavées de bistre. Mais une singularité autre que celle dont parlent Claussin et Bartsch, c'est que le même paysage se trouve au British Museum à l'état de pur dessin. C'est un morceau d'une charmante exécution, où il n'y a pas la moindre trace de gravure. Et cependant il est identique à celui que l'on voit au Musée d'Amsterdam et qui est incontestablement gravé. D'où je serais tenté de conclure que Rembrandt n'a fait qu'un dessin, celui qui est maintenant au British Museum, et qui est excellent ; que ce dessin a été ensuite gravé,

non par lui, mais par un de ses élèves, et que ne
pouvant imiter avec l'eau-forte l'effet d'un lavis, le
graveur a repris au pinceau chacune de ses épreuves
pour les rendre parfaitement semblables au dessin
original. Voilà comment s'expliquerait ce fait singulier
que les rares épreuves des *Deux maisons au pignon
pointu* sont toutes lavées à l'encre ou au bistre. Et ce
qui nous confirme dans cette conjecture, c'est que le
dessin du British Museum est bien supérieur à la
gravure du Musée d'Amsterdam. Or, si Rembrandt
eût gravé de sa main son paysage, il n'eût pas été
inférieur à lui-même, lui qui savait employer si habilement les barbes et les effets de l'impression pour
imiter les tons étouffés du lavis. Il est donc probable
que Rembrandt est seulement l'auteur du dessin,
et que Philippe de Koning ou un autre de ses élèves
en aura fait une eau-forte, dont il a fallu laver à l'encre
toutes les épreuves pour arriver à une complète imitation.

Pour ce qui est du *Paysage au carrosse,* dont la
description suit immédiatement celle des *Deux maisons
au pignon pointu,* dans les catalogues de nos devanciers,
nous avons résolûment supprimé ce paysage, parce
que ni la gravure ni le dessin original ne nous semblent
être de Rembrandt. Mais il est quelques épreuves
du *Carrosse* qui, lavées à l'encre et rehaussées de blanc,
produisent un effet brillant et magique ; celles-là

peuvent être l'ouvrage du maître qui, voulant donner une leçon à un de ses élèves auteur de la gravure, aura pris plaisir à retoucher de sa main deux ou trois épreuves et les aura, comme on dit en termes d'atelier, *recalées* sous les yeux de l'élève en variant les effets. Quant à la planche gravée, elle est tellement indigne de Rembrandt, quand on la regarde dans une épreuve non retouchée, que nous avons dû la retrancher de l'œuvre, aucun doute n'étant permis à cet egard.

Vient ensuite le *Paysage à la terrasse,* que nous avons retranché, parce qu'il est de la dernière évidence qu'on ne peut l'attribuer à Rembrandt.

318. *Le paysage aux trois chaumières.*

Paysage cintré par le haut, fini avec soin, quoique d'une pointe assez rapide, et d'un grand effet. C'est la vue d'un village bâti le long d'un grand chemin qui passe sur la gauche de l'estampe et qui conduit dans le lointain. Trois chaumières de ce village, dont les pignons sont très-élevés et qui se terminent en pointe, sont vues presque de profil, sur la droite. Il y a plusieurs arbres touffus derrière la chaumière qui est le plus en avant Devant celle du milieu on distingue une femme et trois enfants. Sur le premier plan, à droite, s'élève un grand arbre isolé, avec quelques branches sèches. Au bas de la gauche est écrit : *Rembrandt f. 1650.*

On connaît quatre états de cette planche.

Premier état. Le grand arbre isolé sur la droite, n'a que très-peu de feuillage. Il s'en trouvait une épreuve dans la collection de Cambridge. On peut la considérer comme presque unique. Elle n'est décrite ni par Bartsch ni par Claussin, mais Wilson en fait mention. Toutéfois nous devons dire ici que dans le catalogue du cabinet des estampes *print-room* au British Museum nous avons lu cette note de la main de M. Carpentor : « *Le premier état décrit par Wilson n'est pas présentement dans la collection de Cambridge* » (*en 1848*).

Deuxième état. (C'est le premier de Claussin et de Bartsch.) Le devant de la première chaumière n'est ombré que d'une seule taille, ainsi que le toit de la troisième, c'est à-dire de celle qui est la plus éloignée. On y voit sur le devant du chemin et dans le bas de l'estampe, en continuant vers la droite, beaucoup de parties claires. Cette épreuve est de la plus grande rareté. Celle du British Museum provient de la vente Verstolk où elle a été poussée à 369 florins.

Troisième état. Le devant de la première chaumière n'est encore ombré que d'une seule taille, mais le toit de la dernière a reçu de nouvelles entre-tailles et contre-tailles au-dessus du feuillage, qu'on distingue entre les deux toits et par suite ce feuillage se détache moins bien du troisième toit. Le terrain qui présentait une place blanche près du chemin et au-dessous de la première chaumière ainsi qu'au pied du grand arbre à droite, a été en ces endroits couvert d'une taille horizontale à la pointe sèche. Le chaume du toit le plus à droite a également reçu de nouvelles contre-tailles au dessous de la première branche. Très-rare.

Quatrième état. Le devant de la première chaumière est ombré d'une contre taille diagonale.

Hauteur, 0,162 ; largeur, 0,200

BARTSCH, 217. CLAUSSIN, 214. WILSON, 214.

Ce morceau est un de ceux où la pointe sèche joue un grand rôle. Rembrandt a toujours tiré un excellent parti de ce genre de travail, qui consiste, on le sait, à entamer la planche avec une pointe, sans ébarber les tailles, ou du moins sans les ébarber entièrement, de manière que les bords raboteux du sillon creusé dans le cuivre, accrochent le noir d'impression et forment des salissures qui imitent parfaitement le lavis. D'autres peintres-graveurs, par exemple Adrien van Ostade et Béga, ont usé de la pointe sèche pour terminer leurs estampes, mais en général ils ont alourdi leur premier travail en voulant le retoucher, et c'est par cette raison qu'on recherche tant les *eaux - fortes pures* de ces maîtres. Rembrandt, au contraire, s'est servi de la pointe sèche pour peindre son estampe, et rarement pour modeler telle ou telle figure. Tantôt il avait besoin d'un premier plan vigoureux qui fît repoussoir, tantôt il lui fallait éteindre certaines parties pour en mieux faire briller d'autres, et alors par une suite de libres hachures, il soulevait des barbes qui lui préparaient, à peu de frais, des tons estompés et devaient produire à l'impression l'effet de véritables coups de pinceau. C'est ainsi que le grand arbre isolé que l'on voit ici, sur le devant, forme au moyen des barbes une masse rembrunie qui fait fuir les chaumières du village, tout en donnant à une estampe, d'ailleurs peu travaillée, l'aspect d'un dessin très-fini. *Le paysage aux trois chaumières* est un des paysages de Rembrandt que les amateurs estiment le plus, et qui se payent le plus cher en vente publique, non-seulement à cause de sa rareté, mais aussi pour la vigueur de l'effet pittoresque.

A la vente Debois, en 1843, une épreuve du premier état de Claussin, qui n'est que le second, c'est-à-dire avant les contre-tailles sur le toit de la troisième chaumière, fut vendue 1,700 francs. Elle provenait de l'œuvre de Claussin lui-même. Une épreuve de l'état suivant, qui est le troisième, ne fut vendue que 193 francs.

319. *Le paysage à la tour carrée.*

Un paysage en travers, cintré par le haut et d'un ton vigoureux : c'est la vue d'un village au milieu duquel s'élève une grosse tour carrée. On remarque, en avant de ce village, depuis le milieu de l'estampe jusqu'à l'extrémité de la droite, une barriere de bois qui paraît border un chemin montant et planté d'arbres. En deçà du chemin, un peu vers la droite, on distingue deux petites figures assises sur une élévation de terre. A gauche, au-dessus des maisons du village, couvertes de chaume, s'élèvent quelques arbres dont l'un va toucher le p ed de la tour ; on en voit d'autres, sur la droite, qui se continuent jusqu'au bord de l'estampe. Dans le bas, du même côté, on lit · *Rembrandt,* et, au-dessous : *1650.*

Ce morceau est rare ; on en connaît maintenant trois états.

Premier état. Tous les arbres qui sont à la droite de l'estampe présentent des parties blanches à leur cime ; un petit arbre s'élève à l'angle de la tour, sur la droite ; le haut de la tour, vers là gauche, est entièrement blanc. Les épreuves de cet etat sont extrêmement rares ; chargées de manière noire, elles sont brillantes, veloutees et d'un effet charmant, surtout quand elles ont été tirées sur papier de Chine. Celle que possède le British Museum, et qui avait appartenu à Sir Thomas Lawrence, a été achetée 44 livres sterling (1,100) à la vente Maberly.

Deuxième état. Une epreuve peut être unique, qui avait appar
tenu au bourgmestre Six et ensuite à lord Aylesford, et qui est
maintenant au British Museum, a constaté l'existence de cet etat
intermédiaire. Les cimes des arbres qui sont à la droite de l'es
tampe restent blanches ; mais les autres parties de la planche sont
travaillées comme dans l'état suivant, qui doit être par conséquent
considéré comme le troisième.

Troisième état. Les cimes des arbres dont nous venons de
parler sont recouvertes d'une taille legère. La tour, plus travaillee,
est prolongée sur la droite, et ce prolongement a effacé le petit
arbre qui se trouvait de ce côté, à l'angle de la tour. La partie la
plus haute de ce bâtiment, qui était blanche dans l'état précédent,
est dans celui ci légèrement ombrée de tailles simples à la pointe
sèche. Dans le bas de la droite, on remarque un petit trait échappé
qui coupe le nom de Rembrandt.

On trouve encore des épreuves de cet état avec de la maniere
noire et quelques saletés dans le fond. Elles sont alors presque
aussi belles que les premières, bien que d'un ton moins riche.

Hauteur, 0,150 ; largeur, 0,090.

BARTSCH, 218. CLAUSSIN, 215 WILSON, 215.

Sous plusieurs rapports, le *Paysage à la tour carrée*
est un des morceaux les plus précieux de l'œuvre
de Rembrandt. Je ne parle pas de ce travail ferme
et libre de la pointe, du bonheur des lignes, de
l'effet brillant et décidé de cette petite pièce dont il
serait si facile de faire un tableau ; je parle de l'intérêt
qu'on y trouve quand on sait que Rembrandt y a
représenté le village de Rarep ou Randorp, dans le
Waterland, qui est celui où était née, non pas Saskia

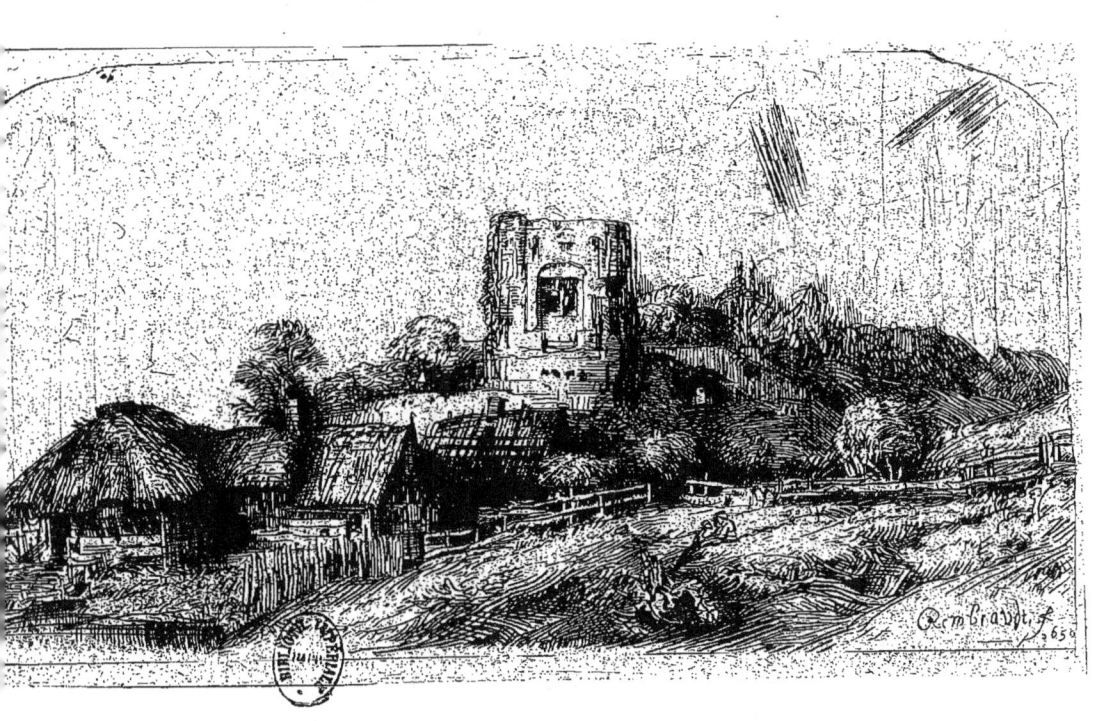

Uylenburg, sa première femme (comme le dit Wilson par erreur), mais sa seconde femme, la paysanne dont parle Houbraken. Nous avons vu que Rembrandt fut marié deux fois, et qu'ainsi les actes trouvés aux archives de l'hôtel de ville d'Amsterdam par M. Scheltema ne détruisent pas l'assertion du biographe hollandais, assertion qui avait paru fausse avant qu'on eût découvert la preuve du second mariage de Rembrandt dans les registres mortuaires du Westerkerke. Mais ce que nous ignorons, c'est la date du second mariage, dont l'acte n'est pas encore retrouvé. Or, le *Paysage à la tour carrée* portant la date de 1650, il est vraisemblable que c'est à cette époque, ou à peu près, que Rembrandt connut la jeune paysanne du village de Rarep, avec laquelle il devait se marier. Lorsqu'un site pittoresque est assez intéressant pour qu'un artiste désire en graver une eau-forte, on peut croire qu'il n'attendra pas longtemps pour traduire sa première impression, qui est toujours la plus vive. Il faudrait donc chercher la date du second mariage de Rembrandt entre l'année 1650 et l'année 1654, mais plus près de la première que de la seconde, qui est celle où durent commencer les poursuites de la Chambre des Insolvables, à la diligence du subrogé tuteur de Titus Van Ryn, comme nous l'avons expliqué dans les premiers chapitres du présent livre.

320. *Le paysage au dessinateur.*

Cette pièce représente vers la gauche une ferme avec une grange, devant laquelle s'élèvent trois arbres. Au coin de la grange est une charrette et vis-à-vis un tombereau placé derrière un arbre qui est à la droite de l'estampe. Plus près, sur le devant, s'étend une prairie claire où paissent quelques bestiaux. Tout à fait sur le premier plan de la droite, un homme est assis par terre, qui, adossé à une butte et couvert d'un grand chapeau, s'occupe à dessiner le paysage.

Hauteur, 0,128 ; largeur, 0,209

BARTSCH, 219. CLAUSSIN, 216. WILSON, 216.

On trouve assez souvent de jolies contre-épreuves de ce paysage, qui est gravé à peu de frais d'une pointe légère et libre. Il n'y manque qu'un peu plus d'effet, un peu de soleil. Ce morceau, du reste, n'est pas rare.

321. *Le berger et sa famille.*

Un petit paysage en hauteur, gravé d'un bon goût, et dont la planche n'a jamais été bien nettoyée, ce qui fait que l'on en trouve toujours le fond très-sale, et rempli de traits qui traversent la gravure en tous sens, et dont quelques-uns sont circulaires. On y voit, vers le milieu du bas, sur le devant, une femme assise au bord de l'eau, qui tient un enfant sur ses genoux et garde des moutons. Derrière elle est un berger debout qui lui parle, tenant sa houlette de la main droite, et de l'autre un pot. On aperçoit, dans le lointain, une rivière bordée de beaucoup d'arbres, et tout à fait dans le fond, un bâtiment au-dessus d'une montagne. Au

haut de la gauche est écrit, en caractères fins : *Rembrandt, e*
au-dessous . *f 1644* Cette estampe est au nombre des rares

Hauteur, 0,094; largeur, 0,067

BARTSCH 220   CLAUSSIN, 217   WILSON, 217

Il existe une assez jolie copie de ce charmant paysage ; elle a été faite en Angleterre et lorsqu'elle est
tirée sur vieux papier, elle peut un instant faire illusion
pour qui ne prendrait pas garde qu'elle est gravée en
contre-partie; mais il va sans dire qu'aucun copiste
de Rembrandt n'a pu imiter cet inimitable sentiment
avec lequel il exprime tout ce qu'il veut exprimer, la
fraîcheur des ombrages et des eaux, la variété des
feuillages, l'incertitude des lointains, et l'attrait d'une
perspective profonde et riante que les yeux et l'âme
poursuivent à plaisir.

322. *Le canal.*

Paysage en forme de frise , on y voit, dans le milieu, quelques
chaumières entourées d'arbres, et, sur le devant, un petit canal.
Vers la droite, il y a un grand chemin, et, dans le fond du même
côté, on aperçoit un village et une église. On peut aussi distinguer
ce paysage par une barque à voile que l'on découvre vers la
gauche, derrière deux petits arbres. Ce morceau, dont la forme
est légèrement irrégulière, est très-rare

Hauteur, à droite, 0,080; à gauche, 0,075; largeur, 0,211

BARTSCH, 221. CLAUSSIN, 218. WILSON, 218.

Bien que cette pièce n'ait pas, à proprement parler, différents états, on en distingue les premières
épreuves à la présence des barbes de la pointe sèche
qui produisent un effet de manière noire très-piquant,
notamment sur les arbres. Lorsque les barbes ont
disparu, l'épreuve devient faible et grise.

Richard Wilson a fait une copie trompeuse de ce
paysage. Elle en diffère en ce que la pointe du mât du
bateau à la voile présente, dans l'original, trois petits
traits horizontaux, lesquels ne se trouvent pas dans la
copie.

323. *Le bouquet de bois.*

Ce paysage est entièrement gravé à la pointe sèche. On voit sur
la gauche de l'estampe, deux grands arbres placés l'un derrière
l'autre, tracés d'une main rapide et à l'état d'ebauche. Celui qui
est derrière n'a point de feuilles, tout près de ces arbres, est un
bois touffu et percé, qui s'étend vers la droite jusqu'aux deux
tiers environ de la planche. Au milieu de ce bois paraît une petite
baraque à demi cachée par le feuillage. La partie du devant, à
commencer du bas de la gauche jusqu'à l'extrémité de la droite,
est presque toute blanche. Le lointain de la droite n'est gravé
qu'au trait. On lit au bas du même côté : *Rembrandt f. 1652.*

Ce morceau est fort rare : il en existe trois etats.

Premier état, d'une extrême rareté. La planche est plus haute;
elle porte 155 millimètres, au lieu de 123. Elle n'est que légèrement ébauchée et presque au trait. Le lointain de la droite n'est
pas indiqué, et il n'y a sur la planche ni nom ni année.

Deuxième état. Même dimension. On n'y voit non plus ni le

nom ni l'année, mais la planche est plus terminée et la manière
noire y est fort brillante.

Troisième état. La planche, coupée par en bas, est terminée
comme elle est décrite ci-dessus, c'est-à dire avec le lointain de la
droite, le nom de Rembrandt et l'année.

Nota. On a une copie assez trompeuse de ce deuxième état,
faite par Richard Wilson. On la reconnaît à une petite différence
dans la largeur. La copie a 198 millimètres de large, tandis que
l'original en a 211.

Hauteur, 0,123 ; largeur, 0,211.

BARTSCH, 222. CLAUSSIN, 219. WILSON, 219.

Ce paysage inachevé a quelque chose de fantastique,
et il semble que Rembrandt l'ait vu dans son imagination plutôt que dans la réalité. Les arbres et la cabane
en bois qu'abrite leur feuillage n'ont pas ici le caractère des choses dessinées d'après nature, mais plutôt
celui des objets que l'on retrace de souvenir. Ainsi
placé au milieu d'une plaine aride, exprimée par l'absence de tout travail, ce bouquet de bois a l'air d'une
oasis dans le désert. Les grands maîtres sont éloquents
jusque dans leurs réticences.

324. *Paysage à la tour.*

Ce morceau, de forme oblongue, représente un village garni de
beaucoup d'arbres, qui occupe presque toute la largeur de la
planche et qui ne laisse vers la gauche qu'une échappée de vue
sur le lointain. Le ciel, qui est de ce côté chargé de nuages, est
clair sur la droite. Non loin du milieu, vers la gauche, on aperçoit

une porte de pont soutenue par deux arcs boutants, et devant cette porte, une petite figure de femme qui est debout. A la droite, à côté d'une maison couverte de chaume, on distingue quelques toits au-dessus desquels s'élève une tour ruinée. Tout le devant de l'estampe jusqu'à la moitié de sa hauteur est clair et sans aucune espèce de travail, à l'exception de deux poteaux et de quelques herbes.

On connaît quatre états de cette pièce.

Premier état, très-rare. La tour qui s'élève au-dessus des toits sur la droite de l'estampe est couronnée par un dôme finissant en pointe. La maison couverte de chaume n'est ombrée que d'une seule taille. L'espace entre la porte de pont et ses arcs-boutants est clair. On remarque dans le ciel, à gauche, des taches qui se sont affaiblies au fur et à mesure de l'avancement du tirage. Une épreuve de cet état s'est vendue, à la vente Pole Carew, 40 livres sterling, soit 1,000 francs.

Deuxième état. On a gratté le ciel sur la gauche aux endroits où les barbes formaient une tache noire et longue, laquelle est maintenant remplacée par une tache blanche.

Troisième état. Le dôme de la tour est effacé et la tour paraît en ruine. Entre la ligne de l'horizon à gauche et les petits points qui sont au-dessus, il y avait dans les états précédents une raie blanche, laquelle a disparu dans celui-ci, sous des tailles horizontales qui se prolongent un peu au-dessous des petits traits inclinés marquant l'horizon.

Quatrième état. L'espace entre la porte de pont et les arcs-boutants est couvert de nouvelles tailles diagonales.

Hauteur, 0,124; largeur, 0,320.

BARTSCH, 223. CLAUSSIN, 220. WILSON, 220.

Il me souvient qu'étant un jour au Cabinet des Estampes du Musée d'Amsterdam, occupé à examiner

l'œuvre incomparable de Rembrandt que renferme ce
cabinet, je demandai aux conservateurs ce qu'ils pen-
saient du *Paysage à la tour*, en leur faisant remarquer
quel étrange effet le peintre avait su produire par la
seule absence de tout premier plan et par la brusque
opposition des arbres clairs et des arbres sombres. Un
des conservateurs, M. Klinkhamer, me répondit qu'il
croyait avoir deviné l'intention de Rembrandt, rien
que par la différence des états de la planche ; que
sans doute ce ciel pur sur la droite et nuageux sur la
gauche, indiquait la formation d'un orage qui avait
renversé le dôme de la vieille tour, laquelle paraissait
dans le second état rasée au niveau même de la base
du dôme ; que peut-être il y avait eu là un fait historique, et que Rembrandt l'avait ainsi constaté sur son
cuivre, par affection pour ce village, dont on ne savait
plus aujourd'hui le nom. L'explication du conservateur
me parut ingénieuse, naïve et toute hollandaise. Ce
qui est certain, c'est que le *Paysage à la tour* est
un des plus beaux de l'œuvre. En se plaçant à
distance pour le dessiner, et en supprimant l'intérêt
qu'offre toujours le devant d'une composition, par cela
seul qu'il est plus rapproché des yeux, Rembrandt
concentre avec force notre attention sur cet amas
de chaumières qui, avec sa décoration de bouquets
d'arbres et ses environs dénudés, ressemble, comme le
Bouquet de bois, à une riante oasis dans la solitude.

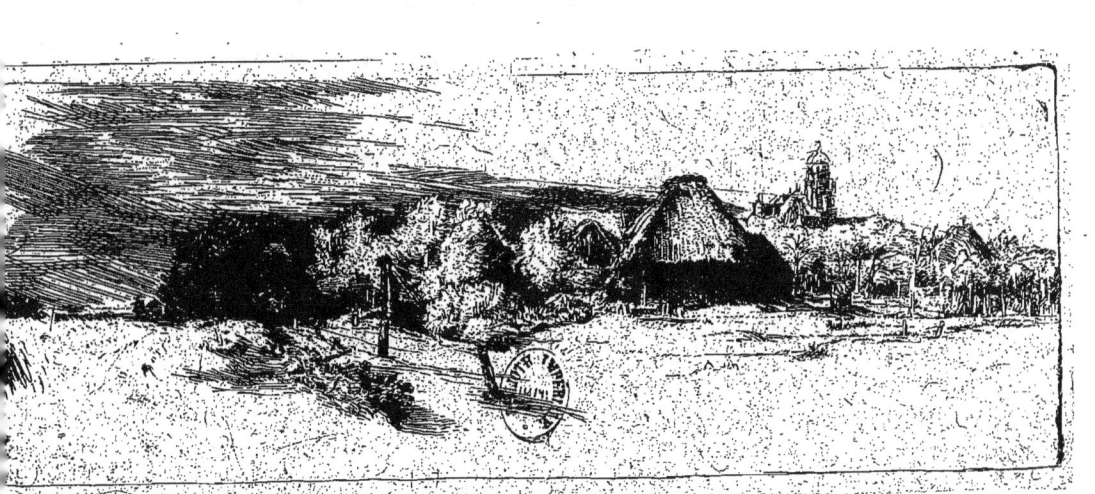

d'après le 1ᵉ Chat

Nous avons fait graver ici par M. Flameng une copie réduite du *Paysage à la tour*. Bien que cette copie soit d'une fidélité admirable, elle ne produit pas tout à fait la même impression que l'original, par cela seul que les dimensions ont été diminuées. On peut voir par là que l'effet d'une planche et le travail du graveur sont subordonnés aux dimensions de l'œuvre, et doivent changer quand les proportions changent. Ici le travail de la pointe est devenu plus serré et plus fin, comme il convenait, mais l'effet en petit n'est plus le même que l'effet en grand.

325. *La grange à foin et le troupeau.*

(*La grange à foin.*)

L'estampe est cintrée par le haut. On y voit vers la gauche un chemin large qui mène à un village et dans lequel passe un troupeau de moutons. Un peu plus loin, tout à fait à la gauche, sur une petite dune, il y a une femme et deux enfants, et derrière ces trois figures on aperçoit un lointain qui ressemble à la mer. Vers la droite, s'élève une maison avec une grange à la hollandaise c'est a-dire composée de quatre piliers portant un toit couvert de chaume qui se hausse et se baisse à volonté. Devant cette grange, qui est placée entre deux bouquets d'arbres, s'étend un pré sur lequel un cheval se vautre, les jambes en l'air. A droite paissent quelques moutons et un peu plus loin sont deux vaches dont une est couchée. Dans le lointain du même côté on aperçoit une ville Sur le chemin, au dessous du troupeau de moutons, on lit : *Rembrandt f. 1636.*

Ce paysage est rare ; les belles épreuves en sont très-chargées de manière noire, on en connaît trois états.

Premier état, extrêmement rare. Il n'y a point de lointain derrière les figures qui sont sur la dune à gauche ; la ville qu'on aperçoit dans le lointain de la droite est claire, ainsi que la grange.

Deuxième état. Il diffère du premier, seulement par l'addition d'une petite branche qui sort du bouquet d'arbres placé à la droite de la grange. Il est aussi extrêmement rare. Les épreuves en sont presque d'un aussi bel effet que celles du premier état.

Troisième état. Le peintre a ajouté le lointain au delà des trois figures. La ville indiquée au loin est ombrée par un nouveau travail, ainsi que la grange.

Nota. Gersaint, Daulby et Bartsch avaient dit que le nom de Rembrandt et la date 1636 ne se trouvaient point dans les épreuves du premier état ; mais c'est une erreur ; le nom et l'année sont visibles dans tous les états de la planche.

Hauteur, 0,083 ; largeur, 0,173

BARTSCH, 224. CLAUSSIN, 221. WILSON, 221.

Nous avons déjà fait l'observation que ce paysage était gravé à peu près dans le goût de l'*Homme au lait,* c'est-à-dire avec soin et délicatesse. Mais la manière noire dont il est chargé empêche de voir en certains endroits la finesse du travail qui en est un peu alourdi et en paraît estompé. Ce qu'il faut remarquer aussi, à propos de la *Grange à foin et le troupeau,* c'est qu'en un pays uniforme et plat comme la Hollande, aient pu grandir tant et de si admirables paysagistes. A la vérité, quelques Hollandais, tels que Barthélemy Breenberg, Asselyn, Jean Both,

Karel Dujardin, Herman Swanevelt, Ossenbeck,
Pierre Molyn, Mouéheron sont allés en Italie chercher
des sites plus imposants, des motifs plus nobles,
comme l'on dit encore aujourd'hui, de superbes villas,
d'augustes ruines; mais la palme est restée à ceux qui
n'ont jamais quitté leur pays, au naïf Adrien Vande-
velde, à Paul Potter, à Hobbema, au mélancolique
et sublime Ruysdael, enfin au maître des maîtres hollandais, à Rembrandt. Ceux-ci cependant n'ont eu
devant les yeux ni de hautes montagnes aux lignes
imposantes ni des accidents d'une terre bouleversée
par les anciennes catastrophes du globe, ni des rocs
escarpés, ni des forêts héroïques, ni des grottes, ni
des temples, ni des colonnades en ruine. Un simple
tertre, un buisson, un arbre leur ont suffi pour composer un premier plan. Quelques dunes sablonneuses
leur ont tenu lieu de montagnes; le moindre bouquet
de bois a été pour eux profond, solennel et plein de
mystère; ils se sont contentés, en fait de monuments,
d'une chaumière, d'une grange à foin, d'un moulin
ou d'une petite église de village, et il se trouve qu'avec
de si pauvres éléments ils sont parvenus à intéresser
non-seulement nos regards, mais notre âme, à nous
captiver, à nous émouvoir, quelquefois à nous toucher
jusqu'aux larmes. Quant à Rembrandt, parmi ces
paysagistes qui, à leur manière, resteront incomparables, il a eu cela de plus particulier qu'il s'est passé

presque toujours de l'intérêt qui s'attache aux figures, ou du moins qu'il les a toujours subordonnées à la nature et sacrifiées. Chez lui les hommes, les bêtes, les troupeaux ne jouent qu'un rôle tout à fait acces- soire, souvent même imperceptible ; on ne les aperçoit qu'après avoir beaucoup regardé ; ils sont noyés dans l'ensemble ; ils sont comme perdus dans le panthéisme de son paysage.

326. *La chaumière au grand arbre.*

Un paysage oblong très-bien gravé, qui fait pendant à celui qu'on appelle *La chaumière et la grange à foin.* Sur le devant passe un canal qui traverse toute l'estampe. A la gauche est un grand arbre qui s'élève jusqu'au haut de la planche et dont la cime ne se voit point. Derrière est une chaumière au-dessus de laquelle paraît une aile de moulin posée verticalement ; sur la porte on aperçoit deux enfants, dont l'un est baissé et vu de dos. Dans le lointain, qui s'étend sur la droite et dont l'horizon est très-bas, on distingue un grand clocher et à côté un moulin à vent. Au bas de la droite, on voit un canard sur le rivage et un autre dans l'eau. Parmi les roseaux, on lit : *Rembrandt f. 1641.* Ce paysage n'est pas commun. Il a ordinairement peu d'effet, et ce n'est qu'aux premières épreuves qu'il se trouve quelques bar- bes dans les parties ombrées.

Hauteur, 0,320 ; largeur, 0,126

BARTSCH, 226. CLAUSSIN, 223. WILSON, 223.

Voilà bien la Hollande, plaine immense, qui s'en- fuit à perte de vue et ne présente d'autres accidents

que les ailes tournantes d'un moulin ou le clocher
d'une église! On dirait d'un navire à l'ancre. A l'aspect de ces prairies sans fin, de ces villages submergés
et à fleur d'eau, il est impossible de ne pas tomber
insensiblement dans la rêverie. On y est d'ailleurs
invité par le silence, car, à moins que le vent du nord-
ouest n'y souffle l'orage, la Hollande est le pays le plus
silencieux du monde. La campagne est traversée par
des chaloupes qui glissent mollement sur des eaux
blondes, portant les paysans et leurs denrées ; et ainsi
les déplacements de l'homme, les mouvements de la
vie, se font là sans effort apparent et sans bruit.
Ruysdael a vu ces contrées avec une tristesse amère,
poignante, un peu maladive ; il a cherché des bocages
pour y cacher sa douleur ; Van Goyen s'est complu à
représenter constamment des grèves incolores qui
semblent aplaties sous le poids d'un ciel bas et sombre,
chargé de brume et de pluie ; Rembrandt a vu la
nature de son pays à travers sa mobile humeur,
tantôt sous des aspects doux et familiers, tantôt sous
un jour fantastique... Mais quel est donc le secret de
ces grands artistes, et par quelle émanation mystérieuse
font-ils passer leur âme dans ce qui paraît être au premier coup d'œil un simple objet de naïve imitation?
Voilà bien la Hollande, dit le voyageur, mais ce n'est
pas seulement un souvenir que la vue de ce paysage
réveille : c'est une disposition particulière de l'âme,

une pensée vague comme il en vient à certaines
heures de la vie, lorsqu'on est las des grandes villes,
de leurs beautés factices, de leurs quinconces, et de
leurs parterres alignés, et de leur promenades solen-
nelles. Rembrandt a passé un jour devant cette chaumière, et son impression d'un moment, fixée sur le
cuivre, ne s'effacera plus. Heureuse cabane! et quelle
paix profonde règne autour! La ville est loin, bien
loin; on la voit tout juste assez pour sentir la satisfaction de n'y pas être. Sur le pas de la porte, deux
enfants s'occupent à ne rien faire : ce sont les seuls
êtres vivants de cette demeure, avec un chat qui
guette une compagnie de moineaux, et deux canards,
dont l'un s'épluche, en passant sa tête sous son aile,
tandis que l'autre allonge le cou pour happer quelque
petit poisson. Il me semble que j'en aurais pour des
heures à contempler ce pittoresque désordre, ce
chaume délabré qui se tapisse au hasard de plantes
rustiques et se colore de fleurs, et cette provision de
fagots d'où l'on tirera de quoi éclairer l'âtre, si nous
entrons là pour sécher nos souliers après une promenade dans les prairies inondées. Je ne sais vraiment
ce qui m'attache à ce paysage, ni comment il peut se
faire qu'un homme éprouve tant de plaisir à regarder
des objets qui ont si peu de rapport avec ses affections
et ses pensées; mais tout ici me paraît touchant et
charmant, depuis les touffes de roseaux sous lesquelles

Rembrandt a gravé son nom, jusqu'à ce grand et beau tilleul qui donne presque de la majesté à un tableau d'ailleurs si agreste et si humble. Un vieux tonneau, une roue renversée, un petit lavoir sous lequel on entend coasser les grenouilles, des nénufars flottant sur l'eau paresseuse de ce canal, qui au premier rayon de soleil brillera comme du plomb liquide, et toutes ces plantes aquatiques que la pointe du peintre indique avec autant de justesse que le ferait la plume d'un naturaliste : voilà des choses inanimées, et qui pourtant me font entendre je ne sais quel secret langage qui m'enchante. Ah! sans doute, il est donné à tout le monde de sentir les grands effets de la nature, les ensembles, et j'imagine que les splendeurs du matin, la magnificence du soir, ont quelque chose qui touche, à certains moments, le plus barbare. Mais il est des couleurs inaperçues, des grâces cachées, des trésors que la nature ne fait pas voir à tous les hommes, mais seulement à ceux qui l'aiment ; et quand elle se dévoile à eux, c'est surtout dans ces champêtres solitudes où elle peut se laisser admirer en silence, loin des yeux profanes, comme cette antique dryade qu'il fallait poursuivre dans les lieux écartés, au fond des bois, et jusque dans le creux de son chêne.

327. *La chaumière et la grange à foin.*

Un paysage oblong, gravé avec soin et très-fini. Le milieu est occupé par une chaumière, à la gauche de laquelle est une grange à foin, à toit mouvant. Cette grange est vide, et sert de remise à un chariot. On voit une figure dans la maison à travers la porte, qui n'est fermée que dans sa partie inférieure. Une autre figure paraît à la fenêtre. A droite de la chaumière, une paysanne. suivie d'un chien, passe sur un petit pont de planches placé en travers d'un ruisseau qui coule sur le devant de l'estampe. Au bord de ce ruisseau est une avance en bois, sur laquelle sont placés un enfant qui pêche à la ligne et un autre qui tient un panier. Dans le lointain, à gauche, on aperçoit une ville avec des clochers et des moulins, et à droite un château environné d'arbres, situé sur le bord d'un large étang. Tout au bas de la planche, dans le coin à droite, est gravé : *Rembrandt f.* et au-dessous : *1641.* Rare.

On ne connaît qu'un seul état de cette planche, mais on en distingue les premières épreuves à quelques barbes qui produisent l'effet de la manière noire en plusieurs endroits, notamment à l'ombre des arbustes qui enveloppent la chaumière, aux hachures qui se voient tout à fait à gauche, à commencer du bord de la planche, sur le petit pont de briques qui est en avant de la femme suivie d'un chien, et enfin au chiffre *1641* et à l'*f* qui est au-dessus

Ce paysage est le pendant de la *Chaumière au grand arbre.*

Hauteur, 0,130 ; largeur, 0,320.

BARTSCH, 225. CLAUSSIN, 222. WILSON, 222.

Il est rare, disions-nous, que Rembrandt ait vu la nature avec ce sentiment de mélancolie profonde qui agitait l'âme de Ruysdael. Ordinairement ses paysages respirent quelque chose de libre, de fort et d'un peu sauvage. Quelquefois cependant il semble qu'un secret ennui l'ait conduit dans la campagne, et il s'y promène alors, non pas pour voir les villas opulentes, les châteaux à tourelles et leurs avenues, les parcs fermés de grilles en fer ouvragé, mais les cabanes les plus délabrées, les plus silencieuses et les plus pauvres. S'il rencontre une chaumière isolée que réchauffe un doux rayon du soleil de quatre heures, il s'approche, il s'arrête, il regarde avec complaisance et presque avec naïveté toutes les choses agrestes dont se compose la physionomie de cette chaumière : le toit mouvant de la grange à foin, le chariot qu'elle abrite, l'échelle vermoulue que l'on voit sortir de la lucarne du galetas, et ces jeunes arbustes qui ombragent la vieille maison en lui faisant un gracieux rempart de verdure. — Le peintre se plaît à faire un tableau de cette chaumière misérable; il y concentre l'intérêt pittoresque, et lui sacrifie tout le reste du paysage. C'est au loin seulement. dans la brume, qu'on aperçoit les flèches du manoir féodal et ses hauts combles qui s'élèvent au-dessus d'une touffe de tilleuls; plus loin encore se dessinent vaguement les clochers de la ville. Mais ici, la lumière frisante qui éclaire la maison rustique, lui donne, au milieu d'une vaste plaine unie, un relief extraordinaire, et depuis

qu'elle a frappé les yeux de Rembrandt, le clair-
obscur lui prête une grâce inattendue. On dirait que
la pointe du graveur a couru en se jouant sur le
cuivre, et néanmoins rien n'est abandonné aux caprices du griffonnement ni aux hasards de l'eau-forte ;
chaque objet conserve, en dépit de la liberté du trait,
son caractère, sa forme, son mouvement.

C'est une chose remarquable, encore une fois, que
Rembrandt, pas plus que Ruysdael, n'a eu l'idée de
faire intervenir les animaux dans le paysage, ou du
moins de les mettre en évidence sur le premier plan.
Ces deux maîtres s'intéressent à la prairie plus encore
qu'aux bêtes du pâturage, et les cabanes du pauvre
ont plus d'importance dans leur tableau que celui qui
les habite. A peine la figure de l'homme leur a-t-elle
paru nécessaire. Il semble que l'âme du poète soit la
même qui transpire invisiblement dans ces plaines at-
tristées, et qu'ainsi la nature, pour nous émouvoir,
n'ait pas besoin du passage de l'homme ou de la présence des troupeaux. On la prendrait à elle seule pour
un être animé, sensible, plein de soupirs et de mys-
tères. Ce n'est donc pas au premier coup d'œil qu'on
remarque les figures du paysage de Rembrandt. Les
deux enfants qui pêchent si tranquillement à la ligne
n'attirent pas tout d'abord l'attention ; c'est le dernier
objet qui occupe les regards ; mais l'impression même
que produit ce calme paysage nous fait trouver du

plaisir à contempler ces deux figures naïves... Loisirs charmants et obscurs! paix profonde! Qui ne les envierait à certains moments de la vie? Qui ne voudrait leur abandonner ces heures paresseuses que le poete savoure lentement, que le silence prolonge, et qui pourtant s'écoulent si vite, pour ne plus revenir!

328. *L'obélisque.*

L'objet le plus frappant, en effet, de ce paysage, est un obelisque dont on ne voit pas l'extrémité, parce qu'il est coupé par le bord supérieur de la planche. Derrière cet obélisque est une grange. Il y a au milieu de l'estampe un village qui s'étend vers la droite en s'eloignant dans le fond. La maison qui est le plus près du spectateur est couverte de chaume, et environnée de quelques arbres bas et touffus; sur le devant on remarque une brouette, et sous le hangar de la maison, un tonneau posé sur son chantier. A droite, au premier plan, un chien se désaltère à un canal.

Ce morceau est rare. Wilson en a decrit deux états :

Premier état. Le toit de l'une des maisons du fond sur la droite et le terrain qui la borde sont restes blancs. Les épreuves de cet etat sont chargees de manière noire et d'un effet très-puissant, mais quelquefois lourd; elles sont fort raies.

Second état. Le toit de la maison dont nous venons de parler est couvert de tailles. Les bonnes épreuves de ce second état sont peut-être préferables à celles du premier, parce qu'elles ont moins de barbes et sont d'un noir moins epais.

Hauteur, 0,083 , largeur, 0,162.

BARTSCH, 227 CLAUSSIN, 224. WILSON, 224.

Les réflexions que nous avons faites au sujet de la *Grange à foin et le troupeau* sont ici confirmées par une exception. L'*Obélisque* est en effet le seul paysage qui, dans l'œuvre de Rembrandt, contienne un monument classique, et cette ruine de style forme un contraste d'autant plus piquant avec les maisons rustiques, les granges et les hangars d'un pauvre village. Il a été fait une copie trompeuse de l'*Obélisque*; on la reconnaît à quelques traits qui indiquent le terrain dans le coin à gauche; ces traits horizontaux et couchés sont séparés, dans la copie, par deux hachures obliques qui ne se trouvent point dans l'original.

329. *Les chaumières près du canal.*

(*La barque à la voile.*)

Bartsch et Claussin ont appelé ce paysage la *Barque à la voile*, parce qu'on y voit en réalité une barque à voile sur un canal; mais la partie la plus remarquable de l'estampe est un groupe de chaumières qui en occupe la gauche, et derrière lesquelles s'élèvent quelques arbres Une femme suivie d'un chien dirige ses pas vers la seconde de ces chaumières. A droite est le canal avec la barque à la voile. Au delà du canal on distingue avec peine dans l'eloignement un village et son clocher, un pont à plusieurs arches, un cavalier qui marche vers le pont et plus loin un grand bâtiment caire. Tout ce morceau est gravé avec tant de légèreté et si peu mordu qu'il est toujours pâle et indistinct.

Hauteur, 0,139; largeur, 0,209

BARTSCH, 228. CLAUSSIN, 225, WILSON, 225

Le catalogue du *British Museum* mentionne dans
les épreuves une différence qui constitue peut-être
deux états : c'est une addition de travaux sur le toit
des chaumières, *more worked on shadow of thatch* (plus
de travail sur l'ombre du chaume); mais nous n'avons
pu constater cette différence avec assez de précision
pour en faire un état. Nous devons ajouter que ce joli
paysage a été fort bien copié en sens inverse, notamment par une jeune Anglaise, rompue aux procédés
de l'eau-forte. Quant au morceau qui faisait suite, *le
Bouquet d'arbres au bord du chemin,* nous l'avons supprimé, après avoir pris l'avis de quelques connaisseurs.

330. *Le verger et la grange.*

(*Paysage aux deux allées.*)

Cette pièce est oblongue et en travers. On voit sur la gauche
une maison rustique, couverte de chaume, et dans le milieu une
plantation d'arbres qui ressemble à un verger, et qui se termine
par une grange. A droite de cette plantation, s'ouvre une allée en
perspective, bornée par des pieux, sur laquelle marche un homme
vu par le dos, qui porte un bâton sur l'épaule. Tout au fond de
cette allée, sous une voûte formée par les arbres, on aperçoit dans
le plus grand éloignement une petite figure à cheval. Ce morceau
est fort rare. Il en existe deux états :

Premier état, de la plus grande rareté. La planche a 204 millimetres de large. Les arbres qui s'élèvent vers le milieu du fond
sont légerement travaillés et clairs.

Second état. La planche est coupée et réduite à une largeur de
462 millimetres. Cette seconde épreuve est d'un ton moins bri

lant : elle est aussi fort rare, bien qu'elle le soit un peu moins
que la première. Les arbres sont plus travaillés.

Hauteur, 0,090 ; largeur, 0,204.

BARTSCH, 230. CLAUSSIN, 227. WILSON, 227.

Pourquoi n'y a-t-il personne à la porte de cette
maison, à l'ombre de ces bouquets d'arbres, et pourquoi cette chaumière silencieuse et ce petit verger ont-
ils ainsi plus d'attrait en l'absence de toute créature
humaine?... Rembrandt, nous l'avons dit, lorsqu'il
est en présence de la nature, s'abstient volontiers d'y
faire paraître des figures, ou bien il les subordonne
tellement au paysage, qu'on les aperçoit à peine. A
l'inverse de nos peintres français, qui font de la campagne le théâtre des actions de l'homme, ou le cadre
de ses rêveries, Rembrandt donne la première place
aux êtres inanimés. Il concentre dans ces objets tout
l'intérêt de son tableau, et c'est pour cela sans doute
que ses paysages nous saisissent toujours et nous attirent par un enchantement secret... Comme il est solitaire ce coin de la Hollande! A droite de la levée sur
laquelle est pratiqué le chemin, on croit sentir le voisinage de la mer et le souffle du vent qui fait plier les
branches des arbres et frémir tout le feuillage. Il me
semble aussi que les deux figures, si petites, qui passent sur le chemin, et dont l'une, imperceptible, va
se perdre au loin dans les profondeurs de la pers-

pective, il me semble, dis-je, que ces deux figures, loin d'animer le paysage, en augmentent encore la solitude. Mais la vue des lieux inhabités est justement ce qui plaît aux poëtes. La nature est pour eux comme une femme à qui l'on aime à parler sans témoins. Les poëtes, les grands artistes n'ont pas besoin de rencontrer des êtres animés dans le paysage : ils le remplissent de leur âme.

331. *La grotte et le ruisseau.*

(Pièce improprement dite l'*Abreuvoir*.)

Cette estampe représente un ruisseau qui se perd sous une grotte, au pied d'un monticule. Sur la droite, à côté de la grotte, s'élève un tronc d'arbre et sur une planche qui est fixée à ce tronc en travers, on lit : *Rembrandt 1645*. A gauche sont d'autres arbres dont la cime ne se voit point parce que la morsure n'a point réussi. Le fond est sale par la même raison.

On distingue trois états de ce morceau qui est rare et inachevé.

Premier état. Extrêmement rare. Le dedans de la grotte est très noir, on en voit sortir la partie antérieure d'un bateau. L'epreuve de ce premier état produit un bel effet.

Deuxième état. L'intérieur de la grotte est ébarbé de façon que l'effet de la manière noire a disparu, toute cette partie étant pâle et grise. Le bateau est encore visible.

Troisième état. L'intérieur de la grotte est blanchi avec le grattoir qui a enlevé une grande partie des travaux; le bateau n'est presque plus visible. L'effet de l'estampe est complétement détruit.

Hauteur, 0,128; largeur, 0,132.

BARTSCH, 231. CLAUSSIN, 228. WILSON, 228.

332. *La chaumière entourée de planches.*

On voit au milieu de cette estampe, un peu vers la droite, une chaumière flanquée de chaque côté d'un grand arbre, et entourée d'une palissade. Elle est située au bord d'un canal, sur lequel nagent deux canards. A la droite, sur un chemin, est un chariot dételé, au bas d'une petite digue qui ferme l'horizon, et sur laquelle on aperçoit comme deux grands chiens. Derrière la palissade, sur la gauche, on distingue un homme dans une barque, et beaucoup plus loin un moulin. Dans le bas de la gauche, près du bord de la planche, est écrit : *Rembrandt f* mais l'*f*, est à peine exprimée, et au-dessous : *1632*. (D'autres lisent *1648*)

On n'a décrit que deux états de ce morceau, qui est rare ; mais j'en compte trois :

Premier état. La continuation de la digue qui paraît sur la gauche, et qui va en descendant du même côté, y est toute blanche, sauf trois ou quatre petits traits. Le côté de la digue où se voient les deux chiens est également tout clair. Le nom de Rembrandt ne se trouve pas encore dans cette première épreuve, non plus que la date.

Deuxième état. La continuation de la digue, sur la gauche, est encore blanche ; mais le côté droit de la digue est ombré de tailles fines, serrées et en partie croisées. On voit dans cette épreuve le nom de Rembrandt et la date 1632.

Troisième état. La continuation de la digue sur la gauche est éteinte par des hachures données à la pointe sèche, lesquelles ne sont pas encore ebarbées dans les premières épreuves de cet etat.

Hauteur, 0,160 ; largeur, 0,130.

BARTSCH, 232. CLAUSSIN, 229 WILSON, 229.

Cette pièce est fort estimée. On la regarde avec rai-

son comme un des plus frais et des plus jolis paysages
du maître. J'ajoute que c'est un ouvrage de sa jeunesse, c'est-à-dire du temps où il finissait beaucoup
sa peinture, dessinait naïvement et n'avait pas encore
enhardi sa pointe ni élargi sa manière.

Rien n'est abandonné au hasard dans ce petit morceau. Pas de griffonnement rapide, pas de fouillis.
Chaque objet est accusé avec délicatesse, d'une pointe
fine et attentive. Le feuillage des deux arbres est exprimé avec transparence et avec grâce; on y sent les
allures de la branche et la manière dont elle groupe ou
divise ses bouquets de feuilles. Le menu gazon qui
couvre le rivage, les plantes qui croissent à fleur
d'eau, les humides roseaux qui se penchent sur ce
canal immobile, et la clôture agreste, composée de
planches inégales, qui ressemble à une rangée de
gardes autour de cette pauvre demeure, toutes ces
choses sont exécutées avec patience, avec amour,
aussi finement qu'on puisse le désirer. N'était la présence éloignée de l'homme qu'on aperçoit penché dans
une barque, au delà des palissades avancées de la
chaumière, on croirait ce petit endroit désert, et le
crâne de cheval, qu'on voit gisant sur l'herbe courte,
le donnerait à penser; mais quand on a parcouru le
pays de Rembrandt, on reconnaît ici une de ces mai-
sonnettes isolées, silencieuses et closes, que baignent
les innombrables canaux de la Hollande, et dont le

toit verdoyant se colore, sur les quatre heures de
l'après-midi, d'un rayon de soleil... Mais que signifie
ce paysage? dira-t-on, et pourquoi donc cette estampe
est-elle si recherchée? Parce que le peintre a éprouvé
un plaisir intérieur à contempler cette cabane décorée
de verdure, et qu'il a traduit le sentiment de paix et
de bonheur qu'elle lui inspira, en caressant les moindres détails qui frappaient sa vue. Rembrandt, qui,
dans son âge mûr, voyait toujours la nature en grand,
et rendait la masse avant d'exprimer les détails, a
procédé autrement cette fois. Avec des détails bien
observés et bien rendus, il a fait un petit ensemble
plein de grâce.

333. *Le moulin.*

(Pièce improprement dite *Le moulin de Rembrandt.*)

Ce moulin est placé tout à fait à la gauche de l'estampe. On n'en
voit entièrement que trois ailes. Auprès du moulin, à droite, vers
le milieu, est une maison basse de forme carrée et couverte de
tuiles. Il y a sur la droite un paysage plat, légèrement indiqué et
coupé de canaux. Sur une petite éminence paraissent deux figures.
Au pied d'une des échelles du moulin est un meunier qui porte
un sac de farine; au pied de la maison basse, on distingue une
femme occupée à laver du linge dans un des canaux qui baignent
le moulin et ses alentours. On lit au bas de l'estampe : *Rembrandt 1641.*

Ce morceau est très-brillant de ton dans les premières épreuves
tirées avec les barbes. On remarque dans le ciel une légère teinte,

qui fait l'effet d'un nuage, et qui provient du soulevement et des craquelures du vernis lors de la morsure. Cette teinte s'est naturellement affaiblie au fur et à mesure du tirage.

Hauteur, 0,207, largeur, 0,140.

BARTSCH, 233. CLAUSSIN, 230. WILSON, 230.

On a longtemps cru, sur la foi d'Houbraken, que le moulin de Rembrandt était situé dans le village de Koukerk, et il a été fait plusieurs gravures représentant ce prétendu moulin. Mais il est aujourd'hui bien constant que la maison d'Herman van Ryn et son moulin étaient si'ués dans la ville même de Leyde, tout contre le rempart, à côté de la Porte Blanche. Curieux de tout ce qui touche à Rembrandt, j'ai voulu aller moi-même éclaircir une question qui intéresse la vérité historique et les amateurs. J'ai donc fait et refait le voyage de Leyde tout exprès pour bien reconnaître le lieu de naissance de Rembrandt et le moulin de son père, ou au moins la place où ce moulin avait existé.

Ne connaissant personne à Leyde lors de mon premier voyage, je fus conduit par ma bonne fortune dans la maison d'un jeune philologue fort distingué, M. Kiehl, alors professeur au gymnase de Leyde, qui, me voyant aux prises avec un Batave de pur sang, me tira d'affaire en m'adressant la parole en bon français. Je n'eus pas plutôt exposé le but de mon voyage, que M. Kiehl, laissant là le *Trésor de la langue grecque*, me conduisit chez M. Elsevier, que je savais fort instruit dans les antiquités de Leyde. En traversant la rue, j'étais passé d'Henri Estienne à Elsevier... car j'étais chez le descendant de ces fameux imprimeurs qui ont rempli le monde de leurs beaux livres et de leur nom. M. Rammelman Elsevier eut l'obligeance de me communiquer le résultat de ses recherches et les extraits de toutes les pièces qu'il avait trouvées à l'Hôtel de Ville de Leyde. Et d'abord, du registre de la population de l'an 1581, il résulte que la grand'mère de Rembrandt, Lysbeth, fille de Harmen, veuve de Gerrit Roelops van Ryn, s'était mariée en secondes noces avec Corneille Claesz, meunier de Berkel, demeurant depuis 1574 dans le Weddesteeg, à Leyde, près du Wittepoort (Porte-Blanche). Cette Lysbeth eut deux enfants, Harmen ou Herman, et Mariette Van Ryn. Herman fut meunier comme son beau-père et se maria le 8 octobre 1589 à Cornélie van Zuidbroeck dans l'église protestante de Saint-Pierre, à Leyde. De ce mariage naquirent sept enfants, dont Rembrandt fut le sixième. Les différents registres des emprunts du denier 200° et de l'argent de cheminée, et le testament des père et mère de Rembrandt, déposé par eux chez le notaire Woudenvliet, constatent que Harmen et sa famille ont toujours demeuré dans le Weddesteeg, et que dans cette rue était situé le moulin à drèche, *moutmolen*, qu'ils possédaient de moitié avec Clément Lenaerts Ruys. Enfin le recensement de la population, fait en 1622 pour payement de la taxe, fixe au même endroit la demeure d'Harmen van Ryn.

Muni de ces renseignements précieux, je m'empressai de me rendre, avec M. Kiehl, dans cette rue du Weddesteeg, pour y reconnaître la maison de Rembrandt. Le Weddesteeg est une petite rue située à une extrémité de la ville, tout près de la Porte-Blanche, et qui, du prolongement du Breedstraat, qui est la principale rue de Leyde, conduit au Rhin. Cette ruelle, silencieuse et propre, est bornée à l'est par sept ou huit maisons, dont une seule paraît plus ancienne que les autres ; à l'ouest par le mur d'une caserne et par un enclos planté d'arbres, qui n'a d'autre limite que le rempart de la ville, baigné par le Rhin, dont les eaux se confondent en cet endroit avec celles d'un large canal. Comme il est spécifié que la maison d'Harmen était à l'est de la rue et le moulin à l'ouest, nous n'eûmes pas de peine à préciser la place que nous cherchions, laquelle était circonscrite dans l'espèce de trapèze formé par le Weddesteeg, le prolongement du Breedstraat jusqu'à la Porte-Blanche, et le Rhin. Weddesteeg signifie petite rue de l'Abreuvoir. En effet, de l'autre côté du canal se trouve encore l'abreuvoir aux chevaux qui a donné son nom à la ruelle. J'étais heureux de ma découverte, et je regrettais de n'avoir pas les clefs de ce jardin ombragé d'arbres qui avaient pris racine dans le moulin historique de Rembrandt, quand j'appris que l'enclos était loué à une dame fort instruite, de la ville de Leyde, qui, sans avoir connaissance des pièces trouvées par M. Elsevier, affirmait aussi, sans doute d'après les titres de propriété, que son enclos occupait la place même où avait été le moulin de Rembrandt.

J'en étais là, lorsque tout récemment, dans un second voyage à Leyde (en 1858), j'ai pu vérifier d'une manière certaine que ce moulin, rendu si fameux par la naissance d'un grand homme, et qui est abattu aujourd'hui, existait bien réellement à la place indiquée par les actes de l'état civil qu'avait découverts M. Elsevier; et voici comment : un artiste hollandais du XVIIe siècle, Bisschop, qui fit ses études à l'Université de Leyde, et qui florissait vers 1660, alla un jour se placer sur le pont de la Morschpoort (c'est une des portes de la ville et la plus voisine de la Porte-Blanche), et de ce pont il dessina le rempart de Leyde, attenant à la Porte-Blanche et baigné par le Rhin. Or, dans son dessin, précisément à la place désignée par les registres, entre le fleuve et le Weddesteeg, sur le rempart, se trouve un moulin, qui est, à n'en pas douter, celui de Rembrandt. Ce précieux dessin, que j'ai vu à Leyde, appartient à M. Kneppelhout van Sterkenburg, et les amateurs apprendront avec plaisir que M. Cornet, directeur du Musée de Leyde et peintre-graveur des plus habiles, en a fait une bonne et fidèle eau-forte[1].

Ce point parfaitement établi, il reste à examiner si l'estampe décrite par Adam Bartsch sous le n° 233 de son catalogue, et connue parmi les amateurs sous le nom de *Moulin de Rembrandt*, représente en effet le lieu de naissance de ce grand peintre. Évidemment non, et la preuve, c'est que dans la gravure de Rembrandt il n'y a aucune trace du rempart de la ville. Or, les fortifications de Leyde, encore debout aujourd'hui, existent au moins depuis l'année 1574, époque du siége de cette place par les Espagnols, et le dessin de Bisschop démontre qu'elles étaient au xviiᵉ siècle ce qu'elles sont encore maintenant.

Si l'intérêt de la vérité historique a pu diminuer cette fois l'intérêt de curiosité que les amateurs attachaient au *Moulin de Rembrandt*, cette estampe n'en est pas moins une eau-forte admirable, où la pointe du graveur a exprimé en se jouant, et avec un charme infini, jusqu'aux moindres détails de cette construction en briques un peu délabrée, qui serait indifférente et inaperçue dans la nature, et qui est dans l'art remplie d'intérêt, de saveur et de couleur. Un des plus intelli-

1. Nous l'avons fait graver nous-même par M. Flameng, et on en trouve une épreuve dans le premier volume du présent ouvrage, en regard de la page 14.

gents graveurs de paysages qui aient existé, François
Vivarès, a exécuté une copie en sens inverse de ce
Moulin; et, bien qu'il y ait mis tout son talent, on
peut voir combien il est encore resté en arrière de
son modèle, combien sa touche, pourtant si spirituelle
et si ferme, paraît lourde et sèche à côté de celle de
Rembrandt. C'est qu'en effet, dans l'œuvre de ce grand
maître, tout semble créé par un acte de sa volonté, ou
pour mieux dire par une émanation de son sentiment
le plus intime. Le procédé n'est chez lui que l'obéissant
traducteur des perceptions de l'âme ; c'est pour cela
qu'il est si mobile, si souple, si varié. Ailleurs sa main
est brutale ; sa manière est violente et heurtée ; il se sert
de sa pointe comme d'un sabre : ici, au contraire, il est
fin, délicat jusqu'à la grâce. A le voir dessiner avec
tant d'amour, on pourrait croire, malgré tout, qu'il at-
tachait quelque pensée d'affection à ce vieux moulin,
dont les lignes se balancent et se combinent si harmo-
nieusement, et à cette masure qui conserve encore une
certaine élégance rustique dans sa toiture en tuiles fla-
mandes, tapissée de lichens, de graminées et de fleurs.

334. *La Campagne du peseur d'or.*

On a ainsi nommé cette estampe parce qu'elle représente la
campagne de Uytenbogaert, receveur des états de Hollande, celui
dont Rembrandt a gravé un si beau portrait. C'est un paysage
oblong en travers, presque entièrement gravé à la pointe sèche et

peu fait. Vers le milieu, s'élève une grande maison à la droite de laquelle s'etend un bois; dans ce bois on distingue plusieurs pavillons. Sur la droite, on remarque une église dont le clocher carré se termine en flèche avec une très-haute girouette. L'église est entourée d'arbres auprès desquels il y a trois maisons contiguës, et, plus loin, d'autres habitations formant un village. Dans une prairie qui est devant les trois maisons, on aperçoit plusieurs petites figures et quelques animaux. Sur la gauche de l'estampe est une maison d'été de forme octogone avec des fenêtres sur chaque face; elle est environnée d'une pièce d'eau dans laquelle nagent des canards. Dans le plus grand éloignement se dessine une ville avec une cathédrale et d'autres eglises. On lit au bas de la gauche : *Rembrandt 1651.*

Hauteur, 0,119; largeur, 0,317.

BARTSCH, 234. CLAUSSIN, 231. WILSON, 231.

Les amateurs attachent beaucoup d'importance à la possession de ce paysage, non-seulement parce qu'il est rare, mais parce qu'il se lie dans leur pensée au souvenir d'un homme qui fut l'ami de Rembrandt, et qui leur est connu si bien et de si près par un portrait magnifique, *le Peseur d'or.* L'estampe est d'ailleurs curieuse en ce que le peintre, cette fois, a sacrifié l'effet au désir d'être exact en détail autant qu'en masse, et de laisser, pour ainsi dire, une topographie de la campagne de Uytenbogaert. Il n'a donc rien oublié, ni la maison octogone, ni la pièce d'eau, ni les canards, ni les pavillons qui surmontent le bois, ni l'église du village voisin, ni le clocher, ni la girouette, ni l'ex-

trême lointain où l'on aperçoit les principaux monuments d'une grande ville. Rien n'a été non plus jeté
dans l'ombre, et chaque chose a conservé sa valeur.
La planche étant peu faite, Rembrandt s'est servi des
barbes de la pointe sèche pour suppléer à l'absence
de travail par des salissures heureuses et par quelques noirs décidés. Aussi les amateurs recherchent-
ils les épreuves chargées de manière noire, les autres
étant dépourvues de saveur et de couleur, et n'ayant
d'autre mérite qu'une étonnante planimétrie. Une
autre façon, pour Rembrandt, de terminer sa gravure
en l'harmonisant, a été d'en tirer quelques épreuves
sur ce beau papier du Japon dont le ton écru, sourd et
légèrement mordoré donne de la chaleur et du gras,
même à une ébauche.

335. *Le Canal aux cygnes.*

Toute la largeur de l'estampe est occupée sur le devant par un
canal sur lequel on voit deux cygnes, à gauche. A droite, sur le
bord, sont assises deux figures dont l'une pêche à la ligne. Au
delà du canal s'étend une grande prairie où paissent quelques
vaches, et qui est terminée dans le fond par une montagne dont le
point le plus élevé est au milieu de l'estampe. Au pied de cette
montagne on distingue un village ombragé d'arbres, avec un clocher. On lit au bas de la gauche : *Rembrandt f. 1650.*

Claussin, dans son *Supplément,* avait déja décrit les deux états
de ce joli paysage.

Premier état. Les arbres du fond ne sont ombrés que d'une simple
taille et la partie de la prairie qui est derrière les vaches, est claire.

Second état. Les arbres du fond sont couverts d'une seconde taille croisant la première; le clair de la prairie est eteint par des hachures légères; la montagne s'est effacee au point qu'elle a presque disparu dans les dernieres épreuves de ce second état.

Hauteur, 0,081 ; largeur, 0,108.

BARTSCH, 235. CLAUSSIN, 232. WILSON, 232

336. *Le Paysage au bateau.*

C'est le pendant du *Canal aux cygnes*. Le devant est pareillement occupé par un canal, sur le bord duquel est amarre un bateau qui remplit toute la largeur de l'estampe. A la droite est un grand arbre qui touche le haut de la planche; sur la gauche, le canal est traversé par un pont de bois. Le lointain offre la vue d'une église qui est celle d'un village garni d'arbres. Au-dessus des arbres s'elève une tour carrée qui est au milieu du paysage. Vers la gauche, on lit : *Rembrandt f. 1650*, le chiffre *6* à rebours. Ce morceau produit un effet piquant lorsque les epreuves en sont tirees de la planche non ebarbée, mais ces epreuves ne sont pas communes.

Il y a aussi deux etats de ce paysage, mais ils n'ont pas encore ete decrits. C'est au Musée d'Amsterdam que nous les avons vus.

Premier état. Les feuillages qui sont devant la tour qu'on aperçoit dans le lointain, ne présentent pas de fines tailles à la pointe seche. Le toit de l'église, à droite de la tour, est entièrement blanc. La ligne de l'horizon du même côté n'offre pas, au-dessus de trois petits traits verticaux, un contour en demi-cercle, tres-visible dans l'état suivant.

Second etat Les feuillages devant la tour ont reçu de fines tailles à la pointe sèche. Le toit de l'église est teinte, la ligne de l'horizon presente le contour en demi cercle.

Hauteur, 0,081, largeur, 0,108

BARTSCH, 236 CLAUSSIN, 233. WILSON, 233.

Wilson fait observer au sujet de ces deux paysages qu'on pourrait les réunir et n'en faire qu'un, si un coin du pont de bois qui est coupé par le bout de la planche dans le *Paysage au bateau* était continué dans le *Canal aux cygnes*. Il est probable, en effet, que Rembrandt a dessiné ces deux paysages en même temps et du même point de vue, et qu'il les a séparés uniquement parce qu'une montagne dans l'un, une tour dans l'autre, formaient le centre d'une petite composition. Il a mieux aimé dès lors diviser son paysage en deux que de réunir deux paysages en un seul. Quoi qu'il en soit, ces deux pendants sont fort joliment gravés : ils sont pleins d'air et d'espace.

337. *Le Paysage à la vache qui s'abreuve.*

Le devant du paysage représente un canal auquel s'abreuve une vache placée à la droite de l'estampe. On voit au milieu un bateau qui paraît amarré au bord du canal et dans ce bateau un paysan qui se courbe comme pour y ramasser quelque chose. Du côte gauche, s'elève une colline qui tourne vers la droite et qui diminue de hauteur à mesure qu'elle s'éloigne dans le fond. Au pied de cette colline sont eparses quelques chaumières ombragées d'arbres.

Ce morceau n'est pas rare. Il y en a trois états bien distincts.

Premier état. Le terrain qui est à droite de la vache est tout à fait blanc. La colline est très marquee, le fond est couvert d'une légère teinte grise.

Deuxième état. Le terrain, à droite de la vache, est en partie couvert de tailles. On remarque une place blanche sur le dos du paysan courbé dans la barque. La colline est moins visible que dans le premier état, et la teinte grise du fond a disparu peu à peu par l'effet du tirage.

Troisième état. La planche a été reprise. Le toit de la chaumière qui est placée au milieu de l'estampe, présente des contretailles. On remarque à la cime des arbres qui s'élèvent à côté de cette chaumière, deux branches délicates qui ne se trouvaient pas dans les précédents états. La place blanche sur le dos du paysan a disparu. La colline n'est plus visible ou presque plus.

Hauteur, 0,103; largeur, 0,128.

BARTSCH, 237. CLAUSSIN, 234. WILSON, 234.

La planche de ce paysage existe encore; elle faisait partie du fonds de la veuve Jean, qui a été vendu aux enchères en 1834. Aussi peut-on être assuré que les travaux qui constituent le troisième état ont été ajoutés par une main moderne et, probablement, depuis que les planches sont sorties du fonds de Basan, car les épreuves que cet artiste avait tirées sur le cuivre de Rembrandt, qu'il possédait (épreuves que l'on reconnaît à la couleur dorée du papier), ne portent pas encore la trace des travaux additionnels dont nous venons de parler. Quant aux deux premiers états, ils sont brillants et d'un très-bel effet. Peut-être le second est-il préférable au premier, parce que la colline y étant d'un ton plus léger, s'éloigne d'autant, et qu'en fuyant ainsi elle agrandit le paysage.

338. *Le Village à la vieille tour carrée.*

C'est un morceau probablement *unique*, plus làrge que haut, et qui représente un village, vers le milieu duquel s'élève une grosse tour carrée. Ce village est ombragé d'arbres. Au bas est écrit : *Rembrandt, 1653.*

Hauteur, 0,099 ; largeur, 0,153.

BARTSCH, 238. CLAUSSIN, 235 WILSON, 235.

Bartsch a fait suivre cette courte description de la note suivante : « Le sentiment de Pierre Yver est que « ce paysage est le même que celui qui est décrit au « n° 210 du catalogue de Gersaint. La grosse tour « carrée, qui est commune aux deux estampes, « semble fonder cette opinion. Mais il y a deux diffé- « rences qui la contrarient et qui l'emportent sur elle, « savoir : celle des dimensions et celle de l'année, les- « quelles prouvent que les deux descriptions ne peu- « vent se rapporter à la même estampe. » Claussin ajoute : « Ce morceau faisait partie de l'œuvre de « Barnard. »

Bartsch a raison : il y a deux estampes, et nous pouvons l'affirmer aujourd'hui que l'épreuve de Bar- nard est entrée dans la collection de British-Museum. Mais à la première vue, la pièce nous a paru un peu suspecte ; on ne reconnaît guère la main de Rembrandt dans la touche du feuillé ; la tour et les maisons du village sont gravées assez librement, mais d'une manière qui manque de variété et d'esprit. A ces raisons de douter s'en joindrait une autre : c'est que *le Village à la vieille tour carrée* ne se trouvait point dans l'œuvre de Van Leyden, le plus complet et le plus authentique de tous. Et ce qui prouve, au surplus, que beaucoup d'amateurs ont eu la même impression que nous, c'est que l'épreuve de Barnard, qui avait été achetée par M. Pole Carew, ne fut poussée à la vente de ce dernier qu'au chiffre de 19 livres sterling. Or c'était là un prix d'adjudication relativement médiocre, si l'on considère que l'épreuve était *unique* et que les amateurs anglais sont fous des paysages de Rembrandt.

Wilson, Claussin et Bartsch ont décrit, après le *Village à la vieille tour carrée,* un paysage que nous avons cru devoir supprimer, *le Canal à la petite barque.* Claussin avait déjà indiqué cette suppression dans son *Supplément,* où il dit : « Ce morceau, gravé « d'une manière extrêmement griffonnée, et dont les « parties ombrées sont lourdement poussées au noir, « ne me paraît pas être de la main de Rembrandt; les « arbres qui se voient à droite y étant feuillés dans un « goût si différent du sien, je ne puis l'attribuer qu'à « son école. »

339. *Le petit Homme.*

Une petite figure d'homme que l'on remarque vers le milieu, en tirant sur la droite, a fait appeler ainsi ce paysage qui est d'une extrême rareté et qui manque dans toutes les grandes collections. La description sommaire qu'en donnent nos devanciers nous fait croire qu'ils n'ont jamais vu la pièce. A leur description en deux lignes, ils ajoutent un seul trait, c'est que, dans l'éloignement, on distingue deux moulins à vent et un clocher.

Hauteur, 0,076; largeur, 0,202.

BARTSCH, 239. CLAUSSIN, 237. WILSON, 237.

340. *Le grand Arbre.*

Au milieu du paysage s'élève un grand arbre dont le feuille est traite d'une maniere très-griffonnée et fort chargée de noir. En avant de l'arbre, un peu sur la droite, sont ébauchées deux figures, homme et femme, qui marchent à côte l'une de l'autre. Dans le fond, sur la gauche, on aperçoit une maison à travers quelques arbres. Le bas de ce paysage n'est point achevé. De la plus grande rarete.

Hauteur, 0,162 ; largeur, 0,128

BARTSCH, 241. CLAUSSIN, 238 WILSON, 238

Le grand Arbre manque dans l'œuvre du musée d'Amsterdam et dans celui du British-Museum : mais il en existe une épreuve à Paris, au Cabinet d'estampes, et cette épreuve ne soulève aucun doute sur l'authenticité du morceau.

A la suite du *Grand Arbre*, Bartsch et Claussin ont décrit dans leurs catalogues *le Paysage à la barrière blanche;* mais nous avons dû retrancher cette pièce de notre œuvre depuis qu'on en a trouvé une épreuve du premier état que Philippe de Koning a signée au crayon rouge : *P. de Koning f. 1659.* Cette épreuve, dont la signature était d'autant moins douteuse que le paysage est tout à fait dans le goût de Koning, se trouvait en la possession de Wilson ; aussi a-t-il supprimé *le Paysage à la barrière blanche.*

344. *Le Pêcheur dans une barque.*

Le devant de l'estampe est occupé par deux barques à voile qui flottent sur l'Amstel A gauche paraît le gouvernail d'une autre barque dans laquelle est assis un homme qui pêche. Dans le fond, de l'autre côte du fleuve, on voit un village, au milieu duquel s'élève un très-haut moulin à vent. A droite, on distingue la pointe d'un clocher. Tout ce morceau est exécuté à la pointe sèche, et il a cela de particulier que le ciel en est sale comme s'il avait eté mal lavé à l'encre de Chine. Extrêmement rare.

Hauteur, 0,112, largeur, 0,139

BARTSCH, 242. CLAUSSIN, 240. WILSON, 239.

On remarquera que nous avons supprimé ici la pièce qui vient après *le Pêcheur dans une barque,* et que l'on nomme, dans les catalogues de Bartsch et de Claussin , *le Paysage au canal.* C'est une estampe gravée, il est vrai, avec beaucoup de vitesse, mais cela même ne suffit pas pour expliquer l'étrange disparate que produit cette estampe parmi les paysages de Rembrandt. On n'y reconnaît ni son esprit, ni sa main, ni ses habitudes. Les fabriques penchent, les clochers ne sont pas d'aplomb, le travail est monotone et machinal. Le maître a eu quelquefois occasion de graver une planche très-rapidement, par exemple *le Pont de Six;* et malgré l'extrême vitesse de son travail, la fermeté de sa main ne s'est pas trahie, ni la sûreté de son coup d'œil. Au surplus, ce n'est pas sans avoir pris le conseil de quelques connaisseurs émérites, que nous avons retranché *le Paysage au canal.* Tous ceux qui ont été consultés ont partagé notre première impression.

342. *La Maison basse au bord du canal.*

Vers le milieu du paysage on remarque une maison peu élevée, construite sur le bord d'un canal. Au-dessus du toit s'élève le pignon d'une autre maison qui est placée derrière et qui se termine en pointe. A côté de ces maisons, sur la droite, il y a quelques arbres et une barrière de planches. Un chemin qui commence au milieu de l'estampe, s'éloigne en tirant vers la droite, et passe devant les arbres. Sur la gauche, on distingue, dans le lointain, deux moulins à vent et un clocher. Extrêmement rare.

Hauteur, 0,078 à la droite, et 0,072 à la gauche, largeur, 0,204.

BARTSCH, 245. CLAUSSIN, 242. WILSON, 241.

Il en est de ce paysage comme du *Carrosse* et des

Deux maisons au pignon pointu. Nous n'en avons vu
que deux épreuves, celle du Musée d'Amsterdam et
celle du British-Museum : l'une et l'autre sont lavées
à l'encre de Chine et elles imitent un dessin. On a gratté
en quelques endroits les morsures et les tailles de la
gravure pour y substituer un lavis. Vu la faiblesse de
l'estampe, je croirais volontiers que Rembrandt n'en a
fait que le dessin ; que, ce dessin ayant été assez mal
gravé par un autre, le maître aura rétabli sur quelques
épreuves l'aspect de son dessin original. Peut-être même
l'auteur de la gravure aura-t-il essayé de la corriger
avec le pinceau et de la rendre ainsi plus conforme au
lavis qu'il avait eu pour modèle, comme nous l'avons
dit pour les *Deux maisons au pignon pointu.* C'est la
seule manière d'expliquer la présence dans plusieurs cabinets d'une même estampe toujours lavée à l'encre de
Chine. Selon toute vraisemblance, encore une fois, Rembrandt, après avoir fait un dessin, l'aura laissé graver
sous ses yeux par un de ses élèves, et il lui aura ensuite
donné une leçon sur le papier, ou bien il l'aura invité à
retoucher lui-même sa gravure sur l'épreuve.

Ici devrait se trouver, d'après l'ordre suivi par nos
devanciers, le paysage qu'on nomme *le Pont de bois.*
Mais ce paysage nous a paru trop suspect pour être
admis dans l'œuvre. Il n'en existe qu'une seule
épreuve (du moins que nous sachions), celle du

Musée d'Amsterdam. C'est après avoir demandé l'avis des habiles conservateurs de ce Musée, que nous avons noté dans notre catalogue *le Pont de bois* comme devant être supprimé. Un peintre éminent qui avait fait le voyage de Hollande avec nous, M. Paul Chenavard, ayant donné à son tour un avis conforme, il ne nous est plus resté aucun doute.

343. *Le Paysage aux palissades.*

Vers la droite de l'estampe, on voit un canal en perspective, et vers le milieu, un grand arbre qui surpasse tous les autres en hauteur, et dont l'image se reproduit dans l'eau. A côté de cet arbre, est une grande chaumière vue de profil, devant laquelle s'élèvent quelques arbres qui ne sont point ombrés; derrière la chaumière est une grange à foin aussi entourée d'arbres. Le lointain de ce côté offre la vue d'un village où l'on distingue deux moulins à vent. Sur la droite, paraît une palissade placée le long d'un grand chemin que côtoie le canal et qui conduit au loin à quelques maisons ombragées d'arbres que l'on aperçoit indistinctement. Le fond est clair dans le haut, et on y lit, sur la droite : *1659*. Ce morceau est au nombre des plus rares.

Hauteur, 0,074; largeur, 0,202

BARTSCH, 247. CLAUSSIN, 244. WILSON, 243

Comme *la Maison basse au bord du canal,* ce morceau ne se trouve que lavé à l'encre de Chine. Il manque au Cabinet des estampes de Paris; mais il y en a une épreuve au Musée d'Amsterdam et une autre au British-Museum. Les observations que nous avons faites précédemment au sujet des paysages transformés en dessins, s'appliquent à celui que nous venons de décrire. Nous devons ajouter toutefois que *le Paysage aux palissades* est une pièce un peu meilleure que *la Maison basse au bord du canal*, et qu'elle est plus digne ou plutôt moins indigne du maître. Wilson la croit de Koning. Basan en a fait une copie.

344. *La Grange remplie de foin.*

Un paysage qui ne fait pas grand effet, parce que l'eau-forte n'a pas assez mordu. Au milieu est une grange remplie de foin, attenant à une maison de paysan, devant laquelle il y a une barrière qui règne le long de la maison, et un bouquet d'arbres touffu, plus loin, on aperçoit quatre arbres élevés. Le reste de la planche, sur la droite, a manqué à la morsure, dans un espace d'environ 7 millimètres. Sur le devant s'étend un canal vers le milieu duquel il y a quelques joncs et une petite barque amarrée à une perche fichée dans l'eau. Morceau extrêmement rare.

Hauteur, 0,099 ; largeur, 0,153

BARTSCH, 248. CLAUSSIN, 245. WILSON, 244.

A la suite de ce paysage, Bartsch, Claussin et Wilson en ont décrit deux autres : *la Maison de paysan avec cheminée carrée* et *la Maison aux trois cheminées.* Après mûr examen, nous avons cru devoir retrancher ces deux pièces qui nous ont paru plus que douteuses : l'aspect en est dur, le travail grossier et pesant. Il serait possible qu'il existât une eau-forte pure de *la Mai-*

son de paysan avec cheminée carrée, qui est une pièce évidemment reprise d'une main lourde; mais jusqu'à ce qu'on vienne à découvrir une épreuve de cette pure eau-forte dont nous soupçonnons l'existence, il n'est pas convenable d'attribuer à Rembrandt un morceau qui ferait dans son œuvre une telle disparate. *La Maison aux trois cheminées,* quoique moins mauvaise, est cependant rejetée par la plupart des connaisseurs, notamment par M. Carpenter, conservateur des estampes au British-Museum.

345. *Le Chariot à foin.*

Un paysan tire de l'eau d'un puits, derrière lequel s'élève un arbre de haute futaie. A côté du puits, on voit une colline et le toit d'un grenier à foin. Devant cette colline, il y a deux troncs d'arbres et un chariot chargé de foin. Le fond est blanc.

Hauteur, 0,067; largeur, 0,132.

BARTSCH, 251. CLAUSSIN, 248. WILSON, 247.

Cette pièce, quoique douteuse, peut être conservée dans le catalogue de Rembrandt, parce qu'elle n'est pas de nature à déparer l'œuvre du maître, autant du moins que les précédentes. Il a dû exister aussi du *Chariot à foin* une eau forte pure qui, si on la découvrait, lèverait probablement tous les doutes.

346. *Le Taureau.*

Petit paysage boisé où l'on voit un taureau attache par les cornes avec une longue corde et qui est tourné vers la droite. Derrière ce taureau est un gros tronc d'arbre que l'on remarque parmi les autres arbres qui remplissent le fond. Sur la gauche est une sorte de barrière, et sur la droite, dans l'eloignement, on distingue une maison rustique. Au bas, du même côté, dans le coin de la planche, on lit : *Rembrandt f., 164..*; le dernier chiffre n'étant pas exprimé. Ce morceau est de la dernière rareté. Il n'en existe à notre connaissance, jusqu'à présent, qu'une seule épreuve, celle du Musée d'Amsterdam.

Hauteur, 0,074; largeur, 0,105.

BARTSCH, 253. CLAUSSIN, 250. WILSON, 249.

Lorsque je vis pour la première fois, il y a quinze ans (en 1847), l'œuvre du Musée d'Amsterdam, j'étais fort curieux de vérifier la suite des paysages, parce que dans cette suite se trouvent les morceaux les plus rares, et que le Musée hollandais possède justement presque tous ceux qui manquent au Cabinet des estampes de Paris. De tous les paysages qui, jusqu'alors, m'avaient été inconnus, aucun ne me frappa plus vivement que *le Taureau*. Ce n'est, à vrai dire, qu'un croquis rapide, un griffonnement même. Mais il est plein de feu, il est superbe. Bien que le taureau soit dessiné presque au simple trait, les formes de la bête sont senties à merveille et l'on ne voit pas ce que

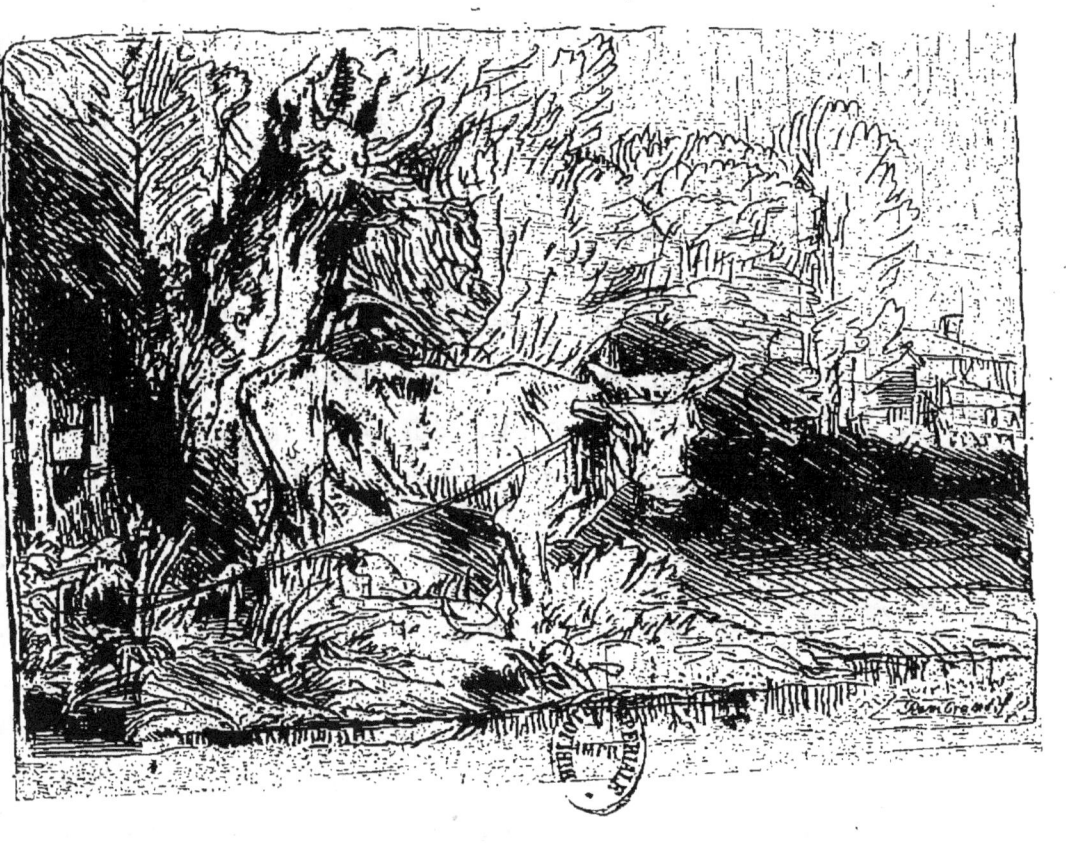

pourraient y ajouter, ni un modelé plus complet, ni le
prestige de la couleur, ni de plus importantes dimensions. Rembrandt a montré ici le secret qu'il a, plus
que personne, de tout exprimer brièvement, je veux
dire de démêler les traits caractéristiques dans les
choses vivantes ou inertes, de choisir les lignes signifi-
catives et frappantes, d'aller droit à l'essentiel. Voilà
comment il lui a suffi d'un quart d'heure peut-être
pour traduire, sur une planche de cuivre pas plus
grande que la paume de sa main, l'impression qu'il a
éprouvée en rencontrant au détour d'un bois ce taureau attaché, cette bête farouche dont la tête grosse et
l'épaisse encolure contrastent avec la finesse des jambes
et la légèreté du train de derrière. Une chose admirable
aussi, dans cette estampe de rien, c'est qu'elle ne pro-
duirait pas plus d'effet quand même on lui donnerait
les dimensions de l'in-folio, tant il est vrai que la grandeur est une qualité, non des choses, mais de l'esprit
qui les voit. La clôture rustique, le vieux tronc ébran-
ché, l'herbe humide, la profondeur du bocage, au fond
duquel on aperçoit, par une éclaircie, une maison de
paysan, tout cela dans un petit carré de papier, prend
les proportions de la réalité même, et vous transporte
en pleine nature, au milieu des bois.

Ce fut en tremblant que je demandai, quelques années après, la permission de calquer un si précieux
morceau. Il fallut parlementer longtemps pour l'obte-

nir. Enfin, en change de quelques bons offices (j'avais
offert au Musée la photographie d'un paysage presque
unique, *la Terrasse*), on me permit d'exécuter un calque, mais seulement avec un crayon mou, pour éviter
le risque d'altérer l'épreuve par la moindre pression,
par la moindre rayure. Je suis assuré que les amateurs seront ravis de trouver ici la petite gravure que
M. Flameng a si bien exécutée d'après mon calque.
Devinant la finesse de l'original sous les traits émous-
sés de mon crayon, rétablissant par l'intention ce qu'il
ne pouvait copier d'après le modèle, et faisant mordre
son eau-forte avec un tact surprenant, l'habile graveur
a reproduit avec une rare fidélité le paysage du maître,
comme si, à travers le papier de mon calque, il eût vu
transparaître l'estampe calquée.

Quand on jette les yeux dans l'œuvre du Musée
d'Amsterdam, sur une autre pièce rarissime, *le Château*, qui est justement placée tout à côté du *Taureau*,
il est impossible de ne pas voir que cette autre pièce
n'est pas de Rembrandt. On ne se sent plus en présence
du même artiste ; on n'est plus en communication avec
le même esprit. Aussi n'avons-nous pas hésité à supprimer *le Château*, qui, dans les catalogues de nos devanciers, vient immédiatement après *le Chariot à foin*.

347. *La Rue du village.*

Autre paysage d'une rareté extrême. On y voit sur la droite
deux maisons à plusieurs etages et à pignons pointus, qui sont
placées à côté l'une de l'autre. Au-dessus d'un des pignons,
s'élève une petite tour ronde, et derrière cette tour paraît le toit
d'une troisième maison plus haute encore que les deux premières.
Du côté de la première maison, on remarque un bouquet d'arbres,
et devant la porte deux autres arbres. Vers le milieu de la planche
quelques chaumières semblent former le bout d'une rue qui se voit
en perspective et qui conduit en droiture dans le fond. Une autre
rue très-large traverse le côté gauche du paysage; elle est marquée par deux rangs de maisons ombragées d'arbres que l'on distingue confusément.

Hauteur, 0,081 (environ *); largeur, 0,153.

BARTSCH, 254. CLAUSSIN, 251. WILSON, 250.

La *Rue du village* ne se trouve ni au Cabinet de Paris, ni au Musée d'Amsterdam, ni au British-Museum;
mais il en existe une épreuve, probablement unique,
dans la collection impériale, à Vienne. C'est d'après
cette épreuve que Bartsch a décrit l'estampe. Nous
n'en pouvons rien dire de plus, ne l'ayant jamais vue.

Ici finit pour nous la liste des paysages de Rembrandt. Il y en a deux autres dans les catalogues de
Bartsch et de Claussin : *le Paysage non fini* et *le*

----

* L'epreuve dont Bartsch donne la description étant rognée par le
haut, il n'a pu en déterminer exactement la hauteur.

Paysage au canal; mais le premier, comme l'a fait observer Wilson, porte un monogramme composé des lettres **P. D. K.** entrelacées, monogramme qui est, à n'en pas douter, celui de Philippe de Koning, élève de Rembrandt. Le second est un morceau dont on ne connaît que des copies qui sont placées dans divers cabinets, notamment à Paris, parmi les originaux. Cè qui le prouve, c'est que tous les objets mentionnés dans la description de Claussin, entièrement emprun-tée de Bartsch, sont en sens inverse dans les épreuves que nous regardons comme des copies. Où se trouve l'original? Nous l'ignorons; mais ce qui est sûr, c'est qu'il est absolument impossible d'attribuer à Rem-brandt un aussi misérable ouvrage, *a miserable per-formance,* selon l'expression de Wilson.

Restent maintenant cinq autres paysages décrits par l'iconographe anglais, ce sont : 1° le *Pêcheur dans une barque* (a landscape, with a fisherman in a boat), qu'il ne faut pas confondre avec le n° 341 du présent catalogue; 2° le *Village séparé par une digue;* ces deux morceaux étaient déjà décrits dans l'ouvrage de Claussin; 3° le *Paysage aux deux pêcheurs* (landscape, with two fishermen); 4° les *Deux chaumières en ruine* (two decayed thatched cottages); 5° la *Vieille grange* (the old barn). Or, aucun de ces cinq mor-ceaux ne nous semble devoir figurer dans l'œuvre de Rembrandt.

Le premier est un dessin, ou du moins une gravure entièrement lavée à l'encre et au bistre, et rehaussée de blanc, de façon qu'on ne retrouve plus sous le lavis les traits du graveur. Les mêmes raisons qui nous ont fait retrancher du catalogue *le Carrosse,* nous ont empêché d'y ajouter *le Pêcheur dans une barque* (celui de Wilson), d'autant plus qu'il n'existe qu'une seule épreuve, celle du Musée d'Amsterdam, et qu'il nous est ainsi impossible de juger si la gravure que le dessin recouvre est ou non de Rembrandt.

Le second, qui est *le Village séparé par une digue,* est un paysage spirituellement gravé; mais il porte les initiales P. D. W. R. qui ne sauraient former en aucun cas le monogramme de Rembrandt, et qui probablement, suivant la remarque de Wilson, doivent être lus P. D. K. (Philippe de Koning).

Le troisième, qui est *le Paysage aux deux pêcheurs,* dont il existait une épreuve presque unique dans la collection Denon, est une estampe douteuse qu'il ne convient pas, ce nous semble, d'attribuer au maître sur une simple présomption. « Il est possible, dit Wilson, que cette pièce soit de Rembrandt; *this print is possibly by Rembrandt,* » mais la possibilité n'est pas ici un motif suffisant.

Le quatrième et le cinquième morceau, c'est-à-dire *les Deux chaumières en ruine* et *la Vieille grange,* qui se trouvaient dans la collection de lord Bute, sont considérés comme uniques. Wilson, après les avoir décrits dans son livre, les déclare lui-même douteuses, quelques lignes plus loin. Il n'y a donc pas lieu de les admettre puisque le doute est, selon l'adage, une raison de s'abstenir. *La Vieille grange* est d'ailleurs une de ces estampes que Rembrandt a lavées à l'encre de Chine, et dont le lavis seul est de sa main.

Telles sont les considérations qui nous ont décidé à ne pas introduire ces nouvelles estampes dans l'œuvre du maître.

Les six pièces qui suivent, ne pouvant former une classe à part, devaient être naturellement placées à la suite des paysages.

348. *Griffonnements avec un taillis et une étude de cheval.*

La plus grande partie de l'estampe est occupée par un taillis qu'entoure une clôture en planches. Au-dessous, vers la gauche, est gravée l'étude d'un cheval vu en raccourci par la croupe. Plus haut, dans le coin de la gauche, on voit une petite tête de profil, coupée par les bords du cuivre, et sur la droite une autre tête, vue de face, mais inachevée dans le bas; le fond est sale, les bords de la planche sont raboteux

Hauteur, 0,108 largeur, 0,187.

BARTSCH, 364. CLAUSSIN, 354. WILSON, 358.

Cette pièce peut être considérée comme unique. On n'en connaît pas d'autre épreuve que celle du British-

Museum. C'est une de ces raretés qui furent cédées
par Houbraken à un amateur anglais. L'étude de
cheval est charmante et naïve comme un Van de Velde.
Le taillis est à la fois massé et détaillé avec beaucoup
d'esprit ; la main de Rembrandt s'y reconnaît à
chaque trait. Pour Rembrandt, ce croquis était sans
aucune importance, et il a dû se contenter d'en tirer
une épreuve ou deux ; pour nous, il est précieux précisément parce qu'il est familier, intime, sans préten-
tion, et qu'il porte après tout la griffe du maître.

Qu'il nous soit permis d'ajouter que c'est à notre
demande que l'honorable conservateur du *print-room*
au British-Museum, M. Carpenter, a fait photogra-
phier ce rarissime griffonnement pour en offrir une
épreuve aux principaux cabinets de l'Europe. Une de
ces épreuves, qui sont en très-petit nombre, nous a
été gracieusement donnée, et il va sans dire que nous
y attachons le plus grand prix.

349. *Griffonnement avec un arbre.*

Vers le milieu de cette estampe, tres-rare, s'élève un grand
arbre qui touche presque au haut de la planche. Au pied de cet
arbre est une figure debout. En regardant l'épreuve dans un autre
sens, on remarque sur la gauche le commencement d'une tête
d'homme, dont la partie supérieure est seule achevée, car on n'en
voit que l'œil droit, le front et le bonnet. Les cheveux touchent au
coin gauche de l'estampe, et l'œil gauche paraît avoir été effacé

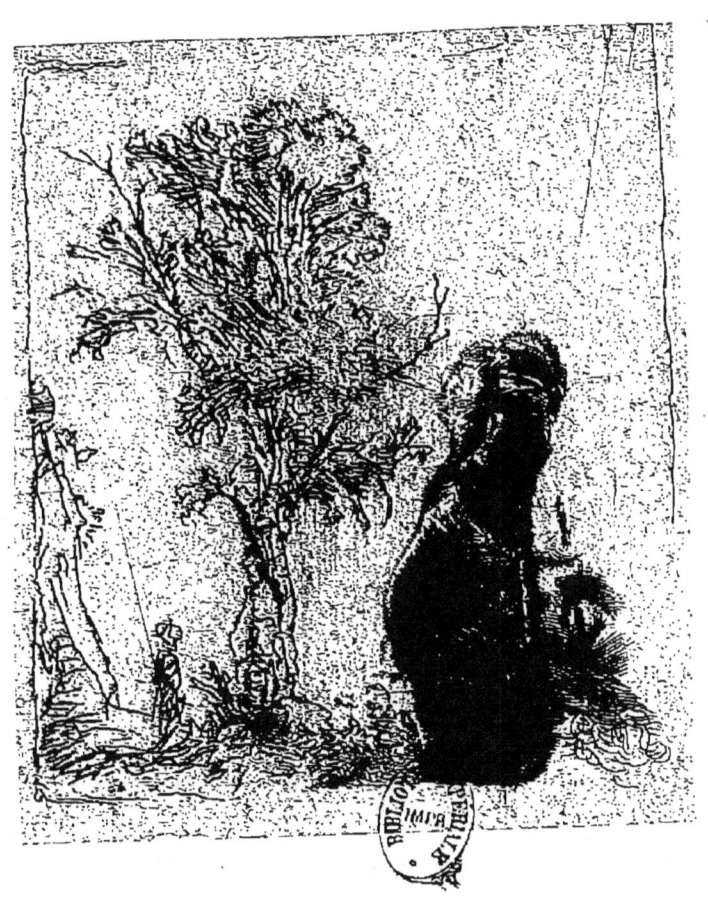

avec le brunissoir, mais le sourcil est resté. Le cuivre ayant été
coupé en cet endroit, la planche ne saurait avoir contenu autre
chose que le haut de la tête. Au dessus du bonnet est dessiné un
œil isolé, et a la droite de cet œil on distingue quelques touffes de
cheveux ébauchées.

Hauteur, 0,078 ; largeur, 0,067.

BARTSCH, 372. CLAUSSIN, 362. WILSON, 366.

La charmante copie que M. Flameng a exécutée de
ce petit morceau nous dispense d'en parler. A vrai
dire, ce n'est pas le nom de griffonnement qu'il faudrait donner à cette feuille d'études; car rien n'est
plus fini et plus admirable que le commencement de
la tête d'homme; l'œil en est superbe et le bonnet de
velours est modelé à faire envie aux Suyderhoef et aux
Edelinck. Ceux qui n'ont pas vu l'original peuvent être
assurés que la copie de Flameng est d'une prodigieuse
fidélité.

350. Le Cochon.

La bête est couchée sur le devant de l'estampe et son museau
touche presque au bord gauche de la planche. Ses pieds sont liés
avec des cordes, et celle qui tient les pieds de derrière est attachée
a un petit poteau que l'on aperçoit dans le fond. Un peu vers la
droite, derrière le cochon, ou plutôt la truie, on distingue cinq
figures, qui ne sont que legèrement indiquées, savoir : un petit
enfant que sa mère tient debout devant elle, et qui avance timidement la main comme pour toucher la soie de l'animal; un jeune
garçon qui est vu de profil et coiffé d'un chapeau; un vieillard

debout, qui a un panier a son bras, et un autre jeune garçon qui porte une vessie et qui tient l'instrument avec lequel on va sans doute égorger la bête. On lit au bas de la droite : *Rembrandt f. 1643.* Le haut du fond, de ce côte, est entièrement clair.

On connaît deux états de cette planche

Premier état, extrêmement rare. La planche, raboteuse et irregulière sur les bords, est un peu plus grande sur la gauche tant en hauteur qu'en largeur. Cette épreuve est naturellement plus vive et plus colorée que la suivante.

Second état. Le cuivre est réduit à la grandeur ordinaire et la planche est régularisée. C'est l'état decrit ; il n'est pas commun.

Bartsch signale une copie assez trompeuse de cette estampe. On la reconnaît, dit-il, premièrement, à ce que la planche est plus large, car elle porte 6 pouces 10 lignes (184 millimètres), secondement, à ce que l'ombre portée au-dessus de la tête du vieillard est continuée jusqu'au coin forme par le bord supérieur de la planche et par le trait perpendiculaire près du bord gauche ; au lieu que, dans l'estampe originale, cette ombre portée ne remplit que la moitié de l'espace entre le coin et la tête du vieillard.

A la mention de cette copie, dont Bartsch ne nous indique pas l'auteur, nous ajouterons celle d'une autre copie très-habilement gravée, et qui serait trompeuse, si elle n'était en sens inverse. C'est la copie exécutée par Novelli, et dont les épreuves sont encore assez rares, je ne sais pourquoi On y lit au bas de la droite en caractères fins : *Novelli inci 1791.*

Hauteur, 0,144 ; largeur, 0,178

BARTSCH, 157. CLAUSSIN, 154. WILSON, 154.

Il faut croire que le cochon est un animal bien pittoresque, car les plus grands peintres, parmi ceux de la Hollande, lui ont fait l'honneur de l'introduire dans le royaume de l'art. L'inimitable Ostade, si ravissant

et si profond en sa naïveté apparente, le spirituel
Berghem, l'aimable Karel Dujardin dont l'eau-forte
est souvent assaisonnée d'une légère ironie, le rude
Pierre de Laer, si intéressant par les libres allures de
sa pointe, l'immortel Paul Potter et son habile inter-
prète Marc de Bye, et bien d'autres encore ont fait
une étude complaisante du cochon. Chacun d'eux l'a
peint suivant son humeur ; mais presque tous l'ont
représenté barbotant à l'auge ou se vautrant avec
délices dans le fumier de la basse-cour. Rembrandt
n'a dessiné le cochon qu'une seule fois, et il l'a regardé au moment où, les pieds liés avec des cordes,
il va être saigné, la pauvre bête ! et va mourir ainsi de
cette mort lente, qui n'a pu être inventée que par le
plus cruel des animaux, par l'homme... Déjà un
garçon sans pitié montre, en ricanant, l'instrument
qui va saigner le porc à la gorge, et tient la vessie qui
doit recevoir le sang de l'animal... Mais à ne considérer que le talent du graveur, je veux dire le maniement de la pointe et l'art de peindre à l'eau-forte,
Rembrandt a surpassé tous les artistes que nous
venons de nommer, par la vérité de l'expression et
par le sentiment merveilleux du modelé. Il est impossible, en effet, de faire mieux sentir sous l'épaisseur
d'une peau velue, la construction d'un animal dont la
graisse cache en partie les formes, et il faut déses-
pérer, si l'on est graveur, d'exprimer avec plus de

bonheur, plus d'esprit, et cependant d'une pointe plus libre, la tendresse ou plutôt la tendreté d'un groin de truie, la finesse de son œil, la fermeté des tendons du pied, la mollesse du ventre et la saillie des tétins, mais surtout le caractère de ces poils longs et roides, qui tantôt se hérissent en brosse, tantôt, couchés sur la peau, imitent si bien la douceur et les reflets de la soie... J'étais un jour au Cabinet des estampes de la Bibliothèque, à examiner cette jolie pièce sur le bureau du conservateur, lorsque entra un de nos maîtres graveurs, Henriquel Dupont, qui, apercevant cette gravure surprenante, vint la regarder longtemps et me dit ensuite : « Ce Rembrandt est le magicien de notre art! »

351. Étude de chien.

La planche ne contient que l'étude d'un epagneul dont la tête est seule achevée, et qui est tournée vers la droite. Cette étude est placee dans le bas de la gauche et ne remplit qu'un coin de la planche, le reste étant vide. Extrêmement rare.

Hauteur, 0,117; largeur, 0,150.

BARTSCH, 371. CLAUSSIN, 361. WILSON, 365.

Ce n'est pas uniquement pour son extrême rareté que j'ai fait graver ce petit morceau sur un calque rapporté par moi de Hollande; c'est aussi parce qu'il

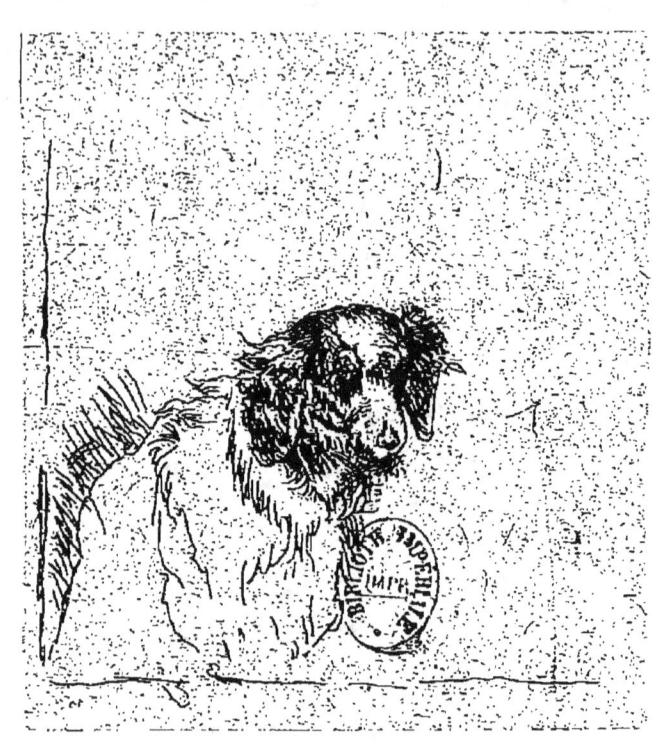

et fort bien dessiné. La planche ne contenant pas autre chose dans toûte son étendue que l'étude de chien, nous avons pensé qu'il suffirait de copier la partie gravée de l'estampe et qu'il serait puéril d'en reproduire les dimensions.

352. *Le Chien endormi.*

Un petit morceau oblong en travers, d'une extrême rareté. Il représente un chien endormi, dirigé vers la droite, mais la tête retournée vers la gauche. Ce chien a autour du cou un collier, auquel est attachée une courroie qui est étendue par terre devant lui. Il est gravé d'une pointe très-fine, et comme l'eau-forte n'a pas suffisamment mordu, on ne le rencontre jamais que faible d'épreuve. La tête du chien surtout est pâle et grise.

Il y a trois états de cette planche, qui n'ont pas été décrits dans les catalogues de Bartsch et de Claussin, mais qui ont été connus de Wilson.

Premier état, probablement unique. Il s'en trouvait une épreuve dans la collection du duc de Buckingham; elle fut poussée à la vente de cet amateur jusqu'au prix de 61 livres sterling, c'est-à-dire 1,525 francs. Cette épreuve portait un pouce anglais de plus en hauteur et en largeur. Le témoin du cuivre n'était visible que dans le haut de l'estampe et sur le côté droit, ce qui prouvait que le *Chien endormi* avait été gravé dans le coin d'une planche plus large, coupée par la suite à la dimension de trois pouces (anglais) 5/8, sur un pouce 7/8, ce qui fait quelques millimètres de plus que la grandeur ordinaire.

Deuxième état. La planche est réduite à la dimension que nous venons d'indiquer. L'ombre du fond ne s'étend sur la gauche qu'à un quart de pouce environ. Cet état est extrêmement rare. Il est dans l'œuvre du *British Museum*.

Troisième état. La planche est réduite à 81 millimètres de lar-

geur sur 40 de hauteur. L'ombre du fond s'étend à gauche jus
qu'au trait carré. Cette troisième épreuve est encore très-rare.

Nota. Bartsch signale une copie extrêmement trompeuse de ce
morceau. « Folkema, qui l'a faite, dit-il, y a mis toute la perfection
possible, de manière qu'on peut la regarder comme un véritable
chef-d'œuvre de gravure. En la confrontant avec l'original, on
peut là reconnaître en ce qu'elle est gravée avec plus de netteté et
qu'elle est mieux exprimée. Ceux qui ne se trouvent pas dans le
cas de faire cette confrontation, peuvent aisément se méprendre,
il est donc nécessaire qu'ils examinent bien le coin du haut de la
gauche et celui du bas de la droite. Dans le premier, l'ombre
s'étend, dans la copie, jusqu'à l'extrémité de la planche, au lieu
que, dans l'original, il y a un peu de blanc dans cet endroit. Au
coin du bas de la droite, on voit dans la copie quelques traits qui
forment une espèce de feuille d'herbe et qui diffèrent de ceux que
l'on trouve dans l'estampe originale au même endroit. »

Hauteur, 0,040 ; largeur, 0,81

BARTSCH, 158. CLAUSSIN, 155. WILSON, 155.

Le Chien endormi est une pièce d'autant plus curieuse que Rembrandt n'a gravé que deux morceaux
de ce genre : l'autre est le COCHON. L'extrême rareté
du *Chien endormi* peut y faire attacher un très-grand
prix par les amateurs; mais ce qui le rend précieux à
d'autres titres, c'est la finesse d'un travail qui a rendu
sans minutie tous les détails du pelage, c'est la vérité
de l'attitude, vérité telle que ni Berghem, ni Karel
Dujardin, ni Van de Velde, ni Paul Potter, ni aucun
des peintres qui se sont voués à l'étude des animaux,
ne sont allés plus loin. Ce chien, du reste, n'est pas le

même que nous voyons figurer dans *le Triomphe de Mardochée,* dans *le Retour d'Égypte* et dans une des deux estampes qui représentent Tobie aveugle. C'est un petit danois au poil court, qui est sans doute un modèle fourni par le hasard. Il n'y a du moins que la complaisante délicatesse des travaux qui puisse faire penser que cette jolie bête a été le chien même de Rembrandt.

353. *La Coquille.*

Cette estampe, une des plus rares de l'œuvre de Rembrandt, représente une espèce de coquille connue sous le nom du *Damier.* Elle paraît être posee à terre, sa pointe dirigée vers la droite de l'estampe, d'où vient le jour. Le fond est gravé d'un ton rembruni. On lit au bas de la marge, vers la gauche, sous l'ombre portée de la coquille : *Rembrandt f. 1650.*

On distingue deux états de ce morceau :

Premier etat. Le fond est entierement blanc. Cette épreuve est de la dernière rareté, et l'on peut dire qu'elle est aussi belle que rare.

Second état. Le fond est entierement ombré.

Nota. Il existe une copie de la *Coquille* par Abraham Hume, mais la planche est plus large.

Hauteur, 0,097, y compris la marge, largeur, 0,130.

BARTSCH, 159. CLAUSSIN, 156. WILSON, 156.

Le genre de coquilles qu'on appelle *Damier* est également connu sous le nom de *Tigre,* comme nous l'apprend un Catalogue raisonné de curiosités naturelles, publié par Gersaint en 1746 : « Deux grandes

« volutes à fond blanc, tacheté de diverses couleurs
« vives, connues sous le nom de *Tigre* ou *Damier*, à
« cause de ses taches carrées et régulièrement distri-
« buées. Rumphius appelle cette espèce *voluta musi-*
« *calis;* d'autres la mettent dans les *cylindriques.* »

C'est la seule fois que Rembrandt ait gravé un
objet matériel, et il l'a fait sans doute pour complaire
à un de ses amis, collectionneur de coquilles, comme
il y en a tant en Hollande. Il ne fallait ici que le
talent de modeler, uni au talent de graver. Rembrandt,
qui les possédait l'un et l'autre à un si haut degré,
n'a pas eu de peine à exprimer par la marche, la
variété et la délicatesse des travaux de sa pointe, le
poli de la nacre et ses reflets, les taches orbiculaires
ou plutôt ovoïdes qui se dessinent en noir mat sur un
fond blanc de porcelaine. Mais quelle que soit la perfection du rendu de cette coquille, il est facile de voir
que Rembrandt a exceptionnellement dérogé à son
génie en s'appliquant à l'étude d'un objet inanimé, et
que sa grande âme d'artiste était plutôt faite pour
comprendre les grands aspects de la nature, pour
sentir la poésie latente du paysage, pour exprimer
enfin les mouvements qui agitent le fond de l'âme
humaine.

CATALOGUE

PEINTURES DE REMBRANDT

———

Les amateurs savent tous qu'on entend par le mot *œuvre* pris au masculin et au singulier, l'ensemble des estampes gravées par un maître ou d'après lui. C'est même pour insister sur cette signification particulière du mot œuvre, et la bien distinguer des autres acceptions, qu'on a fait *œuvre* du genre masculin. Notre ouvrage, composé pour les amateurs, aurait donc pu se terminer ici, et nous aurions le droit de l'appeler dès à présent l'*Œuvre complet de Rembrandt;* mais comme les peintures d'un si grand peintre sont après tout ses œuvres capitales, il nous a semblé que le présent livre ne justifierait pas entièrement son titre, s'il ne

renfermait une mention de tous les tableaux de
Rembrandt qui nous sont connus.

Voilà pourquoi nous avons pris l'engagement d'a-
jouter à la description des eaux-fortes du maître un
catalogue de ses peintures. Ce catalogue sera-t-il complet comme celui de ses estampes? Nous n'oserions
l'affirmer, car s'il nous est possible de connaître tous
les morceaux de sa main que renferment les galeries
publiques de l'Europe et les galeries privées les plus
célèbres, il n'en est pas de même de certaines peintures de Rembrandt restées en la possession de particuliers qui les ignorent ou qui en jouissent obscuré-
ment, sans qu'on le sache, sans qu'on en parle.

Aujourd'hui, cependant, la curiosité des amateurs
est tellement éveillée à l'endroit des œuvres de Rembrandt, ils ont si bien cherché, si bien fouillé que fort
peu de toiles importantes ont dû échapper à leurs in-
vestigations. Un de ceux qui ont le plus vu et le
mieux vu les Hollandais, W. Burger, nous promet un
volume ou deux sur Rembrandt, et l'on peut croire
que ses recherches épuiseront ou à peu près la chance
des futures découvertes. En attendant son livre, qui
sera l'inverse du nôtre, c'est-à-dire une étude sur le
peintre au lieu d'être un travail d'iconophile sur ses
estampes, nous allons dresser une liste des peintures
connues de Rembrandt, et si nous n'arrivons pas à la
dresser complète, nous aurons du moins la satisfaction

et la conscience d'avoir donné au public le catalogue presque définitif des eaux-fortes du maître, d'avoir décrit à nouveau, mis en lumière, expurgé et véritablement complété son *œuvre*, dans le sens qu'attachent à ce mot les amateurs.

HOLLANDE.

Musée d'Amsterdam. — *La Garde civique.* Tableau célèbre sous le titre de la *Ronde de nuit.* Il est daté de 1642. Il a été gravé en manière noire par Claessens et supérieurement lithographié en 1861 par Mouilleron.

Les noms des personnages representés sont inscrits derrière la toile : on y remarque celui de Frans-Banning Cock, capitaine de la compagnie, et celui de Willem Van Ruijtenberg, son lieutenant. (Voir l'excellent catalogue du musée d'Amsterdam.)

Quand nous vîmes pour la première fois ce tableau, il y a seize ans (en 1847), il était couvert d'une poussière épaisse, et tellement noir qu'on pouvait à peine distinguer les personnages qui étaient dans l'ombre ou même dans la demi-teinte. Depuis, le tableau a été nettoyé avec le plus grand soin et le plus grand respect, par M. Hopman, d'Amsterdam ; les ombres en sont maintenant transparentes, et toute la peinture est devenue plus lisible. On peut voir clairement que les personnages représentés sont des officiers et des soldats de la garde bourgeoise ; mais que font-ils ? sortent-ils de l'Hôtel de Ville pour aller faire une ronde

Vont-ils au tir de l'arquebusé? Est-ce bien un effet
de nuit que Rembrandt a voulu peindre? N'est-ce pas
plutôt un effet de jour dans une cour fermée? Ce tableau
réste mystérieux, inexplicable, et nous pouvons écrire
aujourd'hui ce que nous écrivions dans l'*Histoire
des peintres de l'école hollandaise* : « On dirait que
Rembrandt a vu passer en songe des héros qu'il connaissait, mais dont le souvenir se peignait à son esprit, tantôt avec précision, tantôt vaguement, comme
il arrive pour les figures qui nous visitent durant le
sommeil. Ceux-ci paraissent s'enfoncer dans la toile,
ceux-là n'y tiennent déjà plus. En dehors du tableau
s'avancent deux personnages armés, couverts d'un
large feutre, dont l'un est vêtu de noir et l'autre vêtu
de lumière. Dans le parti d'ombre qui les suit et les
pousse en avant, on distingue la couleur et le mouvement d'un chien qui aboie au tambour. Plusieurs
hommes diversement ajustés, et dont le visage fait
saillie sur de grandes ombres, descendent l'escalier
d'un palais. L'un d'eux s'élance comme s'il nous me-
naçait de son arquebuse qu'il vient de charger. A la
droite du bourgmestre en noir, on remarque une jeune
fille blonde, aux cheveux ardents, que l'on croirait
effrayée, car elle semble remonter précipitamment l'escalier que les autres descendent. Une lumière d'un ton
nacré la fait paraître, d'un peu loin, couverte de satin
et enrichie de tous les trésors de l'Orient... Ce n'est

pourtant qu'une enfant d'Amsterdam, revêtue d'une
étoffe hollandaise aux clairs ramages; elle n'a d'autres
pierreries que ses yeux, d'autres lingots d'or que les
boucles de sa chevelure, d'autres trésors que les splendeurs du rayon qui la caresse. A sa ceinture est suspendu un coq blanc, qu'on suppose être le prix du
vainqueur : nouveau problème à résoudre dans la
compréhension de ce tableau mystérieux. Entre la
petite fille et le bourgmestre vêtu de noir, s'agite
un objet qui demeure quelque temps indistinct; c'est
seulement après un long examen qu'on y démêle les
formes d'un soldat à demi caché derrière la grande
figure sombre, et portant à son casque une couronne
de chêne; mais encore une fois, il est impossible de
concevoir pourquoi cette figure se cache et semble
fuir. Il y a là tout le vague d'un rêve et toute la précision d'un souvenir d'hier; la fantasmagorie d'une
invention chimérique, jointe à l'effrayante vérité de
corps palpables, mouvants et lumineux; la réalité enfin, rehaussée de poésie, baignée dans une lumière
d'or et se détachant comme du sein des ténèbres d'un
songe. »

Les Syndics de la Halle aux draps. Ils sont assis à une table et
semblent vérifier des comptes Six figures; la sixième est celle d'un
servant de la corporation. Signé et daté de 1664. Gravé par J. de
Frey, et en manière noire par Houston.

M. J.-W. Kaiser, d'Amsterdam, en a fait une belle estampe qui avait été commencée à l'eau-forte, de main de maître, par Couwenberg, lequel, étant mort prématurément, n'avait pu achever sa planche.

Ce tableau n'est qu'une réunion de portraits, et il est beaucoup moins intéressant que la *Ronde de nuit*; mais l'exécution en est si énergique, la peinture si étonnante, la touche si mâle, si libre et si fière qu'on peut le regarder en ce genre comme le dernier mot de l'art. Nous en avons fait mention au commencement du premier volume de cet ouvrage. W. Burger en parle ainsi dans les *Musées de Hollande :* « Tout l'intérêt est dans les têtes extraordinairement vivantes et aussi dans l'ampleur prodigieuse de l'exécution, dans l'harmonie de la couleur qui est la plus simple du monde : quatre notes seulement, qui se répondent et se font valoir, avec leurs dièses et leurs bémols, dans une gamme brune : les chairs, têtes et mains, et les blancs sont glacés de bistre ; les cheveux et les fonds sont glacés de brun ; le tapis a du brun dans ses rouges, les noirs ont des reflets bruns. Cela revient toujours à : *ut, mi, sol, ut.* Point de discord. Aucune disparate. Un seul effet... »

Ultenbogaert, receveur des États de Hollande, à l'âge de 60 ans. Il est vêtu et coiffé de noir. Il porte une collerette de dentelle et un manteau brun ramené en avant par la main droite.

C'est le même personnage dont Rembrandt a gravé le portrait dans l'estampe décrite ici sous le n° 189.

Il ne nous souvient pas de l'avoir vu au musée d'Amsterdam, tant nous étions absorbé par la *Ronde de nuit* et par le tableau des *Syndics*.

MUSÉE DE LA HAYE. — *Presentation au temple.* Tableau cintré en haut. La cérémonie se passe dans un temple qui est rempli de monde. Le groupe principal, composé de sept figures, occupe le centre. Siméon tient l'enfant entre ses bras; la Vierge et saint Joseph, portant deux colombes, sont agenouillés devant lui. Derrière la Vierge, deux rabbins, et, en face, le grand prêtre. A gauche, un large escalier que la foule monte et descend.

Cette peinture, datée de 1631 et précieusement finie comme tous les morceaux de la jeunesse de Rembrandt, ressemble quelque peu à un Gérard Dov. L'exécution en est relativement petite et faible.

Elle fut apportée à Paris et figura au musée du Louvre, jusqu'en 1815, époque où elle fut restituée au musée de La Haye.

La Leçon d'anatomie. Le professeur Tulp, ami de Rembrandt et beau-frère du bourgmestre Six, est représenté donnant à ses élèves une leçon d'anatomie sur le cadavre.

Ce tableau, qui a été gravé par de Frey, avait été peint en 1632 pour la corporation des chirurgiens d'Amsterdam qui le conservèrent jusqu'en 1828, où ils se résolurent à le vendre pour soutenir un hospice fondé par eux. Le bourgmestre, le ministre et le roi s'opposèrent à la vente, mais comme le droit des chirurgiens ne pouvait être discuté, le roi prévint qu'il achèterait la peinture. M. Apostole et M. Saportas furent nommés experts par le roi, et MM. Albertus Brondgeest et de Vries par la compagnie des chirurgiens. Le prix d'estimation fut fixé à 36,500 florins.

Rembrandt avait vingt-six ans lorsqu'il peignit la *Leçon d'anatomie.* Il y apporta le plus grand soin et la finesse patiente qui distingue ses premiers ouvrages. Chaque tête caractérise une nuance de l'intelligence et de l'attention. Le professeur tient du bout de ses pinces les muscles fléchisseurs de la main, et il en explique le mécanisme à ses élèves. Le cadavre, étendu sur la table et vu en raccourci, n'est pas dessiné juste selon la perspective. Nous ne dirons donc point avec (W. Burger) que « l'œuvre est accomplie en son genre, *senza errore.* » Mais nous dirons que c'est l'unique défaut de cette peinture où sont exprimées avec génie la vie et la mort.

Suzanne au bain. Elle est surprise par les deux vieillards, dont l'un est à peine visible à travers des arbustes, et elle s'efforce de cacher sa nudité. Elle est debout, de profil, un peu penchée en avant et tourne la tête vers le spectateur. Une aiguière et un bassin d'or sont posés près d'elle. Ce petit tableau, peint sur panneau, est délicatement fini, surtout dans la principale figure.

Nous avons vu, il y a plusieurs années, chez M. Carrier, peintre en miniature, une variante de la

★ *Th. Thoré.*

Suzanne qui portait des indications de repentirs, mais dont la couleur était moins intense et moins dorée.

Sir Joshua Reynolds mentionne, comme ayant fait partie de sa collection, une *Suzanne* de grandeur naturelle, dont il avait aussi une étude peinte et un dessin.

Un Officier. Il porte une toque à crevés, ornée de plumes. Il est revêtu d'un manteau brodé d'une ganse d'or, qui laisse voir un hausse-col de fer. Il est presque vu de dos et il regarde le spectateur par-dessus son épaule droite. Signé, mais sans date. Sur panneau.

Portrait de jeune homme. Il est en buste et tête nue, vu de trois quarts et tourné à droite. Il ressemble quelque peu à Rembrandt, et c'est peut-être le portrait de son fils Titus, car la peinture est celle d'un praticien consommé, et, loin de la regarder comme une œuvre de jeunesse, nous la croyons plutôt exécutée par Rembrandt dans son âge mûr (vers 1648 ou 1649), lorsque son fils avait quatorze ou quinze ans.

Musée van der Hoop. — *La Fiancée juive.* C'est le nom que donne le catalogue du musée à un morceau inachevé, mais d'autant plus intéressant et de la plus grande force, qui représente une jeune femme, brune, rayonnante de santé et couverte de bijoux, vers laquelle un homme s'avance comme pour l'embrasser, car déjà il lui a mis une main sur l'épaule et il porte l'autre à son sein sous prétexte de toucher une chaîne d'or. Smith, qui avait possédé cette peinture et l'avait vendue à M. van der Hoop, en parle avec chaleur, et, de fait, il est impossible, quand on aime l'art, de ne pas attacher le plus grand prix a un tableau où Rembrandt a mis tout son génie et tous les trésors de sa palette en même temps qu'il a révélé le secret de ses préparations, parfaitement visible dans les parties non terminées.

COLLECTION SIX VAN HILLEGOM, à Amsterdam. — *Éphraïm Bonus,* âge d'environ cinquante-cinq ans. Il porte un grand chapeau, il est assis, la main gauche sur le bord de son fauteuil. Ce portrait précieux, dans la meilleure manière du peintre, a été gravé par lui avec une légère différence, et il est à peu près de la même grandeur que l'estampe décrite par nous sous le n° 172, estampe en sens inverse, dans laquelle au lieu d'appuyer sa main sur le bras d'un fauteuil, Bonus tient la rampe d'un escalier. A la vente du bourgmestre Six, en 1734, le portrait de Bonus fut vendu seulement 18 florins, il reparut à la vente Braamcamp en 1771, et fut poussé à 200 florins, puis à la vente Goll van Franckestein, où il fut payé 825 florins, et c'est là sans doute que M. Six van Hillegom racheta un morceau qui devait être, pour lui, d'autant plus précieux qu'il avait appartenu à son aïeul.

Joseph racontant ses songes. Une ébauche en grisaille représentant Jacob assis, les yeux fixes sur son fils, qui se tient devant lui, debout et de profil, une main étendue, le corps légèrement penché. Derrière Joseph sont trois de ses frères, assis à une table; un quatrième écoute les récits de Joseph. Deux autres sont à droite, et Lia repose sur un lit, à la droite de Jacob. Un chien est couché sur le premier plan. Vendue avec un autre tableau à la vente du bourgmestre Six, en 1734, 84 florins, cette composition a passé, en 1827, dans la vente de Vos, où elle a été rachetée 1,470 florins par M. Six van Hillegom.

Le bourgmestre Six. Il est représenté debout, à mi-corps, le chapeau sur la tête, couvert d'un petit manteau rouge à galons d'or, et mettant ses gants comme pour sortir. La partie inférieure du vêtement n'est pas terminée, ou plutôt elle semble négligée tout exprès pour faire valoir l'effet de la tête, qui est vivante, touchée par méplats et peinte avec une résolution et une solidité qui font penser au fameux tableau des *Syndics,* bien qu'ici la peinture (si j'ai bonne mémoire) soit moins épaisse, moins empâtée et plus transparente.

La femme du bourgmestre Six. Elle est en buste, et en petit bonnet, la tête vivement eclairee tant par la lumière directe que par le reflet de sa fraise à tuyaux, brillante et empesée.

Le précieux fini de l'exécution, qui cette fois est poussé jusqu'à l'intimité la plus profonde, fait contraster singulièrement ce dernier portrait avec celui du bourg-mestre. Dans le premier, l'artiste nous saisit fortement par une impression rapide, mais ineffaçable; dans le second, il semble avoir longtemps scruté les secrets de la vie, et il nous invite à une contemplation pro-longée. Le portrait du bourgmestre se meut, passe, et nous heurte en passant; le portrait de sa femme nous arrête, nous fait regarder longtemps et songer. L'un et l'autre se gravent au fond de la mémoire, mais l'un comme un phénomène de la nature, l'autre comme un prodige de l'art.

COLLECTION VAN LOON, à Amsterdam. — Deux grands portraits en pied, mari et femme, se faisant pendant. Ils se détachent sans violence sur un fond sombre; ils sont l'un et l'autre d'un aspect grave et imposant. Les personnages representés sont Willem Dacy, magistrat de la cite d'Alkmaar. Le mari tient un gant de la main gauche, et il a des rosettes blanches à ses souliers. Sa femme tient un éventail de plume de la main droite, et de l'autre elle relève un pan de sa robe. Ces deux portraits, signés et datés de 1634, ont été payés 1,200 florins en 1799.

COLLECTION VAN DER POL, à Amsterdam. — *Un gentilhomme et son fils.* Le père est assis et il tend la main pour prendre un sac d'argent que lui porte son fils, enfant de sept ans.

Une Dame et sa fille. La mère est assise, une bourse dans une main et donnant de l'autre à sa fille une pièce de monnaie.

GALERIE VAN STEINGRACHT, à La Haye. — *Bethsabee au bain.* Elle est assistee de deux suivantes dont l'une lui coupe les ongles, l'autre, une mauresse, lui peigne les cheveux. Un paon fait la roue. Dans le fond on aperçoit David sur une terrasse. Un coup de soleil tombe sur les chairs nues et palpitantes de la baigneuse. La peinture est traitée avec finesse, et l'ensemble a beaucoup de saveur et d'éclat. Ce tableau est décrit dans notre *Tresor de la Curiosite*. A la vente Poullain, il fut acheté 2,400 livres par Lebrun. On le retrouve mentionné à la page 130 et à la page 444 du même ouvrage, tome II. Il a été gravé par Moreau, Burnet et Smith. Il a appartenu à Guillaume IV, roi d'Angleterre.

MUSÉE DE ROTTERDAM. — Le seul tableau de Rembrandt que l'on croyait s'y trouver, un portrait d'homme, a été reconnu depuis peu pour un Fabritius, par M. Lamme, conservateur du musée, qui, en faisant enlever quelques repeints, a découvert dans le haut de la toile la signature de cet artiste à peu près inconnu, écrite avec la hampe du pinceau.

BELGIQUE.

MUSÉE D'ANVERS. — *Portrait de femme.* Elle est représentée à mi-corps, coiffée d'un chapeau de feutre rouge, orné d'une plume, et vêtue d'une robe écarlate brodée d'or. Elle porte un collier de grosses perles, une perle longue pendante à sa boucle d'oreille, un triple bracelet de perles et des agrafes d'or à son corsage. Les mains tiennent un manteau qui recouvre l'épaule droite. Ce portrait, confisqué en l'an VI, dit le catalogue, fit partie du musee Napoléon. Il fut acheté à la vente du roi des Pays-Bas, Guillaume II, au prix de 3,700 florins.

N'ayant conservé qu'un très-vague souvenir de cette peinture qui représente la première femme de Rembrandt, nous rapporterons ce qu'en dit W. Burger. Le portrait qui fit partie du musée Napoléon n'est pas celui du musée d'Anvers, mais un portrait tout semblable qui est au musée de Cassel, et qui a été gravé par W.-P. Leeuw, contemporain de Rembrandt, et par Oortman. « La peinture du musée d'Anvers est incontestable, ajoute Burger... quand on ne connaît pas l'incontestable original du musée de Cassel, et même après l'avoir vu, on n'oserait jamais dire qu'elle en soit la copie. » Cela signifie pour nous qu'un des deux morceaux, probablement celui d'Anvers, est une de ces répétitions que les maîtres font faire souvent par leurs élèves les plus habiles, et qu'ils ne craignent pas d'avouer, de signer même, après les avoir vérifiées et retouchées. Il est sûr, en effet, que Rembrandt ne s'est jamais copié lui-même, jamais répété, au grand jamais.

MUSÉE DE BRUXELLES. — *Un homme debout,* à mi-corps, couvert d'un chapeau et vêtu de noir, sauf un col et des manchettes blanches. Il est dans une embrasure cintrée, et le mur du fond porte la signature *Rembrandt, f. 1641.* Le jour venant du fond, la tête n'est éclairée que par des reflets et par la lumière qui glisse et tourne autour. M. A. de Montaiglon, dans sa Notice sur le Musée de Bruxelles, dit que ce portrait est « un chef-d'œuvre et le morceau le plus important du musée, avec le Jordaens et le van Orley. » Nous nous en référons à ce jugement, n'ayant pas d'ailleurs gardé une idée précise du tableau.

GALERIE D'ARENBERG, à Bruxelles. — *Le jeune Tobie rendant la vue à son père.* Le père, assis la tête renversée, subit l'opération que lui fait son fils. La vieille mère, de profil à droite, tient dans ses mains la main de l'aveugle. Un ange vêtu de blanc, les ailes étendues, semble présider à l'opération. La scène est éclairée d'un rayon de soleil qui entre par une fenêtre placée à gauche. De ce côté, dans l'ombre, deux figures assises. Signé *Rembrandt, f. 1636.* Gravé par de Marcenay. Un tableau de ce sujet est mentionné dans le *Trésor de la Curiosité,* comme ayant appartenu au prince de Carignan.

M. Charles de Brou a remarqué que le tableau de la galerie d'Arenberg était peint sur une couche d'or.

ALLEMAGNE.

MUSÉE DE BERLIN. — *La Lutte de Jacob avec l'Ange.* Jacob est vu par derrière, luttant contre l'ange qu'il a enlevé de terre. Celui-ci est vêtu de blanc ; ses ailes sont étendues, sa main droite est posée sur l'épaule de Jacob ; il le combat avec sérénité et même avec un sourire bienveillant. Peinture libre et spirituelle.

Tobie et sa femme attendant le retour de leur fils. Date de 1645. Ce petit tableau fait pendant au suivant.

Repos de la Sainte Famille. La Vierge, en manteau bleu, se repose sur un peu de paille, près d'une chaumière et de quelques ruines. L'Enfant Jésus dort, et Joseph, assis, repose sa tête sur sa main. Un ange vêtu de blanc réveille Joseph endormi. Ce morceau, daté de 1645, est « un petit bijou du maître, » selon l'expression de Smith. (*Catalogue raisonné of the works of the most eminent painters.*)

Moïse brisant les tables de la loi. Il est représenté presque de face, vêtu d'une robe blanche et levant les tables sacrées pour les jeter à terre. Daté de 1659.

Samson menaçant son beau-père. Ce tableau est connu sous le nom du *Prisonnier,* et passe pour représenter le petit-fils du prince d'Egmont, qui fut emprisonné pour une conspiration qu'il avait tramée contre son père. Mais M. Kolloff a clairement prouvé, dans l'*Annuaire historique* (*Historiches Taschenbuch*) de Rau mer, que ce personnage était le Samson de la Bible. Il est richement vêtu ; il jette des yeux irrités sur un vieillard qui le regarde d'une petite fenêtre et auquel il montre le poing. Daté de 1637. Gravé par Leader et, dans le *Musée français,* par Smith. Ce tableau a fait partie du musée Napoléon et a été restitué en 1815.

Portrait de Rembrandt, à l'âge de vingt-huit ans. Il est vu de trois quarts ; il porte des moustaches, un bonnet orné de plumes, une cuirasse et une chaîne d'or. Signé et daté de 1634.

Rembrandt dans un âge plus avancé. Son costume riche et son attitude lui prêtent une certaine dignité.

Portrait de femme. Elle est vue de trois quarts ; une chaîne d'or pend sur sa poitrine ; elle tient un manteau de la main gauche. Signé et daté de 1643.

GALÉRIE DE DRESDE. — *L'Ange abandonne Manué.* Le patriarche et sa femme sont agenouillés devant un autel sur lequel brûle le feu du sacrifice. L'ange monte au ciel au milieu des flammes. Composition capitale, signée et datée de 1641.

Mise au tombeau. C'est un morceau fini, qui, par l'ordonnance, ressemble beaucoup à celui de Munich. Dans le lointain, on aperçoit le Calvaire.

Enlèvement de Ganymède. L'enfant est enlevé par l'aigle qui l'a saisi par le bras et tient dans une de ses griffes la chemise retroussée. La tête est vue de trois quarts, le corps est vu de dos, en l'air.

Ce pauvre Ganymède fait une grimace très-expressive mais très-laide, et dans sa nudité il montre des formes qui sont loin d'être choisies ; sans compter que la frayeur lui donne une incontinence bien peu convenable pour un dieu futur. Smith suppose que Rembrandt a voulu tourner ici la mythologie en caricature, en représentant Ganymède comme un lourdaud qui ne sait retenir ni ses pleurs ni ses cris, et dans un accoutrement si peu classique, *unclassical raiments*. Il faut convenir, du reste, que la pudeur anglaise n'avait pas d'autre moyen d'expliquer un tableau aussi incongru. On peut en juger d'après l'estampe qui en a été gravée par Cardon.

L'Amour et le Vin. Sous ce titre a été catalogué un tableau où l'on voit Rembrandt tenant sa femme sur ses genoux et levant d'un air joyeux un verre de vin. Riedel en a fait une eau-forte qu'il appelle la *Double jouissance,* et Fessard l'a gravé sous le titre : *les Œuvres de la vigne.*

C'est une exception singulière dans l'œuvre de Rembrandt que ce double portrait. Le peintre s'y est représenté comme un jeune viveur qui célèbre bruyamment l'amour et le vin avec la femme qu'il vient d'épouser. Je ne crois pas que, dans aucune autre peinture, il se soit montré sous cet aspect. Dans la petite eau-forte décrite par nous sous le n° 203, le peintre et sa femme ont une physionomie sérieuse. Soit qu'il peigne les autres, soit qu'il se peigne lui-même, Rembrandt est grave et plutôt triste. C'est très-rarement que l'expression de ses têtes est celle de la bonne humeur. Tous ses ouvrages sont recueillis ; ils font penser ou songer ; ils imposent.

W. Burger a fait une très-juste observation et l'a
fort bien exprimée lorsqu'il a dit : « Il n'y a pas dans
toutes les écoles deux peintres qui diffèrent plus l'un
de l'autre que Rembrandt et Rubens ; ce sont précisément les contraires : l'un est un peintre concentré,
l'autre est un peintre étalé ; l'un cherche la simplicité
caractéristique, l'autre une somptuosité ambitieuse ;
l'un ménage ses effets, l'autre les prodigue aux quatre
coins de ses toiles ; l'un est tout en dedans, l'autre
tout en dehors ; l'un est mystérieux, profond, insaisis-
sable, et vous fait replier en vous-même : — toute
peinture de Rembrandt, même connue d'avance par
des descriptions ou des estampes, cause toujours,
quand on la voit pour la première fois, une indéfinis-
sable surprise : ce n'est jamais ce à quoi on s'atten-
dait ; on ne sait que dire, on se tait et on réfléchit ; —
l'autre est expansif, entraînant, irrésistible, et vous
fait épanouir. Devant Rembrandt on se recueille, devant Rubens on s'exalte. » (*Musées de la Hollande.*)

Ce que Burger dit ici de Rubens et de Rembrandt,
nous le disions des deux écoles qui sont personnifiées
par ces deux grands maîtres, et nous sommes heureux
de cette rencontre ou, du moins, de cette analogie de
pensée : « ... La Flandre est catholique : aussi tout
y est large, public, en dehors ; les habitations sont
spacieuses et ouvertes, les mœurs sont faciles ; la peinture est décorative, pompeuse et grande ; l'art est

expansif. La Hollande, au contraire, est protestante :
aussi est-elle marquée à l'empreinte de l'individua-
lisme et de la vie de famille ; chaque maison est une
casemate défendue par une grille et par un fossé ; les
portes sont étroites et closes ; les mœurs sont sévères ;
la peinture est privée, recueillie, intime ; l'art est
concentré. » (*Les Trésors de l'art à Manchester.*)

Le Festin d'Esther et d'Assuérus. Sous ce faux titre est catalogué un tableau capital qui represente *les Noces de Samson.* La
fiancée, couronnee de fleurs et richement vêtue de blanc, est
placée au milieu de la composition. Samson propose l'énigme aux
convives. C'est le même modèle qui a servi à Rembrandt pour le
pretendu *Prisonnier,* du musée de Berlin.

Rembrandt. Il s'est représente un crayon à la main, dessinant
dans un livre. Demi figure.

Portrait d'un homme, en bonnet de fourrure, qui est assis dans
un fauteuil sur le bras duquel il appuie sa main. Demi-figure.

Portrait d'un vieillard, qui a des cordons de perles à son bonnet, et qui a les mains l'une dans l'autre. Demi-figure.

Portrait d'un jeune homme, coiffé d'une toque à plume, portant cuirasse et couvert d'un manteau brun.

Portrait de la femme du peintre tenant dans sa main un œillet.
Elle est vue jusqu'aux genoux.

Le catalogue de Dresde dit « la fille du peintre, »
mais c'est par erreur : car le morceau en question,
étant signé et daté de 1638, ne peut être le portrait de
la *fille* de Rembrandt, puisqu'il se maria en 1634, et
que, s'il avait eu une fille, elle n'aurait eu alors que
trois ans. Rembrandt, du reste, n'eut qu'un fils de son

mariage avec Saskia, et c'est elle bien probablement qu'il a représentée tenant un œillet.

Portrait d'homme, à grande barbe grise. Il est assis devant une table, ses lunettes dans une main, un tube de métal dans l'autre. Gravé par Hertel.

Buste d'un homme, vêtu d'un habit noir, avec un collet garni de dentelles; daté de 1633.

Buste de Rembrandt lui-même, en manteau rouge et toque de velours.

Buste de vieillard, à cheveux crépus et barbe ronde, la chemise entr'ouverte au cou.

Vieillard, à grande barbe et grand bonnet de velours. Il porte une chaîne d'or et tient une canne à pommeau d'or. Gravé par Tanjé.

Vieille femme assise, pesant des pièces d'or. Elle est vue jusqu'aux genoux.

Vieillard, à grande barbe, portant un haut bonnet garni de galons d'or, et tenant un gant à la main. Demi-figure, sur bois.

Buste d'homme, un livre à la main, un bonnet de velours sur la tête. Daté de 1634.

Paysage. On y voit sur les premiers plans un moulin, et une charrette attelée qui se détache en silhouette obscure sur un fond plus clair. « Campagne d'un vert sombre, uniforme (dit M. Viardot), comme après la pluie, seulement mouchetée çà et là de points d'un rouge de brique par les toits de quelques masures dispersées dans la plaine. »

GALERIE DE HESSE CASSEL. — *Samson livré par Dalila*. Composition de sept figures. Les Philistins se ruent dans la demeure de Samson et l'insultent. L'un d'eux l'a saisi par la barbe, un autre lui crève les yeux, un troisième saisit son épée. Dalila s'enfuit avec les cheveux de Samson dans ses mains. Gravé par Jacobs et Landerer. Ce tableau, apporté au Louvre en 1814, a été restitué à la galerie de Hesse-Cassel ; il a subi quelques restaurations.

La Bénédiction de Jacob. Il étend les mains sur ses petits-enfants agenouillés ; son fils Joseph et sa belle-fille sont attentifs à la scène. Cette peinture admirable, où sont réunies toutes les qualités du maître, dit Smith, a été gravée par Claessens, et par Oortman dans le *Musée français*. Elle a été prise par les Français en 1805 et rendue en 1815.

La Famille du charpentier. Un intérieur pittoresque, à demi caché par un rideau rouge. On y voit une jeune femme qui caresse son enfant et qui cherche à l'apaiser. On remarque auprès d'elle un chat et sur le parquet un petit brasier. Le maître de cette humble demeure est à l'entrée de la chambre, tenant à la main une hache. Daté de 1640, et gravé par Oortman dans le *Musée français*. Pris en 1806, porté au Louvre, et restitué au musée de Hesse-Cassel, en 1815. Ce tableau, dit Smith, est au palais de Wilhelmshohe.

La Femme de Rembrandt. Elle porte un bonnet de velours cramoisi orné de plumes ; elle a des manches brunes pendantes, une robe écarlate, un collier de perles, de riches dentelles et des boucles d'oreilles. Gravé par Oortman dans le *Musée français*. Ce portrait a donc fait partie de notre musée ; il a été restitué en 1815.

Comme nous l'avons dit plus haut, au sujet du Rembrandt qui est au musée d'Anvers, le portrait de Saskia paraît être le véritable, l'incontestable original, dont celui d'Anvers serait une copie merveilleusement trompeuse, exécutée peut-être sous les yeux du maître par un de ses élèves. Nous voyons, en effet, dans l'inventaire de Rembrandt, qu'il avait chez lui des copies de ses œuvres retouchées par lui.

Un Geomètre. Un homme âgé, en barbe grise, vu de face et

assis. Il est vêtu d'un manteau rouge bordé de fourrure. Il tient
une plume dans une main et une équerre dans l'autre.

Un Officier. Il est revêtu de son armure et il tient des deux
mains le bois d'une lance. Daté de 1656. Gravé dans le *Musee
français* par Oortman. Restitué à Hesse-Cassel en 1815.

Nicolas Brupnint. Jeune homme à la physionomie ouverte et
gaie. Il a des cheveux longs, blonds et bouclés. Il est vêtu de
noir. Son bras droit s'appuie sur un piedestal. .

Jeune soldat revêtu d'une cuirasse à demi cachée par un manteau brun. Il porte un casque d'acier.

Portrait d'homme, en petit. Physionomie fortement accentuée ;
il a une barbe courte et noire, un habit brun et un bonnet de
fourrure.

Un Gentilhomme. Il est en pied, de grandeur naturelle, et paraît
environ quarante-cinq ans. Il porte barbe et moustaches ; ses cheveux sont blonds et bouclés. Il s'appuie d'une main sur un piedestal ; de l'autre main, qui pend à son côté, il tient un gant : l'autre
gant est à ses pieds. Tout son vêtement est de soie noire, et son
collet est uni et rabattu. Signé et daté de 1639.

Vieillard à barbe, avec des cheveux courts et gris. Il est vu de
profil regardant en bas, et il est vêtu de brun.

Paysage. Contrée montagneuse coupee par une rivière sur
laquelle est jeté un pont de bois. Du côté opposé deux chasseurs
suivent une route. Quelques chèvres animent le bord de la rivière.
Gravé par Forster dans le *Musée français.* Ce paysage a figuré au
Louvre. Il a été rendu à la galerie de Hesse-Cassel en 1815.

Paysage traversé par une rivière sur laquelle est jeté un pont
d'une seule arche. Un pêcheur et un homme à cheval sont les
figures les plus remarquables du tableau.

Une rivière glacee. On y voit des patineurs. Sur la droite un
homme assis, et, un peu en arrière, une femme suivie d'un chien.
Un des patineurs est assis sur la glace, occupé à attacher ses pa-
tins. Signé et daté de 1636.

GALERIE SUERMONDT, à Aix-la-Chapelle. — *Portrait d'homme* (dit un *Rabbin* dans les catalogues). Il est assis presque de face dans un fauteuil sur le bras duquel s'appuie une de ses mains abandonnée; l'autre main retient les plis d'une houppelande garnie de fourrures. Il porte au cou une chaîne d'or et de pierreries. Ce tableau, signé *Rembrandt*, 1645, a passé dans les collections Fonthil Abbey, Durand-Duclos, Nieuwenhuys et Théodore Patureau. C'est à la vente de ce dernier amateur, faite en 1857, que M. Suermondt l'acheta au prix de 15,100 fr.

W. Burger a fait une brochure intéressante sur la galerie Suermondt.

Comme on le voit, ce portrait a de belles provenances, et il a été payé un bon prix. Malgré tout, nous redirons ici ce que nous en avons dit à l'article de la vente Patureau, dans le *Trésor de la curiosité* : « ...Si l'aspect en est d'abord magnifique, on s'aperçoit bientôt que l'exécution en est lourde, que la barbe est grossièrement rendue, que des couleurs épaisses, promenées partout avec pesanteur, y tiennent lieu des touches spirituelles du maître et de ses empâtements fiers. » Nous devons dire, toutefois, que notre impression n'est pas celle de *tous* les amateurs, et que le choix de M. Suermondt, connaisseur fort éclairé, est en faveur de ceux qui regardent la peinture comme originale, tandis qu'elle ne nous paraît être, à nous, qu'une copie trompeuse ou bien un pastiche habile.

PINACOTHÈQUE DE MUNICH. — *L'Adoration des bergers*. La Vierge est assise à côté de l'Enfant Jésus; saint Joseph, un peu en arrière, tient une lampe qui projette une vive lumière sur l'enfant. Deux bergers' et une vieille femme sont agenouillés. Un peu plus loin, on aperçoit plusieurs bergers avec leurs femmes et une petite fille, plus un homme qui tient aussi une lampe. Gravé par Hess.

Il nous souvient de la profonde impression que nous fit ce tableau, assez semblable, comme ensemble seulement, à l'estampe décrite sous le n° 19 de notre œuvre. Tout y est peint librement, par rudes méplats et uniquement pour l'effet à quelque distance. A la lueur mystérieuse de la lampe, on distingue un dieu vagissant, une mère souffreteuse et quelques têtes à demi perdues dans l'ombre. Ces têtes, profondément individuelles, sont sculptées à grands plans ; mais l'expression est déjà très-fine, et à travers les apparences d'une ébauche heurtée, on y démêle des sentiments intimes, le christianisme naissant et naïf des pasteurs de l'Écriture, la foi des pauvres.

Jésus enseigne dans le Temple. Petites figures sur un petit panneau.

L'Élévation de la croix. Jésus est attaché à la croix que plusieurs hommes s'efforcent de dresser. Un officier à cheval, vêtu d'un costume asiatique, préside au supplice. Des spectateurs entourent la croix, et dans l'éloignement on aperçoit les deux malfaiteurs qui seront crucifiés avec le Sauveur. Le ciel est orageux et un jour sombre donne à la scène un aspect terrible. Gravé à l'eau-forte par Hess.

La Descente de croix. Cette composition est la même que Rembrandt a gravée dans la grande planche décrite par nous sous le n° 56.

S'il n'y a aucune différence entre le tableau et la gravure, comme nous croyons nous en souvenir, il est assez vraisemblable que la peinture a été faite par quelque élève de Rembrandt d'après l'estampe, car on peut assurer que Rembrandt n'a jamais exactement reproduit en peinture ce qu'il avait peint. Il n'a jamais copié ni personne ni lui-même.

La Mise au tombeau. Le sépulcre est à la gauche du spectateur. Joseph d'Arimathie porte un flambeau dont il cache la lumière avec sa main; il est suivi par une vieille femme. Au pied du sépulcre sont les trois Maries et, un peu en arrière, les disciples; on aperçoit encore quelques autres figures dans l'obscurité du caveau et dans le lointain. Gravé aussi par Hess.

La Résurrection. Un ange est descendu du ciel. La pierre du tombeau est levée, et Jésus-Christ apparaît enveloppé de son linceul. Les gardes, saisis d'épouvante, sont renversés à terre ou s'enfuient. Gravé par Hess.

L'Ascension. Le Sauveur, vêtu d'une robe blanche, s'élève sur un nuage, les mains étendues. Cinq anges sont sous ses pieds. d'autres l'adorent; les disciples et les saintes femmes sont aussi en adoration, les uns agenouillés, les autres levant les bras. Gravé à l'eau-forte par Hess.

Les tableaux qui précèdent ne valent pas, à beaucoup près, l'*Adoration des bergers.* *La Mise au tombeau* et la *Résurrection* ont été restaurées et sont dans un triste état. L'*Élévation de la croix* et l'*Ascension* nous parurent d'une qualité inférieure et nous l'écrivîmes, sur le lieu même, à la *Gazette des Beaux-Arts*: « Ce ne sont, disions-nous, que des esquisses, non pas

vives et animées, mais au contraire soignées et péni-
bles. Le seul morceau de Rembrandt qui soit tout à
fait digne de lui et entièrement de sa main, c'est une
Nativité (nous voulions dire une *Adoration des bergers*), qui rappelle une précieuse estampe du maître,
bien connue des amateurs. »

Agar renvoyée par Abraham. Nous n'avons gardé aucun souvenir de ce tableau. Il est sur bois.

Portrait de Rembrandt. Il paraît âgé d'environ cinquante-huit
ans; la tête est recouverte d'un grand bonnet de velours noir. Il
porte la main gauche à son front. Peinture très-rembrunie, gravée
à l'eau-forte par Hess.

Portrait de Govaert Flinck. Il est en demi-figure, les mains
croisées, et posées sur l'appui d'une fenêtre. Gravé par Schmidt.

Portrait de la femme de Govaert Flinck. Elle est en demi-
figure et fait pendant au précédent. Signé : *Rembrandt f. 1642.*

Deux portraits, d'un jeune homme en grand chapeau et d'une
jeune dame, en demi-figure, se faisant pendant.

Buste d'un vieillard en casaque rouge et bonnet noir. Sur bois.

Turc coiffé d'un riche turban; peint sur bois. Forme ovale.

Vieillard assis dans un fauteuil et tenant une canne à la main;
il est coiffé d'un bonnet fourré.

Paysage. On y voit des cabanes de pêcheurs au bord d'une rivière.

Buste d'un jeune homme en bonnet rouge.

GALERIE DU BELVÉDÈRE, à Vienne. — *Portrait de Rembrandt,
jeune.* Il est coiffé d'un bonnet fourré. Son vêtement est une pelisse brune retenue par une ceinture dans laquelle sont passés les
pouces de ses mains. Figure de grandeur naturelle, jusqu'aux
genoux. Peinture sur bois extrêmement vigoureuse d'exécution et
d'effet; œuvre magistrale (dit M. Viardot), de l'époque où commence la seconde et toute-puissante manière du maître.

Portrait de Rembrandt, plus âgé. Il est en buste, vu de face, un grand chapeau sur la tête; il porte un pourpoint rouge avec une pelisse brun froncé par-dessus.

Portrait d'homme. Il paraît environ trente cinq ans; il est vu de face, et sa physionomie est celle de la bonne humeur. Il est vêtu de soie noire avec une fraise blanche, et il porte un manteau sur l'épaule gauche. Sa main droite fait le geste d'un homme qui parle.

Une dame assise, vue de trois quarts, tenant ses gants dans sa main gauche. La droite repose sur le bras du fauteuil. Elle est coiffee d'une cornette blanche garnie de dentelle; elle porte une robe de soie noire dont le corsage est richement brodé d'or, et une fraise éclatante de blancheur.

Une vieille femme, qui ressemble à la mère du peintre. Elle est vue de face, la tête enveloppée d'un mouchoir blanc et recouverte d'un capuchon de velours brodé d'or. Elle est couverte d'une pelisse fermée par devant avec une agrafe d'or. Elle appuie ses deux mains sur un bâton. Excellent morceau, signé et daté de 1639.

Un jeune homme, qui est couvert d'un grand chapeau. Il tient un livre dans ses mains et paraît chanter. Gravé par Prenner.

Un Juif, à barbe noire, coiffé d'un grand chapeau usé, et s'appuyant de la main droite sur un bâton. Il est revêtu d'un costume asiatique et vu dans le demi jour.

Jeune homme cuirassé. Il porte une toque garnie de plumes. Il appuie sa main droite sur la hanche et tient une canne dans la gauche. Figure sur bois, vue jusqu'aux genoux. Gravé par Prenner.

Un homme de qualité, coiffe d'une toque de velours. Il est peint dans une guirlande de fleurs de la main de Daniel Seghers ou Segers, dit le Jésuite d'Anvers. Bois, ovale; petit buste.

Ce fut une mode en ce temps-là, parmi les Anversois, de faire encadrer des madones de Rubens ou tel autre sujet pieux, quelquefois des portraits de femme, dans une guirlande de fleurs peinte par ce jésuite qui était passé maître en son genre. Mais il faut convenir que c'était là une invention contraire au sentiment de l'art. Il n'y a pas de figure qui ne soit écrasée par un tel cadre, d'autant que Seghers harmonisait sans affaiblir, et attaquait ses tons dans leur éclat et leur fraîcheur. Sans avoir vu le portrait de la galerie du Belvédère, je suis assuré qu'une tête peinte par Rembrandt, avec ses couleurs fondues dans le bitume, ses rouges salis, ses jaunes rances, doit faire un étrange effet au milieu d'une guirlande de tulipes et d'œillets, ou de lis et de roses.

COLLECTION LICHSTENSTEIN, à Vienne. — *Vénus apparaissant à Énée*. La déesse, un arc dans la main, un carquois sur l'épaule, apparaît au héros qui plie un genou devant elle. Énée est accompagné de deux chiens. On voit dans les nuages le char de Diane traîné par deux cygnes et une nymphe. Peinture d'une exécution facile et libre.

Ce qu'on appelle ici *Vénus apparaissant à Énée* est catalogué par M. Viardot, comme dans le livret du Belvédère, *Diane et Endymion;* mais les cygnes attelés au char de la déesse caractérisent Vénus; et si l'arc et le carquois sont les attributs de Diane, il ne faut pas oublier que Vénus, quand elle apparut à Énée, était déguisée en chasseresse... *suspenderat arcum venatrix.* Il est à remarquer que Rembrandt n'a jamais composé un tableau à la légère et sans avoir lu les textes où il en puisait la donnée. Quant à sa manière de traiter la mythologie, elle peut paraître grotesque, mais elle était sérieuse, et l'intention qu'on lui prête quelquefois, d'avoir voulu tourner en ridicule la fable antique, n'entra point dans son esprit, je le crois fermement. Rembrandt avait sa poésie à lui, et il y plongeait les trivialités les plus repoussantes : « Rien de laid en fait de style (dit M. Viardot), rien de beau en fait de mouvement, de lumière et de couleur comme cette lourde et resplendissante déesse qui descend d'un char traîné par des cygnes. »

GALERIE ESTERHASY, à Vienne. — *Ecce homo.* Les figures sont en pied et de grandeur naturelle. Jesus est au centre du tableau, presque nu, la couronne d'epines sur la tête, le roseau à la main. A gauche, un groupe de soldats l'insultent. Pilate se lave les mains. Une femme lui verse l'eau d'une aiguière d'or.

L'*Ecce homo* est une peinture capitale et passe pour un des chefs-d'œuvre du maître. « On croirait, dit M. Viardot, voir l'ouvrage d'un de ces peintres du IVᵉ siècle à qui saint Cyrille recommandait de faire du Christ *le plus laid des hommes;* ou plutôt Rembrandt, le protestant, le réformé, l'ennemi des traditions et des pompes catholiques, Rembrandt qui comprenait l'Évangile à la manière naïve du moyen âge et non à la manière païenne de la Renaissance, a voulu faire de son Christ le Christ des gueux. C'est pourtant avec ce ramas d'êtres communs, presque ignobles, que Rembrandt est arrivé par la force de l'expression, par l'irresistible puissance de la couleur et du clair-obscur, à faire une œuvre si prodigieuse et si belle, que les termes manquent pour rendre l'éclat dont elle brille aux yeux et l'admiration qu'elle excite dans l'âme. »

COLLECTION DU COMTE CZERNINI, à Vienne. *Juda donnant le gage à Thamar.*

Une Sainte Famille, dont les têtes (dit M. Viardot) sont des portraits fort maussades, et dont l'exécution est fort négligée.

Tête de vieille en prière. Morceau admirable.

Abraham recevant Agar. Beau ton, expression touchante; costumes naïfs du temps de Rembrandt, comme toujours.

COLLECTION DU COMTE SCHONBORN, à Vienne. Deux tableaux : le *Songe de Jacob* et *Agar ans le desert,* dont nous n'avons pas la description.

RUSSIE.

GALERIE DE L'ERMITAGE. — *Sacrifice d'Abraham.* Isaac est lié sur le bûcher. Abraham cache avec une de ses mains les yeux de son fils, et de l'autre il va le frapper; mais un ange a saisi son bras, et le couteau du sacrifice echappe des mains d'Abraham. Cette peinture, dit Smith, n'est pas digne du maître. L'exécution et la couleur rappellent van Eeckout ; on croit cependant y reconnaître quelques touches de Rembrandt. De la galerie Houghton, elle a passé, en 1779, à l'Ermitage, pour le prix de 300 liv. st. Gravé par Murphy et Head.

La collection Houghton est celle qui avait été formée par Robert Walpole. La description des précieux objets d'art que renfermait cette collection célèbre fut publiée par Horace Walpole, en 1747, sous le titre : *Ædes Walpolianæ;* c'est un livre rare qui était destiné à être offert aux amis de l'auteur, et qui ne fut pas mis dans le commerce de la librairie. On trouvera, au premier volume de notre *Trésor de la curiosité* (dans la lettre à l'auteur, qui est de M. Adolphe Thibaudeau), le très-intéressant détail des peintures de Houghton Hall. En 1779, ces peintures furent achetées en masse par l'impératrice Catherine à lord George Orford, petit-fils de Robert Walpole, pour la somme ronde de 40,000 liv. sterl., un million de francs. On n'en excepta qu'un portrait de Robert Walpole qui fut conservé à Strawberry Hill, demeure de son fils Horace, lequel fut lui-même une manière de curieux, mais plus avide du bizarre que du beau.

Joseph accusé par la femme de Putiphar. Putiphar a la main posée sur l'épaule de son époux. Joseph a les mains jointes. Ce tableau est une variante de celui qui se trouve en Angleterre dans la collection Joseph Neeld.

Anna instruisant Samuel. Elle est assise et fait lire son fils à ses côtes. Sa main droite est affectueusement posée sur l'épaule de l'enfant; la gauche, qui tient des lunettes, retombe sur sa robe. Peinture blonde, mais riche de couleurs, et qui sort un peu des habitudes du maître. Gravé par James Walker.

Sainte Famille. La Vierge a cessé de lire dans un livre ouvert sur ses genoux. Un petit feu brûle dans l'âtre Saint Joseph coupe du bois. On voit en haut des anges qui voltigent « comme des chauve-souris lumineuses », dit M. Viardot. Peinture d'une beauté supérieure; elle est signée et datée de 1645.

L'Enfant prodigue. Le père pose ses deux mains sur l'épaule de son fils, qui est à genoux devant lui et vu de dos. A droite, un homme âgé, les mains jointes; à gauche, une vieille femme. Morceau faible, dit Smith, et fait rapidement. Il est signé : *Rt. Ryn.*

Jésus chez Marthe et Marie, figurines dans un petit tableau d'intérieur très-lumineux.

Le Maître de la vigne. C'est la parabole de l'Évangile. Dans une chambre éclairée par une fenêtre cintrée, le maître est assis à une grande table. Un de ses ouvriers semble lui dire, en montrant ses compagnons : « Ceux-là n'ont travaillé qu'une heure, et tu les as rétribués comme nous. » Cette composition, où l'on admire l'expression des figures et l'effet des derniers rayons du soleil, a été gravée par Martinus Piert et par Fessard. Elle provient de la collection Houghton. Elle est signée et datée de 1637.

Pierre reniant son maître. L'apôtre est devant un feu, la main gauche étendue, il paraît écouter une jeune femme qui l'accuse et qui tient une chandelle à la main. Deux soldats, dont un boit à même à une bouteille qu'il tient des deux mains, et quelques figures secondaires complètent la composition. Les personnages, de grandeur naturelle, sont vus a mi corps. Exécution libre et vigoureuse; coloris brillant et poussé à l'effet.

Descente de croix. La composition diffère peu de celle que le peintre a gravée en grand. La principale différence consiste dans la figure d'un jeune homme qui, monté sur une échelle, porte une lampe. Un groupe de personnes occupe la gauche du tableau (c'est-à-dire la droite du spectateur) et du côté opposé trois femmes étendent par terre un linceul. L'obscurité du ciel est combattue par les lumières qu'agitent plusieurs assistants. Gravé par Lebas. Ce tableau fut pris en 1806 à Hesse-Cassel, et de là transporté à la Malmaison, chez l'impératrice Joséphine Il fut acheté en 1814 par l'empereur Alexandre.

Homme âgé, en barbe grise et courte. Il est assis dans un fauteuil, les mains jointes. Excellent portrait, gravé par Fillieul.

Jeune homme portant un chapeau orné de glands en argent. Signe et date de 1633.

Portrait d'un Juif. Il a une barbe courte et noire; il porte un turban orné d'une aigrette. Sa main droite est passée dans sa ceinture, sa gauche s'appuie sur un bâton.

Homme âge. Il paraît environ cinquante-cinq ans, bien qu'il ait une barbe noire. Il porte un manteau sombre qui ne laisse voir qu'une partie de son bras droit.

Un autre, qui paraît assis et qui appuie son bras droit sur une table.

Un Vieillard à barbe blanche, assis dans un fauteuil, les mains jointes. Il est coiffe d'un grand chapeau. Peinture libre et même negligee; elle a ete gravée par Fillieul dans le temps où elle faisait partie de la collection du comte de Bruhl.

Rabbin tenant des deux mains une canne. Il porte un bonnet de velours noir et une robe brune garnie de fourrure. Touche fière.

Guerrier (qu'on appelle là-bas Sobieski). Il est coiffé d'un bonnet enrichi de pierreries et il est revêtu d'un manteau de couleur sombre qui est attaché avec une grosse chaîne d'or, et qui ne laisse voir que sa main droite appuyée sur un bâton. Signe et daté de 1631.

Je n'ai pas besoin de faire observer combien il est absurde d'attribuer à Rembrandt un portrait de Sobieski, peint à cette date de 1631, quand le héros n'avait que trois ans.

M. Viardot mentionne, sans les décrire, deux portraits de la femme de Rembrandt et deux portraits de la mère du peintre, qui sont merveilleux, dit-il, par le fini, l'éclat et la variété. Un de ces portraits, qui représente la vieille en méditation sur la Bible, est daté de 1643. Il a été gravé par Schmidt. Un autre a été gravé par Earlom, dans la galerie Houghton.

Smith indique trois autres portraits de femme, mais trop sommairement pour que nous puissions distinguer ceux qui représenteraient la femme de Rembrandt.

Guerrier, dit Alexandre. C'est un heros d'une stature colossale avec un casque grec rehaussé d'or et de plumes, une riche armure et une écharpe rouge qui porte sur l'épaule gauche. Sa main droite pose sur la poignée d'une épée. Morceau bien empâté et très-brillant.

Gentilhomme paraissant âgé de trente-cinq ans environ. Sa tête est couverte d'un petit bonnet de dessous lequel s'échappe une longue chevelure qui retombe sur les épaules. Exécution libre et magistrale, dit Smith.

Coppenol. Le célèbre calligraphe est représenté à l'âge d'environ quarante ans, assis devant une table couverte d'un grand livre et de quelques papiers. Il taille sa plume. C'est le portrait qui a été gravé dans le *Musée français.* Toutefois il ne fit pas un long séjour au Louvre, où il fut apporté en 1806 de Hesse-Cassel. On le transporta à la Malmaison, et il y fut vendu plus tard avec les autres tableaux de cette residence.

Rembrandt à l'âge d'environ cinquante ans. Il est vu de face, coiffe d'un grand chapeau et vêtu d'un habit noir sur lequel se detache un col blanc. C'est encore de la galerie de Hesse-Cassel que provient ce portrait, qui fut offert par l'empereur Napoléon à Joséphine et envoye à la Malmaison. Vendu en 1816.

Jeune paysanne. Elle est appuyée de ses deux bras sur une palissade et tient à la main une branche d'arbre.

L'Amant attendu. Une jeune femme, peu remarquable par sa beauté, est couchée dans un lit richement orné, la tête levée, le bras étendu; elle semble entendre les pas de son amant. Près du lit est une vieille femme, cachée en partie par les rideaux et portant un trousseau de clefs. Touche resolue. Couleur brillante et pleine d'effet.

La peinture ainsi décrite par Smith, est sans doute la même que M. Viardot appelle une *Danae*, et dont il parle en ces termes : « Sur un lit que domine une statue de l'Amour, et dont une vieille servante ouvre les rideaux à la pluie d'or, une femme est couchée toute nue, faisant face au spectateur. Voilà le motif du tableau qu'on peut apprécier en deux paroles : horrible nature ; art incomparable. » (*Musées d'Angleterre, de Belgique, de Hollande et de Russie*).

Vue d'une plage de Hollande, marine d'un ton chaud, doré, lumineux, où le ciel et l'eau vont se perdre et se confondre, par une savante dégradation, dans un horizon lointain.

Vue de Judee. Campagne aride, où l'on voit le Christ cheminer entre les disciples d'Emmaus.

L'Action de grâces. Composition peu différente, dit Smith, de celle qui figurait dans la galerie de Choiseul.

Il s'agit sans doute du tableau que nous avons mentionné dans le *Trésor de la curiosité* et qui était décrit par Boileau : « Un homme et une femme à table ; celle-ci tient son enfant sur ses genoux. Vingt et un pouces sur vingt-quatre ; 4,200 liv., » l'action de grâces serait ici ce que nous appelons les *Grâces* par opposition au *Bénédicité*. Les Anglais du reste n'ont qu'un mot, *grace*, pour exprimer l'une et l'autre prière. Le tableau de la galerie Choiseul est aujourd'hui dans la galerie Bridgewater à Londres.

PALAIS DE PÉTERHOFF (palais hollandais de Pierre le Grand). —

La Réconciliation de Jacob et d'Ésau. La scene se passe dans un paysage accidenté au milieu duquel on aperçoit les habitations des pasteurs. Les deux freres s'embrassent. Ésau, l'épée au côte, tourne le dos au spectateur et se penche sur la poitrine de son frère. Jacob, vêtu d'un costume asiatique, est vu de face. Très-belle composition, datée de 1642. Elle est placée dans la salle des Banquets de Péterhoff.

GALERIE LEUCHTENBERG, à Pétersbourg. — Cétte galerie est passée de Munich en Russie, par suite du mariage du duc de Leuchtenberg avec la grande duchesse Marie On y trouve un portrait de *Rembrandt.* Le peintre y est vêtu d'une pelisse noire doublée de fourrure. Il porte sur la tête un bonnet fourré, et au cou une double chaîne d'or mêlee de pierreries. Il paraît âgé d'environ trente-cinq ans.

ANGLETERRE.

NATIONAL GALLERY. — *L'Ange conduisant Tobie.* La scène se passe dans un paysage montagneux. L'ange, vêtu de blanc, conduit le jeune Tobie sur une chaussée qui traverse la rivière. Tobie pörte le poisson sous son bras. Derrière eux, on aperçoit un voyageur qui se repose. Gravé par Appleton. Après avoir passé par les collections John Barnard et Emmerson, ce morceau a été légué à la Galerie nationale par le révérend W. Holwel Carr.

L'Adoration des Bergers. La Vierge est assise près de l'Enfant couché dans une crèche; saint Joseph est à sa droite; deux bergers adorent l'Enfant. Parmi d'autres figures de femmes et d'enfants, on remarque un homme qui porte une lanterne et un petit garçon que suit un grand chien. Dans le fond on aperçoit deux vaches. Cette composition, menée à l'effet, et d'une touche libre, est signée *Rembrandt, 1646.* Elle a été gravée par Samuel Bernard, Shenton, Burnet et Sievier. Elle provient des collections Bande-

ville (1786; 3,000 fr.) et Tolozan (1801; 10,000 fr.), et elle a
depuis appartenu à John Julius Angerstein.

La Femme adultère. Elle est à genoux et en larmes; un pan de
sa robe est soutenu par un soldat romain. Parmi les Scribes et les
Pharisiens qui l'entourent, il en est un petit et vêtu de couleur
sombre, qui demande contre elle l'application de la loi de Moïse.
Dans le fond, qui est enveloppé d'ombre, on aperçoit un autel
richement paré où des prêtres officient et où montent des fidèles.
Signé *Rembrandt f. 1644.* Gravé par Burnet, par W. T. Fry et
par Philipps.

Peinture extrêmement finie sur panneau. Elle avait figuré
en 1734 à la vente du bourgmestre Willem Six, où elle fut payée
2,510 florins Elle fut portée en Angleterre par Lafontaine, en 1807,
vendue 5,000 guinées, et cédée ensuite à la galerie Nationale par
M. Angerstein.

Une lumière sourde, ou plutôt une lueur qui n'a
point de nom, éclaire à la fois et obscurcit le temple,
un temple fantastique où scintille un autel d'or et de
pierreries, où l'on devine la foule en mouvement et
des prêtres couverts de trésors, où le mystère élargit
l'espace, creuse les ombres et approfondit l'architecture. Un seul rayon descend sur le Christ et, de sa
figure divine, va se refléter sur la femme adultère
qui pleure à genoux. Ainsi apparaît pieds nus, sur le
pavé du temple, celui dont la douceur doit régénérer
le monde et qui va condamner le dur judaïsme, tandis
que les prêtres juifs continuent là-bas, dans l'ombre,
leurs cérémonies et leur culte d'où l'esprit de Dieu
s'est retiré... S'il est quelqu'un qui puisse regarder

ce tableau sans être ému jusqu'aux entrailles, qu'il renonce à pénétrer jamais dans les secrets de la peinture, à jamais comprendre la muette éloquence de ce grand art.

Descente de Croix. Le Sauveur est étendu à terre, la tête posée sur les genoux de sa mère. Les saintes femmes et plusieurs disciples entourent son corps. Les deux larrons sont encore attachés à la croix. La foule a quitté ce lieu de désolation rendu encore plus mélancolique et plus solennel par les dernières lueurs du jour. Gravé par Picart, Jackson et Freeman. Ce n'est qu'une esquisse terminée en grisaille, mais elle est d'un beau sentiment. Elle a passé par les collections Barry, d'Amsterdam, sir Joshua Reynolds (1795; 41 guinées) et sir George Beaumont. Sur panneau.

Jeune femme au bain. Elle entre dans l'eau entièrement nue et paraît mesurer du regard la profondeur de l'eau. Ses vêtements sont posés sur un rocher qui ferme l'horizon. Après avoir appartenu à lord Gwydyr (1826; 165 guinées), cette peinture a été léguée à la galerie Nationale par le révérend W. Holwell Carr. Elle est signée *Rembrandt f. 1654.*

« La plus énergique page que nous trouvions ici de Rembrandt, dit M. de Triqueti, c'est une *Femme au bain,* hélas! une Bethsabée peut-être dans les idées du maître, quoiqu'il soit difficile de choisir un modèle plus dépourvu de beauté. En revanche, il est impossible de voir une plus belle pâte, un modelé plus extraordinaire, un coloris plus chaud et plus fort. Il faut admirer, quoi qu'en disent le goût et le raisonnement. » (*Les trois Musées de Londres,* Paris 1861.)

Rembrandt n'a pas choisi, en effet, et n'a pas voulu

choisir un autre modèle que celui de la paysanne de
Rarep avec laquelle il se maria en secondes noces, en
cette même année 1654 (selon toute apparence). C'est
le modèle dont la nudité épaisse et robuste reparaît
dans les figures de femmes gravées par le peintre en
1658 et 1661, qui sont la *Femme au bain,* la *Femme
nue,* les pieds dans l'eau, la *Femme au poéle,* la *Femme
à la flèche,* n°s 161, 163, 164 et 166 de notre œuvre.

Portrait d'un Juif. Il est assis et il appuie ses mains sur un
bâton. Il est coiffe d'une sorte de turban. Demi-figure de grandeur
naturelle. Gravé par Burnet, Shenton, Rogers, et imprime en couleurs dans le supplément à l'ouvrage intitulé : *Pictorial Gallery
of arts.*

Un Capucin, buste, offert à la galerie Nationale par le duc de
Northumberland, en 1838.

Un Rabbin, buste, provenant des collections du duc d'Argyle et
de M. Hermans.

Homme âgé; cheveux gris et bonnet rouge. Il est assis à une
table, ses mains sont jointes devant lui. Demi-figure. Elle est
signée *Rembrandt, 1659.* Elle a été donnée à la National Gallery
par lord Colborne, en 1854.

Portrait de Rembrandt, âgé d'environ trente-quatre ans. Il est
vu de trois quarts en demi figure, coiffé d'un bonnet noir et couvert d'une pelisse bordée de fourrure. Il s'appuie sur son bras
droit et regarde le spectateur.

Ce portrait est signé *Rembrandt f. 1640,* et au-
dessous *conterfeyct.* Le mot *conterfeyct,* dont il ne
s'est jamais servi, semble indiquer une copie. Le
rédacteur du Catalogue dit, il est vrai, que c'est là un

vieux mot hollandais qui répond à notre vieux mot français *pourtraire*, et qui se trouve aussi dans la langue allemande, car Sandrart appelle un portrait un *contrafaet*. Quoi qu'il en soit, la peinture nous paraît douteuse.

Rembrandt vieux. Il est en buste, vêtu de brun, et couvert d'un bonnet brun. Ses mains sont jointes. Acheté en 1851, à la vente du vicomte Middleton.

Il y a une ressemblance frappante entre ce portrait et le *Rembrandt à la serviette* que nous avons au Louvre. Mais celui de Londres est d'une touche plus heurtée encore; il s'y mêle aussi, et avec une certaine affectation brutale, des tons crayeux qui ne sont pas ordinaires à Rembrandt. Cela pourrait bien inspirer quelques doutes; mais il faudrait pouvoir confronter les deux peintures.

Portrait de femme. Elle est vêtue d'une robe très-brune qui laisse voir un corsage clair; elle porte des pendants d'oreilles en longues perles. Ses mains croisees sont posees sur un livre. Elle tient dans la main droite un mouchoir blanc Demi-figure courte, grandeur naturelle. Signé *Rembrandt f. 1666*. Donné par lord Colborne, en 1854.

La Ronde de nuit. C'est une petite copie du fameux tableau. Elle a appartenu à Randon de Boisset et à M. Laffitte. Donnée à la Galerie par le révérend Thomas Halford.

HAMPTON-COURT. — *Deux portraits*. Celui d'un homme qui paraît être un rabbin juif et celui d'une femme vue à mi-corps. Le premier est beau.

DULWICH GALLERY. — *Le Songe de Jacob.* Il est couché et endormi sur la gauche, sous un buisson. Du ciel, ouvert au-dessus de lui, descendent des anges.

Nous avons vu il y a quelques années le *Songe de Jacob,* au collége de Dulwich ; il est resté dans notre pensée comme une vision. Ce qui peut en donner une certaine idée, ce sont quelques eaux-fortes du maître, par exemple l'*Annonciation aux Bergers;* mais le noir et le blanc ne suffisent plus à exprimer ces êtres mystérieux qui, dans le petit tableau dont je parle, semblent pétris avec de la lumière et respirer l'air des régions ultra-célestes. Ce sont des figures étranges qui ne sont ni humaines ni angéliques, mais comme des oiseaux vus en rêve... et au-dessus de tout cela une autre figure sort des abîmes de la lumière...

Jacob trompant son père. Isaac est représenté dans un lit richement couvert ; il donne sa bénédiction à son fils qu'il prend pour Ésaü. Morceau douteux, qui est plutôt de Jan Victoor, comme le pense Mᵐᵉ Jameson.

Jeune fille à la fenêtre. A mi-corps. Grandeur naturelle. Elle a été gravée en manière noire.

Un Portrait. Il n'y a que la tête, mais on y attache de l'intérêt, parce qu'on la regarde comme représentant le peintre Philippe Wouwermans.

COLLECTION DE LA REINE D'ANGLETERRE. — *Adoration des Mages.* La Vierge, assise, tient sur ses genoux l'Enfant qui reçoit les hommages d'un des rois prosternés. Du côté opposé se tient le roi d'Éthiopie, qui prend des mains de ses pages une riche cassette. Le troisième mage regarde avec étonnement. Dans le fond, des serviteurs, des chameaux, etc. Peinture capitale et d'un grand effet, signée et datée de 1657. Elle provient d'une collection anonyme d'Amsterdam, 1715, 2,040 florins, et des ventes Bennengin, 1716, 1,500 fl., Lormier, 1763, 2,300 fl., e Grandpre, 1845, 70,000 fr.

Le Christ apparaissant à Madeleine. Il est vêtu d'une robe blanche et couvert d'un grand chapeau ; il tient une bêche à la main. Plus loin on voit s'avancer deux disciples. La scene se passe au lever de l'aurore. Signé et daté de 1638. Ce tableau avait été acheté en 1736, 40,000 fr. pour le prince de Hesse-Cassel; pris en 1806, il fut porté en France et donné à l'impératrice Josephine qui le mit à la Malmaison; en 1816, à la vente de la collection de Joséphine, il fut acheté par un Anglais qui le revendit à George IV.

Nous avons vu deux fois ce tableau sublime : une première fois, en 1854, au palais de Buckingham ; une seconde fois à la grande Exhibition de Manchester, en 1857, où il figurait sous le titre : *Noli me tangere.* Voici ce que nous en disions dans le compte-rendu de cette Exhibition [1]. « C'est un panneau qui a moins d'un mètre de hauteur sur un demi-mètre de large ; mais que de poésie dans ce petit cadre ! Jésus-Christ apparaît à la Madeleine, vêtu en jardinier, couvert d'un grand chapeau de paille, tenant une bêche à la main. Et de même que la pécheresse ne le reconnut point, ainsi le spectateur ne le reconnaît pas non plus à la première vue. Cependant, en voyant à droite, deux anges vêtus de clarté qui se tiennent, l'un

1. *Les Trésors de l'art à Manchester.* Paris, Pagnerre, 1857.

à la tête, l'autre au pied du sépulcre ouvert, on saisit
l'intention du peintre, on retrouve tout à coup le sens
de cette peinture étonnante ; la beauté du Christ,
d'abord voilée, se révèle ; sa divinité se débrouille, cet
humble paysan se transfigure et devient le Fils de
Dieu. La scène se passe sur la terrasse d'un jardin où
l'on aperçoit dans l'ombre deux des saintes femmes
qui s'en vont. Au fond du tableau s'étend un grand
paysage baigné dans une lumière mystérieuse et am-
brée, d'une indicible poésie, lumière étrange·qui n'est
ni le couchant ni l'aurore, mais qu'on dirait elle-même
aussi miraculeuse que l'apparition du Seigneur après
sa mort. *Ne me touchez pas,* dit Jésus à la Madeleine,
et il semble, en effet, qu'au moindre toucher, ce corps
lumineux va se fondre et s'évanouir dans l'essence
divine... »

Le Constructeur de navires. Occupé à dessiner un navire, il est
interrompu par sa femme qui vient lui apporter une lettre. Les
deux figures sont de grandeur naturelle, jusqu'aux genoux ; elles
sont habillées de noir avec des collerettes blanches. Datés de 1633,
ces portraits ont été faits par Rembrandt à l'âge de vingt-sept ans ;
ils sont au nombre de ses plus beaux ouvrages. Acheté en 1810
16,500 florins à la vente Smeth Van Alphen pour George IV, alors
prince de Galles. Ce tableau est mentionné dans le *Trésor de la
curiosité;* il a été gravé en manière noire par Hodges, et à l'eau-
forte par J. de Frey.

Portrait d'un rabbin. Demi-nature ; provenant de la collection
Baring.

Portrait de femme. Elle paraît entre deux âges; elle est blonde, vûe presque de face à sa fenêtre, et richement vêtue. Excellent morceau, dit Mme Jameson, *a superlative picture,* dans le ton or. Daté de 1641. Importé en Angleterre par M. Nieuwenhuys en 1814, et acheté pour le roi, à la vente lord Charles Townshend, au prix de 1,000 guinées (26,250 fr.).

Le bourgmestre Pancras et sa Femme. Il est richement vêtu, porte un chapeau à plume et tient dans ses mains un collier de perles, tandis que sa femme est occupée devant une glace à se mettre un pendant d'oreilles. Provient de la collection Henry Hope, et fut vendu, en 1816, 286 guinees.

Rembrandt, à l'âge de trente-six ans. Peinture délicatement modelée et d'un beau ton clair et doré.

GALERIE BRIDGEWATER. — *Anne la prophétesse,* écoutant Samuel qui récite des prières. Elle est assise près d'une niche, un livre sur ses genoux; l'enfant est agenouillé, les mains jointes. Dans le fond du temple, on aperçoit Siméon qui porte l'Enfant Jésus dans ses bras, ayant Joseph et Marie près de lui, et à quelque distance, l'autel avec les tables de la loi et le serpent d'airain. Gravé par Fitler, et dans la galerie Stafford. Collections Flives, à Amsterdam, 1700, 300 florins; Roos, à La Haye, 1747, 350 fl.; de Julhenne, à Paris, 1767, 1,861 liv.

L'Action de grâces. C'est le petit tableau de la galerie Choiseul dont nous avons parlé plus haut, et qui fut vendu, en 1772, 4,200 livres.

Bien que l'*Action de grâces* soit mentionnée par Smith, le père, dans son catalogue raisonné, comme faisant partie de la galerie Bridgewater, le tableau n'est pas décrit dans le catalogue de cette galerie, dressé par Smith fils.

Un Bourgmestre. Homme vénérable à barbe blanche, assis dans un fauteuil. Signé et daté de 1637; grave dans la galerie Stafford, par de Frey et Finden. Provenant de la vente de Geldemerster, 1800. 1,625 florins.

Rembrandt, à l'âge de quarante-neuf ans. Signé et daté de 1655. Gravé dans la galerie Stafford, et par Lewis. Collection comtesse Holderness, 1802. 78 liv. sterl.

Portrait de femme. Elle est mise élegamment, elle porte des bijoux et un riche mouchoir de dentelles. Gravé dans la galerie Stafford.

Portrait d'homme. Simple étude, gravée dans la galerie Stafford.

GALERIE GROSVENOR (au marquis de Westminster). — *Un Gentilhomme,* âge d'environ trente ans. Il est vu de trois quarts; il est vêtu de vert foncé; il porte sur sa main gauche un faucon qui etend et agite ses ailes; à son côté pend une gibeciere retenue par une chaîne d'or. Signé et daté de 1643 ou 1645. Collection Grandpre, 1809. Retiré.

Portrait d'une femme, d'environ trente ans, jolie et blonde. Elle est coiffée d'un bonnet garni de plumes et rehausse de pierreries. Les mains sont croisées; la gauche tient un éventail. Elle porte un riche collier et un manteau brodé. Retiré à la vente Grandpré, en 1809, au prix de 40,000 fr., avec le précédent.

« Ces deux peintures, dit Mme Anna Jameson, sont des spécimens de ce que tout ce que l'art peut faire. La permission de les voir est un privilége. Les personnages représentés ont vécu, se sont remués, ont eu l'être comme nous les voyons devant nous. La vérité de l'effet est ici, non pas diminuée mais accrue par la sombre splendeur et la vapeur lumineuse de l'atmosphère où l'artiste les a plongés. Rien ne m'a jamais donné à ce point l'idée d'une création, — de la vie communiquée par un mot, un désir, un souffle, un miracle[1] ! »

Portrait de Berghem. Le célèbre peintre est représenté en buste, à l'âge d'environ quarante-cinq ans. Il porte un grand chapeau, il a des cheveux noirs et des moustaches. On voit une de ses mains. Peinture très-libre et très-rapide.

La Femme de Berghem. Elle est vue de face, en bonnet blanc et robe noire, mais sur sa robe elle porte une fraise plissée. Elle a ses deux mains l'une dans l'autre. Gravé par Schiavonetti, ainsi que le précédent.

Le portrait de la femme de Berghem est aussi fini que celui de Berghem est hardiment touché. La personne que Berghem eut le malheur d'épouser est bien dans son portrait ce qu'elle est dans l'histoire : laide, maussade, avare et rechignée ; mais l'exécution est excellente ; le teint couperosé du modèle, le flasque des chairs et le reflet de la fraise sur le menton, sont exprimés avec un art admirable. Cela rappelle le portrait de la dame Six, femme du bourgmestre, qui est à Amsterdam, chez M. Six van Hillegom. Les deux portraits de Berghem et de sa femme sont exposés en ce moment (septembre 1863), à Londres, dans les salles de la British-Institution, à Pall-Mall.

La Visitation. Élisabeth descend les degrés de sa maison pour

1. Nothing ever game me more the impression of a creation-something brought into being by a word, a wish, a breath, a miracle. *Private picture galleries London, 1844.*

embrasser la Vierge. Elle est suivie de Zacharie que soutient un jeune garçon. Derrière la Vierge, on voit une négresse qui ôte son manteau; plus loin un serviteur qui tient l'âne sur lequel la Vierge a voyagé. Un chien, un paon et une poule avec une couvée de poussins achèvent la composition. C'est un morceau que les Anglais comparent, pour la beauté, l'expression, la magie, à la *Femme adultère* de la National Gallery. Signé et date de 1640. Gravé par Burnet. Provenant de la collection du roi de Sardaigne.

COLLECTION DE FEU SIR ROBERT PEEL. — *Moise sauvé*. La scène a pour cadre un paysage boisé et peu etendu. Thermutis et ses femmes sont arrêtées autour de l'enfant. La princesse vient de sortir du bain. Une suivante nue jette un manteau sur ses epaules; une femme nue se tient à ses côtés; trois autres se penchent sur le berceau. Peinture admirable, gravée dans la galerie Choiseul, et qui a passé successivement dans les ventes Choiseul, 2,031 liv.; prince de Conti, 1777, 1,400 liv.; Boileau, 1787, 1,200 fr.; et de Saint-Victor, 1822, 2,550 fr. [1].

Portrait d'un Gentilhomme, d'environ quarante ans ; cheveux courts et noirs; moustache rougeâtre. Il porte un habit gris foncé, une collerette tombante garnie de dentelles et une chaîne d'or. Forme ovale.

Paysage boisé. A droite du spectateur coule une rivière sur les bords de laquelle sont trois vaches. Du côté opposé on voit assis, l'un près de l'autre, un homme et une femme, le premier lisant. Un chien est couché derrière eux. On distingue quelques autres figures dans les enfoncements du bois. Grand effet d'ensemble, presque pas de détails. Ce paysage, provenant de la collection de Roore (1747, 350 florins), était en 1821 chez lord Radstock, pour le compte duquel il fut vendu à sir Robert Peel 300 liv. sterl.

---

1. M. de Saint-Victor, qui a possédé tant de beaux tableaux dont la collection serait aujourd'hui une fortune, était le pere de Paul de Saint-Victor, le si brillant écrivain de *la Presse*.

COLLECTION DU DUC DE DEVONSHIRE. — *Un Grand Prêtre juif,* à barbe grise, les mains l'une dans l'autre. Il est coiffé d'un turban et porte un manteau qui est attaché sur la poitrine avec des agrafes en or ciselé. Peinture finie, gravée par Pether, Spencer et Görling.

Le duc possède encore, dans sa résidence de Chatswoth, plusieurs excellents dessins de Rembrandt à l'encre de Chine ou au bistre, paysages, études et sujets de sainteté, entre autres une *Sainte famille* et la *Vierge donnant un baiser à l'Enfant.*

COLLECTION DE LORD DERBY. — *La Robe de Joseph.* Deux des frères de Joseph remettent à leur père la robe ensanglantée de Joseph. Jacob, saisi d'horreur, lève ses mains avec désespoir. Benjamin, pendant ce temps, joue avec un oiseau. Daté de 1639. Provient de la vente d'un artiste faite à Paris, en 1773.

D'après la description de Smith, la *Robe de Joseph* aurait de l'analogie avec l'estampe si expressive, si bien sentie et si précieuse que nous avons décrite sous le n° 10 : *Jacob pleurant la mort de son fils Joseph.* Mais le tableau est plus riche d'une figure, celle de Benjamin, dont la naïveté enfantine ajoute par le contraste à ce qu'il y a de tragique dans la douleur paternelle de Jacob. Les grands maîtres, les vrais maîtres font servir le contraste à rendre plus puissante l'unité de l'impression. Voilà comment la comédie peut trouver place dans les scènes pathétiques. La figure de cet enfant qui joue avec un oiseau tandis qu'on apporte la robe ensanglantée de son frère, est un de ces traits que la nature fournit tous les jours à l'observation, mais qui ne sont observés que par les hommes de génie. Que le comique intervienne, si l'on veut, dans la tragédie, mais pour qu'elle en devienne plus navrante. Cela est vrai dans l'art comme dans la littérature.

COLLECTION DE LORD COWPER, à Panshanger. — *Portrait* d'un personnage qui paraît de trente à trente-cinq ans. Il est derrière une table couverte d'un tapis, et sur laquelle on voit un livre ouvert et un autre livre placé sur les feuillets du premier. Il tient son chapeau de sa main gauche étendue. Morceau de toute beauté, signé et daté de 1644.

Portrait équestre, dit de Turenne. Le héros paraît environ quarante ans ; il est monté sur un cheval de bataille et semble passer dans la rue d'une ville hollandaise. Le fond du tableau représente d'un côté trois gentilshommes dans un carrosse, avec deux serviteurs, et, du côte opposé, une femme à pied. Ce portrait, peint vers 1649, se trouvait, dit Smith, dans une collection anonyme vendue à 'Amsterdam, en 1740, et avait été alors adjugé au prix de 90 florins.

Le portrait équestre de Turenne par Rembrandt?... Je n'y croyais guère, bien que ce morceau fût mentionné dans le *Catalogue* de Smith et dans le livre de M. Waagen : *Art treasures in England.* Mais cela m'avait beaucoup intrigué et j'avais depuis longtemps une extrême curiosité d'y aller voir. J'y fus décidé tout récemment, comme je me trouvais avec mon frère

au magnifique château de Hatfield, dont la marquise
de Salisbury voulut bien nous faire les honneurs avec
une grâce accomplie, en nous donnant l'assurance que
le portrait de la galerie de Panshanger était bien réellement celui de Turenne. J'allai donc visiter la galerie
de lord Cowper avec la permission de sa seigneurie.
Le château de Panshanger est situé au milieu des bois
dans le Hertfordshire, à six milles de Hatfield, à
soixante milles environ de Londres.

Quatre heures sonnaient quand j'arrivai au château
après une forte averse. Le soleil avait percé les nuages
et donnait justement dans la grande galerie, mais il
n'en éclairait qu'une extrémité, et le Rembrandt était
par malheur à l'extrémité opposée. Un Raphaël, un
Corrége recevaient les derniers rayons de ce soleil
d'automne (c'était le 13 octobre 1863) dont il n'arri-
vait que des reflets éloignés sur le grand portrait de
Turenne qui demeurait ainsi dans un demi-jour rem-
branesque. — Le personnage représenté paraît un peu
moins de quarante ans. Il a les joues pleines, le nez
gros, des moustaches, le teint coloré, la mine sévère,
l'œil assez dur. Il porte un chapeau élégamment orné
d'une plume légère qui suit la ligne horizontale. Son
costume se compose d'une fraise tombante à gros
plis, et d'un juste-au-corps de buffle sur lequel passe
une écharpe blanche formant sur la hanche gauche
un bouffant. De sa botte éperonnée il presse le flanc

d'un cheval gris de fer, à crins pendants, qui se cabre.
Le fond, devenu très-sombre, m'a paru être un grand
bois; mais d'après la description de Smith, ce fond
représenterait une rue de ville hollandaise, sans doute
ombragée d'arbres. La seule chose que j'y aie dis-
tinguée, c'est un carrosse dans lequel passent trois
gentilshommes escortés de deux écuyers dont on ne
voit que les têtes par-dessus l'impériale du carrosse.

Le tableau est peint dans la dernière manière de
Rembrandt, si robuste, si généreuse et si fière, à peu
près comme les *Syndics de la Halle aux draps*. C'est
dire assez que la pâte en est solide et la touche ré-
solue; quelques endroits exécutés rapidement et stra-
passés m'ont rappelé le portrait du bourgmestre Six
mettant ses gants, qui est à Amsterdam, chez M. Six
van Hillegom. Au soleil de midi, la peinture de
Panshanger doit être superbe : à l'heure où je l'ai vue,
elle était imposante. Elle remplit, du reste, magni-
fiquement le fond d'une galerie de chefs-d'œuvre; elle
est, enfin, d'un intérêt considérable non-seulement
parce qu'il n'y a pas d'autre exemple d'un portrait
équestre peint par Rembrandt, mais encore à cause du
personnage dont elle porte le nom glorieux.

Le héros représenté me paraît bien être en effet le
maréchal de Turenne, tel que nous le connaissons
par la belle estampe de Nanteuil, mais plus jeune au
moins de quinze ans. Né en 1611, Turenne avait

trente-huit ans en 1649, lorsque, destitué de son commandement par Mazarin, il se retira en Hollande. Ses mémoires nous apprennent qu'il y séjourna un mois seulement, jusqu'à ce qu'il eût appris le traité de Rueil. Or, la manière qui est si lisiblement écrite dans le portrait qui nous occupe est justement celle que Rembrandt pratiquait en 1649, sept ans après avoir peint la *Ronde de nuit,* et qui gagnant chaque jour de l'ampleur, de la sûreté, de l'énergie, devait aboutir, en 1661, au tableau des *Syndics,* dernière expression d'une peinture qui est la réalité de la vie vue en grand, mais serrée de près.

En confrontant le lendemain l'estampe de Nanteuil avec le portrait présent à notre souvenir, nous y avons trouvé une ressemblance incontestable, quoique l'estampe, gravée en 1665, soit de seize ans postérieure à la peinture. Donc, que Turenne durant son rapide séjour en Hollande, ait eu l'idée de se faire peindre par le plus grand artiste du pays — tout semble le prouver, et en tout cas rien ne s'y oppose.

L'autre peinture de Rembrandt que possède lord Cowper est sans doute le portrait d'un comédien dans l'action de son rôle, car le personnage se lève vivement du siége sur lequel il était assis derrière une table, et il semble parler avec beaucoup d'animation à une personne qui serait placée à sa gauche, et vers laquelle il étend le bras en paraissant agiter son cha-

peau. Rembrandt a peint ce morceau en 1644, deux
ans après la *Ronde de nuit,* et dans la même manière.

COLLECTION DE LORD ASHBURTON. — *Coppenol,* âgé d'environ
cinquante ans. Il tient une feuille de papier et une plume, et il
regarde le spectateur. Ce portrait rappelle l'estampe gravée par
Rembrandt et dite le *Grand Coppenol.* Il a été aussi gravé par
Surugue et il a fait partie de la galerie Lucien Bonaparte.

Cornélius Jansénius, âgé de cinquante ans environ. Il porte un
gant à sa main droite et paraît se promener. Signé et daté de 1661.
Morceau très-fini et très-riche de ton. Il figurait à la vente Séré-
ville, 1811, 5,071 fr., et en 1834, à celle du prince de Talleyrand,
12,500 fr.

Jansénius étant mort en 1638, aurait-il été peint
par Rembrandt en 1661? Cela est peu vraisemblable,
pour un artiste qui peignait toujours d'après nature,
à moins que la date n'ait été mal lue et ne soit 1631.

Portrait de Rembrandt, dans un âge avancé. Il est peint d'une
main magistrale, dans sa dernière manière; mais la lumière est
froide et l'ombre épaisse. Provient de la galerie du duc de Valen-
tinois.

Deux portraits, en pendants; un jeune homme et sa jeune
femme. Ces deux portraits, datés de 1641, ont fait partie de la
galerie de Hesse-Cassel, d'où ils ont été transportés, en 1806, à la
Malmaison. On les compte parmi les plus étonnantes peintures du
maître.

COLLECTION DE LORD WARD. — *Prédication de saint Jean-
Baptiste.* C'est un tableau non terminé et qui n'a pas un mètre de
large sur 70 centimètres de haut; mais dans ce petit cadre, d'un

prix inestimable, sont réunies un très-grand nombre de figures. Grisaille préparée au bitume et mêlée çà et là de quelques tons précieux.

Portrait de vieillard. Il a des cheveux blancs et une barbe blanche. Il tient une plume à la main et il est assis à une table où on voit un livre ouvert dans lequel sont écrites plusieurs lignes en grec.

Un Bourgmestre. Il a été photographié, ainsi que les précédents, dans un ouvrage spécial publié par Colnaghi, à Londres.

COLLECTION DE LORD OVERSTONE. — *Un Paysage.* C'est celui qui se trouvait, en 1764, dans la vente du comte de Vence. Il fut vendu 300 livres, ainsi que nous l'avons mentionné dans le *Trésor de la curiosité.*

Nous l'avons vu à la grande Exhibition de Manchester, et nous en avons dit : ...Paysage incomparable, où le maître subordonne Hobbema, domine Albert Cuyp, éclipse Everdingen, écrase Wynants et fait pâlir le grand Ruysdael lui-même.

COLLECTION DU MARQUIS D'ABERCORN. — *Descente de croix.* Le corps du Sauveur repose sur un linceul. La Vierge se penche tristement sur la tête de son fils. Elle est assistée par une sainte femme, par un des disciples et par Joseph d'Arimathie, vieillard vénérable, en cheveux blancs. Une jeune femme (la Madeleine) se tient auprès de la croix. Une vieille femme est aux pieds du corps. Peinture très-finie et d'un grand sentiment. Elle est datée de 1640.

COLLECTION SIR BETHEL CODRINGTON. — *Jésus-Christ,* représenté à l'âge de trente cinq ans, les cheveux partagés sur le sommet de la tête et tombant sur ses épaules. Ses deux mains s'appuient sur un bâton. Figure de grandeur naturelle, signée et datée de 1661. Ouvrage remarquable, dit Smith.

Collection Berkeley Oven. — *Femme à sa toilette.* Elle est occupée à nouer la manchette de son bras droit, elle a des perles dans ses cheveux qui sont retenus par un mouchoir blanc. Un verre et un vase sont posés sur une table pres d'une fenêtre. Tableau de prix.

Collection de sir Antony Rothschild. *La Nourrice.* Elle a fait monter un enfant sur une chèvre, tandis qu'une petite fille s'amuse avec un jouet qu'elle tient à la main. Naïveté, expression, effet de soleil, touche libre et indicative, tout cela est admirable dans ce tableau qui, après avoir passé par les collections Walckenaer (1796, 1,413 florins) et Brentano (1822, 3,205 fr.) a été acheté 610 guinées à la vente de la collection Nieuwenhuys.

Portrait de Rembrandt avancé en âge. Ton clair, lumière blonde et un peu grise.

Collection Samuel Rogers. — *Composition allégorique,* en grisaille. On croit qu'elle représente la delivrance des Provinces-Unies. On y voit beaucoup de figures d'hommes à pied et à cheval, et l'on y remarque surtout un lion enchaîné au pied d'un rocher sur lequel s'elève l'arbre de la liberté. Sur le rocher on lit ces mots : *Solo Deo gloria.* Cette grisaille provient des cabinets de sir Joshua Regnolds et de Benjamin West, elle avait coûté au poëte Rogers 247 guinées.

Portrait de Rembrandt à l'âge d'environ soixante ans. Il porte un manteau brun garni de fourrure, un bonnet de velours, et une chaîne d'or à laquelle est suspendue une médaille.

Paysage où l'on voit quelques arbres sur une colline, un cavalier et un pieton ; dans le fond, une plaine terminée par un horizon brillant. Harmonieux et blond.

La collection de Samuel Rogers a été vendue après sa mort, il y a quelques années ; mais faute de savoir entre les mains de qui sont maintenant les tableaux du poëte, nous les laissons ici sous son nom.

COLLECTION DE LORD ASHBURNHAM. — *Renier Anslo et sa mère.* Anslo est âgé de quarante ans environ. Il est à côté d'une table sur laquelle est posée sa main droite, tandis que sa gauche levée indique qu'il parle à sa mère, assise à la gauche de son fils. Sur le tableau on remarque une pile de livres et un chandelier à deux branches. Signé et daté de 1641, et gravé par Josiah Boydell. Collection sir Lawrence Dundas, 1794, 540 liv. sterl.

Il est remarquable que le portrait d'Anslo a été peint par Rembrandt l'année même où il a gravé l'estampe qui est décrite dans notre œuvre sous le n° 170. Il y a cependant des différences notables entre le portrait gravé et le portrait peint, sans parler même de la différence principale qui consiste dans la présence ou l'absence d'une seconde figure. Preuve de plus que Rembrandt ne s'est jamais répété ; qu'il n'a jamais été satisfait de ses inventions au point de les reproduire, en peinture ou à l'eau-forte, sans y rien changer.

COLLECTION WILLIAM HOPE. — *L'amiral Tromp.* C'est le nom sous lequel on désigne le personnage représenté. Il paraît âgé de cinquante et quelques années ; il est couvert d'un bonnet rayé de rouge et de jaune, et il porte moustache ; sa main gauche s'appuie sur son bâton de commandement qui est en or. Portrait d'une beauté supérieure, daté de 1651. Collection du chevalier Erard, 1832,

17,400 fr. (L'amiral Martin Tromp avait en effet, en 1654, cinquante-quatre ans.)

COLLECTION HENRI-THOMAS HOPE, à Londres, dans Piccadilly. — *La Nacelle de saint Pierre.* Provenant de la fameuse collection Braamcamp, et achetée 4,360 florins, en 1774, par Th. Hope.

On trouvera ce tableau longuement décrit dans le *Trésor de la curiosité* (au supplément du Iᵉʳ volume), d'après le catalogue hollandais de la vente Gerret Braamcamp, faite à Amsterdam en 1771. Rembrandt y a représenté d'une manière pathétique une tempête affreuse, un ciel sinistre, sillonné d'éclairs, le désespoir du pilote, l'effroi mortel des disciples et la divine sérénité de Jésus, qui était couché sur la poupe de la nacelle et que l'on réveille précipitamment. C'est une de ces peintures dont le souvenir vous poursuit pendant toute la vie, ou plutôt qui laissent dans l'âme une impression ineffaçable avec un souvenir vague et d'autant plus terrible.

Portraits de famille. Nous avons vu ces deux portraits à l'Exhibition de Manchester, et nous en avons parlé en ces termes dans notre petit livre sur cette Exhibition, *Les Trésors de l'art à Manchester* ·

« Bien que datée de 1633, c'est-à-dire d'une époque où l'artiste n'avait que vingt-sept ans, cette peinture, passée, finie avec soin, est déjà grave et mystérieuse. Les deux personnages sont vêtus de soie noire avec

des collerettes empesées : l'homme debout, le chapeau
sur la tête, au pied d'un escalier ; la femme assise au
premier plan, une main appuyée sur le bras du fauteuil, l'autre gantée d'un gros gant à fourrure. La
blancheur tempérée de sa large fraise tranche sur le
noir transparent et profond de la robe, dont le corsage
est d'une étoffe chamois ramagée d'or qui forme une
transition charmante entre le noir et le blanc. Pour
tout fond, une chaise vide et une carte géographique
sur le mur. Il est surprenant qu'un jeune peintre ait
pu concevoir et exécuter ce double portrait avec tant
de réserve, de discrétion et de sagesse. C'est un morceau exquis.

Petit paysage. Une plaine traversée par une rivière sur les
bords de laquelle s'élèvent quelques fabriques : sur le devant,
deux arbres. Le ciel est chargé de nuages. Parmi les paysages de
Rembrandt, qui sont ordinairement assez peu faits, celui-ci est
remarquable par le soin que l'artiste y a mis. Il est sur bois, de
forme ovale.

Collection Viscount Clifden. — *Le bourgmestre Six.* Il est
représenté à mi-corps, un peu tourné vers la droite, et beaucoup
plus jeune que dans le portrait qui est à Amsterdam, chez M. Six.
Il est nu-tête ; une lumière vive tombe sur ses longs cheveux d'un
blond ardent que fait encore ressortir son manteau noir.

La Femme du bourgmestre Six. Elle est à mi-corps, tournée
vers la gauche, et fait ainsi pendant au portrait de son mari. Le
peintre l'a représentée en cheveux, très-richement vêtue avec dentelles, perles et bijoux ; le fond est sombre. M. Waagen croit

reconnaître ici la main de Ferdinand Bol, et il se peut bien qu'il n'ait pas tort.

Ces deux portraits de prix appartenaient à lady Dover; le premier fut exposé en 1853 à la British-Institution où nous l'avons vu. Nous venons de le revoir aujourd'hui, 15 septembre 1863, à l'Exposition annuelle du même établissement qui vient d'être close, dans Pall-Mall. Il est peint grassement, avec fermeté, d'un beau ton et dans la manière mixte de Rembrandt. Le vêtement et la main qu'on aperçoit dans l'ombre sont sacrifiés au triomphe de la tête qui s'enlève sur un fond clair et qui est dorée comme elle le serait par un rayon de soleil tamisé. Le second portrait est traité avec beaucoup de délicatesse et précieusement fini.

COLLECTION JOSEPH NEELD. — *Joseph accusé par la femme de Putiphar.* La scène se passe dans une chambre dont le centre est occupé par un lit. D'un côté du lit, est assise la femme de Putiphar qui, la main sur son cœur comme pour protester de la pureté de ses intentions, désigne le pretendu coupable à son époux; celui-ci, richement vêtu d'un costume asiatique, se tient derrière le siége de sa femme et l'ecoute avec calme. De l'autre côté du lit, Joseph lève les yeux et les mains au ciel. Acheté 180 guinées par MM. Hickham et Carpenter, à la vente Willoughby, en 1820, le tableau en question fut revendu pour une somme énorme à sir Thomas Lawrence, et fut poussé à sa vente, en 1830, à 570 guinées (environ 15,000 fr.)

Portrait de Rembrandt, dans ses dernières années. Couleur chaude et transparente, manière heurtée.

COLLECTION LADY CLARKE. — *Le Denier de César.* Un Phari-
sien, richement vêtu, montre une pièce de monnaie à Jésus qui a
une main etendue. Dix figures entourent ces deux personnages
placés au premier plan, plus loin on en voit quatre autres. Daté
de 1645. Provient de la vente Robit, 1804, 8,850 fr.

Rembrandt portant un drapeau. Il est vu presque de face, à
l'âge d'environ cinquante ans. Sa tête est couverte d'un grand
chapeau a plumes. Une cuirasse brille sur sa poitrine. Connue par
une gravure de Haid, cette peinture a passe par les collections
Verhulst, 1779, 1,354 florins; Lebœuf, 1782, 5,300 fr.; Robit,
1804, 3,095 fr. Elle appartint a George IV, qui l'échangea pour
d'autres peintures avec Lafontaine.

Il est très-probable que le *Porte-drapeau* de lady
Clarke est celui qui se trouve maintenant chez le baron
James de Rothschild, à Paris. Nous en avons fait
mention, il y a quelque dix ans, dans l'*Histoire des
peintres,* à l'article d'Isaac d'Ostade, auquel est ajoutée
une longue note sur la collection Rothschild, de Paris. Mais il existait encore un second tableau du
même genre avec différences, dans les mains de sir
Joshua Reynolds ; c'est le *Porte-drapeau* qui avait
été envoyé à l'Exhibition de Manchester par lord
Warwick.

COLLECTION SIR ABRAHAM HUME. — *Van Hooft,* historien et
poëte celèbre. Il est représenté à l'âge de soixante-cinq ans. Il a
sa main droite posée sur un buste d'Homère qui est placé sur une
table. Signé et daté de 1653. Morceau capital, dit Smith, et de la
meilleure manière du maître.

Je ferai remarquer ici encore que *Van Hooft* étant

mort en 1647, n'a pu être peint en 1653, par Rembrandt, qui n'était pas homme à faire un portrait autrement que d'après nature. Le buste d'Homère indique bien en effet que le personnage représenté est un poëte ; mais ce peut être Vondel ou tout autre. Van Hooft est d'ailleurs célèbre comme historien et non comme poète ; car les Hollandais l'appellent un autre Tacite, *alter Tacitus*. Dans l'ouvrage de M. Waagen, *Art treasures in England,* ce prétendu portrait de Van Hooft est mentionné comme appartenant aujourd'hui au comte de Brownlow.

Fitz William museum, à Cambridge. — *Un Officier*, âgé de cinquante ans, vu de trois quarts, la main droite sur sa hanche, la gauche sur la garde de son épée. Il porte un bonnet de velours, orné de plumes, et une riche chaîne d'argent à son cou. Signé et daté de 1635. Excellent portrait, gravé en manière noire par Pether, et au burin par Cardon.

Collection Jeremiah Harman. — *Ecce homo*. Pilate s'est levé de son siége pour échapper aux demandes importunes de quatre prêtres dont deux l'implorent à genoux, tandis qu'un cinquième harangue la multitude. Jesus-Christ se trouve un peu au-dessous, les mains jointes, une couronne d'epines sur la tête, un manteau sur les epaules. Des soldats et le peuple remplissent la cour du prétoire ; on ne voit que leurs têtes. La statue de Tibère qui surmonte une colonne donne une date à la scene. Composition en grisaille, rappelant celle que le peintre a gravée. Vendue avec un autre tableau à la vente du bourgmestre Six, en 1734, 14 florins, elle a passé depuis par les collections Goll, Brondgeest et Emmerson.

Grand-Prétre juif. Il est revêtu de ses habits sacerdotaux, et il porte un livre sur le bras gauche Devant lui est une table couverte d'un drap richement brodé et sur laquelle est un vase d'or. Le lieu où il se trouve est le Saint des saints, et l'obscurité y ajoute un caractère religieux et solennel.

BLEINHEIM PALACE, résidence des ducs de Malborough. — *La Femme adultère*. La composition contient cinq figures à mi-corps, le Christ, saint Jean, la femme accusée et deux personnages qui l'accusent ; elle est remarquable, quoiqu'on ne puisse la comparer à l'incomparable tableau du même sujet qui est à Londres, dans la National Gallery.

STOURHEAD-HOUSE, résidence de la famille Colt Hoare. — *Élisée* rendant à la vie l'enfant d'une veuve. Gravé en manière noire par Earlom.

Deux bohémiennes, au clair de lune. Gravé par Canot.

COLLECTION DE LORD NORTHWICK. — *L'Ange rassurant Tobie*. M. Waagen dit que l'expression des têtes ne lui semble pas en rapport avec le sujet, et que l'exécution est trop négligée.

La même collection, ajoute M. Waagen, renferme un portrait d'homme, très-fini, dans un ton doré mais étouffé, *subdued golden tone*, et un bon portrait d'un homme et de sa femme.

COLLECTION DU MARQUIS DE LANSDOWNE. — *Portrait de Rembrandt*, à l'âge d'environ soixante ans, en bonnet blanc, veste rougeâtre et manteau brun doublé de fourrure. Il tient de la main gauche palette et pinceaux Sa main droite est sur la hanche. Sur les murs de son atelier sont tracées des figures géométriques. Ce portrait, dit Smith, a été gravé par de Marcenay lorsque la toile était dans la galerie du comte de Vence. A la vente de cet amateur, il fut payé 481 fr. seulement, puis à la vente Danoot, à Bruxelles, en 1828, 9,450 florins.

On voit d'après la description que le tableau appartenant au marquis de Lansdowne est assez semblable à celui qui est au Louvre et que nous appelons le *Rembrandt à la serviette.*

Un Bourgmestre. Il est d'un âge moyen ; en chapeau noir, longs cheveux et collet tombant. Belle esquisse.

Portrait d'une dame d'environ trente-six ans; en bonnet de dentelle et fraise, corsage jaune brodé et robe de soie noire Elle est debout, la main gauche appuyée sur une table, la droite sur le corsage. Elle semble adresser la parole à quelqu'un. Beau portrait, signe et daté de 1642; provenant de la collection de lord Warncliffe.

Paysage au moulin. C'est le paysage grave dans la galerie d'Orleans, sous le titre : *Moulin de Rembrandt,* et par Turner dans les *Gems 'of art* (joyaux de l'art). Le marquis de Lansdowne l'a paye 800 guinées (21,000 francs).

Petit paysage. Dans le milieu du fond, un pont et un chemin qui y conduit; sur le devant, une rivière et deux hommes dans un bateau ; au centre, des arbres éclairés d'une vive lumière. Provenant de la collection Lapeyrière et acheté par le marquis à la vente Gray.

LOWTHER-CASTLE, résidence du comte de Sousdale. — *Bélisaire aveugle,* conduit par un jeune garçon. Derrière eux est une figure d'homme. Ce sujet n'est pas de ceux qui sont familiers à Rembrandt , cela n'empêche pas que l'ouvrage ne soit digne de lui.

GLASCOW COLLEGE. — *Jesus mis au tombeau.* C'est une peinture en grisaille, mais d'un ton chaud et d'une composition bien remplie.

COLLECTION DU RÉVÉR. M. COLBY. — *Portrait de Jean Elison,* ministre de l'Église anglicane à Amsterdam. Il est vêtu de noir et assis près d'une table couverte de livres ; sa main droite, rendue avec une verité etonnante, s'appuie sur le bras droit du fauteuil ; la gauche est dirigée sur lui-même.

Portrait de la femme d'Elison. Elle est aussi en noir, coiffée d'un chapeau à larges bords qui projette une ombre transparente sur son visage.

Ces deux portraits, remarquables par leur beauté et leur conservation, sont peints d'un ton clair et avec soin, comme presque tous les ouvrages de Rembrandt dans sa jeunesse. Ils sont du reste signés et datés de 1634.

COLLECTION DE LORD SPENCER, à Althorp. — *La Circoncision.* Petite peinture, datée de 1661. Effet surprenant; touche très-spirituelle.

La Mère de Rembrandt. Elle est vue jusqu'aux genoux et assise à une table sur laquelle est posé un grand livre. M. Waagen la trouve trop richement vêtue pour être la mère du peintre. *The rich dress makes it probable, in my opinion, that some other lady is represented.* Cela prouve que l'habile connaisseur ne se rappelle pas bien les estampes du maître.

WOBURN-ABBEY, résidence du duc de Bedford — *Portrait de Rembrandt,* jeune, en habit de fourrure et portant une chaîne d'or.

Portrait d'un vieux Rabbin, avec une chaîne d'or au cou. Morceau vigoureusement empâté et plein d'effet, mais d'un faire rude et hâtif.

Le duc de Bedford possédait encore, à Londres, dans Belgravia, un portrait de jeune fille que nous y avons vu et qui est bien senti.

COLLECTION MUNRO. — *La Mort de Lucrèce.* Elle est vue de face et s'est un peu levée pour se plonger le poignard dans la poitrine. Daté de 1644, ce tableau, d'une riche couleur et d'une belle touche, vient des collections Lapeyrière, 1825, 1,300 fr., et Michel Zachary, 1828, 110 guinées.

Rembrandt, dans un âge avancé. Effet puissant; peinture grasse.

COLLECTION HOLFORD. — *Trois portraits.* 1. Un homme qui a une main sur sa poitrine. Waagen compare ce portrait à celui du constructeur de vaisseaux, qui appartient à la reine. 2. Un vieillard dans un fauteuil 3. Un homme vu presque de face, et portant une chaîne d'or.

M. Holford a aussi deux dessins admirables du maître, dont un paysage.

COLLECTION DE LORD COLBORNE. — *Portrait d'un Vieillard,* peint dans la dernière manière du peintre, c'est-à-dire avec beaucoup de liberté, d'esprit et de feu. C'était un des plus beaux ornements de l'exposition faite en 1852 par la British Institution.

CABINET DE SIR CHARLES EASTLAKE, directeur de la National Gallery. — *Une Vieille femme,* vêtue de noir et vue de face ; elle porte un bonnet blanc et une fraise. Signé *Rembrandt f. 1634, Ae suœ. 83.* Provenant du cabinet de M. Wells.

COLLECTION DE LORD CARLISLE. — *Rembrandt,* dans sa jeunesse. Petit morceau transparent et mordoré.

Portrait d'homme. Il a un large chapeau et un grand collet; il tient une plume et du papier. L'expression du personnage est remplie de noblesse, et sauf les mains, qui sont un peu négligées, la peinture est admirable et, comme dit Waagen, dans le ton d'or, *golden tone.*

COLLECTION WOMBWELL. — *Lucrèce.* Elle tient un poignard dans sa main droite. Signé et daté de 1666. La composition de Rembrandt, dit Waagen, est ici plus noble que d'ordinaire.

L'Ange annonçant la naissance de Samson. Ce tableau rappelle celui du Louvre, l'Ange qui disparaît devant la famille de Tobie; mais la peinture a plus de consistance et de corps.

Portrait d'un homme, en chapeau à plumes, tenant un faucon sur le poing. Couleur chaude et profonde

COLLECTION WYNN ELLIS. — *Portraits* d'un homme et de sa femme. Ils sont signés et datés de 1632 et 1633. Manière délicate et harmonieuse ; remarquable vérité du ton.

CABINET BALE. L'amateur de ce nom ne possède que des dessins de Rembrandt ; mais la plupart de première qualité. De ce nombre sont une *Adoration des bergers,* première pensée du tableau qui est dans la National Gallery, plus quelques paysages, remplis du plus vrai sentiment de la nature, et dans lesquels la monotonie d'une contrée aussi plate que la Hollande est artistement relevée par un coup de lumière ou par un bouquet d'arbres.

KNEBWORTH, résidence de sir Edward Bulwer Lytton, baronnet. — *Cabinet de médecin.*

Le Rembrandt que possède l'illustre poete et romancier, qui a été aussi un homme d'Etat, est un morceau des plus curieux. C'est un groupe de divers objets qui semblent appartenir à un cabinet de médecin : le plus apparent est un grand parchemin sur lequel sont écrites plusieurs lignes d'une écriture cursive, mais remplie de caractère et qui ressemble à celle de Coppenol, comme si Rembrandt se fût amusé à copier une pièce du maître écrivain.

Les parties bien conservées de ce tableau sont d'une belle manière, et, tout en rappelant la touche de Rembrandt, elles m'ont fait songer aux excellentes natures mortes de Héda. Il est fâcheux qu'il n'entre pas dans notre sujet de décrire la galerie de portraits de sir Edward, et il est regrettable que M. Waagen n'ait pas connu tout ce que renferme de précieux le château

de Knebworth. Mais nous voulons dire ici aux amateurs de l'art français, que dans ce château se trouve
le chef-d'œuvre de Trémollière, un portrait du duc de
Richelieu représenté tout jeune, insolent, élégant, le
sarcasme sur la lèvre, la galanterie dans les yeux, plein
d'esprit, plein de, vie.

SUÈDE, DANEMARCK.

Musée royal a Stockholm. On y compte quatre tableaux de
Rembrandt : 1° un *Trompette;* 2° un *Portrait* d'homme coiffé
d'une toque noire à plumes, mais qui peut passer pour une œuvre
de Ferdinand Bol; un *Portrait* de gentilhomme qui a été gravé
dans le *Musée de Suède,* publié par Boye et Wetterling; 4° un
tableau dont le titre, en suédois, ne nous a pas été traduit.

Musée royal de Copenhague. — *Le Christ à Emmaus.* Il est
assis à table avec ses disciples et il tient un morceau de pain à la
main. Un serviteur s'avance tenant un verre et une lumière qui
eclaire vivement la tête d'un des disciples et qui produit un effet
mystérieux. Signé et daté de 1648.

Portrait de Rembrandt. Il est en buste et vu de trois quarts.
Il porte une chaîne d'or au cou et une toque violette sur la
tête.

Une femme hollandaise. Elle porte un chapeau à larges bords.
Sa main est posée sur l'appui d'une fenêtre. Piquant effet de clair
obscur; peint sur cuivre.

Portrait d'un gentilhomme. Il est en buste, couvert d'un chapeau à l'espagnole. Il porte une chaîne d'or double à laquelle est
suspendu un médaillon; ses mains s'appuient sur une canne.

Paysage. Sur le devant s'eleve un groupe d'arbres. Près de là,
une figure debout, plus loin on voit un paysan et un cavalier ac-

compagné d'un piéton On remarque aussi des enfants dans un chariot. Effet de soleil couchant.

Nota. — Il est fait mention d'un *Saint François* à genoux, qui
est attribué par les uns à Rembrandt, par les autres à Gérard Dov.

GALERIE DU COMTE DE MOLTKE, à Copenhague. — Nous y avons
vu en 1849 un buste de vieille femme représentée assise, le regard
baissé, la tête couverte d'un capuchon de velours noir, double de
soie jaune. Ses mains reposent sur les bouts d'une gaze qui est
attachée autour de son cou.

ITALIE

GALERIE PITTI, à Florence. — *Un Rabbin.* Il est assis, les mains
jointes ; un de ses bras est appuyé sur une petite table, l'autre sur
le dossier d'un fauteuil. Grave dans le *Musée français* et dans la
galerie Pitti.

Un Officier Vu presque de dos, la tête retournée vers les spectateurs qu'il regarde par-dessus l'épaule droite Il porte un chapeau
à plumes et une cuirasse.

Ce morceau et le précédent ont figuré au Louvre ;
ils ont été restitués en 1815. Tous ceux qui ont visité
la galerie Pitti se souviennent de l'effet qu'y produit.
parmi tant de chefs-d'œuvre. le portrait de Rembrandt
qui paraît s'être représenté lui-même en officier. Placé
entre les deux portraits d'Angelo et de Maddalena
Doni, par Raphaël, le peintre hollandais n'en fait pas
moins une très-belle figure et ne souffre pas le moins
du monde d'un si redoutable voisinage. On peut s'en
faire une idée d'après la gravure de M. Martinet,
dont le burin délicat s'est trouvé justement aux prises

avec une peinture délicate, claire, blonde, très-finie mais très-ferme, et pleine de ressort.

On rencontre fort peu de Rembrandt en Italie, et ce n'est pas là d'ailleurs qu'on va les chercher. Il s'en trouve un cependant au musée de Naples (*un vieux berger*) ; un au palais Manfrini à Venise : c'est un portrait ; un troisième à Turin dans la Galleria-Reale : c'est aussi un portrait, un *Rabbin*, et on le dit d'une grande beauté.

ESPAGNE.

Musée de Madrid. — *La Reine Artémise*. Elle reçoit d'une de ses suivantes la coupe où elle a mêlé les cendres de son mari pour leur donner la sépulture dans son propre corps. Auprès de la reine on voit sur une table de riches habits.

Tout entier aux peintures de Velasquez, quand nous visitâmes le musée de Madrid, nous fîmes peu d'attention à ce Rembrandt ; mais d'après le souvenir qui nous en est resté, c'était un tableau de second ordre pour le maître. Ce fut aussi l'impression de notre compagnon de voyage, M. Paul de Saint-Victor.

FRANCE.

Musée du Louvre. — *La Famille du menuisier*. Petit tableau qui représente un atelier à fenêtre cintrée, dans lequel une femme, assise à côte d'un berceau, allaite son enfant qui est vivement éclairé par un rayon de soleil. Une vieille femme en lunettes caresse l'enfant ; le menuisier, vu de dos, rabote une planche.

Grave par Lebas et Martini, par de Frey, par Proïst. Vente Gaignat, 1768, 5,450 livres. — 1793, vente Choiseul-Praslin, 17,120 livres.

Peint par Rembrandt en 1640, lorsque le peintre était dans toute sa force, ce petit tableau était bien digne de figurer au Louvre à une place d'honneur. On l'a mis dans le salon carré au-dessous de l'*Antiope*, et il y fait pendant à l'*École* d'Ostade. Plusieurs fois il a passé en vente sous le nom de la *Sainte Famille*. C'est qu'en effet, il est bien difficile de ne pas voir que le maître a eu l'intention de représenter Jésus, la Vierge et le charpentier, dans cette humble demeure tout à coup illuminée par un rayon d'en haut, comme par un regard de Dieu.

Les Pèlerins d'Emmaüs. On y compte quatre figures, y compris celle d'un serviteur qui apporte un plat. Dans le fond on remarque une niche entre deux pilastres. Signé et daté de 1648. Gravé par de Frey et le baron Denon. — Vente bourgmestre Six, en 1734, 170 florins. — Vente Randon Boisset, en 1777, 10,500 fr.

Ce tableau est une des nombreuses compositions de Rembrandt sur une des plus belles scènes de l'Écriture. Il a peint, dessiné et gravé plusieurs fois les pèlerins d'Emmaüs, et toujours avec beaucoup d'âme; mais il a rencontré une fois, nous l'avons dit, une idée sublime, celle de représenter le Christ absent, le Christ disparu, qui a laissé après lui une lueur mystérieuse et comme un rayonnement divin.

On trouvera ce dessin gravé en petit dans le premier volume du présent ouvrage.

Le bon Samaritain. Le blessé est amené, vers le soir, dans une hôtellerie. Trois personnes regardent par les fenêtres. Un valet d'écurie tient par la bride le cheval du Samaritain. Dans la cour sont deux chevaux vus par la croupe. Daté de 1648. Gravé par Denon, de Frey, Longhi, et acheté du temps de Louis XVI.

Nous l'avons dit, cette composition vaut mieux que celle de l'estampe décrite dans notre œuvre sous le n° 41, sans même parler du prestige des couleurs qui ajoutent ici beaucoup de poésie à la scène en l'enveloppant des ombres du soir. Le tableau du Louvre est moins vide que l'estampe, et il a plus de mouvement. L'arrivée du blessé intéresse plus de monde, et par contre-coup impressionne d'autant plus le spectateur.

Il existe une autre peinture du *Samaritain* : c'est un petit tableau très-fini, qui a été gravé sur bois dans notre *Histoire des peintres hollandais.* Ce doit être celui qui a passé par les collections Jullienne (1,800 liv.), prince de Conti (1,150 liv.), de Calonne, 1795 (70 liv.), Édouard Laxe, 1813 (140 guinées). Il appartient aujourd'hui au marquis d'Hertford. Cependant le tableau est décrit dans le catalogue Jullienne, comme renfermant un chien et un tonneau renversé [1], tandis que la composition dont nous parlons diffère de la pièce gravée par Rembrandt lui-même, en ce qu'on n'y trouve ni le tonneau ni le chien qui s'étale sur le premier plan. Mais nous savons par Smith que

1 Voir le premier volume de notre *Trésor de la curiosité,* p. 137. Paris, Renouard, 1857.

ces accessoires ont été enlevés, le dernier comme inconvenant, par un des propriétaires de la toile. Il n'y a donc pas lieu de douter que *le Samaritain* qui est chez lord Hertford ne soit celui des collections Jullienne et Conti.

Le maître a traité le même sujet dans un dessin qui est au British Museum, et dans un autre qui se voit au Musée de Rotterdam.

L'Ange quittant Tobie. Tableau en hauteur. Quatre figures. Daté de 1637.

Rembrandt a beaucoup cherché cette composition, et l'on en connaît plusieurs variantes, dont la meilleure est sans contredit le tableau du Louvre. Le vol de l'ange y est trouvé de génie. Tobie et sa femme sont prosternés, accablés. La couleur est mordorée, voilée, transparente ; nous avons fait graver dans le premier volume de cet œuvre un croquis de Rembrandt sur le même sujet ; c'est la première pensée d'un tableau qui est indiqué par Smith comme ayant appartenu à Nathaniel Hone. Elle diffère sensiblement de l'estampe décrite par nous sous le n° 16, et gravée en 1641.

Philosophes en méditation. Deux petits tableaux se faisant pendant. Ils ont été gravés au burin ou en manière noire par Surugue, Houston, Hertel et le capitaine Baillie, par Watelet à l'eau forte, et par Joseph Longhi dans le *Musée français.* Les deux ont figuré dans la collection du comte de Vence (3,000 liv.), dans celles du duc de Choiseul (14,600 liv.), de Randon de Boisset (10,900 liv.), et de la comtesse de Vaudreuil, en 1784 (13,000 fr.).

Bien souvent noùs nous sommes arrêté au Musée du Louvre à contempler les deux *Philosophes* de Rembrandt. Un rayon amorti par des vitres grasses, aux châssis de plomb, visite la demeure tranquille du solitaire. Devant lui sont des livres ouverts; mais le penseur ne les regarde plus; il songe. La lumière glisse le long du mur, rampe sur le sol, indique à peine les marches d'un escalier tournant, et se perd insensiblement dans la maison pour aller ensuite se confondre avec la nuit. Il règne au sein de cette retraite voûtée une telle paix qu'on se sent gagné malgré soi par le goût de la solitude. Après avoir longtemps regardé un de ces tableaux, on aperçoit sur l'escalier deux figures de femmes dont la couleur se distingue si peu de celle de la masse d'ombre, qu'elles ne dérangent absolument rien à la sourde harmonie de la composition, et ne font aucun bruit dans cette peinture silencieuse.

Vénus et l'Amour. Une riche Hollandaise tient sur ses genoux l'Amour enfant: il est vêtu d'une tunique, il a des ailes et il pose la main gauche sur le sein de sa mère. — M. Villot, dans sa *Notice des tableaux du Louvre,* dit au sujet de ce morceau « Une peinture également désignée sous le nom de *Vénus et l'Amour* existait dans la collection de Peeter Six, à Amsterdam, et fut vendue, en 1704, 65 florins 5 stuiv. Serait-ce celle qui se trouve actuellement au Louvre et dont nous n'avons pas encore pu trouver la provenance? »

Portrait de jeune homme. Il est en buste, coiffé d'une toque et vêtu assez négligemment. La peinture en est libre et peu terminée dans le vêtement, la touche est fière dans les accents du visage, et le ton général est ambré comme celui du portrait de femme dont nous parlons plus bas. C'est un des beaux morceaux du maître; il est de sa dernière manière, ainsi qu'en témoigne, d'ailleurs, la date qu'il porte, 1658.

Portrait de vieillard. Il est de forme ovale et daté de 1638.

Portrait d'homme. Il porte de petites moustaches, de longs cheveux et une large toque ornée d'une chaîne d'or. Son pourpoint entr'ouvert laisse voir sa chemise.

Portraits de Rembrandt. Il y en a quatre au Louvre, et tous précieux, trois sont de forme ovale; l'un est en cheveux, les autres ont la tête couverte. Ils sont datés de 1633, 1634, 1637 et 1660.

Le plus étonnant de ces quatre portraits est celui qui, daté de 1660, représente Rembrandt vieux, fatigué, les chairs ridées, les joues un peu tombantes. Il porte sur la tête comme une serviette blanche qui brille sur un fond sombre. Il tient sa palette et son appuie-main, et il est vu un peu plus qu'à mi-corps. La lumière, qui vient de haut, frappe sur les développements du front et sur les saillies du nez et des pommettes, et, en se dégradant, va se perdre dans l'obscurité d'une houppelande fourrée. Sa main est sacrifiée dans la pénombre. Ce portrait, d'une exécution magique, attire invinciblement l'attention des artistes et les retient toujours longtemps; il a été gravé par de Frey. Il faisait partie de la collection de Louis XIV.

Portrait de femme. Elle est vue de face, coiffée d'un béret de velours vert avec rubans rouges ; elle porte des pendants d'oreille de diamants avec une perle ; sa mante, garnie de fourrure, laisse voir une chemisette plissée, et, sur la poitrine, une agrafe terminée par une grosse perle en poire. Gravé par Claessens.

On a fait à ce portrait (qui nous paraît être celui de Saskia Uylenburg, première femme de Rembrandt) les honneurs du salon carré, et on l'y a placé à trois pas de la *Joconde.* Partout où on le mettra, il supportera la comparaison avec les plus fameux morceaux des plus grands maîtres, mais dans ce voisinage il nous a fait penser quelquefois à un certain côté de ressemblance morale qui existe entre ces deux génies, Léonard de Vinci et Rembrandt. L'un et l'autre, ils aiment la nature d'un amour sans bornes ; ils la dévorent des yeux de l'esprit, ils la poursuivent curieusement dans son intimité la plus secrète ; ils la creusent et ils cherchent à y pénétrer le mystère de la vie. Mais, chose étrange ! de ces deux grands hommes, c'est l'artiste du nord qui a le plus de passion et de chaleur, le plus de soleil ; c'est l'artiste méridional qui est le moins ardent, le plus contenu. Dans sa distinction suprême, Léonard, après avoir tout vu, tout défini, tout précisé, laisse tomber devant la nature une gaze légere qui tempère et assourdit le jour ; c'est comme un store de poésie qui s'interpose entre elle et nous pour l'éloigner de nos regards et de la vulgarité des choses réelles, et pour nous interdire d'y toucher.

Rembrandt, au contraire, l'imprègne de lumière, la plonge dans une atmosphère d'or, et, noyant ses contours dans les profondeurs d'un fond transparent et sans limites, nous fait tourner autour du modèle, nous fait respirer l'air qu'il respire, et le rend palpable sans le rendre prosaïque, nous donnant ainsi à la fois les deux aspects de la vie, la réalité et le mirage.

COLLECTION LORD HERTFORD (à Paris ou à Londres). — *Jean Pellicorne et son fils* Ce double portrait est celui qui est décrit dans le catalogue de la galerie de Guillaume II, roi de Hollande, il fait pendant à celui de *Madame Pellicorne et sa fille,* et ils ont été payés ensemble, à la vente du roi, 1,200 guinées. Ce sont des portraits très-étudiés, et profondement finis, dans la première manière.

Jean Pellicorne, coiffe d'un bonnet rouge. Portrait signe et date de 1643. Provenant aussi de la vente du roi de Hollande. — Dans le livre de l'Exhibition de Manchester, ce portrait est catalogue ainsi, mais les ouvrages de Smith et de Waagen le décrivent comme un portrait de Rembrandt lui-même.

Le Serviteur sans pitié. C'est la parabole de l'Évangile sur le Maitre de la vigne : le maître, qui est ici Jesus-Christ lui-même en costume asiatique, s'est leve de son siege dans son mécontentement, et une main etendue vers le serviteur qui murmure, il semble lui adresser de sévères reproches. Deux autres figures, un jeune homme et un vieillard, sont témoins de la scène. Les personnages sont vus jusqu'aux genoux, de grandeur naturelle Rembrandt n'a jamais poussé plus loin le sentiment de la pantomime, l'expression, la poesie. *Le Serviteur sans pitie* provient de la galerie du duc de Buckingham Il fut exposé à Manchester, en 1857, ainsi que tous les portraits de la famille Pellicorne.

Le bon Samaritain. C'est le petit tableau dont nous avons parle plus haut. Il paraît que le chien a eté effacé et qu'il y a eu par conséquent une retouche, toujours regrettable . *This object has, on one occasion, been covered and restored again* (Smith).

Paysage. Vue d'un pays decouvert A gauche, de vieux bâtiments entourés d'arbres. A droite une rivière sur laquelle flottent plusieurs bateaux ; puis deux tours, diverses fabriques, et dans le lointain des collines. Entre autres figures, on remarque un homme qui se promène une canne à la main, et un bonnet orné de plumes sur la tête. Une vache boit à un ruisseau. Gravé par Maillet dans la galerie Choiseul. Ce paysage a passe par les collections de Choiseul, prince de Conti, comtesse de Verneuil, de Calonne, et Taylor.

GALERIE DE M. LE DUC DE MORNY. —Cette galerie a eté decrite avec esprit et fort bien appréciée dans la *Gazette des Beaux Arts* par M. Léon Lagrange. On y trouve trois morceaux de Rembrandt :

L'Enlèvement d'Europe, signé *R. van Ryn, 1622 ?*... le dernier chiffre est contesté.

« Quatre Frisonnes, dit M. Lagrange, accoutrées à la juive, jouent avec candeur le drame mythologique, pendant que, sur la rive, le conducteur du char de la princesse s'étonne ainsi qu'eût fait un cocher d'Amsterdam s'il eût vu un taureau des pâturages de l'Amstel enlever la fille du bourgmestre. Quant à l'exécution, elle ne diffère pas essentiellement de celle d'autres tableaux du maître, bien que le Louvre n'en offre aucun exemple. Nous avons vu ailleurs, à la galerie de Turin et à la Galerie Nationale de Londres, ce faire perlé, cette touche à sec qui accroche la lumière. »

Portrait d'une vieille femme (la mère de Rembrandt peut-être). Elle est vue jusqu'à mi-jambes, presque de profil, dans une chaise à bras où elle s'est assise fatiguée. Son visage est refléte par le clair vif d'une coiffe et d'une collerette blanches. Ses mains amaigries, sillonnées de veines bleuâtres, tombent sur ses genoux. Signe et date de 1635.

Le Doreur de Rembrandt Portrait d'homme, daté de 1640. Il est en buste et coiffé d'un grand chapeau; sur son vêtement tout brun se détache une fraise ramollie et aplatie. Il porte des moustaches, et au menton une touffe de barbe courte et roussâtre. Fort bien gravé par Flameng dans la *Gazette des Beaux-Arts* Nous avons mentionné ce portrait dans le *Tresor de la curiosite,* à la page 209 du second volume, comme ayant figuré à la vente Helsleuter, d'Amsterdam, en 1802. Jamais depuis on ne l'a vu passer aux enchères.

« Les trois portraits du Louvre, où Rembrandt s'est représenté jeune, témoignent de ses prodigieux efforts pour atteindre à la largeur sans sacrifier la finesse. Le portrait de la galerie de Morny est le dernier mot de cette manière savante. Déjà, dans la fraise, la touche commence à s'épâter. Le moment n'est pas loin où le maître, en pleine possession de soi, saura cacher sa science acquise, sous des empâtements audacieux conserver la finesse du ton, et sauver malgré tout la conscience du vrai. »

COLLECTION DE M. SCHNEIDER (du Creusot), vice-président du Corps législatif. — *Les Portraits en pied, de grandeur naturelle, de Jean Élison et de sa femme.*

Nous avons décrit plus haut ces deux portraits, d'après le catalogue de Smith, qui les a connus lorsqu'ils appartenaient au révérend M. Colby. Aujourd'hui (8 décembre 1863) nous venons de les voir

parmi les précieuses peintures de M. Schneider. L'un
et l'autre sont peints d'une touche attentive, et ils ont
beaucoup de puissance et de relief, sans avoir encore
ces rudes épaisseurs qui ont rehaussé plus tard toutes
les lumières du peintre. Cependant le portrait d'Elison
est traité d'une main plus virile que le portrait de sa
femme. Celui-ci, d'un faire souple et fondu, réunit la
fermeté qui accentue les plans à la finesse qui adoucit
les passages. La fraise empesée projette sur le visage
des reflets qui le font encore mieux tourner, et le
chapeau à grands bords couvre le front d'une légère
ombre qui, étendant son voile sur les yeux, prête une
certaine poésie au regard, et sauve ce qu'il y a de
vulgaire dans la physionomie du modèle, et de peu
attrayant. Comme il sied à la femme d'un ministre
de l'Église anglicane, la dame Elison est vêtue de
noir. Son mari, qui est également tout en noir, n'a
sur la tête qu'une calotte. Il porte une grande barbe
grise et blanche, qui donne un peu de distinction à sa
tête courte et massive. Une main sur sa poitrine, il
dirige sur le spectateur des yeux pleins de pensées, et
il semble lui faire une exhortation pieuse. Il est assis
dans un fauteuil en forme de pliant. Près d'une table
sont des livres ouverts et d'autres posés sur la tranche.
Ces vieux livres usés, ces manuscrits fatigués par
l'étude, sont modelés comme ils doivent l'être par un
peintre d'histoire, sans minutie, mais avec une vérité

admirable, qui indique les cassures du parchemin, les froissements, les plis du papier, et l'impression, et l'écriture. Il va sans dire que ces accessoires n'ont qu'une importance modérée, et qu'ils laissent triompher la tête vivante du personnage et ses mains déjà ridées, mais chaudes, halitueuses, détachées de la toile.

GALERIE DE FEU M. DE POURTALÈS-GORGIER. — *Portrait d'homme.* Il est vu jusqu'aux genoux, presque de face. Il a la tête couverte d'un chapeau à larges bords, et sur son pourpoint de soie noire, enrichi d'aiguillettes, se détache une grande collerette de dentelles. La main gauche avancée et le mouvement du personnage, qui paraît se lever de son siege, indiquent un homme qui parle ou qui va parler. Le portrait vient du cabinet de lord Ashburnam, dit le Catalogue; il a été photographié dans l'ouvrage publié, chez Goupil, sur la Galerie Pourtalès.

COLLECTION DE M. LE BARON JAMES DE ROTHSCHILD. — *Le Porte drapeau.* C'est sans doute celui que nous avons décrit à la page 430 du présent volume, comme ayant appartenu a Georges IV et à lady Clarke. L'exécution est fière jusqu'à la brutalité On est saisi et comme heurté par cette peinture violente.

Portrait d'homme, en bonnet et assis. Il retourne fièrement la tête.

Portrait de vieille femme. Elle est assise: la tête penchée, éclairée par des reflets, et peinte avec beaucoup de force, quoique dans les tons clairs. Sans nom ni date. M. de Rothschild l'avait acheté a la vente du cabinet Perier. Il en a orné son château de Boulogne, et c'est, dit-on, la perle de cette richissime demeure.

GALERIE DE M. LACAZE, rue du Cherche-Midi. — *Bethsabée.* C'est le même tableau à peu près que nous avons décrit comme appartenant a M. Van Steingracht, de la Haye, mais, dans celui de M. Lacaze, les figures sont de grandeur naturelle.

Il existe aussi deux portraits de Rembrandt chez M. le
baron Seillière, où nous les avons vus il y a six ans ; mais
n'ayant pu les revoir tout récemment, nous nous abs-
tiendrons de les décrire, dans la crainte de faire erreur.

Pour ce qui est de la province, on n'y connaît
guère de morceaux bien authentiques de Rembrandt,
sauf une *Tête de jeune fille* envoyée par M. Perret à
l'exposition de Marseille, en 1862, et mentionnée
dans les *Trésors d'art de la Provence,* dont l'intelligent
auteur est M. Marius Chaumelin [1].

DESSINS DE REMBRANDT AU BRITISH MUSEUM.

Avant de clore ce long catalogue, nous dirons un
mot des dessins de Rembrandt que nous avons vus au
Cabinet des estampes du British Museum. Nous en
avons compté cent, dont huit ou dix, il est vrai,
doivent être attribués à Dietrich, à Philippe de Koning,
à Van Hoecke. Les amateurs nous sauront gré peut-
être de leur signaler au moins les plus beaux ou les
plus intéressants. Ils proviennent des collections Payne
Knight, Cracherode, Joshua Reynolds, Richardson,
J. Barnard, Sloane, Fawk, Aylesford, Woodburn, et
autres.

Abraham renvoyant Agar. Il parle a un serviteur qui porte
une faux Il semble lui dire d'emmener Agar, qui le regarde en

[1] Paris, Renouard ; et Marseille, Camoin frères, 1862.

pleurant, assise sur une malle, ayant à côté d'elle son enfant qui joue. L'expression de la mère congédiée est trouvée d'un seul trait. Rembrandt est encore plus clairvoyant devant l'âme que devant la réalité.

Ésau vendant son droit d'aînesse Il arrive de la chasse, fatigué, affamé, et il va se précipiter sur le plat de lentilles Ses lèvres en sont déjà frémissantes et saillantes : la bestialité l'emporte.

Le Songe de Jacob. Il dort dans l'ombre, tandis qu'un ange, aux ailes frémissantes, monte l'échelle lumineuse. Cet ange est bizarrement coiffé d'un turban très-élargi

Abraham recevant les anges. Sorti de sa maison qui est ombragée d'un arbre immense, il aperçoit le Père, le Fils et le Saint-Esprit et il se prosterne devant cette triple divinité. Dessin étonnant et indescriptible !

Le bon Samaritain. Il arrive la nuit, aux flambeaux, avec le blessé. L'hôte descend les recevoir, une lanterne à la main Deux chevaux sont dételés sur la droite Celui qui portait le malade est dessiné beaucoup mieux que dans l'estampe, et cette fois de main de maître. Il fait repoussoir; la lumière se répand çà et là en étincelles. C'est, je crois, le plus beau dessin de la série.

L'Annonciation aux bergers. L'ange éclate comme la foudre au milieu de la nuit sur un ciel noir, où l'on distingue cependant le disque de la lune. Un pasteur effrayé tombe à la renverse.

Sainte Famille. Effet mystérieux. La Vierge réchauffe son enfant nu au foyer. Une lampe éclaire la chambre qui reste sombre. Saint Joseph est au second plan, dans l'obscurité.

Un Vieux carrosse hollandais, style Louis XIV, où partout *l'or se relève en bosse* Il est dessiné d'une plume rapide et scintillante, avec de l'encre qui semble çà et là étendue avec le pouce. C'est peut-être une étude pour les fonds du portrait de Turenne, qui est chez lord Cowper.

Deux Barques en mer, et d'autres plus loin, sous un grain qui les chasse. Ce lavis rappelle les dessins fantastiques de Victor Hugo. Les coups de pinceau y passent comme des coups de vent

copie, faite à la plume par Rembrandt, de la fameuse
estampe gravée par Mocetto d'après Mantegna, *la
Calomnie d'Apelles*. On se rappelle que Rembrandt
possédait l'œuvre de Mantegna, et que cet œuvre est
mentionné dans le triste inventaire que nous avons
publié au commencement de notre premier volume.
Une chose remarquable, c'est que Raphael et Rembrandt ont l'un et l'autre copié Mantegna, et l'un et
l'autre très-fidèlement, mais non toutefois sans y mêler
quelque chose de leur sentiment personnel. Raphael y
a mis une nuance de grâce involontaire, Rembrandt
un peu de souplesse et une chaleur moins contenue. A
cela près, Rembrandt, qui connaissait tous les maîtres,
n'a copié, n'a imité personne, et c'est pour cela sans
doute qu'il est resté lui-même inimitable. La critique
moderne l'a placé au nombre des sept astres de la
peinture : il méritait cette gloire avec Léonard de Vinci,
Michel-Ange, Raphaël, Titien, Corrége et Rubens.

FIN.

TABLE DES ESTAMPES

AVEC LA CONCORDANCE DES NUMÉROS DU PRÉSENT CATALOGUE AVEC CEUX DE BARTSCH, DE CLAUSSIN ET DE WILSON.

Les anciennes dénominations sont indiquées entre deux crochets

PREMIÈRE CLASSE.

Hierologie.

Numéros du présent catalogue		Numéros	
	de Bartsch	de Claussin	de Wilson
1. Adam et Ève.	28	34	35
2. Abraham recevant les Anges.	29	35	36
3. Agar renvoyée par Abraham.	30	37	37
4. Abraham caressant Isaac.	33	38	135*
5. Abraham parlant à Isaac.	34	39	38
6. Le Sacrifice d'Abraham.	35	36	39
7. Jacob et Laban [Trois figures orientales].	118	120	122
8. Quatre sujets pour un livre espagnol. . .	36	40	40
9. Joseph racontant ses songes.	37	41	41
10. Jacob pleurant la mort de son-fils Joseph.	38	42	42
11. Joseph et la femme de Putiphar.	39	43	43
12. Le triomphe de Mardochée.	40	44	44
13. David en prière.	41	45	45
14. Tobie aveugle [Aveugle vu par le dos.]. .	153	140	47
15. Tobie aveugle.	42	46	46
16. L'Ange disparaît devant la famille de Tobie.	43	47	48
17. L'Annonciation aux bergers	44	48	49
18. La Nativité.	45	49	50
19. L'Adoration des bergers.	46	50	51
20. La Circoncision.	47	51	52
21. Petite Circoncision	48	52	53

DEUXIEME CLASSE.

Allegories et Fantaisies.

TROISIEME CLASSE.

Gueux.

QUATRIEME CLASSE.

Sujets libres et Figures academiques.

CINQUIEME CLASSE.

Portraits : Personnages connus.

Numéros du présent catalogue		de Bartsch	de Claussin	de Wilson
		Numéros		
170.	Corneille Anslo.	271	268	273
171.	Jean Asselyn.	277	274	279
172.	Ephraïm Bonus, dit le Juif à la rampe. .	278	275	280
173.	Jacob Cats.	286	283	288
174.	Petit portrait de Lieven Coppenol	282	279	284
175.	Grand portrait de Lieven Coppenol. . .	283	280	285
176.	Abraham Frans.	273	270	275
177.	Guillaume II, enfant	310	306	311
178.	Haaring le vieux	274	271	276
179.	Haaring le jeune	275	272	277
180.	Clément de Jonghe	272	269	274
181.	Jean Antonides van der Linden	264	261	266
182.	Janus Lutma.	276	273	278
183.	Manasseh ben Israël	269	266	271
184.	Le bourgmestre Six.	285	282	287
185.	Autre portrait du bourgmestre Six, morceau non décrit.	»	»	»
186.	Jean Corneille Sylvius.	266	263	268
187.	Autre portrait de Jean Corneille Sylvius .	280	277	282
188.	Le docteur Petrus van Tol [l'avocat Tolling].	284	281	286
189.	Uytenbogaert, dit le Peseur d'or	279	276	281
190.	Johannes Wtenbogardus.	279	276	281

Portraits de Rembrandt et de sa famille.

191.	Tête de la mère de Rembrandt [Vieille regardant en bas]	351	341	346
192.	Tête de la mère de Rembrandt, vue de face.	352	342	347
193.	Petit buste de la mère de Rembrandt. . .	354	343	348
194.	Autre buste de la mère de Rembrandt, vue de face	353	344	»
195.	Buste de la mère de Rembrandt, la main sur la poitrine.	349	339	344

Numeros du présent catalogue.		Numéros de Bartsch	de Claussin	de Wilson
270.	Vieillard au grand manteau de velours noir.	262	259	264
271.	Vieillard au bonnet fendu [à barbe carrée].	265	262	267
272.	Vieillard chauve à couronne de cheveux noirs	292	289	294
273.	Le même vieillard chauve, en contre-partie.	293	290	308
274.	Vieillard chauve à couronne de cheveux gris	294	291	295
275.	Buste de vieillard chauve, à tête baissée.	298	294	298
276.	Buste d'homme chauve à gros nez	324	317	322
277.	Vieillard à barbe et cheveux frisés.	297	293	297
278.	Vieillard à barbe blanche et bonnet à poils	312	308	313
279.	Vieillard à barbe carrée et très - haut front.	314	310	315
280.	Vieillard à barbe blanche et bonnet à re-bord [Buste de vieillard]	337	328	332
281.	Vieillard à grande barbe et au front ridé.	260	257	261
282.	Vieillard à barbe ébouriffée et au front ridé.	325	318	323
283.	Vieillard à longue barbe blanche et a tête chauve	309	305	310
284.	Vieillard à barbe pointue, les cheveux hérissés.	315	311	316
285.	Vieillard à grande barbe et à l'épaule blanche.	291	288	293
286.	Vieillard à grand bonnet, qui dort	290	287	293
287.	Vieillard nu - tête, les deux mains sur un livre	267	264	269
288.	Turc, au bonnet serré par un turban. [2e tête orientale].	287	284	289
289.	Turc, au turban et à l'aigrette. 3e tête orientale]	288	285	290
290.	Petit vieillard chauve, la bouche entr'ou-verte	334	326	330

Numéros du présent catalogue		Numéros		
		de Bartsch	de Claussin	de Wilson.
291.	Juif à barbe frisée, la bouche ouverte. [Vieillard à barbe courte.]	300	296	300
292.	Petit vieillard à nez aquilin et haut bonnet. [Buste de vieillard].	333	325	329
293.	Esclave turc.	303	299	303
294.	Profil de vieillard à courte barbe.	306	302	306
295.	Homme avec bandelette au bonnet	323	316	321
296.	Esclave à haut bonnet.	302	298	302
297.	Tête à bonnet.	322	315	320
298.	Profil a barbe droite et bonnet. [Vieillard à barbe droite]	317	312	317
299.	Petite tête d'un homme qui crie	327	320	325
300.	Tête à demi chauve fort baissée. [Vieillard à tête chauve].	296	292	296
301.	Profil de vieillard grotesque.	326	319	324
302.	Petit buste à très-haut bonnet.	209	295	299
303.	Trois profils de vieillards.	374	364	368
304.	Profil de vieillard, non décrit	»	»	»
305.	Autre profil de vieillard, non décrit.	»	»	»
306.	Petit vieillard à barbe pointue.	»	»	334
307.	Tête d'homme à cheveux bouclés et claire moustache.	»	»	336
308.	Griffonnement à cinq têtes et demi-figure .	366	356	360

SIXIEME CLASSE.

Paysages et Animaux.

309.	Les Ruines au bord de la mer. [Le Paysage à la vache.]	206	203	203
310.	Le Grand arbre à côté de la maison.	207	204	204
311.	Le Pont de Six.	208	205	205
312.	Vue d'Omval, près d'Amsterdam	209	206	206
313.	Vue d'Amsterdam.	210	207	207
314.	Le Chasseur	211	208	208
315.	Le Paysage aux trois arbres	212	209	209

Numeros du présent catalogue.		Numéros		
		de Bartsch	de Claussin	de Wilson
347.	La Rue du village.	254	251	250
348.	Griffonnements avec un taillis et un cheval.	364	354	358
349.	Griffonnement avec un arbre.	372	362	366
350.	Le Cochon.	157	154	154
351.	Étude de chien.	371	361	365
352.	Le Chien endormi	158	155	155
353.	La Coquille	159	156	156

PIECES SUPPRIMÉES.

Dans le nombre de ces pièces se trouve un *Repos en Égypte,* que nous avons fait graver ici en regard, parce qu'il est unique, et afin que les amateurs soient bien assurés que la pièce, quoique spirituelle, n'est pas de la main de Rembrandt.

	B.	C.	W
Agar renvoyée par Abraham	31	»	»
Agar renvoyée par Abraham.	32	»	»
Le Repos en Egypte (pièce unique)	59	63	»
La Décollation de saint Jean-Baptiste.	93	»	»
Le grand saint Jérôme à genoux	106	109	111
L'Heure de la mort.	108	»	»
La Coupeuse d'ongles.	127	»	»
L'Amour couché.	132	»	»
Vieillard avec turban et bâton.	137	»	»
L'Astrologue endormi.	145	»	»
Philosophe dans sa chambre.	146	»	»
Homme qui peint	328	»	»
Le Nègre blanc	339	329	333
Jeune Homme au bonnet orné de plumes.	331	323	328
Vieillard à courte barbe. [Autre tête semblable.]. .	301	297	301
Le Paysage au carrosse	125	212	212
Le Paysage à la terrasse	216	213	213

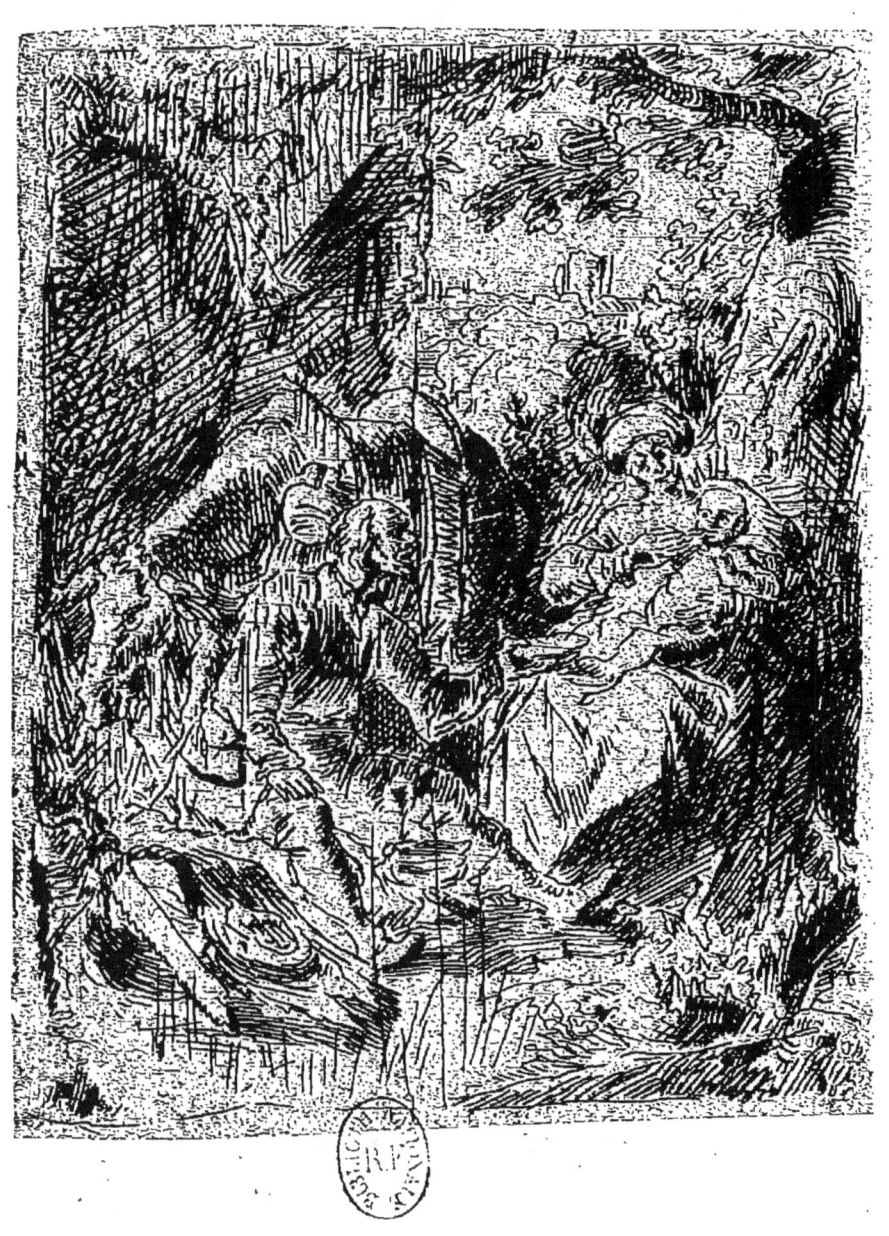

ERRATA.

Page 106 du tome I, *au lieu de* Claussin, 55. Wilson, 50, *lisez :* Claussin, 50 Wilson, 51

129   —   *au lieu de* Bartsch, 34 Claussin, 39 Wilson, 38, *lisez :* Bartsch, 58. Claussin, 63. Wilson, 63.

197   ligne 8, *lisez :* Rembrandt est le seul artiste de son temps .

32 du tome II, première ligne, *lisez :* la paysanne de Rarep.

91   effacez (au crayon) la ligne suivante · Bartsch, 286 Claussin, 276 Wilson, 281

106   —   *lisez :* Bartsch, 279. Claussin, 276 Wilson, 281.

119   —   *lisez* à la dernière ligne Bartsch, 343

— 144   —   ligne 8, *au lieu de* Æ, 28, *lisez :* Æ, 25.

— 277   —   *au lieu de* Bartsch, 368. Wilson, 374 *lisez :* Bartsch, 374 Wilson, 368.

— 348   —   *au lieu de* Bartsch, 342, *lisez* Bartsch, 343

— 359   —   à la fin, *au lieu de* (The old barn, *lisez :* (The old barn)

www.ingramcontent.com/pod-product-compliance
Lightning Source LLC
Chambersburg PA
CBHW051346220526
45469CB00001B/125